Leasing- und leasingähnliche Fonds in der Insolvenz

AF875053

Europäische Hochschulschriften
Publications Universitaires Européennes
European University Studies

Reihe II
Rechtswissenschaft

Série II Series II
Droit
Law

Bd./Vol. 4268

PETER LANG
Frankfurt am Main · Berlin · Bern · Bruxelles · New York · Oxford · Wien

Kai Niemann

Leasing- und leasingähnliche Fonds in der Insolvenz

Eine vergleichende Betrachtung der Auswirkungen der Insolvenz auf Finanzierungen über Mobilien- und Immobilienleasingfonds

PETER LANG
Europäischer Verlag der Wissenschaften

Bibliografische Information Der Deutschen Bibliothek
Die Deutsche Bibliothek verzeichnet diese Publikation in der Deutschen Nationalbibliografie; detaillierte bibliografische Daten sind im Internet über <http://dnb.ddb.de> abrufbar.

Zugl.: Würzburg, Univ., Diss., 2005

D 20
ISSN 0531-7312
ISBN 3-631-54541-X

© Peter Lang GmbH
Europäischer Verlag der Wissenschaften
Frankfurt am Main 2005
Alle Rechte vorbehalten.

Das Werk einschließlich aller seiner Teile ist urheberrechtlich geschützt. Jede Verwertung außerhalb der engen Grenzen des Urheberrechtsgesetzes ist ohne Zustimmung des Verlages unzulässig und strafbar. Das gilt insbesondere für Vervielfältigungen, Übersetzungen, Mikroverfilmungen und die Einspeicherung und Verarbeitung in elektronischen Systemen.

www.peterlang.de

Vorwort

Die vorliegende Arbeit wurde im Sommersemester 2005 von der Rechtswissenschaftlichen Fakultät der Bayerischen Julius-Maximilians-Universität Würzburg als Dissertation angenommen.

Zu besonderem Dank bin ich Frau Prof. Dr. Inge Scherer für deren Unterstützung und Betreuung der Dissertation sowie die Erstellung des Erstgutachtens verpflichtet. Herrn Prof. Dr. Frank Weiß danke ich für die Erstellung des Zweitgutachtens.

Mein ganz herzlicher Dank gilt Dr. Markus Schädler und Dr. Jörg Hofmann, beide Partner der Kanzlei Bendel, Götz & Partner, Würzburg, die mich bei der Überlegung, über das vorliegende Thema zu promovieren, unterstützt haben und mir stets mit wertvollen Hinweisen zur Seite standen.

Ohne meine Frau Annette, die mich während der Erstellung der Dissertation in jeder Hinsicht unterstützt hat, wäre die Anfertigung der Arbeit nicht in so kurzer Zeit machbar gewesen. Sie hat mir die nötigen Freiräume geschaffen, mit viel Verständnis und Liebe Einschränkungen hingenommen und nicht zuletzt die Dissertation Korrektur gelesen. Ihr gebührt mein größter Dank. Des Weiteren danke ich meinen Eltern, ohne deren Unterstützung während des Studiums ich nicht die Möglichkeit gehabt hätte, diese Dissertation zu schreiben. Sie haben mit großem Interesse meinen juristischen Werdegang und den Fortschritt der Dissertation begleitet. Gleiches gilt für meine Schwiegereltern Dr. Eberhard und Dr. Anke Wachsen sowie meiner Schwägerin Bettina Wachsen, bei denen ich mich an dieser Stelle ebenfalls herzlich bedanken möchte.

Kai Niemann

Inhaltsüberblick

Inhaltsverzeichnis

Einleitung

Bei geschlossenen Fonds handelt es sich um Beteiligungsgesellschaften, bei denen eine begrenzte Zahl von Einleger Eigenkapital zur Finanzierung von Großprojekten investieren. Kapitalanleger formieren sich unter dem Dach einer eigens hierfür gegründeten Personengesellschaft (sog. Fondsgesellschaft, häufig in der Rechtsform einer GmbH & Co. KG[1]), die ein oder mehrere bewegliche oder unbewegliche Wirtschaftgüter erwerben und diese einem in der Regel gewerblichen Verbraucher zur Nutzung überlassen[2]. Geschlossene Fonds bieten Anlegern die Möglichkeit, Investitionsrisiken durch die Beteiligung an Großinvestitionen in einem diversifizierten Portfolio breit zu streuen. Die Fondsgesellschaft dient der Bündelung von Investoren, der Bündelung von Kapital und der Abschirmung des einzelnen Anlegers vor mit dem Investitionsobjekt verbundenen Haftungsrisiken[3]. Hinzu kommt eine oft hohe Rendite, die sich neben unternehmerischen Gewinnen, je nach Fondstypus, vor allem auch aus Steuerersparnissen ergibt[4].

Das seitens der Kapitalanleger als Gesellschaftereinlage eingezahlte Vermögen nutzt die Fondsgesellschaft, um das zu finanzierende Wirtschaftsgut zu erwerben. Eine Teilfinanzierung erfolgt dabei in der Regel über zusätzlich aufgenommenes Fremdkapital. Die Fondsgesellschaft schließt entweder mit dem Hersteller einen Kauf-, Werk- oder Werklieferungsvertrag über den Investitionsgegenstand oder sie tritt in einen bereits durch einen Leasingnehmer mit dem Hersteller abgeschlossenen Vertrag ein. Nach dem Erwerb wird dieses Wirtschaftsgut entgeltlich einem Dritten überlassen, wodurch die Kosten der Finanzierung getragen werden. Für die die Nutzungsrechte erwerbenden Dritte ist diese Konstruktion interessant, da sie regelmäßig eine gegenüber dem Kauf des Wirtschaftsgutes günstigere Al-

---

1 *Thomas* S. 35; *Lauenstein* S. 13, 36 f., 217; *Blödorn* FLF 1997, 24, 24; *Jäschke* S. 14; *Helmer* S. 157 f., 160 ff., 175; *Büschgen/Berninghaus* § 31 Rn. 8, 13; *Biewald/Heinritzi* S. 72, 123; *Zitelmann* S. 88, 113; *Boutonnet* S. 66 ff.; *Optiz* S. 168.

2 *Loipfinger* S. 35; *Klumpe/Nastold* S. 1 f.; *Zitelmann* S. 113; *Engel* StB 2000, Beilage 2, 28, 29; *Boutonnet* S. 64.

3 *Biewald/Heinritzi* S. 57; *Boutonnet* S. 64.

4 Der Gesetzgeber und die Finanzverwaltung sind diesbezüglich bemüht, reine Steuersparmodelle zu verhindern, um zu vermeiden, dass der Fiskus und damit der Steuerzahler den eigentlichen Investor darstellt. Insofern wird, anders als in der Vergangenheit, in der Zukunft die rein unternehmerische Rendite gegenüber der Rendite nach Steuern in den Vordergrund treten, vgl. *Buchholtz/Hetzer/Schönwitz* Managermagazin S. 194 ff., speziell im Hinblick auf Schiffsfonds vgl. *Stuhr* Managermagazin Seite 2 und *Thiede* SZ 14.06.2004 S.19; *Gröneweg* SZ 27.12.2004 S.27.

ternative darstellt (Preisvorteil)[5], durch sie die Bindung von Kapital vermieden wird (Liquiditätsvorteil)[6], die Finanzierung sich gleichzeitig bilanzoptisch und bilanzpolitisch positiv darstellt (Off-Balance Effekt[7])[8], die Finanzierungskosten den Erträgen periodengerecht gegenübergestellt werden können (pay as you earn Effekt)[9] und sie eine flexible Anpassung der Art und Anzahl der benötigten Wirtschaftsgüter an die Bedürfnisse des Marktes ermöglicht[10,11].

Geschlossene Fonds existieren vor allem zur Finanzierung von Großimmobilien. Aber auch geschlossene Schiffs-, Flugzeug-, Medien- und Containerfonds werden als steuerlich- und renditeorientierte Kapitalanlage angeboten. Insgesamt wurden im Jahre 2004 durch ca. 372.300 Kapitalanleger gesamt 12,85 Mrd. Euro (gegenüber 10,38 Mrd. Euro im Vorjahr) in geschlossene Fonds investiert[12]. Dies stellt einen neuen Rekord dar.

Wie die Krise der Flugzeugbranche[13], die Insolvenz der *Kirch Media*, die Diskussion um sog. „Schrottimmobilien" und die wirtschaftliche Krise des Fußballvereins Borussia Dortmund (als Leasingnehmer des fondsfinanzierten Dortmunder Westphalenstadions) in jüngster Vergangenheit beispielhaft zeigen, bringt die Beteiligung an einem geschlossenen Fonds aber auch ein hohes Risiko mit sich.

---

5 *Thomas* bezifferte den Preisvorteil nach Durchführung eines International Airlines Survey auf 6 bis 10 % Ersparnis bei den tatsächlichen Herstellungskosten (*Thomas* S. 25). Der Preisvorteil beruhe auf mehreren Gründen. Einer der wesentlichsten sei, dass die Anteilseigner des Fonds Kapital zu geringeren Zinsen zur Verfügung stellen, als sie bei einer Fremdfinanzierung anfallen würden (*Thomas* S. 25; *Büschgen/Berninghaus* § 31 Rn. 12).

6 *Kalkschmid* Rn. 45; *Bien* S. 108; *Gabele/Dannenberg/Kroll* S. 147.

7 Sofern die Vertragsgestaltung mit den Leasingerlassen des BMF (BStBl. 1971 I, 264; 1972 I, 188; 1992 I, 13, vgl. *Wagner* DStR 1995, 1153, 1154 f.) konform ist, wird das Flugzeug steuerlich der Fondsgesellschaft zugerechnet. Das Wirtschaftsgut und die aus der Finanzierung herrührenden Verbindlichkeiten sind in der Bilanz der Fondsgesellschaft anzusetzen, beim Leasingnehmer tauchen nur die finanziellen Verpflichtungen in der Anlage der Bilanz auf (bilanzneutrales Geschäft) (*Kalkschmid* Rn. 49; *Thomas* S. 24 f.). Es erfolgt keine Abschreibung der Anschaffungskosten, die Leasingraten sind sofort abzugsfähige Betriebsausgaben (*Thomas* S. 24 f.). Die Abzugsfähigkeit ist dabei nicht auf die nach § 7 EStG zulässigen AfA-Sätze beschränkt (*Kalkschmid* Rn. 41).

8 *Thomas* S. 24 ff.; *Lauenstein* S. 2; *Kalkschmid* Rn. 49; *Gabele/Dannenberg/Kroll* S. 147.

9 *Kalkschmid* Rn. 46; *Thomas* S. 24; *Wagner* DStR 1995, 1153, 1153; *Bien* S. 108; *Gabele/Dannenberg/Kroll* S. 147.

10 *Thomas* S. 22, 207; *Kalkschmid* Rn. 48.

11 Ausführliche Darstellung der Vorteile des Leasings bei *Kalkschmid* Rn. 39-51 und bei *Biewald/Heinritzi* S. 46 f., für geschlossenen Flugzeugleasingfonds bei *Thomas* S. 17 ff..

12 *Gröneweg* SZ 29./30.01.2005 S. 29.

13 Vgl. *Kian-Kress* Wirtschaftswoche S. 52 ff.; *Heinke* SZ 23.02.2005, Beilage „Leasing" S. V2/12.

Mehr und mehr wird über gescheiterte Fonds und die Risiken der bei Kapitalanlegern begehrten Fondsinvestitionen berichtet[14]. In den Verkaufsprospekten der Fonds nimmt die Risikoaufklärung mittlerweile einen erheblichen Raum ein. Sowohl wirtschaftliche Faktoren können zu einer Insolvenz eines der Beteiligten führen, aber auch Risiken wie Terroranschläge und die daraus folgende Zerstörung der Investitionsobjekte (z.B. Absturz eines Flugzeuges, Untergang eines Schiffes) stellen Gefahren einer Fondsbeteiligung dar[15]. Daraus resultiert die Frage, wie sich eine Insolvenz eines an der Finanzierung Beteiligten auf einen geschlossenen Fonds auswirkt[16]. Dies ist Gegenstand der vorliegenden Untersuchung.

Geschlossene Immobilien-, Schiffs-, Flugzeug-, Medien- und Containerfonds eignen sich sehr gut, die Auswirkungen einer Insolvenz darzustellen. Wie sich zeigen wird, handelt es sich bei Immobilen-, Schiffs- und Flugzeugfonds insolvenzrechtlich um sog. „Immobilienfonds" (die zu finanzierenden Wirtschaftsgütern stellen nach der Insolvenzordnung unbewegliche Gegenstände dar), während es sich bei Medien- und Containerfonds insolvenzrechtlich um sog. „Mobilienfonds" handelt (die zu finanzierenden Wirtschaftsgütern stellen nach der Insolvenzordnung bewegliche Gegenstände dar). Diese unterschiedliche Einordnung ermöglicht es, anhand der genannten Fondstypen neben der Darstellung der Auswirkung der Insolvenz auf die Fonds einen Vergleich der Rechtsfolgen einer Insolvenz auf Verträge über Mobilen mit den Rechtsfolgen einer Insolvenz auf Verträgen über Immobilen vorzunehmen.

Innerhalb der genannten Fondstypen gibt es unterschiedliche Konstruktionen, die eine weitere Unterscheidung erforderlich machen. So ist zum Beispiel beim „geschlossenen Immobilienfonds" zwischen dem „Betreiber-" und dem „Leasingmodell" zu unterscheiden[17]. Aus Gründen des Umfangs der Thematik beschränkt sich

---

14 Vgl. zum Beispiel *Buchholz/Hetzer/Schönwitz* Managermagazin S. 194 ff..

15 Regelmäßig werden in den Verkaufsprospekten folgende Risiken benannt: Fehlbeurteilung der Erfolgsaussichten des zu finanzierenden Projektes, Platzierungsrisiko, Kapitalverluste bei Ausbleiben der prognostizierten Erlöse, Beschädigung, Verlust oder Zerstörung des Investitonsobjekts, Änderungen der steuerlichen Rahmenbedingungen, eingeschränkte Bewertbarkeit und Fungibilität der Beteiligung, Ausfall eines Beteiligten durch Insolvenz o.ä., Herstellungsrisiken, Rechtsstreitigkeiten, vorzeitige Kündigung des Verwertungsvertrages, Währungskursverluste.

16 Nach einem 1998 durchgeführten International Airlines Survey hielten 40,1 % aller befragten Luftfahrtunternehmen die Gefahren der Insolvenz des Leasinggebers für das gewichtigste Risiko einer steuerorientierten Flugzeugfondsfinanzierung. Weitere 18,2 % hielten die Insolvenz der eigenen Gesellschaft oder eines Fremdkapitalgeber für einen gewichtigen Faktor (*Thomas* S. 159).

17 Auf Grund der Hochpreisigkeit der finanzierten Wirtschaftsgüter wird bei der Finanzierung über Leasingfonds vom sog. „big ticket-Leasing" gesprochen (*Engel* StB 2000, Beilage 2, 28, 28).

die vorliegende Arbeit auf deutsche Leasingmodelle.

Einen Schwerpunkt der Untersuchung wird im Rahmen der Auswirkungen der Insolvenz auf geschlossene Fonds die Thematik „Leasing in der Insolvenz“ bilden. Insbesondere wird auf die Auswirkungen der Änderung der Rechtsprechung durch die Aufgabe der sog. „Erlöschenstheorie“ eingegangen werden. Durch die Aufgabe der Erlöschenstheorie durch Urteil vom 25.04.2002[18] begründete der BGH eine Theorie, die von *Huber* als „Theorie vom Verlust der Durchsetzbarkeit der Erfüllungsansprüche“ bezeichnet wurde[19]. Sie stimmt mit den Rechtsfolgen der Erlöschenstheorie nur insoweit überein, als es um die Neubegründung der Erfüllungsansprüche durch ein Erfüllungsverlangen des Insolvenzverwalters, also um die Neubegründung von originären Forderungen zu Gunsten oder zu Lasten der Masse geht, und soweit sie die Rechtsfolgen auf Erfüllungsansprüche des anderen Teils für die vor Eröffnung des Insolvenzverfahrens erbrachten Teilleistungen regelt[20]. Der wesentliche Unterschied liegt in der abweichenden Bewertung der Rechtsfolgen der Eröffnung des Insolvenzverfahrens. Nach der neuen Ansicht der Rechtsprechung bewirkt die Eröffnung des Insolvenzverfahrens keine materiellrechtliche Umgestaltung, sondern macht die Erfüllungsansprüche (nur) nicht durchsetzbar. Er suspendiert sie sozusagen für die Dauer des Insolvenzverfahrens[21]. Der BGH kehrte durch die Änderung seiner Rechtsprechung zumindest in diesem Umfang wieder zu seiner alten Rechtsprechungspraxis vor 1988 zurück, der zu Folge die Verfahrenseröffnung die Erfüllungsansprüche des gegenseitigen Vertrages in ihrem Bestand unberührt lässt[22].

Auf Grund der Berücksichtigung dieser neueren Ansicht der Rechtsprechung und die Betrachtung deren Konsequenzen unterscheidet sich die vorliegende Untersuchung von anderen zum Thema „Leasing in der Insolvenz“ erschienen Veröffentlichungen, die größtenteils vor der Rechtsprechungsänderung erschienen und/oder von der Erlöschenstheorie ausgegangen sind. Als Grundlage wird die vorliegende Untersuchung mit einer Darstellung der rechtlichen Strukturierung der einzelnen Fondskonstruktionen beginnen. Im Anschluss daran werden die Auswirkungen der Insolvenz auf die Fonds und deren Leasingkonstruktionen dargestellt. Den Abschluss wird im Rahmen der Zusammenfassung ein überblicksartiger Vergleich der unterschiedlichen Rechtsfolgen der Insolvenz auf Mobilien- und Immobilienfonds bilden.

---

18 BGH WM 2002, 1199, 1199 ff..

19 *Huber* NZI 2002, 467, 468.

20 *Huber* NZI 2002, 467, 468 f..

21 *Huber* NZI 2002, 467, 469.

22 *Huber* NZI 2002, 467, 469.

Zuletzt wird im Rahmen der Einführung darauf hingewiesen, dass dem Literaturverzeichnis am Ende der Arbeit eine Rechtsprechungsübersicht angefügt ist, die das jeweilige Entscheidungsdatum, Gericht, Fundstelle sowie den jeweiligen Leitsatz der in den Fußnoten benannten Rechtsprechung enthält. Hiermit soll der zunehmenden Praxis der Nutzung elektronischer Medien entgegengekommen und ein Auffinden der Fundstellen erleichtert werden.

Abschnitt 1: Geschlossene Fonds

A. „Geschlossene Immobilienfonds"

Der bekannteste und bei Anlegern meistverbreitete Typ eines geschlossenen Fonds ist der „geschlossene Immobilienfonds". Kapitalanleger haben im Jahre 2004 insgesamt 5,25 Mrd. Euro (gegenüber 4,76 Mrd. Euro im Vorjahr) in in- und ausländische geschlossene Immobilienfonds investiert[23].

Der Begriff „geschlossener Immobilienfonds" taucht in keinem Gesetz auf. Es handelt sich dabei vielmehr um einen von der Praxis entwickelten Terminus für eine bestimmte Investitionsform[24]. Er ist zu unterscheiden von der Bezeichnung Immobilienfonds als Abgrenzung zwischen einem Fonds, der in unbewegliche Wirtschaftsgüter investiert, zu einem Fonds, der in bewegliche Wirtschaftsgüter investiert. Unter der Investitionsform „geschlossener Immobilienfonds" ist grundsätzlich ein (steuerbegünstigtes) Kapitalanlageprodukt zu verstehen, bei dem Kapitalanleger entweder Geld zum Erwerb unbebauter Grundstücke oder grundstücksgleicher Rechte investieren, um diese anschließend zu bebauen und nach Fertigstellung zu nutzen, oder aber Geld zum Erwerb bereits fertig gestellter Immobilien investieren, um diese gegebenenfalls Instand zu setzen, zu modernisieren, zu erweitern und danach zu nutzen und zu verwalten[25]. In Abgrenzung zu offenen Immobilienfonds ist für geschlossene Immobilenfonds charakteristisch, dass bei ihnen im Voraus oder von Fall zu Fall eine bestimmte Zahl von Anteilsscheinen zur Finanzierung eines bestimmten oder mehrerer bereits feststehender Objekte ausgegeben werden, also nicht, wie bei offenen Fonds, laufend neues Anlagekapital zur Investition in immer wieder neue Objekte aufgenommen wird. Sind sämtliche Gesellschaftsanteile gezeichnet, gilt der Fonds als „geschlossen"[26].

---

23 *Gröneweg* SZ 29./30.01.2005 S. 29.

24 *Jäschke* S. 13.

25 *Klumpe/Nastold* S. 4 f., 23; *Jäschke* S. 13; *Helmer* S. 148; *Boutonnet* S. 64.

26 *Klumpe/Nastold* S. 4; *Lauenstein* S. 4 f.; *Jäschke* S. 13; *Helmer* S. 148. *Zitelmann* S. 107;

Bei geschlossenen Immobilienfonds ist zu unterscheiden zwischen sog. „Betreibermodellen“ und sog. „Leasingmodellen“[27]. Die Struktur von geschlossenen Immobilienfonds, die als Betreibermodell strukturiert sind, besteht darin, dass die Fondsgesellschaft zivilrechtliches Eigentum an einem bebauten Grundstück (durch Erwerb eines bebauten Grundstückes oder durch Erwerb eines unbebauten Grundstückes und anschließender Bebauung desselben) erwirbt und dieses Grundstück mit dem aufstehenden Gebäude vermietet[28]. Die Fondsgesellschaft wird für den Erwerb regelmäßig zum einen durch das eingelegte Kapital der Anleger und zum anderen durch Kreditaufnahme finanziert[29]. Am Ende der Mietvertragslaufzeit wird, falls es nicht zu einer Neuvermietung kommt, die Immobilie veräußert[30].

Im Unterschied hierzu sind die Immobilien bei geschlossenen Immobilienfonds in Gestalt von Leasingmodellen, die den Gegenstand dieser Arbeit bilden, nicht vermietet, sondern es werden mit den Nutzern Leasingverträge geschlossen. Daraus ergibt sich ein wesentlicher Unterschied zwischen Leasingmodell und Betreibermodell. Das wesentliche Merkmal von geschlossenen Immobilienfonds in der Form von Betreibermodellen besteht darin, dass die Fondsgesellschaft die Immobilie „betreibt“ und damit grundsätzlich die in diesem Zusammenhang bestehenden Risiken trägt, auf der anderen Seite aber auch von den Chancen, beispielsweise eines guten Standortes oder einer günstigen Weiterveräußerung, profitiert. Beim Immobilienleasingfonds hingegen übernimmt die Fondsgesellschaft wesentlich geringere Risiken[31]. Zwar erwirbt die Fondsgesellschaft auch hier zivilrechtliches Eigentum und überlässt Grundstück und Gebäude anschließend einem Nutzer. Die Nutzungsüberlassung erfolgt jedoch mittels eines Immobilienleasingvertrages, nach dem der Nutzer leasingtypisch[32] in weitem Umfang die Risiken übernimmt und ein Nutzungsentgelt zahlt, das sich nicht an der marktüblichen Miete orientiert, sondern allein nach den Gesamtinvestitionen kalkuliert wird[33].

Boutonnet S. 19.

27 Weiter wird eine Unterscheidung vorgenommen in sog. Eigen- und Fremdkapitalfonds, dem Blind-Pool, Ansparfonds, Modernisierungsfonds und dem Hamburger Modell. Aus Gründen des Umfangs kann hier keine Darstellung aller Erscheinungsformen vorgenommen werden. Vgl. hierzu die Ausführungen bei *Boutonnet* S. 33, 46 ff..

28 Fonds, die lediglich ein Grundstück erwerben und vermieten, werden als „Single-Property-Fonds“ bezeichnet im Gegensatz zu „Multi-Property-Fonds“ mit mehreren Objekten.

29 *Lauenstein* S. 2; *Lüdicke/Arndt/Götz* S. 77 f.; *Klumpe/Nastold* S. 43.

30 *Lüdicke/Arndt/Götz* S. 77 f..

31 *Lauenstein* S. 6 ff.; *Baum* DB 1996, Beilage 8, 15, 15.

32 *Palandt/Weidenkaff* 64. Auflage Einf. v. § 535 Rn. 37; *Staudinger/Stoffels* Leasing Rn. 96, 210; MK-BGB/*Habersack* Leasing Rn. 70 ff..

33 *Lüdicke/Arndt/Götz* S. 101; *Baum* DB 1996, Beilage 8, 15, 15.

Den wesentlichen Vertragsbeziehungen nach sind Immobilien-Leasingfonds grundsätzlich wie folgt strukturiert[34]:

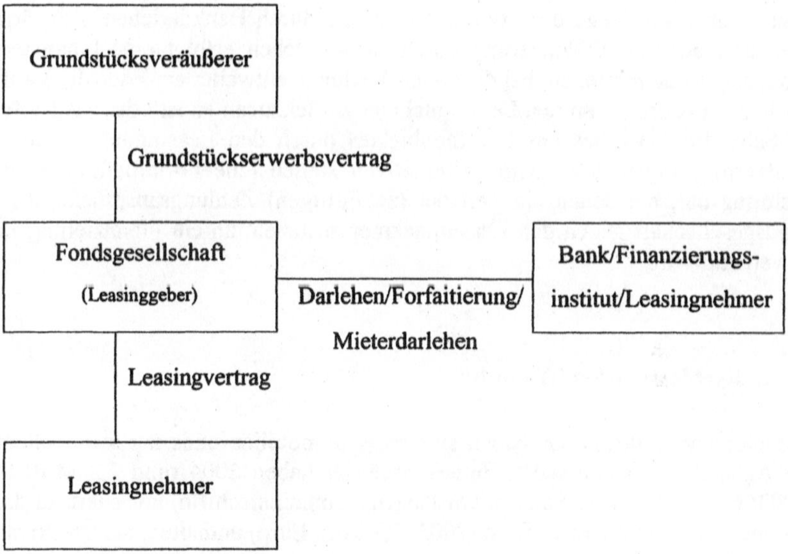

Die Fondsgesellschaft verschafft sich die rechtlich gesicherte Verfügungsgewalt über die zu überlassende Immobile. Dies geschieht durch Übereignung, durch Bestellung eines Erbbaurechts oder durch Bestellung eines sonstigen dinglichen Rechts (beschränkt persönliche Dienstbarkeit oder Nießbrauchrecht), jeweils mit anschließender Besitzüberlassung[35].

Die Fondsgesellschaft als Leasinggeber schließt mit dem Leasingnehmer einen Leasingvertrag über die Nutzungsüberlassung der Immobilie. Zur Sicherung der Rendite der Gesellschafter der Fondsgesellschaft handelt es sich dabei regelmäßig um Leasingverträge mit langer Laufzeit (bis zu 20 Jahren, gelegentlich auch länger)[36]. In den Leasingverträgen wird dem Leasingnehmer häufig ein Optionsrecht zum Erwerb der Immobilie eingeräumt, zum Teil wird auch ein Andienungsrecht der Fondsgesellschaft vereinbart[37].

---

[34] Vgl. *Fohlmeister* Leasing-Handbuch S. 200; *Boutonnet* S. 65; *Baum* DB 1996, Beilage 8, 15, 16.

[35] *Lüdicke/Arndt/Götz* S. 102; *Lauenstein* S. 56 f.; *Fohlmeister* Leasing-Handbuch S. 201 f..

[36] *Lüdicke/Arndt/Götz* S. 103; *Lauenstein* S. 5 f.; *Baum* DB 1996, Beilage 8, 15, 15.

[37] *Lauenstein* S. 6 f.; *Boutonnet* S. 325; *Opitz* S. 169.

Die Finanzierung des Leasingobjektes erfolgt zum einen durch das durch die Gesellschafter in die Fondsgesellschaft eingebrachte Eigenkapital, zum anderen erfolgt eine Teilfinanzierung durch Fremdkapital[38,39]. Die Fremdkapitalaufnahme erfolgt zumeist im Wege der Fremdfinanzierung durch Bankdarlehen[40]. Zusätzlich oder alternativ zur Finanzierung durch Bankdarlehen erfolgt eine Finanzierung durch sog. Mieterdarlehen, bei denen das Darlehen entweder am Ende der Laufzeit des Leasingvertrages an den Leasingnehmer zurückzuzahlen ist oder das Darlehen im Falle des Erwerbes des Leasingobjektes durch den Leasingnehmer auf den Kaufvertrag angerechnet wird. Alternativen stellen eine Forfaitierung oder ein Factoring dar, bei denen ein Teil der (zukünftigen) Zahlungsansprüche, die der Fondsgesellschaft gegen den Leasingnehmer zustehen, an ein Finanzierungsinstitut verkauft wird[41].

B. „Geschlossene Schiffsfonds"

Geschlossene Schiffsfonds haben sich nach Immobilienfonds zur zweitbeliebtesten Anlageform entwickelt[42]. Emissionshäuser haben 2004 rund 7,2 Mrd. Euro (2003: 6 Mrd. Euro) in Schiffe, vorwiegend Containerschiffe, investiert. In dieser Summe sind rund 2,9 Mrd. Euro (2003: 2,3 Mrd. Euro) enthalten, die bei Privatanlegern eingesammelt wurden[43].

Die Attraktivität geschlossener Schiffsfonds liegt in den steuerlichen Rahmenbedingungen begründet. Grund für den Boom ist das 1999 eingeführte Tonnagesteuersystem, nach dem nicht der tatsächliche Gewinn des Schiffes versteuert werden muss, sondern nur eine niedrige Pauschalsteuer fällig wird, egal, ob das Schiff Gewinne oder Verluste erzielt[44,45].

---

38 *Lauenstein* S. 2; *Lüdicke/Arndt/Götz* S. 77 f.; *Klumpe/Nastold* S. 43; *Fohlmeister* S. 195; *Büschgen/Büschgen* § 4 Rn. 27; *Baum* DB 1996, Beilage 8, 15, 15.

39 Bspw.: SACHSENFONDS Deutschland 1, FALK-Fonds 78 und 80; NORDCAPITAL Immobilienfonds Delf Hilversum; H.F.S. Immobilienfonds Deutschland 18 GmbH & Co.KG; SAB Sicherheit Plus II; dagegen ausschließliche Eigenkapitalfinanzierung bei DR. AMANN Beteiligungsangebot Nr. 8 Hotel Schweizer Hof.

40 *Lauenstein* S. 43.

41 *Lauenstein* S. 43, 45.

42 *Thiede* SZ 14.06.2004 S. 19; *Schweizer* SZ 08.05.2004 S. V1; *Gröneweg* SZ 27.12.2004 S. 27.

43 *Gröneweg* SZ 29./30.01.2005 S. 29.

44 *Thiede* SZ 14.06.2004 S. 19; *Schweizer* SZ 08.05.2004 S. V1; *Gröneweg* SZ 27.12.2004 S. 27.

45 Auf Grund der derzeitigen steuerlichen Rahmenbedingungen wird die Möglichkeit einer

Im Unterschied zum Immobilienleasingfonds, bei dem es sich um zumeist sog. „Finanzierungsleasing“ handelt, stellt der klassische Schiffsfinanzierungsfonds den Inbegriff einer Operate-Leasingstruktur dar[46]. Bei grundsätzlicher Ähnlichkeit der Strukturierung weist die Schiffsfondsfinanzierung dadurch gegenüber der Immobilienfondsfinanzierung einige Unterschiede auf.

Das Finanzierungsleasing zeichnet sich dadurch aus, dass eine Investitionsentscheidung des Leasingnehmers vorfinanziert wird. In der Regel erfolgt ein Ausschluss des ordentlichen Kündigungsrechts bei gleichzeitiger Vereinbarung einer langen Laufzeit mit dem Ziel der Vollamortisation für den Leasinggeber[47]. Dagegen ist für das Operate-Leasing charakteristisch, dass der Leasingvertrag für eine im Voraus bestimmte kurze Laufzeit abgeschlossen wird oder vom Leasingnehmer kurzfristig gekündigt werden kann[48]. Im Gegensatz zum Finanzierungsleasing hat die Finanzierungsfunktion beim Operate-Leasing nur eine untergeordnete Bedeutung. Im Vordergrund stehen das Absatzinteresse des Leasinggebers sowie das Nutzungsinteresse des Leasingnehmers[49]. Ein Erwerb ist beim Operate-Leasing seitens des Leasingnehmers nicht beabsichtigt, die Fondsgesellschaft amortisiert ihre Anschaffungskosten erst nach wiederholter Vermietung des Leasinggegenstandes[50]. Daraus folgt, dass beim Operate-Leasing im Unterschied zum Finanzierungsleasing weder der regelmäßige Eingang von Leasingraten, noch eine vereinbarte Schlusszahlung vertraglich gesichert sind. Im Ergebnis ist daher im Unterschied zum Finanzierungsleasing die Vollamortisation der Investition für den Anleger nicht gesichert[51]. Das Operate-Leasing stellt für Investoren somit grundsätzlich ein gegenüber dem Finanzierungsleasing höheres Risiko dar, da, anderes als

Kombination zwischen Verlustzuweisungen und Tonnagesteuer ausgenutzt. Zu Beginn der Fondslaufzeit werden einige Jahre lang Verlustzuweisungen genutzt und dann, wenn „Gewinne drohen“ wird in die Tonnagesteuer gewechselt. Ab 2006 ist eine Kombination beider steuerlicher Vergünstigungen nicht mehr möglich, der steuerpflichtige Kapitalanleger muss sich dann zwischen Verlustzuweisung und Tonnagebesteuerung entscheiden. Aus dem Steuersparmodell Schiff wird daher ab 2006 ein reines Tonnagesteuermodell werden, bei dem die operative Rendite zählen wird. Vgl. *Thiede* SZ 14.06.2004 S. 19; *Buchholtz/Hetzer/Schönwitz* Managermagazin S. 202.

46 *Lüdicke/Arndt/Götz* S. 155.

47 *Kalkschmid* Rn. 15, 17, 21; MK-BGB/*Habersack* Leasing Rn. 1; *Gabele/Dannenberg/Kroll* S. 4; *Staudinger/Stoffels* Leasing Rn. 9 ff.; *Palandt/Weidenkaff* 64. Auflage Einf. v. § 535 Rn. 39; FK-InsO/*Wegener* § 108 Rn. 10.

48 *Kalkschmid* Rn. 24; *Thomas* S. 3; *Lauenstein* S. 39 f.; *Seifert* S. 54; *Gabele/Dannenberg/Kroll* S. 3; MK-BGB/*Habersack* § 499 Rn. 36; FK-InsO/*Wegener* § 108 Rn. 9; *Palandt/Weidenkaff* 64. Auflage Einf. v. § 535 Rn. 40; *Staudinger/Stoffels* Leasing Rn. 16.

49 *Kalkschmid* Rn. 26.

50 *Thomas* S. 4; *Kalkschmid* Rn. 25; *Gabele/Dannenberg/Kroll* S. 3.

51 *Lüdicke/Arndt/Götz* S. 155; *Lauenstein* S. 39 f.; *Kalkschmid* Rn. 25; *Seifert* S. 54.

beim Finanzierungsleasing, keine Verlagerung des Investitionsrisikos auf den Leasingnehmer erfolgt[52]. Sollte sich die Leasinganschaffung später als unzweckmäßig erweisen, so kann sich der Leasingnehmer beim Operate-Leasing durch Kündigung vom Vertrag trennen, was ihm beim Finanzierungsleasing regelmäßig nicht möglich sein wird[53].

Ein weiterer Unterschied zum oben dargestellten Immobilienleasingfonds, bei dem das Betreiberrisiko auf den Leasingnehmer übertragen wird, liegt darin, dass beim Schiffsfonds typischerweise nicht bloß das „nackte" Schiff (sog. *bareboatcharter*), sondern ein vom Fonds betriebenes Schiff zur Nutzung überlassen wird. Da auf der Grundlage eines beim Operate-Leasing typischen Zeitchartervertrages die technisch-nautische Führung des Schiffes weiterhin bei der Fondsgesellschaft liegt, diese aber nicht über das notwendige Know-how und Personal verfügt, wird regelmäßig auf der Grundlage eines Geschäftsbesorgungsvertrages ein sog. Vertragsreeder mit der technisch-nautischen Führung des Schiffes beauftragt[54,55].

Wie beim geschlossenen Immobilienfonds erfolgt auch beim geschlossenen Schiffsfonds nur eine Teilfinanzierung der Investition durch das in die Beteiligungsgesellschaft eingebrachte Eigenkapital. Neben dem Rückgriff auf das Eigenkapital der Anleger finanziert der Fonds den Erwerb des Schiffes grundsätzlich durch ein Schiffshypothekendarlehen[56]. Das Darlehen wird standardmäßig durch eine erstrangige Schiffshypothek (§ 8 SchiffsRG) abgesichert, daneben erfolgt als Sicherheit der Banken üblicherweise die Abtretung der Ansprüche aus dem Chartervertrag sowie die Abtretung der Ansprüche aus Versicherungsverträgen[57]. Der Fremdkapitalanteil der Finanzierung beträgt regelmäßig zwischen 60 % und 80 % des Investitionsvolumens[58,59].

---

52 *Kalkschmid* Rn. 17; *Büschgen/Büschgen* § 1 Rn. 19; *Gabele/Dannenberg/Kroll* S. 3 f..

53 *Kalkschmid* Rn. 17.

54 *Lüdicke/Arndt/Götz* S. 155.

55 Bspw.: CONTI Schiffsbeteiligung MS „MSC Flaminia", NORDCAPITAL Schiffsbeteiligung MS „E.R. Seattle", DR. PETERS DS-Fonds Nr. 108 VLCC Ashna, GEBAB Baltic Produkttanker-Serie, HARREN & PARTNER MT Patalya, HANSE CAPITAL MT „HC Dalia", EMBDENA PARTNERSHIP AG MS „Georg Mitchell".

56 Bspw.: CONTI Schiffsbeteiligung MS „MSC Flaminia", NORDCAPITAL Schiffsbeteiligung MS „E.R. Seattle"; DR. PETERS DS-Fonds Nr. 108 VLCC Ashna, GEBAB Baltic Produkttanker-Serie, HARREN & PARTNER MT Patalya, HANSE CAPITAL MT „HC Dalia", EMBDENA PARTNERSHIP AG MS „Georg Mitchell".

57 Bankrecht und Bankpraxis/*Schmid-Burgk* Rn. 13/233; *Lüdicke/Arndt/Götz* S. 157.

58 *Lüdicke/Arndt/Götz* S. 157.

59 Bspw.: NORDCAPITAL Schiffsbeteiligung MS „E.R. Seattle"; GEBAB Baltic Produkttanker-Serie, HARREN & PARTNER MT Patalya, HANSE CAPITAL MT „HC Dalia", EMBDENA PARTNERSHIP AG MS „Georg Mitchell".

Aus diesen Ausführungen ergibt sich folgendes Schema über die wesentlichen Vertragsbeziehungen und die Struktur einer Schiffsfondsfinanzierung:

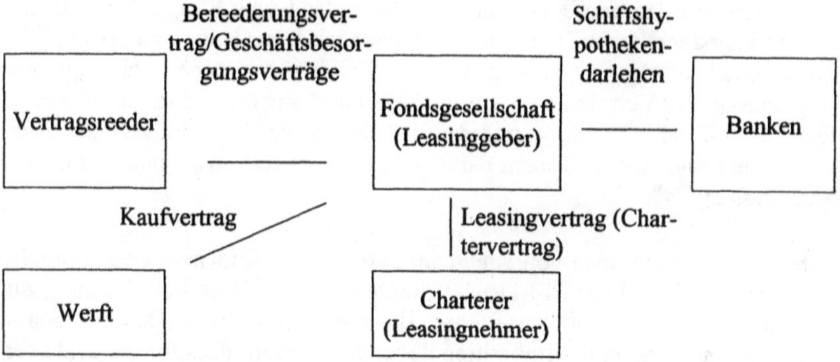

C. „Geschlossene Flugzeugfonds“

Auch die wirtschaftliche Bedeutung des Flugzeugleasings[60] hat in den vergangenen Jahren eine rasante Entwicklung genommen, da der Anstieg der Passagierzahlen und die Liberalisierung des Luftverkehrs zu einer wachsenden Nachfrage nach Flugzeugen geführt hat, die der Leasingbranche hohe Zuwachsraten beschert hat[61]. Bereits im Jahre 2001 wurde jedes zweite neu in Dienst gestellte Flugzeug von den Fluggesellschaften geleast[62]. Airbus geht davon aus, dass weltweit bis zum Jahre 2020 mehr als 18.000 Passagierflugzeuge neu gebaut werden müssen. Der damit verbundene Finanzierungsbedarf wird auf 1,4 Billionen US-Dollar geschätzt[63]. Zu erwähnen ist allerdings, dass gerade die Flugzeugbranche und damit auch geschlossene Flugzeugleasingfonds in den letzten Jahren durch mehrere Krisen gegangen ist[64].

60 Wenn allgemein von Flugzeugleasing und geschlossenen Flugzeugfonds die Rede ist, so entspricht dies nicht der exakten juristischen Formulierung. Der *terminus technicus* des Investitionsgegenstandes Flugzeuges ist nach der Legaldefinition in § 1 Abs. 2 LuftVG „Luftfahrzeug“, so dass eigentlich von Luftfahrzeugleasing und von einem „geschlossenen Luftfahrzeugleasingfonds“ gesprochen werden müsste. Gleichwohl wird im Folgenden entsprechend der allgemein gebräuchlichen Bezeichnung die Bezeichnung geschlossener Flugzeugleasingfonds verwendet.

61 Bankrecht und Bankpraxis/*Schmid-Burgk* Rn. 13/207.

62 *Steiner* FAZ 14.05.2001, Beilage Leasing, S. B 5.

63 *Heinke* SZ 23.02.2005, Beilage „Leasing“ S. V2/12.

64 Vgl. *Kiani-Kress* Wirtschaftswoche S. 52 ff.; *Heinke* SZ 23.02.2005, Beilage „Leasing“ S. V2/12.

Der Markt für Flugzeugleasingfonds ist unterteilt[65]. Es existieren einerseits sog. „German Leverage Leases" bzw. aus deren Struktur fortentwickelte „abgesicherte (Finance) Leasingfonds", bei denen eine Fondsgesellschaft ein Flugzeug erwirbt und typischerweise langfristig an eine in- oder ausländische Fluggesellschaft, die zum luftverkehrsrechtlichen Halter des Flugzeugs wird, zur Nutzung überträgt[66,67]. Daneben bestehen sog. „Operating Leasing Fonds", bei denen, für Operate-Leasing typisch, die Vermietung des Flugzeugs über eine kurz- oder mittelfristige Laufzeit (ca. 1-7 Jahre[68]) erfolgt und damit nicht für die Prospektdauer gesichert ist. Im Vordergrund steht in diesem Falle nicht die Finanzierung, sondern die Nutzungsüberlassung[69,70].

Im ersteren Fall spricht man von einem *„abgesicherten"* (Finance) Leasingfonds, da die Fondsgesellschaft das Objektrisiko durch eine unbedingte Verpflichtung zur Zahlung der Leasingraten und zur Zahlung des Restwertes abgibt. Darüber hinaus wird die Vollamortisation der Investition dadurch gesichert, dass für das Ende der Leasingvertragslaufzeit entweder ein Andienungsrecht der Fondsgesellschaft vereinbart ist oder die Fondsgesellschaft eine Mindesterlösgarantie vom Leasingnehmer oder vom Vermarkter erhalten hat, nach der dem Leasingnehmer der Erwerb des Flugzeuges zu einem bestimmten Preis ermöglicht wird, der die Vollamortisation sichert[71]. Dadurch ist das Investitionskapital des Fondsgesellschafters beim (Finance) Leasingfonds grundsätzlich vertraglich „abgesichert".

---

65 *Steiner* FAZ 14.05.2001, Beilage Leasing, S. B 5; *Lüdicke/Arndt/Götz* S. 182 f..

66 *Thomas* S. 3 f.; *Lüdicke/Arndt/Götz* S. 182 ff.; *Steiner* FAZ 14.05.2001, Beilage Leasing, S. B5.

67 Bspw.: Flugzeug Leasingfonds 60 - SACHSENFONDS.

68 *Lüdicke/Arndt/Götz* S. 184; *Steiner* FAZ 14.05.2001, Beilage Leasing, S. B 5.

69 *Steiner* FAZ 14.05.2001, Beilage Leasing, S. B 5; *Thomas* S. 4 f.; *Lüdicke/Arndt/Götz* S. 183 ff.; *Engel* StB 2000, Beilage 2, 28, 29.

70 Eine weitere Unterteilung erfolgt zwischen dem sog. *„Wet Lease"* und dem *„Dry Lease"*. Beim *Wet Lease* sind nicht nur Flugzeug, Wartung und Versicherung, sondern auch die gesamte Crew samt Piloten und Stewardessen im Leasingvertrag inklusive. Beim *Dry Lease* werden die Maschinen demgegenüber über mehrere Jahre verleast, die Fluggesellschaften passen deren Erscheinungsbild an das eigene Design und die eigenen Standards an. Der Service von der Wartung bis hin zum Catering ist Sache des Leasingnehmers, also der das Flugzeug betreibenden Fluggesellschaft. Bei geschlossenen Flugzeugleasingfonds überlässt die Fondsgesellschaft das Flugzeug üblicherweise im Wege des *Dry Lease* (*Heinke* SZ 23.02.2005, Beilage „Leasing" S. V2/12).

71 *Lüdicke/Arndt/Götz* S. 183 ff.; *Steiner* FAZ 14.05.2001, Beilage Leasing, S. B 5; *Thomas* S. 4.

Bei beiden Fondsarten stellt die Fondsgesellschaft meist eine Ein-Objekt-Gesellschaft (Single Purpose Company) dar. Dies ist aus haftungsrechtlichen Gründen geboten, da nach § 33 LuftVG der Flugzeughalter für Schäden verantwortlich ist, die durch den Betrieb des Flugzeugs entstehen[72].

Sowohl „abgesicherte (Finance) Flugzeugleasingfonds" als auch „Operate Flugzeugleasingfonds" weisen folgende Grundstruktur auf[73]:

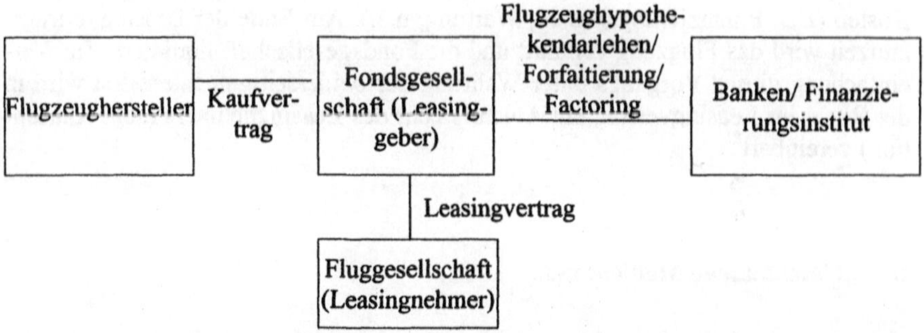

Auch beim Flugzeugfonds finanziert sich die Fondsgesellschaft zum einen durch die Aufnahme von Eigenkapital über ihre Anteilseigner, zum anderen durch Fremdkapital von Banken oder Finanzierungsinstituten[74]. Die Fremdfinanzierung der Fondsgesellschaft ist mit der Fremdfinanzierung bei geschlossenen Immobilien- und geschlossenen Schiffsfonds vergleichbar[75]. Die Absicherung des Fremdkapitalgebers erfolgt typischerweise durch die Eintragung einer Flugzeughypothek (§ 1 LuftfzRG)[76], durch eine Sicherungsabtretung der Leasingraten und/oder Ansprüchen gegen Versicherungen[77] sowie durch ein sog. „Certificat of Deposit"[78]. Bei der letztgenannten Sicherungsmethode legt die Fluggesellschaft als Leasingnehmerin ein Bardepot in Höhe des Barwertes eines bestimmten Teils einer im Leasingvertrag vereinbarten Restwertzahlung bei einem Finanzierungsinstitut an und überträgt diese zur Sicherheit an die Fondsgesellschaft und deren Anteilseigner[79]. Alternativ oder parallel zu dieser Art der Fremdkapitalaufnahme mit den un-

72 Bankrecht und Bankpraxis/*Schmid-Burgk* Rn. 13/209.

73 Vgl. *Büschgen* Flugzeug-Leasingfonds S. 8.

74 *Büschgen* Flugzeug-Leasingfonds S. 11; *Thomas* S. 47.

75 Bankrecht und Bankpraxis/*Schmid-Burgk* Rn. 13/212.

76 Bspw.: Flugzeug Leasingfonds 60 - SACHSENFONDS.

77 Bankrecht und Bankpraxis/*Schmid-Burgk* Rn. 13/212; vgl. zum Registerpfandrecht an Luftfahrzeugen die Darstellungen bei *Schölermann/Schmid-Burgk* WM 1990, 1137, 1140 ff..

78 Bspw.: Flugzeug Leasingfonds 60 - SACHSENFONDS.

79 *Thomas* S. 49 f..

terschiedlichen Sicherungsmitteln kommt eine Refinanzierung der Fondsgesellschaft durch Forfaitierung oder Factoring der Leasingraten in Betracht[80]. Die zugeflossenen Mittel werden von der Fondsgesellschaft zum Kauf des Flugzeuges beim Hersteller verwendet. Mit der Fluggesellschaft schließt die Fondsgesellschaft einen Leasingvertrag. Auf Grundlage dieses Vertrages überlässt sie der Fluggesellschaft das Flugzeug zur Nutzung. Die Fondsgesellschaft erhält im Gegenzug Leasingraten, soweit diese auf Grund Forfaitierung oder Factoring nicht direkt an das Finanzierungsinstitut fließen. Aus den zugeflossenen Leasingraten erfolgt die Ausschüttung an die Anteilseigner des Fonds sowie die Begleichung laufender Kosten (z.B. Finanzierungskosten, Wartung, u.ä.). Am Ende der Leasingvertragslaufzeit wird das Flugzeug verkauft und die Fondsgesellschaft liquidiert. Zur Vereinfachung dieses Vorgangs unter Wahrung der beiderseitigen Interessen wird in der Regel im Leasingvertrag ein Ankaufsrecht des Leasingnehmers (sog. Kaufoption) vereinbart[81].

D. „Geschlossene Medienfonds"

Geschlossene Medienfonds mussten im vergangenen Jahr einen Rückgang der Beteiligungen seitens der Kapitalanleger hinnehmen. Gegenüber 1,76 Mrd. Euro um Jahre 2003 investierten Anleger im Jahre 2004 nur 1,50 Mrd. Euro in die Beteiligungsform des geschlossenen Medienfonds[82]. Viele Anleger haben sich in jüngerer Zeit von den ausschließlich steuerlich orientierten Medienfonds abgewandt, da diese trotz eines erheblichen Verlustrisikos häufig nur geringe Ausschüttungen und Renditen erwirtschafteten[83].

Gegenstand der Investition bei Medienfonds sind regelmäßig Filmprojekte und Fernsehserien, deren Verfilmung durch die Fondsgesellschaft als Hersteller erfolgen soll (sog. „Produktionsfonds"). In selteneren Fällen werden auch Verwertungsrechte bereits fertig gestellter Filme erworben und in der Folge einem Verwertungsunternehmer überlassen (sog. „Filmverwertungsfonds")[84]. Die Strukturierung der Finanzierung und die wesentlichen Vertragsbeziehungen stellen sich bei Medienfonds grundsätzlich wie folgt dar:

---

80 *Büschgen* Flugzeug-Leasingfonds S. 12.

81 Bspw.: Flugzeug Leasingfonds 60 - SACHSENFONDS.

82 *Gröneweg* SZ 29./30.01.2005 S. 29.

83 *Riedl* Fonds & Co 2004, 54, 54.

84 *Lüdicke/Arndt/Götz* S. 3; *Lüdicke/Arndt* MMR 2001, Beilage 6, S. 2 Rn. 0.

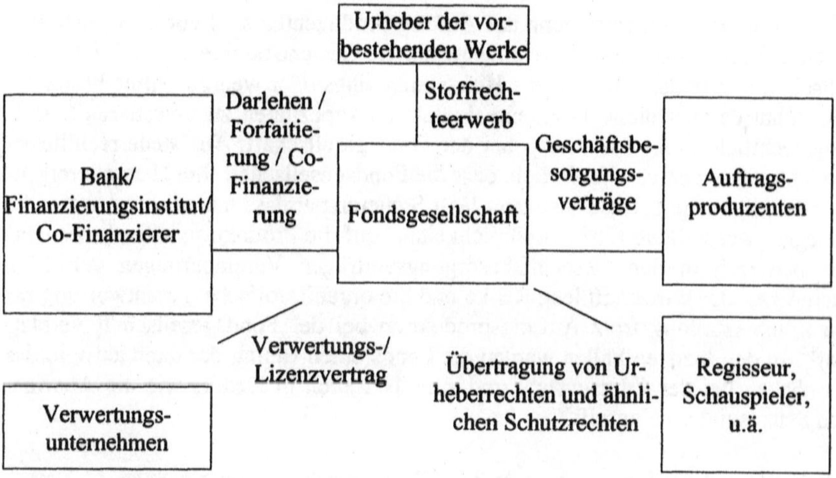

Die Herstellung eines neu produzierten und urheberrechtlich geschützten Filmes basiert in der Regel auf anderen, ebenfalls urheberrechtlich geschützten Werken, wie zum Beispiel Romanvorlagen, Drehbüchern oder Filmmusik. Um diese Werke für die Filmherstellung und für eine nachfolgende Verwertung nutzen zu können, werden die Verfilmungsrechte durch die Fondsgesellschaft von den Urhebern der vorbestehenden Werke erworben (sog. „Stoffrechteerwerb")[85]. Entweder wird die Kumulation der vorbestehenden Rechte (sog „packaging") unmittelbar durch den Fonds durchgeführt oder das packaging erfolgt zunächst mittelbar durch einen Projektentwickler, der die Verfilmungsrechte in einem weiteren Schritt auf die Fondsgesellschaft überträgt[86]. Im direkten Verhältnis zum Urheber des vorbestehenden Werkes ist die Verfügung im Rahmen des Stoffrechteerwerbes eine Rechtseinräumung im Sinne eines urheberrechtlichen Nutzungsvertrages eigener Art[87].

Zur Herstellung des Films greift die Fondsgesellschaft auf Geschäftsbesorger mit entsprechendem Herstellungsbetrieb (sog. „Auftragsproduzenten") zurück. Diese erbringen auf Grundlage von Geschäftsbesorgungsverträgen als Dienstleister für die Fondsgesellschaft die verschiedenen Herstellungsabschnitte (sog. „Auftragsproduktion")[88]. Typisch ist beispielsweise eine Aufteilung des Herstellungsprozesses in Projektentwicklung, Produktionsvorbereitung, Dreharbeiten und Nachbereitung („development, pre-production, principal photography, post-production")[89].

85 Vgl. zum Stoffrechteerwerb *Lüdicke/Arndt* MMR 2001, Beilage 6, S. 3 Rn. 2.

86 *Lüdicke/Arndt/Götz* S. 121 f..

87 *Lüdicke/Arndt/Götz* S. 122.

88 *Lüdicke/Arndt* MMR 2001, Beilage 6, S. 2 Rn. 1.

89 *Lüdicke/Arndt/Götz* S. 124; *Lüdicke/Arndt* MMR 2001, Beilage 6, S. 3 Rn. 3.

Hintergrund dieser Übertragung auf Auftragsproduzenten sind vor allem betriebswirtschaftliche, nicht jedoch haftungsrechtliche Gesichtspunkte. Da sich Fondsgesellschaften grundsätzlich auf die Herstellung eines oder weniger Filme beschränken, lohnt es sich nicht, in eigene Produktionskapazitäten zu investieren[90]. Haftungsrechtlich bleibt das Risiko bei der Fondsgesellschaft. Aus steuerrechtlichen Gesichtpunkten ist es erforderlich, dass die Fondsgesellschaft ihre Herstellereigenschaft nicht verliert. Das Finanzamt lässt Steuerersparnisse nur noch zu, wenn die Anleger „wesentliche Einflussmöglichkeiten" auf die Produktion haben[91]. Es werden demnach in den Geschäftsbesorgungsverträgen Vereinbarungen getroffen, nach denen das wirtschaftliche Risiko und die organisatorische Verantwortung für die Filmherstellung trotz Auftragsproduktion bei der Fondsgesellschaft verbleiben[92]. In den meisten Fällen wählen die Fonds einen Beirat, der dann aktiv in das Geschehen bei der Filmauswahl und zum Teil auch in Details wie die Auswahl von Schauspielern eingreift[93].

Neben den auf die Fondsgesellschaft zu übertragenden Urheberrechten der vorbestehenden Werke werden im Herstellungsprozess weitere Urheberrechte durch die künstlerisch Mitwirkenden, vor allem des Regisseurs und der Schauspieler, begründet. Um Rechte dieser Mitwirkenden an dem Filmwerk zu unterbinden und zugleich eine ungehinderte Verwertung und die steuerliche Vorteilhaftigkeit durch die Herstellereigenschaft zu gewährleisten, werden diese Urheberrechte ebenfalls auf die Fondsgesellschaft übertragen.

Auch bei den geschlossenen Medienfonds findet häufig lediglich eine Teilfinanzierung über die Einlagen der Gesellschafter der Fondsgesellschaft (Eigenkapitalfinanzierung) statt, eine Teilfinanzierung erfolgt über Fremdkapital durch Bankdarlehen, vor allem aber auch durch Forfaitierung/Factoring oder durch sog. Co-Finanzierung[94]. Eine Fremdkapitalbeschaffung in Form von Bankdarlehen ist im Falle der Medienfonds oft problematisch, da keine ausreichenden Sicherheiten vorhanden sind. Als Kreditsicherheiten stehen grundsätzlich nur die auf der Ebene des Fonds kumulierten Filmrechte und insbesondere die aus der Verwertung resultierenden Forderungen zur Verfügung. Neben der klassischen Darlehensfinanzierung hat sich daher bei den Medienfonds die Forfaitierung/das Factoring und die Co-Finanzierung als Form der Fremdkapitalfinanzierung herausgebildet. Bei der

---

90 *Lüdicke/Arndt* MMR 2001, Beilage 6, S. 2 Rn. 1.

91 BMF BStBl. I 2003 S. 406 f.; *Loipfinger* Managermagazin S. 1; *Buchholtz/Hetzer/Schönwitz* Managermagazin S. 198; *Gröneweg* SZ 27.12.2004 S. 27; *dies.* SZ 29./30.01.2005 S. 29.

92 *Lüdicke/Arndt/Götz* S. 125.

93 *Loipfinger* Managermagazin S. 1.

94 Bspw.: APOLLO Pro Movie, Unternehmerischer Beteiligungsfonds Hannover Leasing 158 Montranus II; Im Unterschied dazu geplante ausschließliche Eigenkapitalfinanzierung: BOLL 5. Kino Beteiligung, German Film Productions GFP II.

Forfaitierung bzw. dem Factoring verkauft die Fondsgesellschaft zur Mittelbeschaffung bereits feststehende Lizenzzahlungsansprüche für bestimmte Gebiete und/oder die Fondsgesellschaft verkauft Auswertungsarten an ein Finanzierungsinstitut und beschafft sich dadurch das noch fehlende Kapital[95]. Bei der Co-Finanzierung treten Sendeunternehmen oder Verwertungsunternehmen als Co-Finanzierer auf und beteiligen sich an dem erforderlichen Produktionsbudget, beispielsweise auf der Grundlage eines typisch stillen Gesellschaftsvertrages oder eines partiarischen Darlehensvertrages[96].

Den fertigen Film überlässt die Fondsgesellschaft einem Verwertungsunternehmen. Die Grundlage der Verwertung bildet dabei der sog. „Verwertungsvertrag". In der Praxis wird für diesen Vertrag in Analogie zum Patentrecht der Begriff „Lizenzvertrag" verwendet[97]. Der BGH spricht dagegen von einem Filmverwertungsvertrag, der nach seiner Ansicht einen urheberrechtlichen Nutzungsvertrag eigener Art darstelle und verschiedene Vertragstypen in sich vereinen könne[98]. Der Lizenz- bzw. Filmverwertungsvertrag ist folglich ein dem Pachtvertrag des bürgerlichen Rechts (und damit auch dem Leasingvertrag) nahe stehender verkehrstypischer Vertrag[99].

Auf Grundlage des Verwertungsvertrages erhält das Verwertungsunternehmen die Verwertungsrechte für einen bestimmten Zeitraum gegen Zahlung einer Lizenzgebühr[100]. Die Verwertung erfolgt damit bei einem Medienfonds, anders als bei den meisten anderen im Rahmen dieser Arbeit dargestellten Fonds, nicht über Leasingverträge, die Ausgestaltung der Verwertung ist aber der über Leasingverträgen sehr ähnlich und vergleichbar.

---

95 *Lüdicke/Arndt/Götz* S. 130.

96 *Lüdicke/Arndt/Götz* S. 130.

97 *Lüdicke/Arndt/Götz* S. 132; *Abel* NZI 2003, 121, 121; *Empting* S. 163; *Adolphsen* DZWiR 2003, 228, 228 f.; Zur Problematik der Begriffsverwendung: *Schricker/Schricker* vor § 28 ff. Rn. 21; *Fromm/Nordemann/Hertin* vor § 31 Rn. 61.

98 BGHZ 2, 331, 331 ff.; *Abel* NZI 2003, 121, 121.

99 BGH NJW 1970, 1503, 1503; *Abel* NZI 2003, 121, 121; *Palandt/Weidenkaff* 64. Auflage Einf. v. § 581 Rn. 7; MK-BGB/*Harke* § 581 Rn. 27; *Erman/Jendrek* Vorb. § 581 Rn. 7; MK-BGB/*Ulmer* Vor § 705 Rn. 122; *Staudinger/Emmerich* Vorb. § 581 Rn. 82; *Cepl* NZI 2000, 357, 358; *Adolphsen* DZWiR 2003, 228, 228 f..

100 *Abel* NZI 2003, 121, 121 f.; *Cepl* NZI 2000, 357, 357; *Adolphsen* DZWiR 2003, 228, 228 f..

E. „Geschlossene Containerleasingfonds"

Zuletzt weisen auch geschlossene Containerfonds eine ähnliche Struktur auf, wie sie bei den bisher dargestellten Fondstypen dargestellt wurde.

Das Angebotsspektrum bei der Kapitalanlage in Container reicht von dem klassischen Erwerb eines Containerpaketes durch einen einzelnen Kapitalanleger bis hin zu geschlossenen Fonds, die die kollektive Investition in Container ermöglichen[101]. Durch eine Kapitalanlage in Container wird versucht, von dem weltweit stark steigenden Bedarf an diesen Wirtschaftsgütern zu partizipieren. So wurden im Jahr 2004 weltweit 356 Millionen Standardcontainer umgeschlagen. Bis zum Jahr 2014 wird sich diese Menge nach einer Studie der HypoVereinsbank und des Londoner Beratungsunternehmens Drewry Shipping Consultans vermutlich verdoppeln[102].

Im Falle der Containerfonds kauft die Fondsgesellschaft unter Verwendung des von den Investoren erhaltenen Eigenkapitals sowie Verwendung seitens eines oder mehrerer Fremdkapitalgeber(n) als Darlehensgeber oder eines oder mehrerer Fremdkapitalgeber(n) auf Grund Factoring oder Forfaitierung erhaltenen Fremdkapitals eine große Stückzahl Container[103,104], deren Spezifikation (z.B. Standardcontainer, Tankcontainer) vorher festgelegt wurde. Die Container werden im Rahmen der Fremdkapitalbeschaffung als Sicherheit für die Darlehensgewährung sicherungsübereignet[105].

Die Fondsgesellschaft schließt mit internationalen Linienreedereien und Logistikunternehmen Leasingverträge über die Überlassung der Container. Die Leasingverträge sind dabei zum Zeitpunkt des Kaufes der Container zur Sicherheit der Kapitalanleger bereits abgeschlossen. Sie haben regelmäßig eine Vertragslaufzeit, die derjenigen entspricht, die als Bestandsdauer für die Fondsgesellschaft und damit als Bestandsdauer des Fonds vorgesehen ist. Am Ende der Laufzeit des Leasingvertrages, die regelmäßig mit der Prospektlaufzeit identisch ist, ist auch die Verwertung der Container gesichert: Für die Fondsgesellschaft ist nach den Leasingverträgen regelmäßig ein Andienungsrecht vereinbart, nach dem sich der Initiator verpflichtet, die Container zu einem garantierten und im Vorfeld vertraglich

---

101 *Brennecke/Hirsch* Vermögen & Steuern 2004, 26, 28.

102 SZ Nr. 46/2005 v. 25.02.2005 S. 23.

103 Bspw.: BUSS Logistics Container Fonds 1, CONRENDIT 3 - der Containerfonds, BUSS Container Fonds 3, CONRENDIT 4 - der Containerfonds.

104 *Blödorn* FLF 1997, 24, 24.

105 Bspw.: CONRENDIT 3 - der Containerfonds, BUSS Logistics Container Fonds 3, CONRENDIT 4 - der Containerfonds.

fixierten Rückkaufswert zurückzukaufen[106,107]. Nach dem oben gesagten handelt es sich damit bei geschlossenen Containerfonds regelmäßig um Finanzierungsleasingfonds.

Daraus ergibt sich für geschlossene Containerfonds folgende Struktur[108]:

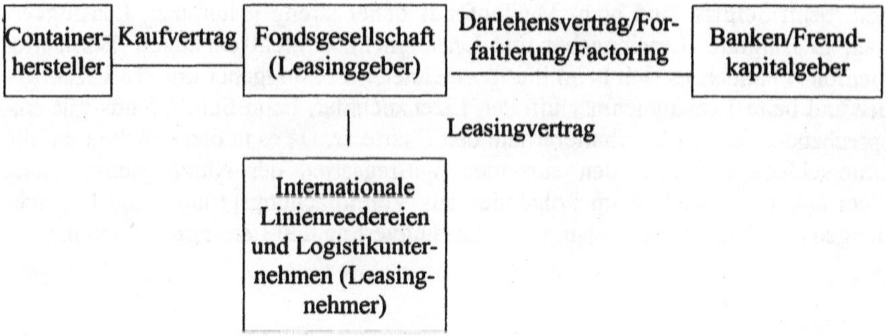

F. Ergebnis

Aus den Ausführungen wird deutlich, dass allen dargestellten Fonds eine einheitliche Struktur zu Grunde liegt. Es findet nur eine Anpassung an die dem zu finanzierenden Wirtschaftsgut spezifischen Eigenarten statt. Den weiteren Ausführungen kann daher folgendes Schema zu Grunde gelegt werden:

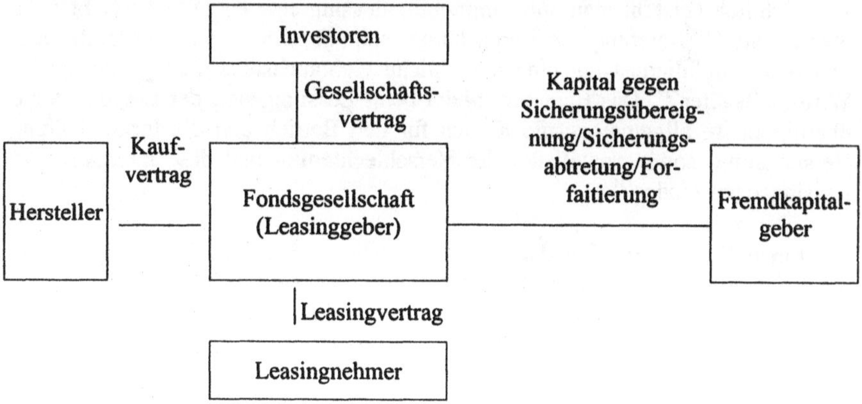

106 *Brennecke/Hirsch* Vermögen & Steuern 2004, 26, 28.

107 Bspw.: BUSS Logistics Container Fonds 1; BUSS Logistics Container Fonds 3.

108 Vgl. zur Funktionsweise von geschlossenen Containerfonds auch *Brennecke/Hirsch* Vermögen & Steuern 2004, 26, 26 ff..

Wenn im Folgenden von Leasinggeber und Leasingnehmer die Rede ist, so ist damit die Fondsgesellschaft und der Endnutzer des zu finanzierenden Wirtschaftsgutes gemeint. Mit Leasingrate wird das für die Nutzungsüberlassung zu entrichtende Entgelt und mit Leasingvertrag der Nutzungsüberlassungsvertrag bezeichnet. Es wird nochmals darauf hingewiesen, dass es sich streng genommen sowohl beim Chartervertrag als auch beim Lizenzvertrag um keine Leasingverträge handelt, beim Schiffs- und beim Medienfonds daher streng genommen Leasingvertrag, Leasingrate, Leasinggeber und Leasingnehmer nicht existieren. Beim Medienfonds handelt es sich beim hier bezeichneten Leasinggeber um den Lizenzgeber und beim Leasingnehmer um den Lizenznehmer, beim Schiffsfonds gilt entsprechendes für den Vercharterer und den Charterer. Da es in dieser Arbeit auf die Unterschiede zwischen den einzelnen Vertragsarten der Nutzungsüberlassung nicht ankommt, werden im Folgenden aus Vereinfachungsgründen die Bezeichnungen Leasingnehmer, Leasingeber, Leasingvertrag und Leasingraten benutzt.

Abschnitt 2: Immobilen- und Mobilienfonds im Sinne der Insolvenzordnung

Teil 1: Immobilienfonds im Sinne der Insolvenzordnung

Zivilrechtlich versteht man unter Immobilienleasing eine entgeltliche Gebrauchsüberlassung (Vermietung und Verpachtung) von unbeweglichen Wirtschaftsgütern und unter Mobilienleasing eine entgeltliche Gebrauchsüberlassung beweglicher Wirtschaftsgüter[109]. Das Eigentum bleibt beim Leasinggeber, der Leasingnehmer übernimmt im allgemeinen die Kosten für den Betrieb und die Instandhaltung, Versicherung, sowie das Risiko der Verschlechterung und des Untergangs des Leasinggegenstandes[110].

Folgt man dieser Definition, dann würde es sich von den oben dargestellten Fonds nur bei einem geschlossenen Immobilienfonds um einen Immobilienfonds handeln, die übrigen Fonds wären als Mobilienfonds einzuordnen.

---

109 *Büschgen/Büschgen* § 1 Rn. 31; *Obermüller* Rn. 7.4; *Biewald/Heinritzi* S. 26; MK-BGB/*Habersack* Leasing Rn. 10.

110 BGH NJW 1998, 1637, 1638; *Obermüller* Rn. 7.4; *Palandt/Weidenkaff* 64. Auflage Einf. v. § 535 Rn. 37; MK-BGB/*Habersack* Leasing Rn. 1.

Wie die folgenden Ausführungen zeigen werden, ist der insolvenzrechtliche Begriff des unbeweglichen Gegenstandes jedoch weiter als der des bürgerlichen Rechts[111]. Nach der Insolvenzordnung handelt es sich auch bei den durch inländische Fondsgesellschaften finanzierten Schiffen und Flugzeugen um unbewegliche Gegenstände (Immobilien)[112], obwohl Schiffe und gerade auch Flugzeuge an sich höchst bewegliche Gegenstände darstellen. Dies hat zur Folge, dass auch Schiffs- und Flugzeugleasingfonds im Sinne der Insolvenzordnung als Immobilienfonds zu bezeichnen sind.

Kapitel 1: Grundstücke (Immobilen) = unbewegliche Gegenstände im Sinne der Insolvenzordnung

Wie das Zivil- und das Steuerrecht unterscheidet auch die Insolvenzordnung zwischen beweglichen und unbeweglichen Sachen. Unbewegliche Sachen werden in der Insolvenzordnung als „Grundstücke“ (vgl. § 32, § 106 Abs. 1 Satz 1 InsO) oder als „unbewegliche Gegenstände“ (vgl. § 21 Abs. 2 Nr. 3, § 49, § 108 Abs. 1 Satz 1 InsO) bezeichnet[113]. Definiert werden unbewegliche Gegenstände nach der Legaldefinition derselben in § 49 InsO aber als diejenigen Gegenstände, die der Zwangsvollstreckung in das unbewegliche Vermögen unterliegen[114]. Welche Gegenstände der Zwangsvollstreckung in das unbewegliche Vermögen unterliegen, bestimmt sich wiederum nach den §§ 864, 865 ZPO in Verbindung mit §§ 93 ff., 97 f., 1120 ff. BGB[115].

Im Hinblick auf die für einen geschlossenen Immobilienfonds üblichen Investitionsgüter ergibt sich aus diesen Normen, dass zu den unbeweglichen Gegenständen im Sinne der Insolvenzordnung Grundstücke (auch Miteigentumsanteile an diesen) sowie grundstücksgleiche Rechte (Erbbaurecht, Gebäudeeigentum, Woh-

---

111 *Kalkschmid* Rn. 59.

112 *K/P/Tintelnot* § 108 Rn. 9; *Braun/Bäuerle* § 49 Rn. 11 f.; *Beck/Depré/Ringstmeier* § 15 Rn. 9; *H/W/W/Hess* § 108 Rn. 1, 52; FK-InsO/*Joneleit/Imberger* § 49 Rn. 22 f.; *Schmid-Burgk* S. 313; *Schölermann/Schmid-Burgk* WM 1990, 1137, 1138; Bankrecht und Bankpraxis/*Schmid-Burgk* Rn. 13/210; *Kalkschmid* Rn. 59; *Palandt/Heinrichs* 64. Auflage Überbl. v. § 90 Rn. 3; *Engel* StB 2000, Beilage 2, 28, 29; *Obermüller/Hess* Rn. 1528.

113 *Kalkschmid* Rn. 54.

114 *Kalkschmid* Rn. 55; *Uhlenbruck/Uhlenbruck* InsO § 49 Rn. 1; *H/W/W/Weis* § 49 Rn. 14; *Braun/Kroth* § 108 Rn. 9; *Smid/Smid* InsO § 108 Rn. 3.

115 *Braun/Bäuerle* § 49 Rn. 2; HK-InsO/*Eickmann* § 49 Rn. 6; *Uhlenbruck/Uhlenbruck* InsO § 49 Rn. 10; *H/W/W/Weis* § 49 Rn. 15; *K/P/Prütting* § 49 Rn. 10.

nungs- und Teileigentum) bzw. Miteigentumsanteile an diesen gehören[116]. Denn diese unterliegen gem. §§ 864, 865 ZPO in Verbindung mit §§ 93 ff., 97 f., 1120 ff. BGB der Zwangsvollstreckung in das unbewegliche Vermögen[117]. Die Zwangsvollstreckung erstreckt sich auf das Grundstück, auf die nicht sonderrechtsfähigen Bestandteile des Grundstücks im Sinne des § 94 BGB sowie gem. § 865 Abs. 1 ZPO, § 1120 BGB auf die Erzeugnisse, die sonstigen Bestandteile und das Zubehör des Grundstücks. Nach der Legaldefinition des § 49 InsO gelten daher Grundstücke, deren nicht sonderrechtsfähige Bestandteile und das Zubehör als unbewegliche Gegenstände (Immobilien) im Sinne der Insolvenzordnung. Entsprechend gelten Leasingverträge über Grundstücke, deren nicht sonderrechtsfähige Bestandteile und deren Zubehör als Immobilienleasingverträge[118].

Kapitel 2: Flugzeuge und Schiffe = unbewegliche Gegenstände im Sinne der Insolvenzordnung

Die insolvenzrechtliche Qualifizierung von Flugzeugen und Schiffen als unbewegliche Gegenstände trotz deren zivilrechtlicher Qualifikation als bewegliche Gegenstände ergibt sich aus § 49 InsO in Verbindung mit den §§ 864 Abs. 1, 870a ZPO, 47, 99 Abs. 1 LuftfahrzeugRG[119,120]. Darüber hinaus ergibt sich diese Quali-

---

[116] *H/W/W/Weis* § 49 Rn. 16 ff.; *Uhlenbruck/Uhlenbruck* InsO § 49 Rn. 10 ff.; HK-InsO/*Eickmann* § 49 Rn. 7; *K/P/Prütting* § 49 Rn. 10; *Gottwald* „Zwangsvollstreckung" § 864 Rn. 2 f..

[117] *Stein/Jonas/Münzberg* § 864 Rn. 2-11; *Musielak/Becker* § 864 Rn. 1-4; *Zöller/Stöber* § 864 Rn. 1 ff.; *Stöber* HRP Rn. 5 ff.; *Schuschke/Walker/Walker* § 864 Rn. 2 f..

[118] MK-InsO/*Ganter* § 49 Rn. 12 ff.; *Braun/Bäuerle* § 49 Rn. 4; *Bork* InsO Rn. 247; HK-InsO/*Eickmann* § 49 Rn. 6 ff.; A.A. *Kalkschmid* Rn. 61 ff.. Danach definiere § 865 ZPO im Gegensatz zu § 864 Abs.1 ZPO nicht den Begriff des unbeweglichen Gegenstandes, sondern nur das Verwertungsrecht an den Gegenständen. In Folge dessen seien die sonstigen mithaftenden Gegenstände des Grundstücks als bewegliche Gegenstände einzuordnen. Würde man dieser Auffassung folgen, so käme man zu dem Ergebnis, dass Immobilienleasingverträge in der Insolvenz auseinandergerissen werden müssten. Die Leasingverträge enthalten sowohl Regelungen über das Grundstück als auch über das sonstige Zubehör. Ein Teil der Leasingverträge würde dann in der Insolvenz fortbestehen, ein anderer Teil dem Wahlrecht des Insolvenzverwalters unterliegen. Dies ist nicht praxisgerecht und nicht vom gesetzgeberischen Willen umfasst.

[119] MK-InsO/*Ganter* § 49 Rn. 7, 9; *Braun/Bäuerle* § 49 Rn. 11 f.; HK-InsO/*Eickmann* § 49 Rn. 6 f.; *Sinz* KS-InsO, S. 595 Rn. 3; Bankrecht und Bankpraxis/*Schmid-Burgk* Rn. 13/210; *Schmid-Burgk/Ditz* ZIP 1996, 1123, 1125 Fn. 9; *Schmid-Burgk* ZIP 1998, 1022, 1022; *Engel* BB 1999 Beilage 6, 23, 27; *Engel/Völckers* Rn. 361; *Seifert* NZM 1998, 217, 220; *Thomas* S. 146, 164; *Kalkschmid* Rn. 59; *Bien* S. 96; 109; *Engel* StB 2000, Beilage 2, 28, 29; *Bamberger/Roth/Ehlert* Vor § 535 Rn. 120.

fizierung durch die Gleichstellung von Schiffen und Flugzeugen mit Grundstücken an verschiedenen Stellen der Insolvenzordnung[121]. In den §§ 32, 33, 228, 267 InsO wird jeweils für Schiffe und Flugzeuge auf die entsprechende Regelung für Grundstücke verwiesen.

A. Schiffe

Wie bei den Ausführungen über die Einordnung von Grundstücken als Immobilien im Sinne der Insolvenzordnung dargestellt wurde, beinhaltet § 49 InsO eine Legaldefinition, nach der es sich bei Gegenständen, die der Zwangsvollstreckung in das unbewegliche Vermögen unterliegen, insolvenzrechtlich um unbewegliche Gegenstände handelt[122]. Gem. § 864 Abs. 1 ZPO unterliegen der Zwangsvollstreckung in das unbewegliche Vermögen die im Schiffsregister eingetragenen Schiffe und die Schiffsbauwerke, die im Schiffsbauregister eingetragen sind oder eingetragen werden können. Dies ist auf Grund des § 870a Abs. 1 ZPO insofern einzuschränken, als dass für Schiffe und Schiffsbauwerke weiterhin eine Eintragung einer Schiffshypothek oder eine Zwangsversteigerung möglich sein muss. § 870a ZPO ergänzt die §§ 864-870 ZPO durch Besonderheiten des Schiffsrechts[123]. Indem § 870a Abs. 1 ZPO anordnet, dass die Zwangsvollstreckung in ein Schiff oder Schiffsbauwerk nur durch Eintragung einer Schiffshypothek oder durch Zwangsversteigerung möglich ist, ergibt sich im Umkehrschluss aus dieser die Besonderheiten des Schiffsrechts berücksichtigenden Norm, dass, wenn eine solche Zwangsvollstreckung nicht möglich ist, Schiffe und Schiffsbauwerke nicht der Zwangsvollstreckung in das unbewegliche, sondern der Zwangsvollstreckung in das bewegliche Vermögen unterliegen[124].

Schiffe gelten folglich als unbewegliche Gegenstände im Sinne der Insolvenzordnung, wenn sie gem. § 864 Abs. 1 ZPO im Schiffsregister eingetragen sind und weiterhin die Möglichkeit einer Zwangsversteigerung oder die Möglichkeit einer Eintragung einer Schiffshypothek gegeben ist.

---

120 Die Qualifizierung von Flugzeugen und Schiffen als unbewegliche Gegenstände entspricht der vor Einführung der Insolvenzordnung zum 01.01.1999 geltenden KO. Auch dort galten Flugzeuge und Schiffe als Immobilien; *Seifert* NZM 1998, 217, 220.

121 *Thomas* S. 164.

122 Vgl. hierzu die Ausführungen auf S. 21.

123 *Musielak/Becker* § 870a Rn. 1; MK-ZPO/*Eickmann* § 870a Rn. 1; *Gottwald* „Zwangsvollstreckung" § 870a Rn. 1.

124 *Wieczorek/Schütze/Storz* Vor §§ 864 ff. Rn. 5.

I. Deutsche Schiffe

Unproblematisch ist nach dieser Definition die Qualifikation von Schiffen deutscher Fonds, die im Inland eingetragen sind. Die in den §§ 864 Abs. 1, 870a Abs. 1 ZPO alternativ genannte Voraussetzung, es müsse sich um ein eingetragenes Schiff handeln, ist durch die Eintragung im Sinne des § 3 Abs. 2 Schiffsregisterordnung (SchiffsRegO) erfüllt. Weiterhin ist bei einem im Inland eingetragenen Schiff auch die Eintragung einer Schiffshypothek gem. § 8 Abs. 1 Satz 1 des „Gesetzes über Rechte an eingetragenen Schiffen und Schiffsbauwerken" (SchiffsRG) möglich[125]. Der Anwendungsbereich dieses Gesetzes ist durch die Eintragung gem. § 1 SchiffsRG eröffnet[126].

Die gem. §§ 864, 870a ZPO als Alternative zur Eintragung einer Schiffshypothek normierte Voraussetzung der Möglichkeit einer Zwangsversteigerung ist gem. § 869 ZPO durch das Zwangsversteigerungsgesetz geregelt. Für im Inland im Schiffsregister eingetragene Schiffe finden sich dort Regelungen in den §§ 162 ff. ZVG. Wie die Eintragung einer Schiffshypothek ist danach die Zwangsversteigerung von im Inland eingetragenen Schiffen möglich[127].

Im Ergebnis sind mithin bei im Inland im Schiffsregister eingetragenen Schiffen die für eine Zwangsvollstreckung in das unbewegliche Vermögen erforderlichen Voraussetzungen der §§ 864, 870a ZPO erfüllt. Da es sich bei diesen Schiffen um der Zwangsvollstreckung in das unbewegliche Vermögen unterliegende Gegenstände handelt[128], gelten solche Schiffe nach der Legaldefinition des § 49 InsO insolvenzrechtlich als unbewegliche Gegenstände.

II. „Ausgeflaggte" Schiffe

Häufig wird für Schiffe deutscher Fondsgesellschaften aus wirtschaftlichen Gründen (zur Senkung der Betriebskosten, zum Teil aus steuerlichen Gründen[129]) an

---

[125] Vgl. hierzu *Staudinger/Nöll* § 8 SchiffsRG Rn. 20; *Dassler/Muth* Vor § 162 Rn. 30; *Soergel/Winter* SchiffsG § 8 Rn. 1.

[126] *Staudinger/Nöll* § 1 SchiffsRG Rn. 1; *Soergel/Winter* SchiffsG § 1 Rn. 9.

[127] *Stöber* ZVG § 162 Rn. 3; *Steiner/Hagemann* § 162 Rn. 6; *Dassler/Muth* § 162 Rn. 1; *Rabe/Prüssmann* Vor § 476 Rn. 21.

[128] *Dassler/Muth* Vor § 162 Rn. 3; *Stein/Jonas/Münzberg* § 870a Rn. 1; MK-ZPO/*Eickmann* § 870a Rn. 2; *Stöber* HRP Rn. 5; *Schuschke/Walker/Walker* § 870a Rn. 1; *Drischler* KTS 1980, 111, 111; *Wieczorek/Schütze/Storz* § 864 Rn. 9; *Seebode* DR 1941, 620, 620.

[129] *Lüdicke/Arndt/Götz* S. 156.

Stelle der Bundesflagge eine „Billigflagge“ gewählt (sog. „Ausflaggung“)[130]. Hierzu bieten sich verschiedene Gestaltungsmöglichkeiten an:

1.) Befristeter Flaggenwechsel nach § 7 Flaggenrechtsgesetz (FlaggRG)

Nachdem bereits bei der Beschreibung geschlossener Schiffsfonds ausgeführt wurde, dass Schiffsfonds häufig als sog. Operate-Leasingfonds aufgelegt werden und damit typischerweise nur eine kurzzeitige vertragliche Überlassung des Schiffes an einen Leasingnehmer erfolgt[131], kommt eine Gestaltung unter Anwendung des § 7 FlaggRG in Betracht[132]. Grundsätzlich müssen Schiffe deutscher Fonds nach §§ 1, 6 FlaggRG die deutsche Flagge führen[133]. Eine solche Verpflichtung besteht gem. § 1 Abs. 1 FlaggRG grundsätzlich in Bezug auf alle Seeschiffe, deren Eigentümer Deutsche sind und ihren Wohnsitz im Geltungsbereich des Grundgesetzes haben, sowie in Bezug auf alle Binnenschiffe, wenn sie einen inländischen Heimatort haben, von dem aus die Schifffahrt betrieben wird[134]. Dem Eigentum von deutschen Staatsangehörigen mit Wohnsitz im Inland steht gem. § 1 Abs. 2 a) FlaggRG das Eigentum von OHGs und KGs (den typischen Gesellschaftsformen deutscher Fondsgesellschaften[135]), die ihren Sitz im Inland haben, gleich, wobei bei diesen die Mehrheit sowohl der persönlich haftenden als auch der zur Geschäftsführung und Vertretung berechtigten Gesellschafter aus Deutschen bestehen und außerdem nach dem Gesellschaftsvertrag die deutschen Gesellschafter die Mehrheit der Stimmen haben muss[136].

Eine Ausnahme von der Flaggenführungspflicht lässt § 7 Abs. 1 FlaggRG zu. Auf Antrag kann das Bundesministerium für Verkehr, Bau- und Wohnungswesen eine auf Zeit (maximal zwei Jahre) begrenzte Ausflaggung genehmigen, wenn ein deutsches Seeschiff für mindestens ein Jahr, aber höchstens zwei Jahre, an einen

[130] Bspw.: GEBAB Baltic S-Produkttanker-Serie (Flagge: Malta), HAMBURGISCHE SEEHAND-LUNG Trio 4000 (Flagge: Liberia), „Six-Pack“ MPC Santa-P-Schiffe (Flagge: Liberia), MPC Santa-L-Schiffe (Flagge: Liberia).

[131] Vgl. hierzu die Ausführungen auf S. 8.

[132] Vgl. zu dieser Konstruktion die Ausführungen von *Kröger* TransportR 1988, 173, 173 ff..

[133] *Drischler* KTS 1980, 111, 113; *Schaps/Abraham* v. § 476 Rn. 37; *Rabe/Prüssmann* v. § 476 Rn. 2

[134] Im Umkehrschluss aus der Definition ausländischer Schiffe bei *Stöber* ZVG § 171 Rn. 1; *Dassler/Muth* Vor § 162 Rn. 12; *Steiner/Hagemann* § 171 Rn. 17 ff..

[135] *Thomas* S. 35; *Lauenstein* S. 13, 36 f., 217; *Blödorn* FLF 1997, 24, 24; *Jäschke* S. 14; *Helmer* S. 157 f., 160 ff., 175; *Büschgen/Berninghaus* § 31 Rn. 8, 13; *Biewald/Heinritzi* S. 72, 123; *Zitelmann* S. 88, 113.

[136] *Schaps/Abraham* Vor § 476 Rn. 38; *Drischler* KTS 1980, 111, 111f..

Ausländer *bareboat*[137] verchartert wird[138]. Wird eine hierauf gerichtete rechtliche Gestaltung gewählt und findet eine Ausflaggung nach § 7 FlaggRG statt (was allerdings die Ausnahme darstellen wird, da typischerweise nicht bloß das nackte Schiff (sog. *bareboatcharter*), sondern ein vom Fonds betriebenes Schiff zur Nutzung überlassen wird[139]), so bleibt das Schiff ein deutsches Schiff und unterliegt trotz der Ausflaggung der Zwangsversteigerung in das unbewegliche Vermögen nach deutschem Zwangsversteigerungsrecht[140]. Im Falle der Ausflaggung bleibt die Eintragung des betreffenden Schiffes im Schiffsregister auch während der Ausflaggung weiterhin bestehen und es erfolgt lediglich eine Eintragung eines entsprechenden Vermerkes im Schiffszertifikat (Flaggenzeugnis)[141]. Auch während der Ausflaggung gem. § 7 Abs. 1 FlaggRG liegt ein im Schiffsregister eingetragenes Schiff vor. Entsprechend gelten die für diese oben getroffenen Ausführungen[142]. Insolvenzrechtlich handelt es sich demnach auch bei nach § 7 Abs. 1 FlaggRG ausgeflaggten Schiffen um unbewegliche Gegenstände.

2.) Ausflaggung durch Veränderung der Eigentumsverhältnisse

Alternativ zur Ausflaggung gem. § 7 FlaggRG bietet sich eine Ausflaggung durch Veränderung der Eigentumsverhältnisse an. In diesem Fall wird eine ausländische Einzweckgesellschaft, an der die Fondsgesellschaft sämtliche Anteile hält, als Treuhandeigentümerin zwischengeschaltet. Die Auslandsgesellschaft wird zivilrechtliche Eigentümerin, während das wirtschaftliche Eigentum weiter beim deutschen Schiffsfonds bleibt[143].

a) Rechtliche Einordnung der Schiffe

In der Folge dieser rechtlichen Gestaltung wird das Investitionsobjekt des Schiffsfonds zu einem ausländischen Schiff im Sinne des Zwangsvollstreckungsrechts. Das deutsche Zwangsvollstreckungsrecht setzt bezüglich der Abgrenzung eines inländischen Schiffs gegenüber einem ausländischen Schiff beim Schiffseigentümer an. Im Umkehrschluss zur obigen Definition für inländische Schiffe und in Anleh-

---

137 Vgl. zur sog. *bareboatcharter* die Ausführungen auf S. 10.

138 *Stöber* ZVG § 162 Rn. 3; *Drischler* KTS 1980, 111, 113; *Schaps/Abraham* Vor § 476 Rn. 40.

139 *Lüdicke/Arndt/Götz* S. 155.

140 *Stöber* ZVG § 162 Rn. 3; *Drischler* KTS 1980, 111, 113.

141 *Drischler* KTS 1980, 111, 113.

142 Vgl. hierzu die Ausführungen auf S. 24 f..

143 *Lüdicke/Arndt/Götz* S. 156.

nung an § 1 FlaggRG handelt es sich um ausländische Seeschiffe, soweit kein ausschließliches Eigentum deutscher Staatsangehöriger vorliegt, die ihren Wohnsitz im Geltungsbereich des Grundgesetzes haben, bzw. um ausländische Binnenschiffe, wenn kein inländischer Heimatort vorliegt, von dem aus die Schifffahrt betrieben wird[144]. Dem Eigentum von deutschen Staatsangehörigen mit Wohnsitz im Inland steht auch in diesem Fall das Eigentum von OHGs und KGs, die ihren Sitz im Inland haben, gleich, soweit die Mehrheit sowohl der persönlich haftenden als auch der zur Geschäftsführung und Vertretung berechtigten Gesellschafter aus Deutschen besteht und außerdem nach dem Gesellschaftsvertrag die deutschen Gesellschafter die Mehrheit der Stimmen haben[145].

Wurde das zivilrechtliche Eigentum auf eine ausländische Tochtergesellschaft übertragen, so führt dies dazu, dass die deutsche Fondsgesellschaft zwar immer noch wirtschaftlicher Eigentümer ist[146]. Maßgeblich ist insofern jedoch, dass das zivilrechtliche Eigentum bei der ausländischen Tochtergesellschaft mit Sitz im Ausland besteht. Dies führt nach der Definition ausländischer Seeschiffe dazu, dass diese als ausländische Schiffe im Sinne des Zwangsvollstreckungsrechts zu behandeln sind, da sowohl das Eigentum nicht unmittelbar einem deutschen Eigentümer zusteht und die ausländische Tochtergesellschaft als Eigentümerin ihren Sitz auch nicht im Inland hat.

b) Ausländische Schiffe als unbewegliche Gegenstände des Insolvenzrechts

Handelt es sich bei Schiffen, die sich im zivilrechtlichen Eigentum einer ausländischen Tochtergesellschaft des Schiffsfonds befinden, somit um ausländische Schiffe im Sinne des Zwangsvollstreckungsrechts, so bleibt zu prüfen, ob es sich bei diesen zwangsvollstreckungsrechtlich um bewegliche oder unbewegliche Gegenstände handelt. Hiervon hängt die insolvenzrechtliche Einordnung der Schiffe als bewegliche oder unbewegliche Gegenstände ab.

Streng nach dem Wortlaut der §§ 864, 870a ZPO würde es sich bei einem ausländischen Schiff um einen der Mobiliarvollstreckung unterliegenden Gegenstand handeln. Die genannten Normen unterwerfen nach ihrem Wortlaut lediglich eingetragene Schiffe sowie Schiffsbauwerke, die eingetragen sind oder eingetragen werden können, der Zwangsvollstreckung in das unbewegliche Vermögen. Die Normen sind jedoch im Hinblick auf ausländische Schiffe unter Berücksichtigung

144 *Stöber* ZVG § 171 Rn. 1; *Dassler/Muth* Vor § 162 Rn. 12; *Steiner/Hagemann* § 162 Rn. 18; *Drischler* KTS 1980, 111, 112.

145 *Schaps/Abraham* vor § 476 Rn. 38; *Drischler* KTS 1980, 111, 112.

146 *Lüdicke/Arndt/Götz* S. 156.

des § 171 ZVG auszulegen. Dies ergibt sich aus § 869 ZPO. § 869 ZPO stellt anerkanntermaßen klar, dass das Zwangsvollstreckungsgesetz (ZVG) Teil der ZPO ist[147]. Anerkannt ist weiter, dass die ZPO gilt, soweit das ZVG keine entgegenstehenden eigenen Regeln enthält[148]. Daraus lässt sich im Umkehrschluss entnehmen, dass im Zweifel die Regelungen des ZVG und nicht die der ZPO anzuwenden sind, dass also, sofern eine ZPO-Vorschrift der Anwendung des ZVG entgegensteht, die ZPO-Vorschriften ZVG-konform ausgelegt werden müssen. Die in der ZVG vorgesehenen Zwangsversteigerungsmöglichkeiten müssen mithin bei der Auslegung der Zivilprozessordnung berücksichtigt werden.

§ 171 ZVG sieht ausdrücklich die Zwangsversteigerung eines ausländischen Schiffes, das, wenn es ein deutsches Schiff wäre, in das Schiffsregister eingetragen werden müsste, vor. Indem § 171 Abs. 1 ZVG von ausländischen Schiffen ohne Einschränkung spricht, zeigt die Norm, dass es gleichgültig ist, ob das Schiff im Ausland eingetragen ist oder nicht[149]. § 171 ZVG konkretisiert in Verbindung mit § 869 ZPO die in den §§ 864, 870a ZPO erwähnte Zwangsvollstreckung in das unbewegliche Vermögen folglich in einer Weise, zu der es bei einer strengen Auslegung des Wortlautes der §§ 864, 870a Abs. 1 ZPO gar nicht kommen könnte. Denn ausländische Schiffe unterliegen nach dem Wortlaut der §§ 864, 870a ZPO nicht der Zwangsvollstreckung in das unbewegliche Vermögen. Vor dem Hintergrund des § 171 ZVG hat deshalb durch eine ZVG-konforme Auslegung eine Erweiterung der Voraussetzung einer „Eintragung" im Sinne der §§ 864, 870a ZPO zu erfolgen: „Eingetragene Schiffe" im Sinne der §§ 864, 870a ZPO sind im Schiffsregister eingetragene Schiffe, sowie ausländische Schiffe, die, wenn sie deutsche Schiffe wären, in das Schiffsregister eingetragen werden müssten. Entsprechend handelt es sich auch bei durch Eigentumswechsel ausgeflaggten Schiffen um Schiffe, die im Sinne der §§ 864, 870a ZPO „eingetragen" sind.

Unproblematisch liegen neben der Eintragungserfordernis auch die weiteren Voraussetzungen für eine Zwangsvollstreckung in das unbewegliche Vermögen vor. Gem. § 869 ZPO in Verbindung mit § 171 ZVG ist die Zwangsversteigerung eines ausländischen Schiffes, das, wenn es ein deutsches Schiff wäre, in das Schiffsregister eingetragen werden müsste, möglich. Ob auch eine Eintragung einer Schiffshypothek möglich ist, richtet sich nach dem Recht des jeweiligen Staates, in dem das Schiff registriert ist. Da nur eine der beiden Voraussetzungen (Mög-

147 RGZ 70, 399, 402; *Musielak/Becker* § 869 Rn. 1; *Stein/Jonas/Münzberg* § 869 Rn. 1; MK-ZPO/*Eickmann* § 869 Rn. 1; *Schuschke/Walker/Walker* § 869 Rn. 1; *B/L/A/H/Hartmann* § 869 Rn. 3; *Gottwald* „Zwangsvollstreckung" § 869; *Wieczorek/Schütze/Storz* § 869 Rn. 1; *Zöller/Stöber* § 869 Rn. 1.

148 RGZ 70, 399, 402; *Musielak/Becker* § 869 Rn. 1; MK-ZPO/*Eickmann* § 869 Rn. 1; *Schuschke/Walker/Walker* § 869 Rn. 1; *Zöller/Stöber* § 869 Rn. 1; *B/L/A/H/Hartmann* § 869 Rn. 3; *Gottwald* „Zwangsvollstreckung" § 869; *Wieczorek/Schütze/Storz* § 869 Rn. 1.

149 *Stöber* ZVG § 171 Rn. 2; *Dassler/Muth* § 171 Rn. 1; *Steiner/Hagemann* § 171 Rn. 21.

lichkeit der Eintragung einer Schiffshypothek oder Möglichkeit der Zwangsversteigerung) erforderlich ist, unterliegen ausländische Schiffe, die, wenn sie deutsche Schiffe wären, in das Schiffsregister eingetragen werden müssten, daher auch unter diesem Gesichtpunkt einer Zwangsvollstreckung in das unbewegliche Vermögen und stellen damit im Ergebnis insolvenzrechtlich unbewegliche Gegenstände dar[150].

3.) Zwischenergebnis

Gleich, ob Schiffe deutscher Fondsgesellschaften wegen befristeter Ausflaggung im Sinne des § 7 FlaggRG oder wegen Ausflaggung durch Übertragung des zivilrechtlichen Eigentums auf eine ausländische Tochtergesellschaft eine andere als die deutsche Flagge führen, handelt es sich bei ihnen um Gegenstände, die der Zwangsvollstreckung in das unbewegliche Vermögen unterliegen. Insolvenzrechtlich stellen sie daher unbewegliche Gegenstände dar.

III. Nicht eingetragene Schiffe und ausländische Schiffe, die, wenn sie deutsche Schiffe wären, nicht eingetragen werden müssten

Nicht eingetragene Schiffe und ausländische Schiffe, die, wenn sie deutsche wären, nicht eingetragen werden müssten, sind üblicherweise keine Investitionsgüter deutscher Fonds[151]. Sie unterliegen der Mobiliarzwangsvollstreckung[152]. Da sowohl in der ZPO als auch im ZVG eine den §§ 864, 870a ZPO entsprechende Regelung, die das an sich bewegliche Vermögen Schiff in unbewegliches Vermögen umqualifiziert, für deutsche Schiffe, die nicht in das Schiffsregister eingetragen werden müssen, und für ausländische Schiffe, die, wenn sie deutsche wären, nicht

---

150 *Drischler* KTS 1980, 111, 113 f..; *Stöber* ZVG § 162 Rn. 3.

151 Dies folgt zum einen daraus, dass es sich bei Schiffen deutscher Fondsgesellschaften regelmäßig um hochpreisige Schiffe (z.B. Containerschiffe) handelt, für die, soweit es sich um deutsche Schiffe handelt, eine Eintragungspflicht im deutschen Schiffsregister besteht. Unabhängig von der gesetzlichen Eintragungsverpflichtung wird eine Eintragung im deutschen Schiffsregister bzw. bei ausländischen Schiffen eine Gewährleistung eines vergleichbaren Standards regelmäßig auch aus Vertriebs- und Marketinggesichtpunkten erfolgen. Bei deutschen Schiffen wird die regelmäßige Eintragung auch daran deutlich, dass meist eine Teilfinanzierung über ein Schiffshypothekendarlehen gegen Bestellung einer Schiffshypothek erfolgt. Eine Schiffshypothek kann aber nur bei einem eingetragenen Schiff bestellt werden.

152 *Sebode* DR 1941, 620, 621; *Stein/Jonas/Münzberg* § 803 Rn. 2; *Musielak/Becker* § 870a Rn. 2; MK-ZPO/*Schilken* § 803 Rn. 17; *Gottwald* „Zwangsvollstreckung“ § 870a Rn. 1; *Schuschke/Walker/Walker* § 870a Rn. 1; *Rosenberg/Schilken* S. 760; *Dassler/Muth* Vor § 162 Rn. 20; *Rabe/Prüssmann* Vor § 476 Rn. 22.

eingetragen werden müssten, nicht existiert, sind diese Schiffe im Wege der Zwangsvollstreckung in das bewegliche Vermögen zu verwerten. Insolvenzrechtlich stellen sie daher Mobilien dar.

IV. Ergebnis

Als Ergebnis lässt sich damit festhalten, dass deutsche Schiffe, die im Inland in das Schiffsregister eingetragen sind, sowie ausländische Schiffe, die, wenn sie deutsche wären, in das Schiffsregister eingetragen werden müssten, der Zwangsvollstreckung in das unbewegliche Vermögen unterliegen und damit insolvenzrechtlich unbewegliche Gegenstände darstellen. Da es sich bei den Schiffen, die Investitionsobjekte deutscher Fondsgesellschaften darstellen, regelmäßig um unter diese Definition fallende Schiffe handelt, stellen deutsche Schiffsfonds insolvenzrechtlich typischerweise Immobilienfonds dar.

B. Flugzeuge

I. Flugzeuge, eingetragen im Inland

Gem. § 99 Abs. 1 Halbsatz 1 LuftfahrzeugRG[153] gelten für Luftfahrzeuge die §§ 864 und 870a ZPO (ausgenommen § 870a Abs. 3 Satz 1 Halbsatz 2) sinngemäß mit der Maßgabe, dass an Stelle des eingetragenen Schiffes das in der Luftfahrzeugrolle eingetragene Luftfahrzeug und an Stelle der Schiffshypothek das Registerpfandrecht tritt. Luftfahrzeuge sind u. a. Flugzeuge, Drehflügler, Luftschiffe, Segelflugzeuge, Motorsegler, Frei- und Fesselballone, Drachen, Rettungsfallschirme, Flugmodelle, Luftsportgeräte und sonstige für die Benutzung des Luftraumes bestimmte Geräte, sofern sie in Höhen von mehr als 30 Metern über Grund oder Wasser betrieben werden können[154].

Für Flugzeuge, die im Inland eingetragen sind, bedeutet dies, dass die Ausführungen über die der Zwangsvollstreckung in das unbewegliche Vermögen unterliegenden deutschen Schiffe entsprechend gelten[155]. Im Inland eingetragene Flugzeuge unterliegen gem. §§ 864, 870a ZPO in Verbindung mit § 99 LuftfahrzeugRG

---

153 Text in *Stöber* ZVG, Textanhang 33.

154 Vgl. § 1 Abs. 2 LuftVG; *Stöber* ZVG § 171a Rn. 1; *Steiner/Hagemann* § 171a Rn. 20; *Dassler/ Muth* Vor § 162 Rn. 26; MK-InsO/*Ganter* § 49 Rn. 10; *Uhlenbruck/Uhlenbruck* InsO § 49 Rn.22.

155 Vgl. hierzu die Ausführungen auf S. 24 f..

der Zwangsvollstreckung in das unbewegliche Vermögen[156]. Die Zwangsvollstreckung erfolgt gem. § 869 ZPO in Verbindung mit §§ 171a-171g ZVG durch Zwangsversteigerung oder gem. § 99 LuftfahrzeugRG in Verbindung mit §§ 864, 865, 870a ZPO durch zwangsweise Eintragung eines Registerpfandrechts[157]. Gem. § 49 InsO gelten im Inland eingetragene Flugzeuge daher insolvenzrechtlich als unbewegliche Gegenstände[158,159].

II. Flugzeuge, registriert und eingetragen im Ausland

Wie bei geschlossenen Schiffsfonds ist es auch bei deutschen geschlossenen Flugzeugleasingfonds nicht untypisch, dass eine Gestaltung getroffen wird, nach der die Investitionsobjekte im Ausland registriert werden[160]. Im Falle einer solchen Eintragung in einem ausländischen Luftfahrzeugregister ist das entsprechende Luftfahrzeug regelmäßig nicht in der deutschen Luftfahrzeugrolle eingetragen, da Luftfahrzeuge gem. § 3 Abs. 1 Ziff. 1 LuftVG in die deutsche Luftfahrzeugrolle grundsätzlich nur dann eingetragen werden, wenn sie in einem ausländischen staatlichen Luftfahrzeugregister nicht eingetragen sind[161]. Einer Registrierung in einem ausländischen Register wird vielmehr eine Gestaltung vorangegangen sein, nach dem es sich bei dem Flugzeug zwangsvollstreckungsrechtlich um ein ausländisches Luftfahrzeug handelt[162].

---

156 *Stöber* ZVG § 171a Rn. 1; *ders.* HRP Rn. 5; *Dassler/Muth* Vor § 162 Rn. 28; *Steiner/Hagemann* § 171a Rn. 2; *Gottwald* „Zwangsvollstreckung" § 864 Rn. 3; MK-ZPO/*Eickmann* § 864 Rn. 25; *Zöller/Stöber* § 864 Rn. 4; *Musielak/Becker* § 870a Rn. 4; *Stein/Jonas/Münzberg* § 870a Rn. 13; *Wieczorek/Schütze/Storz* § 870a Rn. 7.

157 *Steiner/Hagemann* § 171a Rn. 4; *Stöber* ZVG § 171a Rn. 2; *Dassler/Muth* § 171a Rn. 2 f..

158 *Braun/Bäuerle* § 49 Rn. 11; FK-InsO/*Joneleit/Imberger* § 49 Rn. 23; *Uhlenbruck/Uhlenbruck* InsO § 49 Rn. 22; *K/P/Prütting* § 49 Rn. 10; MK-InsO/*Ganter* § 49 Rn. 9; HK-InsO/*Eickmann* § 49 Rn. 7; *H/W/W/Weis* § 49 Rn. 23.

159 Dagegen stellen nicht eingetragene Flugzeuge bewegliche Gegenstände dar, die der Mobiliarvollstreckung unterliegen (*Stein/Jonas/Münzberg* § 803 Rn. 2; MK-ZPO/*Eickmann* § 864 Rn. 26; *Steiner/Hagemann* § 171a Rn. 18; *Gottwald* „Zwangsvollstreckung" § 864 Rn. 3; *Dassler/Muth* v. § 162 Rn. 29; *Stöber* § 171 Rn. 1.1). Wie bei Schiffsfonds werden Flugzeuge aber regelmäßig eingetragen sein. Neben den genannten Gründen (vgl. Fn. 151) liegt dies daran, dass die Berechtigung zum Verkehr im deutschen Luftraum an Vorgaben gebunden ist (§ 1c LuftVG). Ähnliches gilt für ausländische Lufträume. Diesbezüglich muss es einem Fonds darauf ankommen, die Voraussetzungen für eine uneingeschränkte wirtschaftlicher Nutzbarkeit des Flugzeuges zu schaffen.

160 Bspw.: SACHSENFONDS Flugzeug Leasingfonds 60, bei dem die Registrierung des Investitionsobjektes Airbus A 321-200 ausweislich des Emissionsprospektes in Großbritannien erfolgt.

161 MK-ZPO/*Eickmann* § 864 Rn. 27.

162 Ein Luftfahrzeug ist ausländisch (§ 171h ZVG), wenn es nicht im ausschließlichen Eigen-

1.) Verweis durch § 106 LuftfahrzeugRG

Eine Regelung über die auf ausländische Luftfahrzeuge anzuwendenden zwangsvollstreckungsrechtlichen Vorschriften beinhaltet § 106 Abs. 1 Ziff. 1 LuftfahrzeugRG[163]. Danach sind auf die Zwangsvollstreckung ausländischer Luftfahrzeuge die Vorschriften für Luftfahrzeuge, die in die Luftfahrzeugrolle eingetragen sind, sinngemäß anzuwenden, soweit sie nicht die Eintragung in der Luftfahrzeugrolle oder im Register für Pfandrechte an Luftfahrzeugen voraussetzen[164]. Die Zwangsvollstreckung durch Eintragung eines Registerpfandrechts ist gem. § 106 Abs. 2 LuftfahrzeugRG ausgeschlossen. Angewandt auf die Regelungen für deutsche Luftfahrzeuge (§§ 864, 870a ZPO in Verbindung mit § 99 Abs. 1 LuftfahrzeugRG) ergibt sich folgendes:

Luftfahrzeuge, die im Ausland registriert sind, unterliegen dann der Zwangsvollstreckung in das unbewegliche Vermögen und stellen in Folge dessen nach der Legaldefinition des § 49 InsO unbewegliche Gegenstände im Sinne des Insolvenzrechts dar, wenn sie gem. § 864 ZPO grundsätzlich der Zwangsvollstreckung in das unbewegliche Vermögen unterliegen und für sie darüber hinaus gem. § 870a ZPO die Zwangsversteigerung möglich ist.

2.) Zwangsvollstreckung in das unbewegliche Vermögen (§ 864 ZPO)

Gem. § 864 ZPO in Verbindung mit §§ 99, 106 Abs. 1 Ziff. 1 LuftfahrzeugRG unterliegen ausländische Luftfahrzeuge nach deutschem Recht der Zwangsvollstreckung in das unbewegliche Vermögen, egal, ob sie in ein Register eingetragen sind oder nicht[165]. Die Voraussetzung der Eintragung des Flugzeuges in die Luftfahrzeugrolle in § 864 ZPO gilt insofern nicht, da sie die Eintragung in die Luftfahrzeugrolle voraussetzt und daher auf Grund des eingeschränkten Verweises des § 106 Abs. 1 Ziff. 1 LuftfahrzeugRG nicht anwendbar ist. Ausländische Luftfahrzeuge unterliegen somit grundsätzlich immer der Zwangsvollstreckung in das unbewegliche Vermögen.

---

tum von Deutschen steht (§ 3 Abs. 1 Satz 1 LuftVG). Deutschen natürlichen Personen gleichgestellt sind Handelsgesellschaften und juristische Personen mit Sitz im Inland, sofern der überwiegende Teil des Kapitals oder Vermögens sowie die tatsächliche Kontrolle Deutschen zusteht (§ 3 Abs. 1 Satz 2 LuftVG). Inländisch ist das Luftfahrzeug, wenn die aufgeführten Voraussetzungen vorliegen; *Dassler/Muth* Vor § 162 Rn. 27; *Stöber* § 171h Rn. 1; *Steiner/Hagemann* § 171h Rn. 3.

163 Text in *Stöber* ZVG, Textanhang 33.

164 *Stöber* ZVG § 171a Rn. 1.2.

165 *Dassler/Muth* Vor § 162 Rn. 28.

3.) Zwangsversteigerung in das unbewegliche Vermögen (§ 870a ZPO)

Eine Zwangsversteigerung eines ausländischen Luftfahrzeuges ist gem. §§ 106 Abs. 1 Ziff. 1, 99 Abs. 1 Halbsatz 1 LuftfahrzeugRG in Verbindung mit §§ 864, 870a ZPO in Verbindung mit §§ 171h-171m ZVG möglich. Verweist das LuftfahrzeugRG im Hinblick die Zwangsvollstreckung auf die §§ 864, 870a ZPO, so wird § 870a ZPO wiederum über § 869 ZPO durch die §§ 171h-171m ZVG konkretisiert. In letzteren Normen wird ausdrücklich die Zwangsversteigerung ausländischer Luftfahrzeuge geregelt, so dass im Ergebnis feststeht, dass ausländische Luftfahrzeuge der Zwangsvollstreckung in das unbewegliche Vermögen (Immobiliarvollstreckung) unterliegen[166].

4.) Zwischenergebnis

Auch wenn es sich bei Flugzeugen eines deutschen Flugzeugleasingfonds um ausländische Luftfahrzeuge im Rechtssinne handelt, stellen diese unbewegliche Gegenstände im Sinne der Insolvenzordnung dar[167].

III. Ergebnis

Wurde bereits festgestellt, dass die Investitionsgegenstände deutscher Schiffsfonds typischerweise unbewegliche Gegenstände im Sinne der Insolvenzordnung darstellen, so gilt dies auch für die Investitionsgegenstände deutscher Flugzeugleasingfonds. Gleich, ob der Fonds seine Flugzeuge im Inland oder durch Anwendung rechtlicher Gestaltungsmöglichkeiten im Ausland registrieren und eintragen lässt, handelt es sich bei den Flugzeugen des Fonds um unbewegliche Gegenstände im Sinne der Insolvenzordnung.

---

166 *Dassler/Muth* Vor § 162 Rn. 28; *Stein/Jonas/Münzberg* § 864 Rn. 13; MK-ZPO/*Eickmann* § 864 Rn. 27.

167 MK-InsO/*Ganter* § 49 Rn. 9.

Teil 2: Mobilienfonds im Sinne der Insolvenzordnung

Als Mobilienleasing wird die Vermietung und Verpachtung beweglicher Wirtschaftsgüter bezeichnet[168]. Zu diesen Wirtschaftsgütern zählen grundsätzlich alle beweglichen, körperlichen Gegenstände im Sinne des § 90 BGB mit Ausnahme derjenigen Wirtschaftsgüter, die nach §§ 1120, 1192 BGB zum Haftungsverband der Hypothek oder Grundschuld gehören[169]. Als häufig auftretende Beispiele des Mobilienleasings werden insbesondere das Computer-, Telefon-, Kraftfahrzeug-, Büromaschinen- und Baumaschinenleasing genannt[170]. Evident sind die Voraussetzungen des Mobilienleasings aber auch beim Containerleasing und damit im Falle der hier behandelten geschlossenen Containerfonds erfüllt. Das Investitionsgut Container ist ein sowohl beweglicher als auch körperlicher Gegenstand im Sinne des § 90 BGB.

Ebenfalls um einen Mobilienfonds im Sinne der Insolvenzordnung handelt es sich bei einem geschlossene Medienfonds. Investitionsgegenstand des geschlossenen Medienfonds ist der Film und damit ein sog. immaterielles Wirtschaftsgut im Sinne des § 2 Abs. 1 Nr. 6 UrhG[171]. Nach den obigen Definitionen beweglicher und unbeweglicher Gegenstände handelt es sich bei Filmen insolvenzrechtlich zwar weder um einen beweglichen, noch um einen unbeweglichen Gegenstand, die Einordnung des geschlossenen Medienfonds als Mobilienfonds folgt aber daraus, dass die Insolvenzordnung nur eine Unterteilung zwischen beweglichen und unbeweglichen Sachen trifft[172]. Hinsichtlich unbeweglicher Gegenstände gibt § 49 InsO eine Legaldefinition vor, wonach selbige vorliegen, wenn es sich um Gegenstände handelt, die der Zwangsvollstreckung in das unbewegliche Vermögen unterliegen. Im Umkehrschluss ist aus dieser Legaldefinition herzuleiten, dass alle sonstigen Gegenstände und Wirtschaftgüter als bewegliche Gegenstände (Mobilien) zu behandeln sind. Anders als für unbewegliche Gegenstände enthält die Insolvenzordnung keine Legaldefinition für bewegliche Gegenstände und Immaterialgüter. Immaterielle Wirtschaftsgüter und bewegliche Gegenstände sind daher nach der Insolvenzordnung gleich, nämlich als bewegliche Gegenstände, zu behandeln. Sowohl geschlossene Containerfonds als auch geschlossene Medienfonds stellen insolvenzrechtlich Mobilienfonds dar, da der jeweilige Investitionsgegenstand insolvenzrechtlich bewegliches Vermögen darstellt.

---

168 MK-BGB/*Habersack* Leasing Rn. 10.

169 *Braun/Gerbers* § 166 Rn. 4.

170 *Büschgen/Büschgen* § 1 Rn. 31.

171 *Empting* S. 150

172 *Kalkschmid* Rn. 54.

Abschnitt 3: Die Auswirkungen der Insolvenz bei Mobilienfonds

Teil 1: Die Insolvenz des Leasingnehmers / Verwertungsunternehmens

Kapitel 1: Auswirkungen der Verfahrenseröffnung auf den Leasingvertrag / Aussonderungsrecht der Fondsgesellschaft?

Als Eigentümerin hat die Fondsgesellschaft in der Insolvenz des Leasingnehmers gem. §§ 985, 986 BGB, 47 InsO ein Aussonderungsrecht, sofern dem Insolvenzverwalter kein Recht zum Besitz nach § 986 BGB zusteht. Dieser Vindikationsanspruch stellt den Grundfall der Aussonderung nach § 47 InsO dar[173]. Besteht ein solches Aussonderungsrecht, so hat der Verwalter kein Verwertungsrecht und kann keine Kostenbeiträge (§§ 170ff. InsO) beanspruchen[174]. Der Leasinggeber kann jedoch erst aussondern, wenn dem Leasingnehmer bzw. dem Insolvenzverwalter kein Recht mehr zum Besitz aus dem Leasingvertrag zusteht[175]. Es stellt sich also die Frage, inwieweit sich die Insolvenz des Leasingnehmers auf den Leasingvertrag auswirkt.

A. Auswirkungen der Eröffnung des Insolvenzverfahrens

Bereits in der Vergangenheit waren die Auswirkungen der Eröffnung des Insolvenzverfahrens auf gegenseitige Verträge, insbesondere auf Leasingverträge, Gegenstand ausführlicher Abhandlungen. Nachdem diese Abhandlungen jedoch größtenteils vor der Aufgabe der Erlöschenstheorie durch den BGH erschienen sind und/oder von selbiger ausgingen, macht die Änderung der Rechtsprechung des BGH eine neuerliche Überprüfung erforderlich. Hierbei ist insbesondere zu erörtern, ob dem BGH bei dessen Abkehr von der Erlöschenstheorie zu folgen oder einem Großteil der in der Literatur veröffentlichten Stellungnahmen folgend die Erlöschenstheorie zu bevorzugen ist.

---

173 *N/R/Andres* § 47 Rn. 4; *Gottwald/Adolphsen* KS-InsO S. 1062 Rn. 73; *Braun/Bäuerle* § 47 Rn. 20; MK-InsO/*Ganter* § 47 Rn. 37; *Häsemeyer* Rn. 11.08; *Uhlenbruck/Uhlenbruck* InsO § 47 Rn. 2 f., 9; *K/P/Prütting* § 47 Rn. 15: *H/W/W/Weis* § 47 Rn. 10.

174 *Gottwald/Adolphsen* KS-InsO S. 1062 Rn. 73; *Schmid-Burgk* S. 306; *Obermüller/Livonius* DB 1995, 27, 28.

175 *Uhlenbruck/Uhlenbruck* InsO § 47 Rn. 8; *K/P/Prütting* § 47 Rn. 16; *H/W/W/Weis* § 47 Rn. 10, 12.

Begonnen wird mit der Ermittlung der die Auswirkungen der Insolvenz auf Mobilienleasingverträge regelnden insolvenzrechtlichen Vorschriften, bevor anschließend deren Auswirkungen im Einzelnen dargestellt werden.

I. Anwendbarkeit des § 103 InsO auf Mobilienleasingverträge

Trotzdem das Leasing heute, wie auch zur Zeit der Einführung der Insolvenzordnung zum 01.01.1999, ein wesentlicher Bestandteil des Wirtschaftlebens geworden ist, hat der Gesetzgeber bei Schaffung der Insolvenzordnung davon abgesehen, für das Leasing besondere Regelungen zu erlassen[176]. Mangels Sondervorschrift ist daher die Anwendbarkeit der Grundnorm für die Behandlung gegenseitiger Verträge bei Eröffnung des Insolvenzverfahrens, also die Anwendbarkeit des § 103 InsO, zu prüfen.

§ 103 InsO findet nur Anwendung auf gegenseitige Verträge, bei denen die Verpflichtung der Vertragsparteien synallagmatisch im gegenseitigen Abhängigkeitsverhältnis stehen und bei denen die eine Verpflichtung somit um der anderen Willen erbracht wird[177]. Eine darüber hinausgehende objektive Gleichwertigkeit ist nicht erforderlich[178]. Diese Voraussetzungen sind beim Leasingvertrag erfüllt. Synallagmatische Hauptleistungspflicht ist die Nutzungsüberlassung des Leasinggutes gegen Zahlung eines Entgeltes, der Leasingraten. Die Nutzungsüberlassung wird um des Entgeltes Willen und die Entgeltzahlung wird um der Nutzungsüberlassung wegen erbracht.

Weitere Voraussetzung des § 103 InsO ist nach seinem Wortlaut, dass weder die Fondsgesellschaft noch der Leasingnehmer ihre vertraglichen Pflichten vollständig erfüllt haben[179]. Fehlt eine Teilleistung, gleich, ob es sich um eine Haupt- oder Nebenleistung handelt, bleibt § 103 InsO anwendbar[180]. Andernfalls ist der An-

---

176 *Kalkschmid* Rn. 2; *Engel* BB 1999 Beilage 6, 23, 23; *Schwemer* ZMR 2000, 348, 348; *Sinz* KS-InsO S. 594 Rn. 1.

177 Zur früheren Vergleichsordnung: RG 147, 340, 342; *Braun/Kroth* § 103 Rn. 11; *Smid/Smid* InsO § 103 Rn. 10; FK-InsO/*Wegener* § 103 Rn. 5; MK-InsO/*Huber* § 103 Rn. 55; *Pape* KS-InsO S. 543 Rn. 15, 17; *Uhlenbruck/Berscheid* InsO § 103 Rn. 10.

178 *Braun/Kroth* § 103 Rn.11; *Smid/Smid* InsO § 103 Rn.10; FK-InsO/*Wegener* § 103 Rn.5; MK-InsO/*Huber* § 103 Rn.55; *Pape* KS-InsO S. 544 Rn.17; *Uhlenbruck/Berscheid* InsO § 103 Rn.10.

179 *Uhlenbruck/Berscheid* InsO § 103 Rn. 58; *K/P/Tintelnot* § 103 Rn.31; *Bork* InsO Rn. 161; *N/R/Balthasar* § 103 Rn. 27; *Smid/Smid* InsO § 103 Rn. 29; MK-InsO/*Huber* § 103 Rn. 61; *Braun/Kroth* § 103 Rn. 23; *H/W/W/Hess* § 103 Rn. 53.

180 *N/R/Balthasar* § 103 Rn. 32; *Pape* KS-InsO S. 545 Rn. 19; entscheidend ist allein, dass die beiderseitigen Erfüllungsansprüche noch nicht vollständig erfüllt worden sind. Die bei § 105 InsO entscheidungserhebliche Frage der Teilbarkeit der Leistungen spielt hier keine Rolle,

wendungsbereich des § 103 InsO nicht eröffnet, so dass offene Forderungen Insolvenzforderungen im Sinne des § 38 InsO darstellen[181].

Auch diese Voraussetzung des § 103 InsO ist beim Leasing grundsätzlich erfüllt. Die Pflicht des Leasingnehmers besteht in der Zahlung der Leasingraten. Die letzte Teilleistung stellt die letzte Leasingrate dar und ist regelmäßig zum Zeitpunkt der Eröffnung des Insolvenzverfahrens noch nicht gezahlt. Der Leasingnehmer hat seine vertraglichen Pflichten damit noch nicht vollständig erfüllt. Die vertragliche Verpflichtung des Leasinggebers (Fondsgesellschaft) besteht in der Stellung des Leasinggutes für den im Leasingvertrag vorgesehenen Zeitraum. Diese Pflicht hat die Fondsgesellschaft ebenfalls noch nicht erfüllt[182], ansonsten würde sich die Frage nach der Erfüllung des Vertrages erst gar nicht stellen. Damit sind die Voraussetzungen des § 103 InsO erfüllt. Ein Leasingvertrag über bewegliche Gegenstände stellt grundsätzlich ein § 103 InsO unterfallendes Schuldverhältnis dar[183,184]. Gem. § 103 InsO hat der Insolvenzverwalter in der Insolvenz des Leasingnehmers nach Eröffnung des Insolvenzverfahrens somit ein Wahlrecht. Er kann anstelle des Schuldners gem. § 103 Abs. 1 InsO den Leasingvertrag erfüllen oder aber gem. § 103 Abs. 2 Satz 1 InsO die Erfüllung verweigern[185].

MK-InsO/*Kreft* § 105 Rn. 7.

181 *H/W/W/Hess* § 103 Rn. 55; FK-InsO/*Wegener* § 103 Rn. 35.

182 A.A. *Lauer* Rn. 5.49, nach dem durch die Übergabe des Leasingobjektes bereits die Pflicht des Leasinggebers erfüllt sei und daher nach Übergabe kein Wahlrecht bestehe, sondern Masseverbindlichkeiten nach § 55 Abs. 1 Nr. 2 InsO begründet würden. Diese Ansicht ist abzulehnen, da nicht nur die Gebrauchsüberlassung, sondern auch die Gebrauchsbelassung geschuldet ist und der Leasingvertrag damit seitens des Leasinggebers auch nach Übergabe noch nicht erfüllt ist.

183 *Uhlenbruck/Berscheid* InsO § 103 Rn. 24; *N/R/Balthasar* § 103 Rn. 14; *Braun/Kroth* § 103 Rn. 14; *Thomas* S. 163; *H/W/W/Hess* § 103 Rn. 45, § 108 Rn. 34 ff.; *K/P/Tintelnot* § 103 Rn. 18; HK-InsO/*Marotzke* § 103 Rn. 6; FK-InsO/*Wegener* § 103 Rn. 12; MK-InsO/*Huber* § 103 Rn. 75; MK-BGB/*Habersack* Leasing Rn. 136; *Fehl* DZWIR 1999, 89, 92 f.; *Schwemer* ZMR 2000, 348, 348; *Obermüller* Rn. 7.15 f.; *Seifert* FLF 1995, 13, 14; *Michalski/Ruess* NZI 2000, 250, 250; Bankrecht und Bankpraxis/*Peters* Rn. 13/110a; *Welling* S. 20.

184 Vgl. zur Anwendung des § 103 InsO auf Lizenzverträge die den hier getroffenen Ausführungen entsprechende Darstellung bei *Abel* NZI 2003, 121, 124 und *Klages/Kreuzer* Rn. 1066 ff..

185 *Thomas* S. 163; *H/W/W/Hess* § 108 Rn. 38; *Lauer* Rn. 5.47; *Seifert* FLF 1995, 13, 14; Bankrecht und Bankpraxis/*Peters* Rn. 13/116a.

II. Auswirkungen der Verfahrenseröffnung auf das Vertragsverhältnis

Indem Mobilienleasingverträge gegenseitige Verträge im Sinne des § 103 InsO darstellen, findet auf sie die Diskussion um die Auswirkungen der Eröffnung des Insolvenzverfahrens Anwendung. Der Gesetzgeber hat in § 103 InsO zwar geregelt, dass dem Insolvenzverwalter ein Wahlrecht zusteht, er hat aber davon abgesehen, in § 103 Abs. 1 InsO zu regeln, welche Auswirkungen die Verfahrenseröffnung konkret auf die betroffenen Verträge hat[186].

In der Literatur wird hierzu teilweise (wohl auch bedingt durch den Zeitpunkt des Erscheinens der jeweiligen Literaturbeiträge) unter Verweis auf bzw. unter Wiederholung der zeitweiligen Rechtsprechungsansicht vertreten, mit der Eröffnung des Insolvenzverfahrens würden alle vertraglichen Erfüllungsansprüche erlöschen und sich in einen Anspruch auf Schadensersatz wegen Nichterfüllung umwandeln. Nur unter der Voraussetzung der Ausübung des Wahlrechtes gem. § 103 Abs. 1 InsO würden die Erfüllungsansprüche wieder mit ex nunc-Wirkung aufleben, bei Ablehnung der Erfüllung würde es bei der Umwandlung in einen Schadensersatzanspruch bleiben[187].

Hiergegen wenden sich andere Teile der Literatur. Nach ihr bestehe der Vertrag mit den aus ihm begründeten Ansprüchen auch nach Eröffnung des Insolvenzverfahrens fort[188]. Dem hat sich nunmehr die Rechtsprechung angeschlossen. Hatte die Rechtsprechung zu dem inhaltsgleichen Vorgänger des § 103 InsO, dem § 17 KO[189], die der erstgenannten Literaturansicht entsprechende „Erlöschenstheorie" begründet[190] und in gefestigter Rechtsprechung (auch auf § 103 InsO[191]) ange-

---

186 *Pape* KS-InsO S. 540 Rn. 10.

187 *Uhlenbruck/Berscheid* InsO § 103 Rn. 62; FK-InsO/*Wegener* § 103 Rn. 57; *Smid/Smid* InsO § 103 Rn. 13; *H/W/W/Hess* § 108 Rn. 49, 88; *Kreft* ZIP 1997, 865, 865; *Obermüller* Rn. 7.44; *Obermüller/Hess* Rn. 1531; *Obermüller/Livonius* DB 1995, 27, 30; *N/R/Balthasar* § 103 Rn. 5 ff.; *Fehl* DZWIR 1999, 89, 93; *ders.* StB 1998, Beilage 2, 12, 14; *Scherer* NZI 2002, 356, 357; *Schwemer* ZMR 2000, 348, 348; *Michalski/Ruess* NZI 2000, 250, 250; *Pape* KS-InsO S. 540 ff. Rn. 10 ff.; *Bien* S. 10, 39 f.; *Scheffler* ZIP 2001, 1182, 1182; *Welling* S. 20-32; *Zahn* DB 1995, 1597, 1599.

188 *Bork* InsO Rn. 156; HK-InsO/*Marotzke* § 103 Rn. 2; MK-InsO/*Kreft* § 103 Rn. 8 ff.; *Gerhardt* FS Merz S. 118; MK-InsO/*Kreft* § 103 Rn. 8 ff.; *Reinicke/Tiedtke* Kaufrecht Rn. 177, 1294; *Abel* NZI 2003, 121, 125; *Windel* Jura 2002, 130, 233; *Adolphsen* DZWiR 2003, 228, 229.

189 LG Meiningen ZIP 2000, 416, 418; *Balz/Landfermann* S. 327 f., Begr. RegE zu § 117; *Engel* BB 1999 Beilage 6, 23, 25; *Pape* KS-InsO S. 538 Rn. 8; *Scherer* NZI 2004, 113, 115; *Sinz* KS-InsO S. 601 Rn. 19; *Welling* S. 16, 20.

190 Die Erlöschenstheorie wurde vom BGH mit Urteil vom 11.02.1988 (BGHZ 103, 250 ff.) begründet und seit dem Jahre 1988 angewandt. Vorher nahm der BGH mit dem überwiegenden Teil des Schrifttums die Position ein, die Konkurseröffnung habe keine Auswirkungen auf die Erfüllungsansprüche, sondern führe eine Art Schwebezustand herbei. Erst die

wandt[192], so änderte sich dies mit Urteil des BGH vom 25.04.2002[193]. In diesem entschied er:

> *„Die Eröffnung des Insolvenzverfahrens bewirkt kein Erlöschen der Erfüllungsansprüche aus gegenseitigen Verträgen im Sinne einer materiell-rechtlichen Umgestaltung. Vielmehr verlieren die noch offenen Ansprüche im Insolvenzverfahren ihre Durchsetzbarkeit, soweit sie nicht auf die anteilige Gegenleistung für vor Verfahrenseröffnung erbrachte Leistungen gerichtet sind.*"[194]

Der letztbeschriebene und nunmehr auch durch die Rechtsprechung eingeschlagene Weg ist zu befürworten[195]. Hierfür sprechen eine Vielzahl von Argumenten[196]. So hat der Gesetzgeber zwar davon abgesehen, in § 103 Abs. 1 InsO zu regeln, welche Auswirkungen die Verfahrenseröffnung konkret auf die betroffenen gegenseitigen Verträge hat[197], gerade dies spricht aber für das Fortbestehen des Leasingvertrages. Der Gesetzgeber hat, soweit er das Erlöschen von Rechtsverhältnissen oder Ansprüchen beabsichtigt hat, das Erlöschen im Gesetz deutlich ausgedrückt (z.B. § 115 InsO). Dies ist im Falle des § 103 InsO aber nicht geschehen[198]. Darüber hinaus ist auch nur die letztgenannte Ansicht mit dem Nachforderungs-

---

Erfüllungsablehnung bringe die gegenseitigen Erfüllungsansprüche zum Erlöschen und gestalte das Vertragsverhältnis in ein auf Schadensersatz wegen Nichterfüllung gerichtetes Abwicklungsverhältnis um. Hatte der Vertragspartner vor Verfahrenseröffnung Teilleistungen erbracht, so war nach herrschender Meinung und nach der Rechtsprechung des BGH das Erfüllungsinteresse nicht teilbar, sondern es erfasste den Vertrag insgesamt mit der Folge, dass die Masse auch denjenigen Gegenleistungs-(Erfüllungs-)anspruch des Vertragspartners voll zu berichtigen hatte, der auf die vor Konkurseröffnung erbrachten Teilleistungen entfiel; *Huber* NZI 2002, 467, 467 f. mit beispielhaftem Verweis auf BGHZ 98, 160, 168 f..

191 LG Meiningen ZIP 2000, 416, 418; OLG Celle ZIP 2001, 658, 659.

192 BGH ZIP 1988, 322, 324; BGH ZIP 1989, 171, 173; BGH ZIP 1989, 1413, 1415; BGH ZIP 1992, 48, 48; BGH ZIP 1993, 600, 601; BGH ZIP 1995, 926, 927; BGH ZIP 1997, 688, 689; BGH ZIP 1997, 1072, 1075; nach dem Vorsitzenden Richter am BGH *Kreft* (in MK-InsO § 103 Rn. 13) seien bereits die Urteile BGH ZIP 1995, 926, 926 ff.; BGH ZIP 1997, 688, 688 ff. dahingehend gemeint gewesen, dass zwar Ansprüche fortbestehen, diese lediglich nicht mehr durchsetzbar sind. Der BGH habe dies durch seine Formulierung „erlöschen" ausdrücken wollen.

193 BGHZ 150, 353 ff,.

194 BGHZ 150, 353, 354, 359; *Reinicke/Tiedtke* Kaufrecht Rn. 177, 1294; *Abel* NZI 2003, 121, 125; *Huber* NZI 2002, 467, 468; *Klages/Kreuzer* Rn. 1066.

195 *Huber* bezeichnet den vom BGH nunmehr eingeschlagenen Weg als „Theorie vom Verlust der Durchsetzbarkeit der Erfüllungsansprüche" (*Huber* NZI 2002, 467, 468).

196 Vgl. insofern auch die Ausführungen bei *Livonius* S. 6 ff..

197 *Pape* KS-InsO S. 540 Rn. 10.

198 *K/P/Tintelnot* § 103 Rn. 12.

recht des § 201 InsO vereinbar[199]. So können Insolvenzgläubiger nach Aufhebung des Insolvenzverfahrens nach § 201 Abs. 1 InsO ihre restlichen Forderungen gegen den Insolvenzschuldner unbeschränkt geltend machen[200]. Würde man der früheren Rechtsprechung und der Gegenansicht der Literatur folgen, so wären die Forderungen aber mit Verfahrenseröffnung untergegangen. Ein durch § 201 Abs. 1 InsO gewolltes Nachforderungsrecht wäre mangels Forderung ausgehebelt.

Eine weitere Unstimmigkeit der früheren Rechtsprechung und der Gegenansicht besteht im Hinblick auf die in § 94 InsO vorgeschriebene Erhaltung der Aufrechnungslage[201]. Nach § 94 InsO wird ein bei Eröffnung des Insolvenzverfahrens kraft Gesetzes oder auf Grund einer Vereinbarung bestehendes Aufrechnungsrecht durch das Verfahren nicht berührt[202]. Würde man durch die Eröffnung des Insolvenzverfahrens alle Forderungen als erloschen ansehen, so stünde dies im Widerspruch zur ausdrücklich im Gesetz geregelten Erhaltungsnorm des § 94 InsO. Die Auslegung des § 103 InsO würde zu einem systematischen Widerspruch innerhalb der Insolvenzordnung führen.

Neben dieser Unstimmigkeit im Hinblick auf § 94 InsO ergibt sich nach Erlöschenstheorie, nicht aber nach der hier vertretenen Ansicht über das Fortbestehen des Vertragsverhältnisses, ein weiterer systematischer Widerspruch zu den §§ 129 ff. InsO. Der Gesetzgeber hat durch § 129 Abs. 1 InsO den Grundsatz aufgestellt, dass Rechtshandlungen, die vor der Eröffnung des Insolvenzverfahrens vorgenommen worden sind und die Insolvenzgläubiger benachteiligen, durch den Insolvenzverwalter nach Maßgabe der §§ 130 bis 146 InsO anzufechten sind[203]. Würde man die Gegenansicht vertreten und damit z.B. Vorausabtretungen auf Grund des Erlöschens der abgetretenen Forderung in Frage stellen, so würde das über die §§ 129 ff. InsO vorgesehene Ziel über § 103 InsO erreicht. Damit würde die vom Gesetzgeber vorgesehene Wahlmöglichkeit (der Insolvenzverwalter hat die Möglichkeit anzufechten, tut er dies nicht, so bleibt die Rechtshandlung bestehen[204]) ausgehebelt.

---

199 *Bork* InsO Rn. 160.

200 *Braun/Kießner* § 201 Rn. 4; MK-InsO/*Hintzen* § 201 Rn. 1; *H/W/W/Weis* § 201 Rn. 4; FK-InsO/*Kießner* § 201 Rn. 2; *Uhlenbruck/Uhlenbruck* InsO § 201 Rn. 1.

201 *Bork* InsO Rn. 160.

202 *Braun/Kroth* § 94 Rn. 3; MK-InsO/*Brandes* § 94 Rn. 1; *Uhlenbruck/Uhlenbruck* InsO § 94 Rn. 1; *Smid/Smid* InsO § 94 Rn. 1; *H/W/W/Wienberg* § 94 Rn. 2.

203 MK-InsO/*Kirchhof* vor §§ 129 bis 147 Rn. 2 ff.; *Braun/de Bra* § 129 Rn 1; *H/W/W/Weis* Vor §§ 129 ff. Rn. 1; FK-InsO/*Dauernheim* § 129 Rn. 1; *Uhlenbruck/Hirte* InsO Vor §§ 129 ff. Rn. 1.

204 MK-InsO/*Kirchhof* § 129 Rn. 192, 222 ff.; HK-InsO/*Kreft* § 129 Rn. 82.

Zuletzt kann als Argument gegen die Erlöschenstheorie noch der Sinn und Zweck des § 103 InsO ins Feld geführt werden. Der Sinn und Zweck des Verwalterwahlrechtes orientiert sich an dem allgemeinen Ziel der Insolvenzordnung, das in § 1 InsO normiert ist. Sinn und Zweck des in § 103 InsO normierten Verwalterwahlrechtes ist es, die gemeinschaftliche Befriedigung aller Gläubiger bestmöglich zu gestalten. Die am Verfahren Beteiligten sind gleich zu behandeln, ihnen dürfen dabei jedoch keine Vermögensopfer auferlegt werden. Die Stellung des Vertragspartners des Gemeinschuldners im Rahmen des gegenseitigen Vertrages muss dabei berücksichtigt werden[205].

Nach der Gegenauffassung wären sicherungshalber erfolgte Vorausverfügungen unwirksam und würden zur Befriedigung der Gläubigergesamtheit dienen. Einzelne Gläubiger, die für ihre Kapitalbereitstellung rechtmäßig besichert wurden, würden gegenüber ungesicherten Gläubigern in nicht zu rechtfertigender Weise bevorzugt. Dies steht im Widerspruch mit dem genannten Sinn und Zweck des § 103 InsO[206]. Wurde durch die Rechtsprechung im Hinblick auf den Sinn und Zweck des mit § 103 InsO inhaltsgleichen § 17 KO argumentiert, der Insolvenzverwalter solle sich durch das Wahlrecht den Anspruch auf eine ihm vorteilhafte Gegenleistung verschaffen können, diese Zielsetzung würde aber vereitelt, wenn der durch die Wahl des Konkursverwalters wieder entstehende Anspruch in der Person eines Dritten auflebe[207], so ist dem in Bezug auf die Insolvenzordnung zu entgegnen, dass eine Verhinderung dieser Folge nicht Aufgabe des § 103 InsO ist. Vielmehr sieht die Insolvenzordnung hierfür mit den Vorschriften über die Auswirkungen des Insolvenzverfahrens (§§ 80 ff. InsO), insbesondere dem Ausschluss eines Rechtserwerbs nach Eröffnung des Insolvenzverfahrens gem. § 91 InsO, spezielle Regelungen zur Erhaltung vorteilhafter Gegenleistungen vor.

All diese Argumente zeigen, dass allein die nunmehr von der Rechtsprechung und von Teilen der Literatur verfolgte Ansicht des Fortbestandes der Rechtsverhältnisse bei Undurchsetzbarkeit der sich aus den Rechtsverhältnissen ergebenden Ansprüchen zu stimmigen Ergebnissen führt. Mobilienleasingverträge im Sinne des § 103 InsO bestehen demnach in der Insolvenz des Leasingnehmers unbeeinflusst von der Eröffnung des Insolvenzverfahrens fort. Es sind lediglich die sich aus dem Leasingvertrag ergebenden Erfüllungsansprüche in ihrer Durchsetzbarkeit gehemmt.

---

[205] *Livonius* S. 21 f.; MK-InsO/*Kreft* § 103 Rn. 12; *Uhlenbruck/Berscheid* InsO § 103 Rn. 1; FK-InsO/*Wegener* § 103 Rn. 1; *H/W/W/Hess* § 103 Rn. 5.

[206] *Livonius* S. 24 f..

[207] BGH ZIP 1989, 171, 173 f..

III. Kündigungs- und Rücktrittsrechte in der Insolvenz des Leasingnehmers

1.) Kündigungs- und Rücktrittsrechte nach den §§ 109 und 111 InsO

Geschlossene Mobilienfonds investieren in bewegliche Gegenstände. Sowohl § 109 als auch § 111 InsO fordern dagegen ein Miet- oder Pachtverhältnis über einen unbeweglichen Gegenstand im Sinne der Insolvenzordnung[208]. Beide Normen sind daher auf geschlossene Mobilienfonds nicht anwendbar.

2.) Die Kündigungssperre nach § 112 InsO

a) Die Eröffnung des Anwendungsbereichs des § 112 InsO

Der Anwendungsbereich des § 112 InsO ist in der Insolvenz nach seinem Wortlaut eröffnet, soweit ein Miet- oder Pachtverhältnis vorliegt. Zu diesen gehören auch die im Falle geschlossener Containerfonds das Nutzungsverhältnis regelnden Leasingverträge. Die Begründung des Regierungsentwurfes zu § 112 InsO betont ausdrücklich, dass § 112 InsO auf Leasingverträge Anwendung finden soll und sieht sie damit als Miet- und Pachtverhältnisse im Sinne des § 112 InsO an[209]. § 112 InsO ist demzufolge auf das Mobilienleasing bei geschlossenen Containerfonds uneingeschränkt anwendbar[210,211].

---

208 Zu § 109 InsO: *Uhlenbruck/Sinz/Berscheid* InsO § 109 Rn. 2; HK-InsO/*Marotzke* § 109 Rn. 2; *Braun/Kroth* § 109 Rn. 6; MK-InsO/*Eckert* § 109 Rn. 8; *Cepl* NZI 2000, 357, 358; teilweise wird auf bewegliche Sachen eine analoge Anwendung des § 109 InsO erwogen (HK-InsO/*Marotzke* § 109 Rn. 39), teilweise wird eine analoge Anwendung des § 109 Abs. 2 InsO wegen planwidriger Regelungslücke ausdrücklich bejaht (*Bien* S. 86 f.). Gegen eine solche Analogie spricht aber, dass zwar, wie *Bien* darstellt, der Vorgänger des § 109, der § 20 KO, eine solche nicht kannte, dass aber der Gesetzgeber bei Schaffung des § 109 InsO entgegen der Darstellung von *Bien* eine ausdrückliche Nichtanwendung des § 109 InsO auf bewegliche Gegenstände gewollt hatte, vgl. Begründung zu § 123 RegE (§ 109 InsO) mit Verweis auf Begründung zu § 122 RegE (§ 108 InsO) in *Balz/Landfermann* S. 337 bzw. 334 f.. Zu § 111 InsO: *Uhlenbruck/Berscheid* InsO § 111 Rn. 4; FK-InsO/*Wegener* § 111 Rn. 1; MK-InsO/*Eckert* § 111 Rn. 1; *Braun/Kroth* § 111 Rn. 3; *H/W/W/Hess* § 111 Rn. 3; HK-InsO/*Marotzke* § 111 Rn. 2, 5; *K/P/Tintelnot* § 111 Rn. 3.

209 *Balz/Landfermann* S. 339, Begr. RegE. zu § 126.

210 MK-InsO/*Eckert* § 112 Rn. 5; *Bien* S. 71; HK-InsO/*Marotzke* § 112 Rn. 3.

211 Der Anwendungsbereich des § 112 InsO wird insbesondere auch nicht dadurch beeinträchtigt, dass es sich um Mobilienleasing, nicht Immobilienleasing handelt. Ein solches könnte der systematische Zusammenhang mit den §§ 108-111 InsO nahe legen. Dass § 112 InsO aber sowohl für das Immobilien-, wie auch für das Mobilienleasing einschlägig ist, ergibt sich zum einen aus dem Wortlaut des § 112 InsO, der nicht zwischen Immobilien- und Mo-

Anderes kann nicht für Verträge über die Nutzungsüberlassung von Filmrechten bei geschlossenen Medienfonds gelten. Die Nutzungsüberlassung erfolgt dort, wie oben dargestellt wurde, über Lizenzverträge. Der Lizenzvertrag ist ein Vertrag eigener Art, der nicht unter die Vertragstypen des BGB fällt. Am ehesten ist der Lizenzvertrag noch mit der Rechtspacht vergleichbar[212]. Es handelt sich, wie beim Leasingvertrag, um einen Vertrag *sui generis*, bei dem, ebenfalls wie beim Leasingvertrag, ein Vertragsgegenstand für eine bestimmte Zeit überlassen wird. Unter Berücksichtigung dieser Ähnlichkeit ergibt sich daraus, dass auch ein Lizenzvertrag ein Miet- oder Pachtverhältnis im Sinne des § 112 InsO darstellt[213]. Dies wird durch den Gesetzeszweck des § 112 InsO bestätigt. Die Beschränkung des Kündigungsrechtes des Vertragspartners gem. § 112 InsO soll verhindern, dass im Besitz des Schuldners oder des Insolvenzverwalters befindliche wirtschaftliche Einheiten zur Unzeit auseinander gerissen werden[214]. Sinn und Zweck der Kündigungssperre des § 112 InsO ist es, dem Insolvenzverwalter die zur Fortführung des Insolvenzschuldners und zur Sanierung erforderlichen Betriebsmittel zu erhalten[215]. Dies würde aber bei einer Verneinung der Qualifizierung des Lizenzvertrages als Miet- und Pachtverhältnis und damit bei der Verneinung der Anwendung des § 112 InsO auf diese Verträge gefährdet[216].

Im Ergebnis ist daher auch der Nutzungsberechtigte aus dem Lizenzvertrag Mieter oder Pächter im Sinne des § 112 InsO. Der Anwendungsbereich des § 112 InsO ist mithin auch im Rahmen der Nutzungsüberlassung der Filmrechte bei geschlossenen Medienfonds eröffnet. Soweit eines der enumerativ aufgeführten Beispiele des

bilienleasing unterscheidet, zum anderen ergibt sich dies aus der Gesetzesbegründung (*Balz/Landfermann* S. 339, Begr. RegE. zu § 126; *N/R/Balthasar* § 112 Rn. 7 f., 12; *Marotzke* "Festschrift für Zöller" S. 1197 ff.; *Fehl* StB 1998, 12, 14; *Pape* KS-InsO S. 568 Rn. 59; *Sinz* KS-InsO S. 596 Rn. 5).

212 *Abel* NZI 2003, 121, 121; *Empting* S. 163; *Adolphsen* DZWiR 2003, 228, 228 f., vgl. im Übrigen Fn. 99.

213 *N/R/Balthasar* § 108 Rn. 12; MK-InsO/*Eckert* § 112 Rn. 8; *Gottwald/Huber* § 37 Rn. 3; *Cepl* NZI 2000, 357, 358; *Adolphsen* DZWiR 2003, 228, 230; für eine analoge Anwendung des § 112 InsO: *Abel* NZI 2003, 121, 123.

214 *Balz/Landfermann* S. 339 f. Begr. RegE zu § 126; HK-InsO/*Marotzke* § 112 Rn. 1; *K/P/Tintelnot* § 112 Rn. 1; *Smid/Smid* InsO § 112 Rn. 1; FK-InsO/*Wegener* § 112 Rn. 1; *Lauer* Rn. 5.48; *Braun/Kroth* § 112 Rn. 1; MK-InsO/*Eckert* § 112 Rn. 1; *Pape* KS-InsO S. 537 Rn. 6; *Abel* NZI 2003, 121, 123; *H/W/W/Hess* § 112 Rn. 6; *Uhlenbruck/Berscheid* InsO § 112 Rn. 2; *Cepl* NZI 2000, 357, 359.

215 *H/W/W/Hess* § 112 Rn. 6; *Smid/Smid* InsO § 112 Rn. 2; FK-InsO/*Wegener* § 112 Rn. 1; MK-InsO/*Eckert* § 112 Rn. 1; *Pape* KS-InsO S. 536 Rn. 6; *Abel* NZI 2003, 121, 123; *Uhlenbruck/Berscheid* InsO § 112 Rn. 2.

216 Zu diskutieren wäre andernfalls, ob § 112 InsO bei Lizenzverträgen analog anzuwenden ist. Dies ist umstritten (vgl. HK-InsO/*Marotzke* § 112 Rn. 23, *N/R/Balthasar* § 112 Rn. 16; *Abel* NZI 2003, 121, 123), braucht nach der vorliegenden Auffassung aber nicht näher untersucht zu werden.

§ 112 InsO verwirklicht ist, besteht in der Insolvenz des Nutzungsberechtigten nach Antrag auf Eröffnung des Insolvenzverfahrens die im Folgenden näher dargestellte Kündigungssperre des § 112 InsO.

b) Die Rechtsfolge des § 112 InsO

Durch die Einführung des § 112 InsO wurde eine Kündigung durch den Leasinggeber nach Antrag auf Eröffnung des Insolvenzverfahrens über das Vermögen des Leasingnehmers im Vergleich zu früher (nach der KO) erschwert. Nach der KO konnten im Konkurs des Leasingnehmers gem. § 19 Satz 1 und 2 KO beide Vertragspartner den Leasingvertrag kündigen. Mit Wirksamkeit der Kündigung verlor der Gemeinschuldner sein Besitzrecht und der Leasinggeber war nach § 43 KO zur Aussonderung berechtigt[217]. Nun regelt § 112 InsO eine erschwerte Kündigungsmöglichkeit[218]. § 112 InsO schließt eine Kündigung wegen Verzugs mit der Entrichtung des Mietzinses, der in der Zeit vor dem Eröffnungsantrag eingetreten ist (§ 112 Nr. 1 InsO), und eine Kündigung wegen Verschlechterung der Vermögensverhältnisse des Leasingnehmers (§ 112 Nr. 2 InsO) durch den Leasinggeber aus, sobald der Antrag auf Eröffnung des Insolvenzverfahrens gestellt ist[219]. Das Kündigungsverbot des § 112 InsO gilt als Konkretisierung der Nr. 1 und 2 auch für den Fall einer Pfändung in das Leasinggut sowie einer Kündigung gem. § 543 BGB wegen erheblicher Vertragsverletzung durch wiederholt verspätete Zahlung der Leasingraten[220]. Wegen des Ausnahmecharakters des § 112 InsO bleibt aber eine Kündigungsmöglichkeit wegen sonstiger Vertragsverletzungen[221] sowie wegen Verzuges der Mietzinszahlungen nach der Antragstellung[222] möglich. Die un-

---

217 BGHZ 71, 189, 189 ff.; *Thomas* S. 161; *Schmid-Burgk* S. 307; *Gölzleuchter* FLF 2003, 225, 225; *Schwemer* ZMR 2000, 348, 350.

218 MK-InsO/*Eckert* § 112 Rn. 1; Bankrecht und Bankpraxis/*Peters* Rn. 13/117; *Engel* BB 1999 Beilage 6, 23, 25; *K/P/Tintelnot* § 112 Rn. 2; *Uhlenbruck/Berscheid* InsO § 112 Rn. 1; FK-InsO/*Wegener* § 112 Rn. 1.

219 *Obermüller* Rn. 7.8; *Obermüller/Livonius* DB 1995, 27, 27 f.; *Fehl* DZWIR 1999, 89, 93; *Seifert* FLF 1995, 13, 13; MK-BGB/*Habersack* Leasing Rn. 134 f.; *Bien* S. 71, 73; *Fehl* StB 1998, 12, 14; Bankrecht und Bankpraxis/*Peters* Rn. 13/117; *Pape* KS-InsO S. 568 Rn. 58; *Sinz* KS-InsO S. 595 f. Rn. 5 f.; *Abel* NZI 2003, 121, 123.

220 *Sinz* KS-InsO S. 596 Rn. 6.

221 *Obermüller* Rn. 7.8; *Obermüller/Hess* Rn. 1500; *Obermüller/Livonius* DB 1995, 27, 27; *Bien* S. 73; *Gottwald/Adolphsen* KS-InsO S.1063 Rn. 77; *Sinz* KS-InsO S. 596 Rn. 6; *Schwemer* ZMR 2000, 348, 351; *Sinz* KS-InsO S. 596 Rn. 6; offen gelassen durch *K/P/Tintelnot* § 112 Rn. 14; für Lizenzverträge soll sich nach *Cepl* trotz § 112 InsO ein Kündigungsrecht aus Treu und Glauben (§ 242 BGB) ergeben, soweit der Lizenznehmer bzw. der Insolvenzverwalter auf Grund der Insolvenz ihrer sich aus dem Lizenzvertrag ergebenden Ausübungspflicht nicht ausreichend nachkommt (NZI 2000, 357, 361).

222 BGH NJW 2002, 3326, 3330 f.; OLG Köln ZIP 2003, 543, 544; *Gölzenleuchter* FLF 2003,

eingeschränkte Kündigungsmöglichkeit nach Antragstellung erklärt sich aus den gesetzgeberischen Motiven zum Erlass des § 112 InsO. Ziel der Einführung der Norm war es, das Leasinggut zunächst in einem technisch-organisatorischen Verbund mit dem Schuldnervermögen zu belassen, für die Insolvenzverwaltung durch den Vermögensverfall nachteilige Folgen abzuwenden und damit die Sanierungsfähigkeit des Betriebes zu erhalten[223]. Kommt der Leasinggeber nach Antragstellung in Verzug mit der Mietzinszahlung, so indiziert dies dagegen eine nicht ausreichende Sanierungsfähigkeit, so dass eine Kündigungssperre nicht gerechtfertigt ist.

c) Zwischenergebnis

Festzuhalten bleibt, dass die Fondsgesellschaft durch die Insolvenzverfahrenseröffnung in ihrer Möglichkeit, den Leasingvertrag zu kündigen, beschränkt wird. Sie kann den Leasingvertrag nach einem Antrag auf Eröffnung des Insolvenzverfahrens nicht mehr mit der Begründung kündigen, der Leasingnehmer sei mit Leasingraten vor Eröffnung des Insolvenzverfahrens in Verzug geraten oder eine Fortsetzung des Vertragsverhältnisses sei auf Grund der Verschlechterung der Vermögensverhältnisse unzumutbar. Dies gilt unabhängig von der Art der Ausübung des Wahlrechtes des § 103 InsO.

IV. Auswirkungen der Insolvenz auf das Eigentümer-Besitzer-Verhältnis

Besteht der Leasingvertrag, allerdings in seiner Durchsetzbarkeit gehemmt, in der Insolvenz des Leasingnehmers fort, so stellt sich die Frage, wie sich dies auf das Bestehen bzw. Nichtbestehen einer Vindikationslage zwischen Fondsgesellschaft und Leasingnehmer bzw. deren Insolvenzverwalter auswirkt. Eine Vindikationslage ist für das Bestehen eines Herausgabeanspruches und Aussonderungsrechts erforderlich. Sie liegt vor, wenn der Anspruchsteller Eigentümer und der Anspruchsgegner Besitzer ohne Recht zum Besitz ist[224]. Würde durch die Eröffnung

---

225, 226; *Obermüller* Rn. 7.10; *Obermüller/Hess* Rn. 1502; *Gottwald/Adolphsen* KS-InsO S.1063 Rn. 77; *Sinz* KS-InsO S. 597 Rn. 8, S. 603 Rn. 22; *Schmid-Burgk* S. 307; *Schwemer* ZMR 2000, 348, 351; MK-InsO/*Eckert* § 112 Rn. 35; *Bien* S. 74; MK-BGB/*Habersack* BGB Leasing Rn. 134; offen gelassen durch *K/P/Tintelnot* § 112 Rn. 14; *Weber* NJW 2003, 2348, 2353; Bankrecht und Bankpraxis/*Peters* Rn. 13/118; *Abel* NZI 2003, 121, 123.

223 *H/W/W/Hess* § 112 Rn. 6; *Smid/Smid* InsO § 112 Rn. 1 f.; FK-InsO/*Wegener* § 112 Rn. 1; *Fehl* DZWiR 1999, 89, 93; *Lauer* Rn. 5.48; *Schwemer* ZMR 2000, 348, 350; *Marotzke* „Festschrift für Zöller" S. 1193; *Pape* KS-InsO S. 537 Rn. 6, S. 568 f. Rn. 59; *Bien* S.71; *Engel* BB 1999, Beilage 6, 23, 25.

224 *Palandt/Bassenge* 64. Auflage Vorb. v. § 987 Rn. 2 f..

des Insolvenzverfahrens eine Vindikationslage entstehen, so könnte die Fondsgesellschaft den Investitionsgegenstand gem. §§ 985, 986 BGB, 47 InsO herausverlangen.

Fraglich ist, ob seitens des Leasingnehmers und deren Insolvenzverwalters nach Eröffnung des Insolvenzverfahrens ein Besitzrecht vorliegt. Eine Vindikationslage ist nur zu bejahen, soweit kein Recht zum Besitz gegeben ist[225].

1. Schuldrechtliches „relatives" Recht zum Besitz

Folgt man der oben beschriebenen vorzugswürdigen Ansicht der neueren Rechtsprechung und Teilen der Literatur, so besteht das ursprüngliche Recht zum Besitz, der Überlassungsanspruch aus dem Mobilienleasingvertrag, auch nach Eröffnung des Insolvenzverfahrens fort, es ist lediglich in seiner Durchsetzbarkeit gehemmt. Fraglich ist damit, wie sich der Verlust der Durchsetzbarkeit der Erfüllungsansprüche, insbesondere des Erfüllungsanspruches des Leasingnehmers auf Gewährung des Besitzes während der Leasinglaufzeit, auf das Recht zum Besitz im Sinne des § 986 BGB auswirkt.

Ein Recht zum Besitz stellt grundsätzlich eine Einwendung des Besitzers gegenüber dem Eigentümer dar[226]. Es grenzt den berechtigten vom unberechtigten Besitzer ab. Unter dieser Prämisse deutet einiges darauf hin, dass auch die undurchsetzbaren vertraglichen Erfüllungsansprüche ein Recht zum Besitz im Sinne des § 986 BGB darstellen[227]. Indem nach den gesetzgeberischen Motiven durch § 103 InsO bewirkt werden soll, dass der Schuldnerbesitz nicht zur Unzeit auseinander gerissen wird, soll der Insolvenzverwalter, wie im Falle des Eigentumsvorbehaltskaufes (§ 107 InsO), nach den gesetzgeberischen Motiven auch beim Mobilienleasing (§ 103 InsO) bis zum Berichtstermin bzw. bis zur Ausübung des Wahlrechtes zum Besitz berechtigt sein.

Eine genaue Betrachtung führt aber dazu, dass die Berechtigung zum Besitz beim Eigentumsvorbehaltskauf von der Berechtigung zum Besitz beim Mobilienleasing zu unterscheiden ist. Die rechtliche Würdigung der beiden Sachverhalte unterscheidet sich in einem wesentlichen Punkt. Im Falle des Eigentumsvorbehaltskaufes wird durch das Wahlrecht des § 107 InsO gewährleistet, dass bereits entstan-

---

[225] *Schwab/Prütting* Rn. 513; *Braun/Bäuerle* § 47 Rn. 20; *Wolf* Rn. 216; *Staudinger/Gursky* § 986 Rn. 1.

[226] BGH NJW 99, 3716, 3717; MK-BGB/*Medicus* § 986 Rn. 26 f.; *Staudinger/Gursky* § 986 Rn. 1; *Palandt/Bassenge* 64. Auflage § 986 Rn. 1.

[227] So wohl *Staudinger/Gursky* § 986 Rn. 75, der davon spricht, dass das Besitzrecht des Mieters und Pächters einer beweglichen Sache mit Ablehnung der Vertragserfüllung erlischt.

dene dingliche Anwartschaftsrechte bis zur Ausübung des Wahlrechtes bestehen bleiben[228]. Die dinglichen Anwartschaftsrechte fallen wegen des Wahlrechts des § 107 InsO erst mit der Ablehnung der Vertragserfüllung weg[229]. Da dingliche Anwartschaftsrechte ein dingliches Besitzrecht im Sinne des § 986 BGB darstellen[230], wird folgerichtig beim Eigentumsvorbehaltskauf festgestellt, der Eigentumsvorbehaltskäufer habe bis zur Ablehnung der Vertragserfüllung ein Besitzrecht im Sinne des § 986 BGB[231]. Das Recht zum Besitz besteht aber nicht aus dem bis zur Ausübung des Wahlrechts schwebenden Kaufvertrag als obligatorisches Recht zum Besitz, sondern aus dem Anwartschaftsrecht als dingliches Recht zum Besitz.

Beim Mobilienleasing liegt ein dingliches Recht zum Besitz im Unterschied zum Eigentumsvorbehaltskauf nicht vor. Der Leasingnehmer erhält im Rahmen des Leasings keine dingliche Rechtsposition am Leasinggegenstand, sondern nur ein schuldrechtliches Besitzrecht im Sinne des § 986 BGB[232].

Fraglich ist daher, ob dieses schuldrechtliche Besitzrecht aus dem Mobilienleasingvertrag, genau genommen aus den Erfüllungsansprüchen des Mobilienleasingvertrages, nach Eröffnung des Insolvenzverfahrens bis zur Ausübung des Wahlrechtes ein vertragliches Besitzrecht im Sinne des § 986 BGB darstellt. Dies wäre dann der Fall, wenn dem insolventen Leasingnehmer und dessen Insolvenzverwalter während des Schwebezustandes bis zur Ausübung des Wahlrechtes die Erfüllungsansprüche als Einwendungen im Sinne des § 986 BGB zustehen würden. Dies ist aber weder nach der früheren Erlöschenstheorie noch nach der heute herrschenden Ansicht der Fortwirkung undurchsetzbarer vertraglicher Erfüllungsansprüche der Fall. Einwendungen sind im materiellen Recht und damit auch im Falle des § 986 BGB diejenigen Einreden im Sinne des Prozessrechts, mit denen Gegenrechte aus dem materiellen Recht geltend gemacht werden können[233]. Voraussetzung für eine Einwendung ist damit die Möglichkeit, den Gegenanspruch tatsächlich prozessual geltend machen zu können. Dies ist beim vertraglichen Erfüllungsanspruch des insolventen Leasingnehmers bzw. dessen Insolvenzverwalters, der Übertragung des Besitzes und der Gebrauchsüberlassung, nicht der Fall. Nach der früheren Erlöschenstheorie waren die vertraglichen Erfüllungsansprüche bis zur Ausübung des Wahlrechtes erloschen, heute sind sie undurchsetzbar. Leasingnehmer und Insolvenzverwalter können daher die vertraglichen Erfüllungsan-

---

228 HK-InsO/*Marotzke* § 107 Rn. 1; MK-InsO/*Ott* § 107 Rn. 17; *Pape* KS-InsO S. 548 Rn. 23; *H/W/W/Hess* § 107 Rn. 4 f,.

229 MK-InsO/*Ott* § 107 Rn. 17.

230 Str., *Palandt/Bassenge* 64. Auflage § 986 Rn. 2 und § 929 Rn. 41 m. w. N..

231 *K/P/Tintelnot* § 107 Rn. 14; FK-InsO/*Wegener* § 107 Rn. 27, 30; MK-InsO/*Ott* § 107 Rn. 17; *Braun/Kroth* § 107 Rn. 12; HK-InsO/*Marotzke* § 107 Rn. 13.

232 MK-BGB/*Medicus* § 986 Rn. 13.

233 *Bork* BGB AT Rn. 90.

sprüche nicht als Gegenansprüche gegen einen Herausgabe- bzw. Aussonderungsanspruch geltend machen. Vielmehr teilt das relative Besitzrecht aus dem Leasingvertrag das insolvenzrechtliche Schicksal des Rechtsverhältnisses, dem es entstammt[234]. Das Besitzrecht ist undurchsetzbar und kann daher vom Besitzer einem Herausgabeanspruch nicht entgegengesetzt werden. Es stellt daher kein Besitzrecht dar, das zur Aufhebung einer Vindikationslage führt. Beim Mobilienleasing besteht mithin weder ein obligatorisches Recht zum Besitz in Form eines vertraglichen Besitzanspruches, noch, wie beim Eigentumsvorbehaltskauf, ein dingliches Besitzrecht.

2. § 103 InsO als Recht zum Besitz

Fraglich ist, ob möglicherweise dem § 103 InsO, wie anerkanntermaßen den §§ 80, 148 InsO[235] sowie dem § 107 InsO[236], ein Recht zum Besitz im Sinne des § 986 Abs. 1 BGB zu entnehmen ist, ob also die durch § 103 InsO gegebene Wahlmöglichkeit über den Fortbestand des Leasingvertrages bis zur Ausübung des Wahlrechtes ein Recht zum Besitz beinhaltet.

Hierfür würde folgendes sprechen: Der Insolvenzverwalter hat nach § 103 InsO ein Wahlrecht, das er unverzüglich ausüben muss. Wählt er die Erfüllung des Vertrages, so entsteht mit Wirkung der Wahl ein vertragliches Recht zum Besitz im Sinne des § 986 BGB. Die vertraglichen Ansprüche gewinnen durch die Wahl der Erfüllung im Sinne des § 103 Abs. 1 InsO ihre Durchsetzbarkeit zurück. Ab dem Zeitpunkt der Ausübung des Wahlrechtes in diesem Sinne besteht demnach ein Recht zum Besitz zu Gunsten des Leasingnehmers und damit mangels Vindikationslage kein Herausgabeanspruch und Aussonderungsrecht seitens der Fondsgesellschaft. Es ist jedoch mit § 103 InsO nicht zu vereinbaren, wollte man mangels Einräumung eines Rechtes zum Besitz während der Zeit der Entscheidungsfindung den Insolvenzverwalter zu einer Herausgabe zwingen und ihm damit das Problem der Wiederbeschaffung aufgeben. Indem Sinn und Zweck des § 103 InsO ist, die Fortführung und Sanierung des Insolvenzschuldners zu ermöglichen, würde eine Herausgabepflicht zwischen Eröffnung des Insolvenzverfahrens und Wahlrechtsausübung außerdem gegen den gesetzgeberischen Willen verstoßen. Ein Recht zum Besitz aus § 103 InsO würde dies verhindern.

---

234 MK-BGB/*Medicus* § 986 Rn. 29; *Palandt/Bassenge* 64. Auflage § 986 Rn. 2.

235 *Palandt/Bassenge* 64. Auflage § 986 Rn. 5; MK-BGB/*Medicus* § 986 Rn. 12; *Bamberger/Roth/ Fritsche* § 986 Rn. 10.

236 *Uhlenbruck/Berscheid* InsO § 107 Rn. 7; MK-InsO/*Ott* § 107 Rn. 31.

Gegen das Vorliegen eines Rechts zum Besitz aus § 103 InsO sprechen allerdings die gewichtigeren Argumente. Die mit § 103 InsO zu begründende Verneinung der Durchsetzbarkeit des Herausgabeanspruches stellt kein gesetzliches Recht zum Besitz dar.

Aus Gründen der Rechtssicherheit und aus rechtsstaatlicher Sicht müsste ein Besitzrecht im Sinne des § 986 BGB eindeutig formuliert sein. Diese Voraussetzung erfüllt § 103 InsO nicht. § 103 InsO gibt seinem Wortlaut nach nur ein Wahlrecht hinsichtlich der Erfüllung von schuldrechtlichen gegenseitigen Verträgen und regelt die insolvenzrechtliche Einordnung einer Forderung wegen Nichterfüllung. Die Norm beinhaltet die Existenz des Wahlrechts und die Folgen seiner Ausübung. Dementsprechend kann ihr weder eine Erlöschenswirkung für gegenseitige Verträge bei Verfahrenseröffnung noch ein Besitzrecht während der Zeit zwischen Eröffnung des Insolvenzverfahrens und Wahlrechtsausübung entnommen werden.

Dies wird durch folgendes bestätigt: Durch § 103 InsO soll in Anlehnung an das Zug um Zug Prinzip der §§ 320ff. BGB zum Schutz des Gläubigers verhindert werden, dass dieser seine eigene Leistung noch in vollem Umfang zu erbringen hat, seine Gegenforderung aber nur in Höhe der Quote als Insolvenzforderung befriedigt wird[237]. Indem sich § 103 InsO somit an die Zurückbehaltungsrechte des BGB anlehnt, kann im Hinblick auf § 986 BGB InsO nichts anderes gelten. § 103 ist auch in Bezug auf den Herausgabeanspruch und das Aussonderungsrecht der §§ 985, 986 BGB, 47 InsO als Zurückbehaltungsrecht anzusehen. Solche Zurückbehaltungsrechte, die zur Verurteilung Zug um Zug führen, begründen kein Besitzrecht im Sinne von § 986 BGB, da sie nur die Vollstreckung des Herausgabeanspruches beschränken. Zurückbehaltungsrechte dagegen sind selbstständige Rechte, die dem Herausgabeanspruch unmittelbar entgegenstehen und eine anspruchsändernde Einrede gewähren. Ein Besitzrecht mit der Folge der Aufhebung der Vindikationslage gewährt ein Zurückbehaltungsrecht gerade nicht[238].

---

[237] BGH WM 2002, 1199, 1201; *Braun/Kroth* § 103 Rn. 2; *H/W/W/Hess* § 103 Rn. 3 ff.; *Smid/Smid* InsO § 103 Rn. 1, 3; *K/P/Tintelnot* § 103 Rn. 5.

[238] BGH NJW 2002, 1050, 1052 (soweit das Rechtsverhältnis, welches das Besitzrecht begründet, eine Regelung über Nutzungsherausgabe und Verwendungsersatz nicht enthält); BGH LM H. 4/1998 ApothG Nr. 8 Blatt 702; OLG Dresden ZIP 1994, 402, 402; *Erman/Ebbing* § 986 Rn. 17-19; MK-BGB/*Medicus* § 986 Rn. 17; MK-BGB/*Krüger* § 273 Rn. 92; *Seidel* JZ 1993, 180, 182 f. (Kein Recht zum Besitz bei ZBR gem. §§ 273, 274 BGB, wohl aber bei Einrede des nicht erfüllten Vertrages gem. §§ 320, 322 BGB); *Palandt/Bassenge* 64. Auflage § 986 Rn. 4; *Schwab/Prütting* Rn. 514; *Jauernig/Jauernig* § 986 Rn. 8; *Wolf* Rn. 235; *Soergel/Mühl* § 986 Rn. 2; ausführlich: *Staudinger/Gursky* § 986 Rn. 28; *Bamberger/Roth/Fritsche* § 986 Rn. 16; a.A. RGZ 136, 422, 426; BGH NJW 1975, 1121, 1121; NJW 1998, 2045, 2046; *Palandt/Heinrichs* § 273 Rn. 20; weitere Nachweise bei *Staudinger/Gursky* § 986 Rn. 28.

3. § 242 BGB als Recht zum Besitz

Zuletzt ergibt sich auch aus § 242 BGB und damit aus Treu und Glauben kein Recht des insolventen Leasingnehmers zum Besitz im Sinne des § 986 BGB. Aus § 242 BGB lässt sich, wie nachfolgend dargestellt werden wird[239], nur die Verhinderung der Durchsetzbarkeit des Herausgabeanspruches wegen unzulässiger Rechtsausübung begründen. § 242 BGB führt nur zur Herleitung eines interessengerechten Ergebnisses innerhalb rechtlicher Sonderbeziehungen, die Norm führt nicht zur Korrektur derselben[240]. Treu und Glauben bilden eine allen Rechten, Rechtsstellungen, Rechtslagen, Rechtsinstituten und Rechtsnormen immanente Inhaltsbegrenzung und eine Anpassung an den konkreten Lebenssachverhalt[241]. Würde man nach § 242 BGB entgegen der Rechtsfolge des § 103 InsO, nach der Ansprüche aus gegenseitigen Verträgen bis zur Wahlrechtsausübung zwar fortbestehen, aber ihre Durchsetzbarkeit verlieren, eine Vindikationslage wegen eines Besitzrechts aus § 242 BGB versagen, so würde dies nicht nur zu einer Inhaltsbegrenzung einer Norm, sondern zu einer Erweiterung derer Rechtsfolgen führen. Indem sich den Normen der Insolvenzordnung nur das Vorliegen einer Undurchsetzbarkeit von schuldrechtlichen Ansprüchen (nicht aber das Erlöschen derselben) herleiten lässt und damit schon eine Herbeiführung eines interessengerechten Ergebnisses erfolgt, würde dieser Inhalt der Vorschriften der Insolvenzordnung über § 242 BGB über eine Herleitung eines interessengerechten Ergebnisses hinaus korrigiert. An Stelle der bloßen Undurchsetzbarkeit von Ansprüchen würde das Nichtbestehen von Ansprüchen erreicht. Statt einer interessengerechten Abwendung eines Herausgabeanspruches und Aussonderungsrechts würde mangels Vindikationslage zusätzlich die Anwendung der §§ 987 ff. BGB verhindert werden. Gerade die §§ 987 ff. BGB führen aber, wie sich später zeigen wird, gerade zu einem interessengerechten Ergebnis führen. § 242 BGB kann daher bis zur Ausübung des Wahlrechtes nur zur Verhinderung der Durchsetzbarkeit eines Herausgabeanspruches, nicht aber zu einem Recht zum Besitz im Sinne des § 986 BGB führen.

Dieses Ergebnis ist auch nicht unbillig. Der wegen der Vindikationslage bestehende Herausgabeanspruch aus § 985 BGB und das damit bestehende Aussonderungsrecht aus § 47 InsO ist zwar grundsätzlich gegeben, in seiner Durchsetzbarkeit sind aber beide Ansprüche gehindert, bis der Insolvenzverwalter sein Wahlrecht aus § 103 InsO ausgeübt hat. Zu einer solchen Ausübung kann der Insolvenzverwalter aufgefordert werden. Es liegt daher in der Macht des Gläubigers,

---

[239] Vgl. hierzu die Ausführungen auf S. 51.

[240] RG 131, 158, 177, BGH NJW 85, 2579, 2580; *Palandt/Heinrichs* 64. Auflage § 242 Rn. 2; *Erman/Hohloch* § 242 Rn. 2.

[241] BGH NJW 1997,2257, 2258; *Jauernig/Vollkommer* § 242 Rn. 33; MK-BGB/*Roth* § 242 Rn. 45; *Palandt/Heinrichs* 64. Auflage § 242 Rn. 1 f.; *Erman/Hohloch* § 242 Rn. 18.

eine beschleunigte Entscheidung des Insolvenzverwalters herbeizuführen. Damit sind die Interessen beider Parteien ausreichend gesichert. Auch § 242 BGB kann daher, wie § 103 InsO, nicht das Vorliegen einer Vindikationslage, wohl aber, anders als § 103 InsO, das Vorliegen eines durchsetzbaren Herausgabe- und Aussonderungsanspruches verhindern.

4. Durchsetzbarkeit des Herausgabe- und Aussonderungsanspruches

Herausgearbeitet wurde damit, dass das Besitzrecht des Leasingnehmers und dessen Insolvenzverwalters nicht erst durch die Wahlrechtsausübung nach § 103 Abs. 2 InsO, sondern bereits durch die Verfahrenseröffnung erlischt. Ebenfalls wurde festgestellt, dass nach dem gesetzgeberischen Willen der insolvente Leasingnehmer und insbesondere dessen Insolvenzverwalter bis zur Wahlrechtsausübung im Besitz des Investitionsobjektes bleiben sollen. Beide Ergebnisse lassen sich miteinander vereinen, wie die folgenden Ausführungen zeigen werden.

Es wurde bereits mehrfach dargelegt, dass die vertraglichen Ansprüche nach Eröffnung des Insolvenzverfahrens undurchsetzbar fortbestehen. Die relativen Besitzrechte teilen das insolvenzrechtliche Schicksal des Rechtsverhältnisses, dem sie entstammen, und sind demnach ebenfalls undurchsetzbar[242]. Dies kann für einen auf Grund der entstandenen Vindikationslage bestehenden Herausgabe- und Aussonderungsansprüche im Ergebnis nur bedeuten, dass sich die Eröffnung des Insolvenzverfahrens so auf sie auswirken muss, dass auch ein Herausgabe- und Aussonderungsanspruch bis zur Ausübung des Wahlrechtes undurchsetzbar ist. Dies ist dogmatisch wie folgt zu begründen:

Nach dem anerkannten Rechtsgrundsatz *„dolo agit, qui petit, quod statim redditurus est“* fehlt ein schutzwürdiges Interesse eines Gläubigers, wenn durch ihn eine Leistung gefordert wird, die er alsbald zurückgewähren muss[243]. Wird eine Leistung gefordert, die alsbald zurückzugewähren ist, handelt es sich um einen Fall einer allen Rechten, Rechtslagen und Rechtsnormen immanenten Inhaltsbegrenzung durch § 242 BGB. Nach dieser ist eine Rechtsausübung missbräuchlich, wenn ihr kein schutzwürdiges Eigeninteresse zugrunde liegt[244]. Dieser Rechtsgrundsatz ist auf den Zeitraum zwischen Eröffnung des Insolvenzverfahrens und Ausübung des Wahlrechtes nach § 103 InsO anzuwenden. Würde die Fondsgesellschaft als Leasinggeber vom Insolvenzschuldner bzw. dessen Insolvenzverwalter die Herausgabe des Investitionsobjektes verlangen, so würde er eine Leistung fordern, die er

[242] MK-BGB/*Medicus* § 986 Rn. 29; *Palandt/Bassenge* 64. Auflage § 986 Rn. 2.

[243] *Palandt/Heinrichs* 64. Auflage § 242 Rn. 52.

[244] *Palandt/Heinrichs* 64. Auflage § 242 Rn. 38, 50.

alsbald, nämlich nach positiver Wahlrechtsausübung im Sinne des § 103 Abs. 1 InsO, wieder herausgeben müsste. Durch das Wahlrecht des § 103 InsO wurde demnach ein typischer Anwendungsfall des Grundsatzes „*dolo agit, qui petit, quod statim redditurus est*" geschaffen. In Folge dessen besteht im Zeitraum zwischen Insolvenzverfahrenseröffnung und Wahlrechtseröffnung im Sinne des § 103 InsO ein zeitweises Leistungsverweigerungsrecht gegenüber dem Herausgabe- und Aussonderungsanspruch während der Zeit der Undurchsetzbarkeit der vertraglichen Erfüllungsansprüche.

Ist demnach im Ergebnis im Zeitraum zwischen Eröffnung des Insolvenzverfahrens und Wahlrechtsausübung auch bei Verneinung eines Rechts zum Besitz im Sinne des § 986 BGB kein durchsetzbarer Herausgabeanspruch der Fondsgesellschaft gegeben, so ist damit das eingangs gegen das Bestehen einer Vindikationslage angeführte Argument des vom Gesetzgeber gewollten Besitzrechts des Insolvenzverwalters bis zur Ausübung des Wahlrechtes entkräftet. Indem zwar auf der einen Seite kein Besitzrecht im Sinne des § 986 BGB gegeben ist, auf der anderen Seite aber der Herausgabeanspruch wegen unzulässiger Rechtsausübung gem. § 242 BGB undurchsetzbar ist, steht dem Insolvenzverwalter für den insolventen Leasingnehmer ein faktisches Besitzrecht bis zur Wahlrechtsausübung zu. Dieses Ergebnis steht auch im Einklang mit dem Normzweck des § 103 InsO. Darüber hinaus erfolgt auch eine einheitliche Rechtsfolge der Insolvenz, bezogen auf vertragliche und auf dingliche Ansprüche. Dingliche Rechtsfolge der Eröffnung des Insolvenzverfahrens ist mithin die Undurchsetzbarkeit des dinglichen Herausgabe- und Aussonderungsanspruchs der Fondsgesellschaft bis zur Wahlrechtsausübung im Sinne des § 103 InsO.

Eine somit zu treffende Unterscheidung zwischen Besitzrecht im Sinne einer Vindikationslage (§ 986 BGB) und Besitzrecht im Sinne eines Leistungsverweigerungsrechts ist im Übrigen dem BGH nicht fremd. Der BGH hat im Rahmen einer Mietstreitigkeit entschieden, dass ein Zurückbehaltungsrecht grundsätzlich einem Herausgabeanspruch entgegenstehen kann, ohne dass dadurch das Bestehen eines Nutzungsersatzanspruches aus Eigentümer-Besitzer-Verhältnis (der gerade eine Vindikationslage voraussetzt) beeinträchtigt wird[245].

5. Zwischenergebnis

Als Zwischenergebnis lässt sich damit festhalten, dass nach Eröffnung des Insolvenzverfahrens eine Vindikationslage gegeben ist. Dies hat zur Folge, dass der Anwendungsbereich der Vorschriften über das Eigentümer-Besitzer-Verhältnis

245 BGH LM H. 4/1998 ApothG Nr. 8 Blatt 702 f..

(§§ 985 ff. BGB) eröffnet ist. Der Herausgabeanspruch gem. § 985 BGB und das gem. § 47 InsO daraus folgende Aussonderungsrecht sind aber in ihrer Durchsetzbarkeit bis zur Ausübung des Insolvenzverwalterwahlrechtes gehindert. Die Fondsgesellschaft kann daher nach Eröffnung des Insolvenzverfahrens über das Vermögen des Leasingnehmers bis zur Ausübung des Wahlrechtes keine Aussonderung und Herausgabe verlangen.

V. Ergebnis

Die im Rahmen strukturierter Finanzierungen über geschlossene Mobilienfonds abgeschlossenen Leasingverträge stellen Miet- und Pachtverhältnisse im Sinne des § 103 InsO dar. Durch die Eröffnung des Insolvenzverfahrens wird das Bestehen der Mobilienleasingverträge nicht beeinflusst, sie bestehen unverändert fort. Lediglich die aus ihnen erwachsenden Rechte sind in ihrer Durchsetzbarkeit gehindert. Das gleiche gilt für den durch die Eröffnung des Insolvenzverfahrens entstehenden Herausgabe- und Aussonderungsanspruch der Fondsgesellschaft. Auch dieser ist in seiner Durchsetzbarkeit gehindert.

B. Die Ausübung des Insolvenzverwalterwahlrechts

Nach § 103 InsO hat der Insolvenzverwalter ein Wahlrecht, ob er gegenseitige Verträge erfüllen will oder nicht. Ist ein gegenseitiger Vertrag zur Zeit der Eröffnung des Insolvenzverfahrens vom Schuldner oder vom anderen Teil nicht oder nicht vollständig erfüllt, so kann der Insolvenzverwalter gem. § 103 Abs. 1 InsO anstelle des Schuldners den Vertrag erfüllen und die Erfüllung vom anderen Teil verlangen. Gem. § 103 Abs. 2 Satz 1 InsO kann der Verwalter die Erfüllung aber auch ablehnen. Lehnt er die Erfüllung ab, so kann der andere Teil gem. § 103 Abs. 2 Satz 1 InsO eine Forderung wegen der Nichterfüllung des Vertrages als Insolvenzgläubiger geltend machen.

I. Die Wahl der Erfüllung gem. § 103 Abs. 1 InsO

Entscheidet sich der Insolvenzverwalter für die Erfüllung des Leasingvertrages (§ 103 Abs. 1 InsO), so hat er den Vertrag „an Stelle des Schuldners" zu erfüllen[246].

[246] *N/R/Balthasar* § 103 Rn. 51; *Schwemer* ZMR 2000, 348, 349; *Braun/Kroth* § 103 Rn. 59; HK-InsO/*Marotzke* § 103 Rn. 45; MK-InsO/*Kreft* § 103 Rn. 41; *Pape* KS-InsO S. 555 Rn. 35; *Abel* NZI 2003, 121, 124; FK-InsO/*Wegener* § 103 Rn. 65; *Smid/Smid* InsO § 103 Rn.31; *Bork* Rn.163.

Die Erfüllungswahl führt zu keiner Veränderung des Vertrages. Der Insolvenzverwalter hat ihn so zu erfüllen, wie er ihn bei Verfahrenseröffnung vorfand[247]. Durch die Ausübung des Wahlrechtes im Sinne des § 103 Abs. 1 InsO wird die Durchsetzbarkeit der vertraglichen Erfüllungsansprüche wiederhergestellt. Die zunächst undurchsetzbaren Erfüllungsansprüche erhalten die Rechtsqualität originärer Forderungen der oder gegen die Masse[248]. Sie beinhalten das Rechts des Leasingnehmers und deren Insolvenzverwalters auf ungestörte Gebrauchsüberlassung und -belassung des Leasingobjektes. In Folge dessen wird durch die Wahl der Erfüllung des Leasingvertrages ein vertragliches Besitzrecht des Leasingnehmers und dessen Insolvenzverwalters begründet. Durch die Wiederherstellung der Durchsetzbarkeit der Rechte aus dem Leasingvertrag wird die Vindikationslage aufgehoben. Damit erlöschen die zwischenzeitlich undurchsetzbar bestehenden Ansprüche auf Herausgabe und Aussonderung am Investitionsobjekt.

II. Die Ablehnung der Erfüllung gem. § 103 Abs. 2 Satz 1 InsO

Unterscheiden sich die Begründungen der Rechtsfolgen einer Erfüllungsablehnung danach, welcher Ansicht im Hinblick auf die Auswirkungen der Insolvenz auf den Leasingvertrag gefolgt wird, so kommen alle Ansichten letztendlich zum selben Ergebnis. Der insolvente Leasingnehmer und dessen Insolvenzverwalter verlieren durch die Erfüllungsablehnung ihr Besitzrecht am Leasingobjekt[249], so dass die Fondsgesellschaft nach der Ablehnung gem. §§ 985, 986 BGB, 47 InsO ein Herausgabe- und Aussonderungsrecht hat[250]. Weiter hat die Fondsgesellschaft einen Schadensersatzanspruch gem. § 103 Abs. 2 Satz 1 InsO, den sie als Insolvenzforderung geltend machen kann[251].

---

[247] BGH WM 2002, 1199, 1199, 1201; *N/R/Balthasar* § 103 Rn. 52; *K/P/Tintelnot* § 103 Rn. 11; *Schwemer* ZMR 2000, 348, 349; *Pape* KS-InsO S. 555 Rn. 35; MK-InsO/*Kreft* § 103 Rn. 39; *Braun/Kroth* § 103 Rn. 59; FK-InsO/*Wegener* § 103 Rn. 65 ff.; *Gottwald/Huber* § 35 Rn. 20; *Uhlenbruck/Berscheid* InsO § 103 Rn. 73; *H/W/W/Hess* § 103 Rn. 121.

[248] BGH WM 2002, 1199, 1199; *Reinicke/Tiedtke* Kaufrecht Rn. 177, 1294; *Braun/Kroth* § 103 Rn. 59; MK-InsO/*Kreft* § 103 Rn. 39 ff..

[249] *K/P/Tintelnot* § 103 Rn. 93; MK-InsO/*Huber* § 103 Rn. 177; *Gottwald/Huber* § 35 Rn. 28; *N/R/Balthasar* § 103 Rn. 66; *Uhlenbruck/Berscheid* InsO § 103 Rn. 91.

[250] *Uhlenbruck/Berscheid* InsO § 103 Rn. 91; *Schmidt-Burgk* ZIP 1998, 1022, 1023; *Fehl* DZWIR 1999, 89, 93; MK-InsO/*Huber* § 103 Rn. 177; *Pape* KS-InsO S. 572 Rn. 65; *Obermüller/Livonius* DB 1995, 27, 28.

[251] Bspw.: MK-InsO/*Huber* InsO § 103 Rn. 176; Bankrecht und Bankpraxis/*Peters* Rn. 13/116a; *Braun/Kroth* § 103 Rn. 62 f. *Sinz* KS-InsO S. 601 Rn. 19; *Uhlenbruck/Berscheid* InsO § 103 Rn. 86; *N/R/Balthasar* § 103 Rn. 60; vgl. hinsichtlich des Schadensersatzanspruchs im Einzelnen die Ausführungen auf den Seiten 99 ff..

1.) Argumentation nach der Erlöschenstheorie

Nach Ansicht der Erlöschenstheorie der früheren Rechtsprechung und eines Teils der Literatur sind die vertraglichen Erfüllungsansprüche bereits mit Eröffnung des Insolvenzverfahrens erloschen. Lehnt der Insolvenzverwalter die Erfüllung gem. § 103 Abs. 2 Satz 1 InsO ab, so erlischt nach dieser Ansicht nur die gestalterische Wirkung der Erfüllungserklärung und das gegenseitige Schuldverhältnis wandelt sich in einen einseitigen Schadensersatzanspruch. Der durch die Eröffnung des Verfahrens erloschene Vertrag würde erloschen bleiben[252]. Wurde ein Herausgabeanspruch und Aussonderungsrecht bis zur Ausübung des Wahlrechtes verneint, so verliert der Leasingnehmer bzw. dessen Insolvenzverwalter jedenfalls nach Erfüllungsablehnung sein Besitzrecht und kann in Folge dessen die Aussonderung verlangen[253].

2.) Theorie der Undurchsetzbarkeit der Erfüllungsansprüche

Dasselbe Ergebnis ergibt sich mit anderer Begründung auch unter der oben bevorzugten Annahme, dass der Vertrag nach einer Eröffnung des Insolvenzverfahrens fortbesteht und die Ablehnung der Erfüllung (§ 103 Abs. 2 Satz 1 InsO) nicht zum Erlöschen des Vertrages, sondern zu einem Leistungsverweigerungsrecht führt. Nachdem das Vertragsverhältnis durch die Verfahrenseröffnung nicht erlischt, sondern nur die Erfüllungsansprüche ihre Durchsetzbarkeit verlieren, hat die Erfüllungsablehnung keine Gestaltungswirkung[254]. Ihr kommt vielmehr nur die Bedeutung zu, dass der Insolvenzverwalter - ähnlich wie bei einem nicht unverzüglich erklärten Erfüllungsverlangen nach Aufforderung zur Wahlrechtsausübung (§ 103 Abs. 2 Satz 3 InsO) - einseitig nicht mehr auf Erfüllung bestehen kann[255]. Im Übrigen bringt die Erfüllungsablehnung lediglich deklaratorisch zum Ausdruck, es solle bei den mit der Eröffnung des Insolvenzverfahrens verbundenen Folgen bleiben[256]. Mithin besteht der Vertrag auch nach Erfüllungsablehnung im Sinne des § 103 Abs. 2 Satz 1 InsO zunächst unverändert fort[257].

---

[252] BGHZ 106, 236, 242; BGHZ 116, 156, 158; *Uhlenbruck/Berscheid* InsO § 103 Rn. 85; *N/R/Balthasar* § 103 Rn. 5 ff.; *Braun/Kroth* 1. Auflage § 103 Rn. 64 (anders in der 2. Auflage); *Gottwald/Huber* § 35 Rn. 26.

[253] *Smid/Smid* InsO § 103 Rn. 26; *K/P/Tintelnot* § 103 Rn. 92 f..

[254] MK-InsO/*Kreft* § 103 Rn. 20; *Jaeger/Henckel* § 17 Rn. 149; *Braun/Kroth* § 103 Rn. 62.

[255] MK-InsO/*Kreft* § 103 Rn. 20; *Braun/Kroth* § 103 Rn. 62.

[256] BGH ZIP 1993, 600, 601; BGHZ 135, 25, 30; MK-InsO/*Kreft* § 103 Rn. 20; MK-InsO/*Huber* § 103 Rn. 148 und Rn. 176; *Jaeger/Henckel* § 17 Rn. 149; *Braun/Kroth* § 103 Rn. 62.

[257] Diese Konsequenz aus der neueren Ansicht der Rechtsprechung ebenfalls ziehend:

Die Ablehnung der Erfüllung gem. § 103 Abs. 2 InsO hat nach dieser Ansicht somit folgende Auswirkungen: Nach der Ablehnung kann der Insolvenzverwalter nicht mehr die Erfüllung des Leasingvertrages verlangen. Dennoch bestehen die vertraglichen Ansprüche auch nach der Ablehnung unverändert undurchsetzbar fort. Der Fondsgesellschaft steht aber nunmehr gem. § 103 Abs. 2 Satz 1 InsO im Hinblick auf die ausgefallenen Forderungen ein Anspruch auf Schadensersatz wegen Nichterfüllung zu. Macht die Fondsgesellschaft von diesem Schadensersatzanspruch Gebrauch, so erlöschen die Leistungsansprüche aus dem Leasingvertrag. Es herrscht in der Literatur weitgehend Einigkeit darüber, dass sich der Inhalt des Schadensersatzanspruches nach den Grundsätzen des bürgerlichen Rechts richtet[258]. Dort hat sich der Gesetzgeber nach langer Diskussion über verschiedene Lösungsmodelle für ein Verhältnis sog. *ellektiver Konkurrenz* zwischen Erfüllungs- und Schadensersatzanspruch entschieden (vgl. § 281 Abs. 4 BGB)[259]. Erfüllungs- und Schadensersatzansprüche stehen zunächst nebeneinander, die Erfüllungsansprüche erlöschen erst, wenn der Gläubiger Schadensersatz verlangt[260].

Unabhängig vom Fortbestehen der (undurchsetzbaren) Erfüllungsansprüche bis zum Verlangen der Fondsgesellschaft auf Schadensersatz ist die Undurchsetzbarkeit des Herausgabe- und Aussonderungsrechts (§§ 985, 986 BGB, 47 InsO) aufgehoben. Auch nach dieser Ansicht besteht demnach ein Herausgabe- und Aussonderungsanspruch der Fondsgesellschaft nach Erfüllungsablehnung durch den Insolvenzverwalter des Leasingnehmers.

3.) Ergebnis

Im Ergebnis kann die Fondsgesellschaft folglich nach allen Ansichten aussondern und den Leasinggegenstand herausverlangen, wenn der Insolvenzverwalter des insolventen Leasingnehmers die Erfüllung des Leasingvertrages abgelehnt hat. Zum Ausgleich für die vorzeitige Beendigung des Vertrages hat die Fondsgesellschaft neben dem Aussonderungsrecht einen Anspruch auf Schadenersatz wegen Nichterfüllung des Leasingvertrages, den sie gem. § 103 Abs. 2 Satz 1 InsO als Insolvenzforderung geltend machen kann.

Braun/Kroth § 103 Rn. 62.

258 Vgl. hierzu die Ausführungen auf S. 99 ff. mit den fort genannten Nachweisen.

259 *Palandt/Heinrichs* 64. Auflage § 281 Rn. 50; *Bamberger/Roth/Grüneberg* § 281 Rn. 48.

260 *Palandt/Heinrichs* 64. Auflage § 281 Rn. 50; *Bamberger/Roth/Grüneberg* § 281 Rn. 48.

III. Die Ausübung des Wahlrechts

Die Ausübung des Wahlrechtes des § 103 InsO ist vom Gesetz her an keine Fristen gebunden. Das Gesetz setzt keinen Zeitraum, in dem der Verwalter das Wahlrecht von sich aus ausüben müsste[261]. Die Fondsgesellschaft als Leasinggeber kann den Insolvenzverwalter aber gem. § 103 Abs. 2 Satz 2 InsO zur Ausübung des Wahlrechtes auffordern[262].

Vor diesem Hintergrund sind zwei Konstellationen denkbar. Zu unterscheiden ist zwischen dem Sachverhalt, in dem weder der Insolvenzverwalter noch die Fondsgesellschaft eine Erklärung im Sinne des § 103 InsO abgegeben haben (also weder das Wahlrecht ausgeübt noch eine Aufforderung zur Ausübung abgegeben haben), und dem Sachverhalt, in dem die Fondsgesellschaft den Insolvenzverwalter zur Ausübung des Wahlrechtes aufgefordert hat.

1.) Zeitliche Gesichtspunkte bei der Ausübung des Wahlrechts

a) Ausübung ohne Aufforderung zur Ausübung

Haben weder die Fondsgesellschaft noch der Insolvenzverwalter eine Erklärungen abgegeben, so bleibt der Schwebezustand bestehen. Dieser Zustand kann durchaus einen längeren Zeitraum andauern. Der Insolvenzverwalter kann die Erklärung in dieser Konstellation zu einem ihm genehmen Zeitpunkt ausüben, ohne dabei Gefahr zu laufen, wegen Verspätung seiner Erklärung Rechte der Masse zu verlieren und sich schadensersatzpflichtig zu machen[263].

Zu denken ist in diesem Fall aber an eine Durchbrechung dieses Grundsatzes durch eine Wahlrechtsausübung durch schlüssiges Verhalten[264], beispielsweise

---

261 *K/P/Tintelnot* § 103 Rn. 69, 71; *Braun/Kroth* § 103 Rn. 65; MK-InsO/*Huber* § 103 Rn. 154; *Schwemer* ZMR 2000, 348, 350; *Sinz* KS-InsO S. 602 Rn. 21; *Uhlenbruck/Berscheid* InsO § 103 Rn. 68; FK-InsO/*Wegener* § 103 Rn. 62; *Pape* KS-InsO S. 548 Rn. 24, S. 550 Rn. 26; *N/R/Balthasar* § 103 Rn. 43.

262 HK-InsO/*Marotzke* § 103 Rn. 74; *Braun/Kroth* § 103 Rn. 64; MK-InsO/*Huber* § 103 Rn. 171; *Sinz* KS-InsO S. 601 Rn. 21.

263 BGHZ 81, 90, 93; *Braun/Kroth* § 103 Rn. 65; *K/P/Tintelnot* § 103 Rn. 69; *Pape* KS-InsO S. 548 Rn. 24; *Uhlenbruck/Berscheid* InsO § 103 Rn. 68; *N/R/Balthasar* § 103 Rn 43; *Gottwald/Huber* § 35 Rn. 10; a.A. *H/W/W/Hess* § 103 Rn. 146, nach dem im Falle beiderseitiger Untätigkeit das Vertragsverhältnis beendet sei, mit der Folge, dass der Vertragspartner eine Schadensersatzforderung zur Insolvenztabelle anmelden könne.

264 BGHZ 81, 90, 92; HK-InsO/*Marotzke* § 103 Rn. 62; MK-InsO/*Huber* § 103 Rn. 156.; *N/R/Balthasar* § 103 Rn. 42; *Braun/Kroth* § 103 Rn. 55; *Pape* KS-InsO S. 549 Rn. 25;

durch Weiternutzung des Leasingobjekts. Heranzuziehen ist als Auslegungshilfe der Rechtsgedanke des § 545 BGB[265,266]. Nach § 545 BGB verlängert sich der Mietvertrag bei Gebrauch der Mietsache nach Ablauf der Mietzeit auf unbestimmte Zeit, wenn die andere Vertragspartei ihren entgegenstehenden Willen nicht innerhalb von zwei Wochen mitteilt. Auf § 103 InsO übertragen bedeutet dies, dass bei Weiternutzung des Leasinggutes durch den Insolvenzverwalter für die Dauer von zwei Wochen grundsätzlich die Ausübung des Wahlrechts anzunehmen ist[267]. Da die Wahlrechtsausübung eine einseitige Willenserklärung ist[268], kann die Fondsgesellschaft ihr nicht widersprechen. Bei Berechnung der Frist ist dem Insolvenzverwalter aber zur Vermeidung unbilliger Ergebnisse eine Einarbeitungszeit zuzubilligen. Diese ist je nach Größe des insolventen Leasingnehmers und Umfang des zu sichtenden Geschäftsbetriebes unterschiedlich lang zu bemessen ist[269].

b) Ausübung nach Aufforderung zur Ausübung

Hat die Fondsgesellschaft dagegen zur Ausübung des Wahlrechts aufgefordert (unter Umständen genügt ein Erfüllungsverlangen[270]), so hat sich der Insolvenzverwalter unverzüglich zu erklären[271]. Unverzüglich bedeutet ohne schuldhaftes

---

Smid/Smid InsO § 103 Rn. 36; *Uhlenbruck/Berscheid* InsO § 103 Rn. 65.

265 § 545 BGB hat im Rahmen der Mietrechtsreform durch Gesetz vom 19.06.2001 (BGBl. I S. 1149) zum 01.09.2001 § 568 BGB ersetzt.

266 HK-InsO/*Marotzke* § 103 Rn. 62.

267 A.A. BGH ZIP 1998, 298, 298 f.; OLG Düsseldorf ZIP 2003, 1306, 1307 f.; *Braun/Kroth* § 103 Rn. 56: Allein Verwertungshandlungen oder Handlungen im Rahmen der Betriebsfortführung könnten nicht als konkludente Erfüllungswahl angesehen werden. Aus der Wertentscheidung des Gesetzes (§§ 22 Abs. 1 S. 2 Nr. 2, 107 Abs. 2) ergebe sich, dass Betriebsfortführungsmaßnahmen bis zum Berichtstermin grundsätzlich keinen Erklärungsinhalt hätten.

268 Bspw.: MK-InsO/*Huber* § 103 Rn. 154; *Braun/Kroth* § 103 Rn. 55; HK-InsO/*Marotzke* § 103 Rn. 60; *Uhlenbruck/Berscheid* InsO § 103 Rn. 62; *N/R/Balthasar* § 103 Rn. 39.

269 *Marotzke* will die Zweiwochenfrist erst nach dem Berichtstermin anwenden. Die stillschweigende Weiterbenutzung des Leasingobjekts durch den Insolvenzverwalter dürfe trotz § 545 BGB erst als Erfüllungswahl ausgelegt werden, wenn sie nach dem Berichtstermin erfolge. Hat der Insolvenzverwalter das Leasingobjekt nur vor dem Berichtstermin weiterbenutzt, so komme eine analoge Anwendung des § 55 Abs. 2 InsO in Betracht (HK-InsO/*Marotzke* § 103 Rn. 62). Diesen Überlegungen liegt die Anwendung des Rechtsgedankens des § 107 InsO zu Grunde. Wie unten dargestellt werden wird, widerspricht dies aber dem Verhältnis des § 107 als *lex specialis* zu § 103 InsO und ist daher abzulehnen, vgl. *Balz/Landfermann* S. 326 f., Begr. RegE. zum 2. Abschnitt.

270 BGH NJW 1991, 2897, 2897; HK-InsO/*Marotzke* § 103 Rn. 74.

271 OLG Köln ZIP 2003, 543, 544; *H/W/W/Hess* § 108 Rn. 38, 47; *Obermüller* Rn. 7.19; *Obermüller/Hess* Rn. 1508; *K/P/Tintelnot* § 103 Rn. 69; *Braun/Kroth* § 103 Rn. 64; FK-

Zögern und verlangt ein nach den Umständen des Falles zu bemessendes schleunigstes Handeln[272]. Daraus folgt, dass dem Insolvenzverwalter eine Überlegungsfrist zuzubilligen ist, in der er überprüfen kann, ob das Leasinggut zur Sanierung des Betriebes erforderlich ist oder nicht[273].

Probleme bereitet die Frage, wie lange eine solche Überprüfung dauern darf. Teile der Literatur sind der Ansicht, indem in § 103 InsO keine § 107 Abs. 2 InsO entsprechende Ausdehnung der Ausübung normiert wurde, zeige sich der Wille des Gesetzgebers, dem Insolvenzverwalter sei zwar eine Einarbeitungszeit zuzubilligen, der Insolvenzverwalter dürfe mit seiner Entscheidung aber nicht in entsprechender Anwendung des § 107 Abs. 2 InsO generell bis zum Berichtstermin warten[274]. Dem ist grundsätzlich zuzustimmen[275]. Der Gesetzgeber hat nach dem Wortlaut des § 107 Abs. 2 InsO durch die Formulierung „erst" eine Ausdehnung der Erklärungsfrist gegenüber der Erklärungsfrist beim Grundfall des § 103 InsO normiert. Dies ist kein gesetzgeberisches Versehen. Der Begründung des Regierungsentwurfs ist zu entnehmen, dass § 107 InsO für den Fall der Insolvenz eines Vertragspartners bei einem Eigentumsvorbehaltskauf eine Sonderregelung schaffen wollte[276]. Bei § 107 InsO handelt es sich somit der systematischen Stellung und dem Inhalt nach um eine spezialgesetzliche Norm für die Auswirkungen einer Insolvenz auf einen Eigentumsvorbehaltskauf, die im Falle ihrer Anwendbarkeit die allgemeine Regelung des § 103 InsO verdrängt[277]. Dies hat zum einen zur Folge, dass sich der Insolvenzverwalter beim Eigentumsvorbehaltskauf ausnahmsweise auch nach Aufforderung zur Ausübung des Wahlrechts auf den Berichts-

---

InsO/*Wegener* § 103 Rn. 83; MK-InsO/*Huber* § 103 Rn. 173; *Engel* BB 1999 Beilage 6, 23, 25; *Pape* KS-InsO S. 550 Rn. 26.

272 § 121 Abs. 1 Satz 1 BGB, *K/P/Tintelnot* § 103 Rn. 71; HK-InsO/*Marotzke* § 103 Rn. 77; MK-InsO/*Huber* § 103 Rn. 173; *Engel* BB 1999 Beilage 6, 23, 25; *Pape* KS-InsO S. 551 Rn. 26.

273 OLG Köln ZIP 2003, 543, 544; *Gottwald/Adolphsen* KS-InsO S. 1064 Rn. 81; *Sinz* KS-InsO S. 602 Rn. 21; *K/P/Tintelnot* § 103 Rn. 71; HK-InsO/*Marotzke* § 103 Rn. 79; *Smid/Smid* InsO § 103 Rn. 41; MK-InsO/*Huber* § 103 Rn. 173.

274 *H/W/W/Hess* § 108 Rn. 47; *Obermüller* Rn. 7.18; *Obermüller/Hess* Rn. 1511; *Obermüller/Livonius* DB 1995, 27, 28; *Sinz* KS-InsO S: 602 Rn. 21.

275 A.A. *K/P/Tintelnot* § 103 Rn. 71; *N/R/Balthasar* § 103 Rn. 45; HK-InsO/*Marotzke* § 107 Rn. 37 ff.; *Engel* BB 1999 Beilage 6, 23, 25 f.; *Uhlenbruck/Berscheid* InsO § 103 Rn. 69: Aus insolvenzrechtlicher Sicht sei eine weitgehende Gleichbehandlung von Miet-, Pacht-, Leasing- und Kaufverträgen über bewegliche Sachen gegeben. Es gehöre zu den Vorzügen des Insolvenzrechts diese Gleichbehandlung zwar nicht ausdrücklich vorzuschreiben, sie aber dennoch zu ermöglichen; offengelassen, da in der Praxis meist nicht maßgeblich: MK-InsO/*Huber* § 103 Rn. 174.

276 *Balz/Landfermann* S. 326 f., Begr. RegE. zum Zweiten Abschnitt.

277 *Balz/Landfermann* S. 326 f., Begr. RegE. zum Zweiten Abschnitt; *K/P/Tintelnot* § 103 Rn. 71; MK-InsO/*Huber* § 103 Rn. 174.

termin berufen kann und das Wahlrecht erst unverzüglich danach ausüben muss. Zum anderen folgt daraus, dass sich der Insolvenzverwalter bei der Insolvenz des Leasingnehmers im Gegensatz zum Eigentumsvorbehaltskauf nach einer Aufforderung zur Wahlrechtsausübung nicht pauschal auf den Berichtstermin berufen kann. Aus dem Nichtvorliegen einer § 107 Abs. 2 InsO entsprechenden Regelung für Leasingverträge kann nicht geschlussfolgert werden, dass die Ausübung (auch nach Aufforderung) nicht erst nach dem Berichtstermin erfolgen kann. Indem der Insolvenzverwalter das Wahlrecht ohne schuldhaftes Zögern ausüben muss, kann der Fall gegeben sein, dass ihm auch nach dem Berichtstermin noch nicht alle Informationen zur Verfügung stehen, die für die Ausübung des Wahlrechtes erforderlich sind. Der Insolvenzverwalter braucht seine Entscheidung aber erst zu treffen, wenn ihm alle Informationen vorliegen, die ihm eine Entscheidung darüber erlauben, ob die Fortführung des Vertrages für eine Betriebsfortführung sinnvoll ist oder nicht. Dies kann im Einzelfall auch nach dem Berichtstermin sein[278].

c) Folgen der Nichtausübung oder verspäteten Ausübung

Übt der Insolvenzverwalter sein Wahlrecht, egal, ob nach Aufforderung oder ohne Aufforderung, nicht (auch nicht durch schlüssiges Handeln) unverzüglich aus, so kann er gem. § 103 Abs. 2 Satz 3 InsO nicht auf die Erfüllung des Leasingvertrages bestehen[279]. Unterlässt der Insolvenzverwalter nach Aufforderung die Wahlrechtsausübung oder übt er sein Wahlrecht verspätet aus, steht dies der Erfüllungsablehnung nach § 103 Abs. 2 Satz 1 InsO gleich[280].

2.) Kriterien für die Art der Ausübung des Wahlrechts

Der Insolvenzverwalter ist bei der Ausübung des Wahlrechtes nur den Interessen der Insolvenzgläubiger verpflichtet. Er darf sich bei der Ausübung des Wahlrechtes nur von der Frage leiten lassen, ob die Erfüllung des Vertrages wirtschaftlich

---

278 OLG Köln ZIP 2003, 543, 544; *Weber* NJW 2003, 2348. 2352 f.; MK-InsO/*Huber* § 103 Rn. 173; *K/P/Tintelnot* § 103 Rn. 71; *Pape* KS-InsO S. 551 f. Rn. 27 f.; *Obermüller/Livonius* DB 1995, 27, 28; MK-InsO/*Huber* § 103 Rn. 174.

279 *H/W/W/Hess* § 108 Rn. 39; *K/P/Tintelnot* § 103 Rn. 73; HK-InsO/*Marotzke* § 103 Rn. 74; MK-InsO/*Huber* § 103 Rn. 182; *Schwemer* ZMR 2000, 348, 350; *Windel* Jura 2002, 230, 233; *Pape* KS-InsO S. 550 Rn. 26; *Uhlenbruck/Berscheid* InsO § 103 Rn. 70; *Gottwald/Huber* § 35 Rn. 9.

280 *Braun/Kroth* § 103 Rn. 64; HK-InsO/*Marotzke* § 103 Rn. 74; *Smid/Smid* InsO § 103 Rn. 37; MK-InsO/*Huber* § 103 Rn. 182; *Uhlenbruck/Berscheid* InsO § 103 Rn.70; *N/R/Balthasar* § 103 Rn.44.

für die Masse günstig ist, oder ob sie zu einer Verschlechterung der Masse führt[281]. Die Entscheidung des Insolvenzverwalters, wie er sein Wahlrecht auszuüben hat, hat sich in Folge dessen nach den Umständen des Einzelfalles[282], insbesondere an folgenden drei Kriterien zu orientieren: Der Insolvenzverwalter hat bei der Ausübung des Wahlrechtes zunächst zu berücksichtigen, ob der Vertrag nach den vertraglichen Äquivalenzbestimmungen zwischen Leistung und Gegenleistung für Insolvenzschuldner oder für dessen Vertragspartner vorteilhafter ist[283]. Weiterhin hat sich die Entscheidung danach zu richten, welchen Abwicklungsstand das Rechtsgeschäft aufweist. Der Insolvenzverwalter muss prüfen, ob er für eine auf Seiten des insolventen Leasingnehmers noch ausstehende relativ geringfügige Leistung die ganze oder zumindest eine relativ höherwertige Gegenleistung erlangen kann[284]. Zum Dritten hängt die Entscheidung des Insolvenzverwalters davon ab, ob er die Masse sofort zu liquidieren hat, oder, ob er die Geschäfte des Leasingnehmers zumindest vorübergehend fortzuführen hat[285].

C. Auswirkungen einer Sicherungsübereignung

Bei strukturierten Finanzierungen mittels geschlossener Mobilienfonds wird der Investitionsgegenstand meist an einen Fremdkapitalgeber als Sicherheit für dessen Finanzierung übereignet[286]. Dinglich erhält der Fremdkapitalgeber durch diese Sicherungsübereignung unbeschränktes Eigentum am Investitionsgegenstand, schuldrechtlich hat er sich gegenüber der Fondsgesellschaft allerdings im Rahmen einer Sicherungsabrede verpflichtet, das Sicherungseigentum nur unter in der Sicherungsabrede definierten Voraussetzungen zu verwerten und es bis dahin der Fondsgesellschaft zur Nutzung zu belassen.

Welche Auswirkungen diese rechtliche Gestaltung in der Insolvenz des Leasingnehmers hat, ist im Folgenden zu prüfen. Zu unterscheiden ist insoweit zwischen

---

281 BGH ZIP 1990, 318, 320; *Pape* KS-InsO S. 538 Rn. 8; FK-InsO/*Wegener* § 103 Rn. 63; *H/W/W/Hess* § 103 Rn. 85; *Smid/Smid* InsO § 103 Rn. 33, 35; MK-InsO/*Huber* § 103 Rn. 196; *Gottwald/Huber* § 35 Rn. 17; *N/R/Balthasar* § 103 Rn. 37; *K/P/Tintelnot* § 103 Rn. 58.

282 FK-InsO/*Wegener* § 103 Rn. 63; *Windel* Jura 2002, 230, 232; MK-InsO/*Huber* § 103 Rn. 197.

283 *Windel* Jura 2002, 230, 232; MK-InsO/*Huber* § 103 Rn. 197; *N/R/Balthasar* § 103 Rn. 37.

284 *Windel* Jura 2002, 230, 232.

285 MK-InsO/*Huber* § 103 Rn. 197; *Windel* Jura 2002, 230, 232; *Gottwald/Huber* § 35 Rn. 17.

286 Einen ausdrücklichen Hinweis auf eine Sicherungsübereignung enthält z. B. der Emissionsprospekt des Containerfonds „ConRendit 3 - der Containerfonds". Die Sicherungsübereignung erfolgt dort zur Besicherung einer Fremdkapitalfinanzierung in Höhe von 66,22 %.

dem Verhältnis des Fremdkapitalgebers (Sicherungseigentümers) und dem insolventen Leasingnehmer sowie dem Verhältnis der Fondsgesellschaft als Leasinggeberin und dem insolventen Leasingnehmer.

I. Verhältnis Fremdkapitalgeber-Leasingnehmer

Eine Regelung über die insolvenzrechtliche Behandlung einer Sicherungsübereignung enthalten die §§ 51 Nr. 1, 50 InsO. Danach steht Gläubigern, denen der Insolvenzschuldner zur Sicherung eines Anspruches eine bewegliche Sache übereignet oder ein Recht übertragen hat, ein Absonderungsrecht zu[287]. Nachdem es sich bei der vorliegenden Konstellation jedoch nicht um eine Übereignung des Insolvenzschuldners an einen Gläubiger, sondern um eine Übereignung eines Gläubigers des Insolvenzschuldners an einen seiner Gläubiger handelt, sind die Voraussetzungen der §§ 51 Nr. 1, 50 InsO nicht erfüllt[288]. Es bleibt daher bei der Grundnorm des § 47 InsO. Sofern das Insolvenzverfahren über das Vermögen eines Dritten (des Leasingnehmers) eröffnet wird, in dessen Besitz sich der Sicherungsgegenstand befindet, kann der Sicherungsnehmer (Fremdkapitalgeber) wegen seiner Stellung als Eigentümer die Aussonderung des Sicherungsgegenstandes verlangen[289]. Fraglich ist nur, in welchem Umfang das Aussonderungsrecht besteht.

Nach § 47 Satz 2 InsO bestimmt sich der Anspruch auf Aussonderung nach den Gesetzen, die außerhalb des Insolvenzverfahrens gelten, vorrangig also nach dem BGB. Eine gesetzliche Regelung der Auswirkungen der Sicherungsübereignung auf einen Herausgabeanspruch und ein insolvenzrechtliches Aussonderungsrecht ist dort allerdings nicht enthalten. Da die Kreditsicherungsmittel Sicherungsübereignung und Pfandrecht einander aber sehr ähnlich sind und sich im Wesentlichen nur dadurch unterscheiden, dass bei einem Pfandrecht ein Besitzübergang auf den Pfandrechtsgläubiger erfolgen muss und dass der Sicherungsgegenstand deshalb vom Sicherungsgeber weiter genutzt werden kann, kommt bei der Sicherungsübereignung die Anwendung der Pfandrechtsvorschriften in Betracht, wenn die berührten Rechtsfragen vergleichbar sind[290]. Dies führt im Hinblick auf das Aussonderungsrecht des Fremdkapitalgebers dazu, dass eine theleologische Reduktion seines Aussonderungsanspruchs zu erfolgen hat, nach dem sein Aussonderungsanspruch auf Aussonderung an die Fondsgesellschaft beschränkt ist.

---

287 *N/R/Andres* § 47 Rn. 15, § 51 Rn. 4, *Braun/Bäuerle* § 51 Rn. 4; *Lauer* Rn. 5.2, 8.1; *Michalski/Ruess* NZI 2000, 250, 252.

288 *N/R/Andres* § 51 Nr. 4; *Lauer* Rn. 8.1; *Braun/Bäuerle* § 51 Rn. 4 f.; MK-InsO/*Ganter* § 51 Rn. 4.

289 *N/R/Andres* § 51 Rn. 9; *K/P/Prütting* § 51 Rn. 11; MK-InsO/*Ganter* § 47 Rn. 53, § 51 Rn. 4; *Braun/Bäuerle* § 47 Rn. 53; *Fehl* DZWIR 1999, 89, 93; *Schwemer* ZMR 2000, 348, 349.

290 MK-BGB/*Oechsler* Anh. §§ 929-936 Rn. 41.

Die Pfandrechtsvorschrift des § 1227 BGB gewährt dem Pfandgläubiger Schutz gegen die Beeinträchtigungen seines dinglichen Rechts[291]. Hierzu wird für Pfandrechtsgläubiger grundsätzlich eine Anwendung der dinglichen Ansprüche des Eigentümer-Besitzer-Verhältnisses ermöglicht. Eine Schutzvorschrift wie der § 1227 BGB wirkt jedoch nur so weit, wie es des Schutzes des Berechtigten bedarf. In Folge dessen richtet sich ein Herausgabeanspruch des Pfandrechtgläubigers grundsätzlich nur auf die Wiederherstellung derjenigen Besitzform, in der zuvor das Pfandrecht begründet war[292]. Dieser Gedanke ist auf die Sicherungsübereignung zu übertragen. Auch der Sicherungsnehmer ist, soweit der Sicherungsfall nicht eingetreten ist, zur Besitz- und Nutzungsüberlassung an den Sicherungsgeber, die Fondsgesellschaft, verpflichtet. Würde ihm nunmehr in der Insolvenz des Leasingnehmers ein uneingeschränkter Herausgabeanspruch an sich selbst zustehen, so bekäme er zum einen an Stelle des ihm nur zustehenden mittelbaren Besitzes unmittelbaren Besitz am Leasinggegenstand, zum anderen würde er der Fondsgesellschaft unnötigerweise den Aufwand und das Risiko zuweisen, sich den Leasinggegenstand vom Fremdkapitalgeber beschaffen zu müssen. Es hat daher eine theleologische Reduktion des Aussonderungsanspruches unter Berücksichtigung des Rechtsgedankens des § 1227 BGB zu erfolgen. Auch der Aussonderungsanspruch des Sicherungseigentümers besteht nur auf Wiederherstellung derjenigen Besitzform, die der Sicherungseigentümer vor der Sicherungsübereignung Inne hatte. Der Aussonderungsanspruch des Fremdkapitalgebers richtet sich daher nur auf Aussonderung an die Fondsgesellschaft.

Im Ergebnis hat der Fremdkapitalgeber in der Insolvenz des Leasingnehmers folglich gem. § 47 InsO in Verbindung mit §§ 985, 986 BGB ein Aussonderungsrecht, soweit das Besitzrecht des Leasingnehmers erloschen ist. Das Aussonderungsrecht richtet sich aber nur auf Herstellung des unmittelbaren Besitzes der Fondsgesellschaft und eigenem mittelbaren Besitz. Dies bedeutet für die bisherigen Ausführungen, dass, soweit von einem Aussonderungsrecht der Fondsgesellschaft gesprochen wurde, die Ausführungen im Falle einer Sicherungsübereignung entsprechend für das Aussonderungsrecht des Fremdkapitalgebers an die Fondsgesellschaft gelten. Hat die Fondsgesellschaft als Leasinggeberin ein Aussonderungsrecht, so hat auch der Fremdkapitalgeber ein Aussonderungsrecht. Hat die Fondsgesellschaft kein Aussonderungsrecht, so ist ein solches auch beim Fremdkapitalgeber zu verneinen.

---

291 *Staudinger/Wiegand* § 1227 Rn. 1.

292 *Staudinger/Wiegand* § 1227 Rn. 5.

II. Verhältnis Fondsgesellschaft - Leasingnehmer

Aus dem soeben festgestellten ergibt sich, dass ein Aussonderungsanspruch der Fondsgesellschaft gegen den Insolvenzschuldner auf Grund einer dinglichen Rechtsposition nach einer Sicherungsübereignung nicht gegeben ist. Das vor der Sicherungsübereignung vorhandene dingliche Aussonderungsrecht der Fondsgesellschaft ist mit dem Eigentumsübergang auf den Fremdkapitalgeber erloschen.

Eine Aussonderung nach § 47 InsO ist aber nicht nur aus der Stellung als Eigentümer möglich. Nach einer Literaturansicht steht einem Dritten ein Aussonderungsrecht gegen den Insolvenzverwalter bereits dann zu, wenn er nachweisen kann, dass der Gegenstand oder das Recht nicht der Insolvenzmasse zusteht[293]. Folgt man dieser Ansicht, so hätte die Fondsgesellschaft bereits aus dem Aussonderungsrecht des Fremdkapitalgebers ein Aussonderungsrecht. Sie könnte das oben diskutierte dingliche Aussonderungsrecht des Fremdkapitalgebers auf Herausgabe an sich selbst geltend machen.

Jedenfalls gibt aber § 47 InsO der Fondsgesellschaft ein schuldrechtliches Aussonderungsrecht (sog. Aussonderungsrecht auf Grund obligatorischer Berechtigung). Nach § 47 InsO ist neben einem dinglichen Aussonderungsberechtigten weiterhin aussonderungsberechtigt, wer auf Grund eines persönlichen Rechts geltend machen kann, dass ein Gegenstand nicht zur Insolvenzmasse gehört[294]. Als solches Recht kommt im vorliegenden Fall der schuldrechtliche Rückübertragungsanspruch aus § 546 Abs. 1 BGB, dessen Anwendung auf Leasingverträge auf Grund deren andernorts festgestellter Einordnung als Mietverträge möglich ist. Gem. § 546 Abs. 1 BGB hat der Leasingnehmer, sobald der Leasingvertrag beendet ist, den Leasinggegenstand herauszugeben. Die Fondsgesellschaft kann daher nach Beendigung des Leasingverhältnisses und Erlöschen des damit verbundenen Rechts zum Besitz vom Insolvenzverwalter gem. § 47 InsO in Verbindung mit § 546 Abs. 1 BGB Aussonderung verlangen, auch wenn er nicht Eigentümer ist[295].

---

293 *N/R/Andres* § 47 Rn. 3.

294 MK-InsO/*Ganter* § 47 Rn. 36; *Braun/Bäuerle* § 47 Rn. 58; *Schmid-Burgk* S. 305; *Schwemer* ZMR 2000, 348, 349; *K/P/Prütting* § 47 Rn. 46; *Scherer* DZWiR 2002, 184, 184.

295 *Schwemer* ZMR 2000, 348, 349; *Schmid-Burgk* S. 305; *Scherer* DZWiR 2002, 184, 184.

III. Zwischenergebnis

Als Zwischenergebnis lässt sich festhalten, dass, sobald das Besitzrecht des Leasingnehmers erloschen ist, sowohl die Fondsgesellschaft als auch der Fremdkapitalgeber Aussonderung verlangen können[296]. Dies ist dergestalt einzuschränken, dass der Fremdkapitalgeber, soweit ihm aus der Sicherungsabrede kein Herausgabeanspruch gegen die Fondsgesellschaft zusteht, die Aussonderung nur an die Fondsgesellschaft verlangen kann.

D. Ergebnis

Bei geschlossenen Mobilienfonds hat der Insolvenzverwalter bei einer Insolvenz des Leasingnehmers ein Wahlrecht, ob er den Leasingvertrag erfüllen will oder nicht. Bis zur Ausübung des Wahlrechts besteht der Leasingvertrag fort, ist aber nicht durchsetzbar. Es besteht daher grundsätzlich ein Herausgabeanspruch und Aussonderungsrecht der Fondsgesellschaft, gegebenenfalls auch des Fremdkapitalgebers. Beide sind aber ebenfalls nicht durchsetzbar.

Lehnt der Insolvenzverwalter in der Folge die Erfüllung ab, so kann sowohl die Fondsgesellschaft als auch der Fremdkapitalgeber aussondern und in Folge dessen eine Aussonderung und Herausgabe des Leasinggutes verlangen. Das Aussonderungsrecht des Fremdkapitalgebers ist dabei allerdings regelmäßig auf Aussonderung an die Fondsgesellschaft beschränkt.

Verlangt der Insolvenzverwalter Erfüllung, so wird die Durchsetzbarkeit der vertraglichen Ansprüche wieder hergestellt. Es gelten die vertraglichen Ansprüche mit ihrem ursprünglichen Inhalt. Der fortbestehende Leasingvertrag gibt dem Insolvenzverwalter ein Besitzrecht. Weder Fondsgesellschaft noch Fremdkapitalgeber können aussondern und das Leasinggut herausverlangen.

Unabhängig von der Tatsache und der Art der Wahlrechtsausübung ist der Leasingnehmer gegen eine Kündigung wegen Verzugs mit Leasingraten vor Insolvenzverfahrenseröffnung und wegen Verschlechterung der Vermögensverhältnisse geschützt. Die Fondsgesellschaft kann sich nicht mit einer solchen Begründung über eine Kündigung vom Leasingvertrag befreien und die Herausgabe des Investitionsgegenstandes verlangen.

[296] Ebenso: *Uhlenbruck/Uhlenbruck* InsO § 47 Rn. 57; MK-InsO/*Ganter* § 51 Rn. 4.

Kapitel 2: Leasingraten in der Insolvenz des Leasingnehmers

Bei Betrachtung der Rechtsfolgen der Insolvenz des Leasingnehmers auf Ansprüche auf Zahlung der Leasingraten sind drei Zeiträume zu unterscheiden, die zum Teil wiederum je nach Handeln des Insolvenzverwalters weiter unterteilt werden müssen. Es ist zu unterscheiden zwischen Leasingraten, die sich auf den Zeitraum vor Eröffnung des Insolvenzverfahrens beziehen, Leasingraten bzw. Nutzungsentschädigungsansprüchen, die sich auf den Zeitraum zwischen Eröffnung des Insolvenzverfahrens und Ausübung des Wahlrechtes beziehen sowie Leasingraten bzw. Nutzungsersatzansprüche, die nach Ausübung des Wahlrechtes durch den Insolvenzverwalter entstehen.

A. Leasingraten für den Zeitraum vor Eröffnung des Insolvenzverfahrens

Hat der insolvente Leasingnehmer Zahlungsverpflichtungen, die vor Eröffnung des Insolvenzverfahrens fällig wurden, bei Verfahrenseröffnung noch nicht erfüllt, so stellt sich die Frage, ob der Tatbestand des § 105 InsO erfüllt ist und die Fondsgesellschaft in Folge dessen als Insolvenzgläubiger die als sog. „rückständige Ansprüche" bezeichneten[297] noch ausstehenden Leasingraten nur mit der Quote beanspruchen kann. § 105 InsO regelt, dass der Vorleistende bei teilbaren Leistungen, bei denen der andere Teil die ihm obliegenden Leistungen zum Zeitpunkt der Eröffnung des Insolvenzverfahrens bereits teilweise erbracht hat, mit dem der Teilleistung entsprechenden Betrag seines Anspruches auf die Gegenleistung Insolvenzgläubiger ist[298,299]. Der Insolvenzverwalter kann bei teilbaren Leistungen gem. § 105 InsO Erfüllung nur für die bei Verfahrenseröffnung ausstehenden Leistungsteile wählen, so dass die Masse nicht mit Verbindlichkeiten - jedenfalls nicht als sonstige Masseforderungen im Sinne des § 55 Abs. 1 Nr. 1 oder 2 InsO - belastet wird, die aus vor Verfahrenseröffnung erbrachten Teilleistungen resultieren[300]. Würde es sich bei Leasingraten demnach um teilbare Leistungen handeln, so wäre die Fondsgesellschaft unabhängig von der späteren Ausübung des Wahlrechts mit rückständigen Raten aus der Zeit vor Eröffnung des Insolvenzverfahrens als Insol-

297 *Fehl* DZWiR 1999, 89, 93; MK-InsO/*Habersack* BGB Leasing Rn. 136; *Pape* KS-InsO S. 574 Rn. 69.

298 Vor Einführung der InsO wurden im Falle einer Erfüllungswahl durch den Konkursverwalter gem. § 17 KO auch rückständige Ansprüche zu Masseforderungen. Später hat dann der BGH auf die Teilbarkeit der Leistung abgestellt, bevor auf Vorschlag der Insolvenzrechtskommission § 105 S. 1 InsO eingeführt wurde, vgl. *Sinz* KS-InsO S. 603 Rn. 23.

299 *Uhlenbruck/Berscheid* InsO § 105 Rn. 1

300 *Pape* KS-InsO S. 536 Rn. 4, S. 547 Rn. 21.

venzgläubigerin auf die Quote beschränkt[301]. Wäre eine Teilbarkeit dagegen abzulehnen, dann wäre § 105 InsO nicht erfüllt und der Insolvenzverwalter könnte sein Wahlrecht nur im Hinblick auf den ganzen Vertrag ausüben. Würde er Erfüllung verlangen, so müsste er sämtliche fälligen Erfüllungsansprüche (auch die Erfüllungsansprüche aus der Zeit vor Eröffnung des Insolvenzverfahrens) aus der Masse begleichen[302].

In der Literatur werden Leasingraten vielfach als teilbar im Sinne des § 105 InsO angesehen[303]. Andere vertreten die Auffassung, § 105 InsO sei zwar bei Mietverträgen anwendbar, die Vorschrift passe aber nicht bei Leasingverträgen. Anders als die Miete würden Leasingraten nicht nur das Entgelt für eine zeitlich begrenzte Gebrauchsüberlassung, sondern zugleich das Entgelt für die vom Leasinggeber zu erbringende Finanzierungsleistung darstellen[304].

Auf Grund dieser unterschiedlichen Ansichten ergibt sich die Notwendigkeit einer Prüfung, inwieweit eine Teilbarkeit und damit die Eröffnung des Anwendungsbereiches des § 105 InsO tatsächlich gegeben ist. Hierzu ist zuerst der Begriff der Teilbarkeit zu klären. Anhand dieses Begriffs ist dann zu prüfen, inwiefern die Leasingraten teilbar im Sinne des § 105 Satz 1 InsO sind.

I. Das Merkmal der Teilbarkeit

Die Rechtsprechung hat die Teilbarkeit von Leistungen in der Vergangenheit unterschiedlich beurteilt, je nachdem, welche Seite vorgeleistet hat[305]. Bei Vorleistungen des späteren Insolvenzschuldners hat sie einen sehr großzügigen Maßstab angelegt, bei Vorleistungen des Gläubigers hingegen einen strengeren[306]. Beides ist im Falle der Insolvenz des Leasingnehmers denkbar. Eine Vorleistung des Insolvenzschuldners kommt beispielsweise bei zeitanteiliger Vorauszahlung der Leasingraten in Betracht. Besonders deutlich wird eine Vorleistung des Leasingnehmers, wenn zu Beginn der Leasinglaufzeit eine Sonderzahlung entrichtet worden ist. Eine Vorleistung der Fondsgesellschaft liegt dagegen vor, wenn der Lea-

---

301 FK-InsO/*Wegener* § 105 Rn. 14.

302 *Scherer* NZI 2004, 113, 114; MK-InsO/*Kreft* § 105 Rn. 14; FK-InsO/*Wegener* § 105 Rn. 6; *Pape* KS-InsO S. 556 Rn. 36.

303 *K/P/Tintelnot* § 105 Rn. 10; *Braun/Kroth* § 105 Rn. 12; MK-BGB/*Habersack* Leasing Rn. 136; *Fehl* DZWIR 1999, 89, 93; HK-InsO/*Marotzke* § 105 Rn. 12; *Schwemer* ZMR 2000, 348, 349 f.; *Uhlenbruck/Berscheid* InsO § 105 Rn. 18; *Sinz* KS-InsO S. 603 Rn. 23.

304 *Obermüller* Rn. 7.17; *Bien* S. 92 ff.; *Zahn* DB 1995, 1597, 1599.

305 Die Rechtsprechung entstammt dem Zeitraum vor Einführung der Insolvenzordnung, kann aber auf die Insolvenzordnung gedanklich übertragen werden; *Scherer* NZI 2004, 113, 113.

306 *Scherer* NZI 2004, 113, 113.

singnehmer trotz Gebrauchsüberlassung seine Zahlungen einstellt oder nur unregelmäßig erbringt.

Im hier behandelten Fall, in dem im Zeitraum vor Eröffnung des Insolvenzverfahrens eine Gebrauchsüberlassung erfolgt ist, der Leasingnehmer aber mit den von ihm hierfür zu entrichtenden Zahlungen rückständig ist, liegt ein Fall der Vorleistung des Insolvenzgläubigers vor. Die Fondsgesellschaft hat vorgeleistet, indem sie dem Leasingnehmer den Leasinggegenstand überlassen hat, die ihr dafür vertraglich zustehende Gegenleistung aber noch nicht erbracht wurde. Es stellt sich daher die Frage, ob im Falle der Vorleistung der Fondsgesellschaft teilbare Leistungen im Sinne des § 105 InsO vorliegen.

Die Rechtsprechung setzt im Falle einer solchen Vorleistung des Insolvenzgläubigers einen strengen Maßstab an. Nimmt sie bei einer Vorleistung des Insolvenzschuldners eine Teilbarkeit bereits dann an, wenn sich die erbrachten Leistungen im Zeitpunkt der Verfahrenseröffnung feststellen und bewerten lassen[307], so sieht sie bei einer Vorleistung des Insolvenzgläubigers die Voraussetzung einer Teilbarkeit nur gegeben, wenn sich die Leistungen in wirtschaftlich hinreichend verselbständigte Teile aufspalten lassen[308].

In der Literatur werden hierzu im Wesentlichen drei Auffassungen vertreten. Ein Teil der Literatur ist der Ansicht, dass die unterschiedliche Beurteilung der Teilbarkeit aufgegeben werden sollte zu Gunsten einheitlicher Kriterien in Form eines weiten Teilbarkeitsbegriffes[309]. Im vorliegenden Fall der Vorleistung des Insolvenzgläubigers kommt diese Ansicht demnach zu einem weiteren Teilbarkeitsbegriff als die Rechtsprechung. Dagegen vertritt eine andere Ansicht, es sei zwar die äußerst strenge Beurteilung des BGH abzulehnen, es seien aber die von der Rechtsprechung zu § 36 Abs. 2 VerglO gezogenen Grenzen auch bei § 105 InsO beizubehalten[310]. Wie § 36 Abs. 2 VerglO wäre § 105 InsO daher als Ausnahmevorschrift zu betrachten und restriktiv zu handhaben[311]. Nach der dritten Auffassung sei die Teilbarkeit nach Anwendung eines besonders strengen Maßstabes zu beurteilen, um den Schutz des funktionellen Synallagmas nicht zu unterlaufen und die Vertragskalkulation des Partners nicht zu zerstören. Daher müsse im Rahmen des § 105 InsO für Teilleistungen verlangt werden, dass bestimmte Teile der verein-

307 BGHZ 129, 336, 342 f.; BGHZ 147, 28, 33; BGHZ 150, 353, 353; vgl. *Scherer* NZI 2004, 113, 114.

308 BGHZ 125, 270, 274; BGHZ 67, 242, 246 f.; vgl. *Scherer* NZI 2004, 113, 114.

309 *Scherer* NZI 2004, 113,117; *Kreft* „Festschrift für Uhlenbruck" S. 388, 396; MK-InsO/*Kreft* § 105 Rn. 8, 14; *Huber* NZI 2002, 467, 469; *Uhlenbruck/Berscheid* InsO § 105 Rn. 6; *Braun/Kroth* § 105 Rn. 5; *N/R/Balthasar* § 105 Rn. 7.

310 FK-InsO/*Wegener* § 105 Rn. 7 f,; *K/P/Tintelnot* § 105 Rn. 4 f.; *Smid/Smid* InsO § 105 Rn. 3.

311 Vgl. zur Rechtsprechung zu § 36 Abs. 2 VerglO: *Scherer* NZI 2004, 113, 115.

barten Leistung einzeln einen selbständigen wirtschaftlichen Zweck haben und dass sich die Gegenleistung auf diese Teilleistung beziehen lässt[312].

II. Die Teilbarkeit der Erfüllungsansprüche des Leasingvertrages

Die im Rahmen der Finanzierung von Investitionsgegenständen über geschlossene Fonds abgeschlossenen Leasingverträge sehen zum Großteil eine Sonderzahlung zu Beginn der Vertragslaufzeit vor. Teilweise wird auf eine solche Sonderzahlung verzichtet und die zu Beginn für die Konzeption, für den Verwaltungsaufwand und für die Beschaffung des Wirtschaftsgutes erforderlichen erhöhten Kosten zu Beginn der Leasinglaufzeit werden abgezinst auf die Gesamtinvestitionskosten und letztendlich auf die Leasingraten aufgeschlagen. Zu betrachten sind damit zwei unterschiedliche Konstellationen, zum einen die eines Leasingvertrages ohne anfängliche Sonderzahlung, zum anderen die eines Leasingvertrages mit anfänglicher Sonderzahlung.

1) Leasingvertrag ohne anfängliche Sonderzahlung

Wird von der Vereinbarung einer anfänglichen Sonderzahlung abgesehen, so tritt an die Stelle der Sonderzahlung, die zu einer Verringerung der im Folgenden zu entrichtenden Leasingraten führen würde, die Vereinbarung regelmäßiger, gleich bleibender Zahlungen periodengerecht zu den jeweiligen Zeiträumen der Gebrauchsüberlassung. Dadurch kann ohne weiteres ermittelt und bewertet werden, ob rückständige Leasingraten auf die Zeit der Gebrausüberlassung vor Verfahrenseröffnung entfallen. Nach dem weiten Teilbarkeitsbegriff, den ein Teil der Literatur sowohl für die Fälle der Vorleistung des Insolvenzschuldners als auch die der Vorleistung des Insolvenzgläubigers vertritt, ist daher unproblematisch eine Teilbarkeit der Leistungen gegeben.

Zu diesem Ergebnis gelangen auch Rechtsprechung und Literatur, soweit sie nicht dem weiten Teilbarkeitsbegriff folgen, sondern strengere Anforderungen stellen und fordern, dass bestimmte Teile der vereinbarten Leistungen jeweils einzeln einen selbständigen wirtschaftlichen Zweck haben und dass sich die Gegenleistung auf diese Teilleistung beziehen lässt.

Nach dem in der Einleitung beschriebenen „pay as you earn Effekt“ wird mit der Leasingkonstruktion bezweckt, dass die Finanzierungskosten den Erträgen periodengerecht gegenübergestellt werden können. Dies gilt sowohl auf Seiten der

---

312 HK-InsO/*Marotzke* § 105 Rn. 8; ähnlich: *Windel* Jura 2002, 230, 234.

Fondsgesellschaft, als auch auf Seiten des Leasingnehmers. Es handelt sich bei dem Leasingvertrag um ein Dauerschuldverhältnis, bei dem die jeweilige zeitlich abgrenzbare Gebrauchsüberlassung einen selbständigen wirtschaftlichen Zweck für den jeweiligen Zeitraum darstellt. Der Zeitraum kann dabei nach verschiedenen Kriterien abgegrenzt werden. Es kommen sowohl die Zahlungszeitpunkte, aber auch die Eröffnung des Insolvenzverfahrens in Betracht. Der Leasingnehmer hat für den so ermittelten Zeitraum die hierauf entfallenden Leasingraten als Nutzungsentgelt zu entrichten.

Im Ergebnis kommen daher alle Ansichten zum gleichen Ergebnis, so dass es für die Fälle einer Vertragsgestaltung ohne anfängliche Sonderzahlung keiner Entscheidung, welchem Teilbarkeitsbegriff zu folgen ist, bedarf. Die vertraglichen Leistungen sind im Sinne des § 105 InsO in einen Zeitraum vor Eröffnung und einen Zeitraum nach Eröffnung des Insolvenzverfahrens teilbar, so dass rückständige Leasingraten für den Zeitraum vor Eröffnung des Insolvenzverfahrens gem. § 105 Satz 1 InsO Insolvenzforderungen darstellen.

2.) Leasingvertrag mit anfänglicher Sonderzahlung

a) Teilbarkeit der Leasingraten

Sehen Leasingverträge im Unterschied zur eben behandelten Vertragsgestaltung eine anfängliche Sonderzahlung vor, so ist bei der Anwendung des § 105 InsO zu unterscheiden zwischen rückständigen Leasingraten und zum Zeitpunkt der Verfahrenseröffnung nicht erfüllter Sonderzahlung. Im Hinblick auf die Behandlung rückständiger Leasingraten wird auf oben verwiesen[313]. Die Vereinbarung einer Sonderzahlung berührt deren insolvenzrechtliche Einordnung nicht. Die Leasingraten sind teilbare Leistungen im Sinne des § 105 Satz 1 InsO. Soweit sie sich auf die Zeit vor Verfahrenseröffnung beziehen, stellen sie gem. § 105 Satz 1 InsO Insolvenzforderungen dar.

b) Teilbarkeit einer anfänglichen Sonderzahlung

Zur Beurteilung der Teilbarkeit einer anfänglichen Sonderzahlung ist das Wesen der Sonderzahlung näher zu betrachten. Wie bereits oben erwähnt wurde, wird mit einer anfänglichen Sonderzahlung der Tatsache Rechnung getragen, dass die Fondsgesellschaft zu Beginn der Vertragslaufzeit einen erhöhten Konzeptions- und Verwaltungsaufwand zu leisten hat, der noch zusätzlich zu den Anschaf-

---

[313] Vgl. hierzu die Ausführungen auf S. 66 ff..

fungskosten des Investitionsobjektes anfällt[314]. Dieser erhöhte Kapitalaufwand wird durch die Sonderzahlung ausgeglichen. Die Höhe des vom Leasingnehmer über die gesamte Vertragslaufzeit zu entrichtenden finanziellen Aufwandes wird durch die Vereinbarung oder Nichtvereinbarung einer Sonderzahlung nicht beeinflusst. Wirtschaftlich sind anfängliche Sonderzahlungen daher auf die Gesamtleasinglaufzeit aufzuteilen.

Vor diesem Hintergrund sind auch anfängliche Sonderzahlung teilbar im Sinne des § 105 Satz 1 InsO. Es kann für sie nichts anderes gelten als für Leasingraten, da es sich bei einer anfänglichen Sonderzahlung ihrem Wesen nach um eine Vorauszahlung eines Teils der periodengerecht zu entrichtenden Leasingraten handelt. Es hat eine Aufteilung auf den Zeitraum vor und den Zeitraum nach Eröffnung des Insolvenzverfahrens zu erfolgen. Dies ergibt sich sowohl bei Anwendung des weiten Teilbarkeitsbegriffes als auch bei restriktiver Auslegung bzw. Anwendung des engen Teilbarkeitsbegriffs.

Fordert die weite Ansicht der Literatur für eine teilbare Leistung, dass sich die jeweiligen Leistungen zum Zeitpunkt der Verfahrenseröffnung feststellen und bewerten lassen, so ist dies durch eine lineare Aufteilung der Sonderzahlung auf die Vertragslaufzeit möglich. Dies wiederum ermöglicht, wie im Falle der Leasingraten, eine Feststellung und Bewertung des Teils der Sonderzahlung, der auf den Zeitraum vor Verfahrenseröffnung entfällt. Die Voraussetzungen einer Teilbarkeit sind daher nach dieser Ansicht gegeben.

Dasselbe Ergebnis ergibt sich aus dem engeren Teilbarkeitsbegriff der Rechtsprechung und abweichenden Literaturansicht und bei restriktiver Auslegung des § 105 InsO. Der wirtschaftliche Zweck besteht auf Seiten der Fondsgesellschaft in der Anschaffung und Überlassung des Investitionsgegenstandes. Eine weitere Unterteilung in die Finanzierung, die Konzeption, die Verwaltung und die Überlassung des Investitionsgegenstandes geht am wirtschaftlichen Zweck des Leasings vorbei. Der Fondsgesellschaft kommt es nicht auf der einen Seite auf die Anschaffung des Wirtschaftsgutes und auf der anderen Seite auf die Überlassung des Wirtschaftsgutes an. Der Fondsgesellschaft kommt es auf eine gute Rendite durch Anschaffung und Überlassung an. Beides ist eng miteinander verbunden und kann nicht künstlich getrennt werden. Die Sonderzahlung gehört vom wirtschaftlichen Zweck und Bezug her zu den einzelnen Abschnitten der Gebrauchsüberlassung sowie zu den hierfür zu entrichtenden Leasingraten. Die Ausführungen zum selbständigen wirtschaftlichen Zweck des Teils der Leasingraten, der auf die Zeit vor Verfahrenseröffnung entfällt, gelten daher auch in Bezug auf den selbständigen wirtschaftlichen Zweck einer anfänglichen Sonderzahlung, der nach linearer Auf-

---

[314] Zum Wesen der Sonderzahlung beim Immobilienleasingfonds: *Gabele/Dannenberg/Kroll* S. 22, 101.

teilung der Sonderzahlung auf die Vertragslaufzeit den Zeitraum vor Eröffnung des Insolvenzverfahrens betrifft. Es handelt sich bei dem Leasingvertrag um ein Dauerschuldverhältnis, bei dem die jeweilige zeitlich abgrenzbare Gebrauchsüberlassung einen selbständigen wirtschaftlichen Zweck für den Zeitraum darstellt, dem die Sonderzahlung anteilig zuzurechnen ist. Auch nach dieser Ansicht handelt es sich daher bei einer anfänglichen Sonderzahlung um eine teilbare Leistung im Sinne des § 105 Satz 1 InsO.

III. Zwischenergebnis

Zusammenfassend lässt sich festhalten, dass Leasingraten teilbare Leistungen im Sinne des § 105 Satz 1 InsO darstellen. Rückständige Leasingraten, die sich auf die Zeit vor Eröffnung des Insolvenzverfahrens beziehen, sind daher Insolvenzforderungen, die mit der Quote zu befriedigen sind. Ist eine anfängliche Sonderzahlung vereinbart und wurde diese vor Verfahrenseröffnung noch nicht (vollständig) entrichtet, so ist diese linear auf die Vertragslaufzeit aufzuteilen. Der auf die Zeit vor Verfahrenseröffnung entfallende Teil der Sonderzahlung ist gem. § 105 Satz 1 InsO ebenfalls eine Insolvenzforderung.

B. Leasingraten für den Zeitraum nach Eröffnung des Insolvenzverfahrens bis zur Ausübung des Wahlrechtes

Nach Eröffnung des Insolvenzverfahrens sind verschiedene Sachverhaltskonstellationen denkbar, die es auf ihre Rechtsfolgen hin zu untersuchen gilt. Zu untersuchen ist der Zeitraum bis zur Ausübung des Insolvenzverwalterwahlrechts und der Zeitraum nach Ausübung desselben. Im letzteren Fall ist zu unterscheiden zwischen dem Fall der Erfüllungswahl und dem Fall der Ablehnung der Erfüllung des Leasingvertrages. In allen Konstellationen ist nochmals dahingehend zu unterscheiden, ob im Rahmen der Finanzierung des Investitionsobjektes eine Fremdkapitalbeschaffung gegen Sicherungsübereignung stattgefunden hat, oder ob das Kapital für den Erwerb des Investitionsobjektes ohne Sicherungsübereignung aufgebracht worden ist.

Vorweg gestellt werden kann, dass eine weitere Unterteilung in einen Zeitraum vor und einen Zeitraum nach Aufforderung an den Insolvenzverwalter, von seinem Wahlrecht Gebrauch zu machen, nicht erforderlich ist. Durch die Aufforderung zur Ausübung des Wahlrechts entstehen keine zwei juristisch unterschiedlich zu würdigenden Tatbestände. Die Aufforderung stellt kein Ereignis dar, das sich auf eine Entgeltforderung wegen Überlassung des Investitionsgutes auswirkt. Als solche sind nur die Eröffnung des Insolvenzverfahrens und die Ausübung des Wahlrechts beachtlich.

I. Lösungsvorschläge der Literatur und Rechtsprechung

In der Literatur und Rechtsprechung werden in Bezug auf einen Anspruch des Leasinggebers auf Zahlung der Leasingraten bzw. Zahlung einer Nutzungsentschädigung für den Zeitraum zwischen Eröffnung des Insolvenzverfahrens und Ausübung des Wahlrechts verschiedene Ansichten vertreten:

1. Ansprüche bei späterer Wahl der Erfüllung

Wählt der Insolvenzverwalter die Erfüllung des Leasingvertrages, so wird in der Literatur zumeist bereits rückwirkend für den Zeitraum zwischen Eröffnung des Insolvenzverfahrens und Ausübung des Insolvenzverwalterwahlrechts ein Anspruch auf Zahlung der Leasingraten vertreten.

Zum Teil wird dies ohne Begründung unproblematisch angenommen[315].

Teilweise wird dies mit der früheren Erlöschenstheorie des BGH begründet. Wie bereits dargelegt wurde, sollte die Eröffnung des Insolvenzverfahrens danach dazu führen, dass durch die Eröffnung des Insolvenzverfahrens alle vertraglichen Ansprüche erlöschen und nur nach Wahl der Erfüllung des Vertrages durch den Insolvenzverwalter wieder mit ex nunc-Wirkung aufleben. Im Falle der Erfüllungswahl würde der Vertrag so behandelt, als hätte er, allerdings nunmehr frei von Rechten Dritter, unverändert fortbestanden[316]. Einer weiteren Aufspaltung in einen Zeitraum vor und einen Zeitraum nach Ausübung des Insolvenzverwalterwahlrechts würde die Systematik der Insolvenzordnung entgegenstehen. Eine Aufspaltung der Erfüllungsansprüche des einheitlichen Leasingvertrages sei vom ursprünglichen Willen der Vertragsparteien nicht gedeckt und nur dort anzuerkennen, wo das Gesetz dies (z. B. durch § 105 InsO) ausdrücklich zulassen würde[317].

Unter Berücksichtigung der neueren Rechtsprechung des BGH nach Aufgabe der Erlöschenstheorie kommt *Kroth* mit folgender Argumentation zu einem vertraglichen Anspruch während der Schwebezeit: Durch die Erfüllungswahl würden die vertraglichen Erfüllungsansprüche die Rechtsqualität von originären Masseverbindlichkeiten und Masseforderungen zurück erhalten. Inhaltlich würde sich das Vertragsverhältnis nach dem „ursprünglichen" Vertrag, wie er zur Zeit der Verfah-

---

[315] *Sinz* KS-InsO S. 602 Rn. 21; *Graf von Westphalen* Rn. 1533.

[316] *Pape* KS-InsO S. 541 Rn. 12; *H/W/W/Hess* § 108 Rn. 48; *Obermüller* Rn. 7.20; *Obermüller/Hess* Rn. 1512; *Obermüller/Livonius* DB 1995, 27, 28; vgl. zur Erlöschenstheorie die Ausführungen auf S. 36 f..

[317] HK-InsO/*Marotzke* § 103 Rn. 46.

renseröffnung zwischen den Parteien bestanden hat, richten. Der Insolvenzverwalter sei in Folge dessen an diese Rechtslage gebunden und müsse den Vertrag so erfüllen, wie ihn der Leasingnehmer hätte erfüllen müssen. Er müsste daher selbst die noch ausstehenden Leistungen als Masseverbindlichkeiten nach § 55 Abs. 1 Nr. 2 InsO erbringen und könne dafür die Gegenforderung in die Masse verlangen. Die volle Erfüllung des Anspruches rechtfertige sich daraus, dass der Vertragspartner das Äquivalent für die Verpflichtung des Insolvenzschuldners durch die Erfüllungswahl noch ganz oder teilweise in die Masse zu erbringen habe[318].

Diese Ansichten können unter Berücksichtigung des gesetzgeberischen Willens in Bezug auf das Insolvenzverwalterwahlrecht nicht überzeugen.

Einer Argumentation über die Erlöschenstheorie ist entgegenzuhalten, dass die Rechtsprechung diese zu Recht verworfen hat. Gegen diese Ansicht sprechen die bereits gegen die Erlöschenstheorie vorgebrachten Argumente[319].

Wird argumentiert, eine Aufspaltung sei nur dort zulässig, wo das Gesetz ein solches, wie beispielsweise bei § 105 InsO, ausdrücklich zulasse, so spricht dagegen, dass auch die gesetzliche Aufspaltung durch § 105 InsO nur eine Aufspaltung in Insolvenz- und Masseforderungen, nicht aber eine Aufspaltung in vertragliche Ansprüche vor und vertragliche Ansprüche nach Eröffnung des Insolvenzverfahrens vornimmt.

Zuletzt ist der Argumentation von *Kroth* entgegenzuhalten, dass diese auch nach seinem Bekunden voraussetzt, dass der Insolvenzverwalter gegen Zahlung des Entgeltes die darauf entfallende Gegenleistung für die Masse erhält. Dies ist aber im Hinblick auf Leasingraten, die dem Zeitraum des Schwebezustandes zuzurechnen sind, auch nach der Erfüllungswahl des Insolvenzverwalters über das Fortbestehen eines Leasingvertrages nicht der Fall. Die durchsetzbare Gegenleistung in Form der Nutzungsbefugnis des Leasinggegenstandes für den Schwebezustand kommt der Masse nicht mehr zu Gute. Erhält der Leasingvertrag durch Erfüllungswahl seine Durchsetzbarkeit mit ursprünglichem Inhalt zurück, so umfasst dies zum einen auch das vertraglich festgeschriebene Ende der Leasinglaufzeit, zum anderen ist die seitens der Fondsgesellschaft für den Zeitraum des Schwebezustandes geschuldete Nutzungsüberlassung bereits erbracht worden. Es besteht daher für die Zeit des Schwebezustandes kein weiterer Anspruch auf Nutzungsüberlassung an die Masse, so dass die Masse für Zahlungen von Leasingraten, die dem Zeitraum des Schwebezustandes zuzurechnen sind, gerade keine Gegenleistung erhält.

---

318 *Braun/Kroth* § 103 Rn. 59 f..

319 Vgl. hierzu die Ausführungen auf S. 38 ff..

2. Ansprüche bei späterer Ablehnung der Erfüllung

Wie die Auswirkungen einer späteren Erfüllungswahl sind auch die Auswirkungen einer späteren Erfüllungsablehnung auf Ansprüche auf Zahlung eines Nutzungsentgeltes für den Zeitraum des Schwebezustandes umstritten:

So wird zum einen vertreten, wie im Falle der späteren Wahl der Erfüllung seien auch bei späterer Erfüllungsablehnung die Leasingraten während des Schwebezustandes unproblematisch als Masseschulden zu begleichen[320].

Andererseits wird für den Zeitraum des Schwebezustandes vielfach ein bereicherungsrechtlicher Anspruch auf Nutzungsentschädigung (§§ 812, 818 BGB, 55 Abs. 1 Ziff. 3 InsO) angenommen[321]. Zwar habe die Fondsgesellschaft als Folge der Erfüllungsablehnung einen Schadensersatzanspruch wegen Nichterfüllung. Dieser umfasse jedoch nur die Schäden aus dem Abbruch des Leasingvertrages, nicht aber den Ersatz für eine weitere Benutzung durch den Verwalter[322]. § 55 Abs. 2 Satz 2 InsO beinhalte lediglich eine Regelung für den Zeitraum der vorläufigen Insolvenzverwaltung. Eine Analogie zu dieser Vorschrift verbiete sich wegen des abschließenden Charakters der Norm[323]. Zuletzt sei auch § 546a BGB nicht einschlägig, da kein Vorenthalten im Sinne dieser Vorschrift vorläge[324]. Es bliebe daher nur ein bereicherungsrechtlicher Anspruch auf den objektiven Wert der Nutzung.

Gegen beide Ansichten bestehen erheblich Bedenken:

Der erstgenannten Ansicht ist entgegenzuhalten, dass diese zu dem zweifelhaften Ergebnis führt, dass die Erfüllungsansprüche aus dem Leasingvertrag mit Eröffnung des Insolvenzverfahrens ihre Durchsetzbarkeit verlieren, bei dann folgender Erfüllungsablehnung und daraus folgender endgültiger Undurchsetzbarkeit der Erfüllungsansprüche ihre Durchsetzbarkeit aber für den Zeitraum bis zur Ausübung des Wahlrechtes zurückgewinnen würden.

---

320 FK-InsO/*Wegener* § 109 Rn. 77.

321 *Sinz* KS-InsO S. 602 f. Rn. 21; *Obermüller/Livonius* DB 1995, 27, 28; *Obermüller* Rn. 7.21; *Graf von Westphalen* Rn. 1533; *H/W/W/Hess* § 108 Rn. 51; *Hess* „Bankrechtstag 1999“ S. 145; *Pape* KS-InsO S. 573 Rn. 67; für die Parallelproblematik bei § 107: FK-InsO/*Wegener* § 107 Rn. 31; *Schwemer* ZMR 2000, 348, 349.

322 *H/W/W/Hess* § 108 Rn. 50; *Obermüller/Livonius* DB 1995, 27, 28.

323 *Obermüller/Livonius* DB 1995, 27, 28; *H/W/W/Hess* § 108 Rn. 50; *Sinz* KS-InsO S. 602 f. Rn. 21.

324 *Sinz* KS-InsO S. 602 f. Rn. 21.

Der bereicherungsrechtlichen Lösung ist zu erwidern, dass ein solcher Lösungsweg schon deshalb nicht überzeugen kann, da der Rechtsgrund für eine Nutzungsüberlassung, der Leasingvertrag, trotz Eröffnung des Insolvenzverfahrens fortbesteht. Ein bereicherungsrechtlicher Anspruch scheidet daher schon deshalb aus, da ein Rechtsgrund vorliegt. Hinzu kommt, dass sich aus einem bereicherungsrechtlichen Lösungsansatz insbesondere für die Praxis eine Reihe von Folgeproblemen ergeben, die ihn als problematisch erscheinen lassen. Ein Bereicherungsanspruch entsteht nur bei tatsächlicher Nutzung der Sache[325]. Ist der Geschäftsbetrieb mit der Eröffnung des Insolvenzverfahrens eingestellt worden, so bestünde demnach kein Anspruch auf Zahlung der Leasingraten, da keine Nutzung des Leasingobjektes vorläge. Der Anspruch aus ungerechtfertigter Bereicherung umfasst außerdem der Höhe nach nicht die vertraglich ausgehandelten Leasingraten, sondern er umfasst den objektiven Wert der Nutzung[326]. Letzterer kann von den vereinbarten Leasingraten abweichen. Für die Fondsgesellschaft kann weiter eine Entreicherung gem. § 818 Abs. 3 BGB problematisch sein. Dem wird allerdings regelmäßig die Bösgläubigkeit des Insolvenzverwalters gem. § 819 Abs. 1 BGB entgegenstehen. Hinsichtlich der Voraussetzungen der tatsächlichen Nutzung entsteht zuletzt ein Beweisproblem der Fondsgesellschaft, da sie beweisen muss, dass Nutzungen stattgefunden haben und in welcher Höhe diese erfolgt sind[327].

Zuletzt scheidet ein bereicherungsrechtlicher Anspruch auch auf Grund des Vorliegens eines Eigentümer-Besitzer-Verhältnisses (EBV) aus, dessen Sperrwirkung gem. § 993 Abs. 1 2. Halbsatz BGB entgegensteht. Das Vorliegen eines EBV wird im Rahmen des eigenen Lösungsvorschlages ausführlich dargestellt[328]. An Stelle eines bereicherungsrechtlichen Anspruchs auf Nutzungsentschädigung tritt ein Anspruch auf Nutzungsentschädigung gem. §§ 990 Abs. 1 Satz 1, 987 BGB. Der Streit, ob ein solcher Anspruch durch § 546a BGB ausgeschlossen ist[329], kann mangels Anwendbarkeit des § 546a BGB auf den vorliegenden Tatbestand dahinstehen[330].

---

325 *Palandt/Sprau* 64. Auflage § 818 Rn. 9; *Pape* KS-InsO S. 573 Rn. 67.

326 *Sinz* KS-InsO S: 602 f. Rn. 21; *Palandt/Sprau* 64. Auflage § 818 Rn. 19, 24.

327 *Palandt/Sprau* 64. Auflage § 818 Rn. 55.

328 Vgl. hierzu die Ausführungen auf S. 45 ff..

329 Überwiegend wird eine Anwendbarkeit bejaht, *Palandt/Weidenkaff* 64. Auflage § 546a Rn. 20, *Palandt/Bassenge* 64. Auflage Vorb. v. § 987 Rn. 11 f. m.w.N.; teilweise wird vertreten, die §§ 987ff. BGB seien neben § 546a BGB nicht anwendbar, weil § 546a BGB gegenüber §§ 987ff. BGB eine auf ein Vertragsverhältnis beruhende Sonderregelung trifft, soweit es sich um Ansprüche wegen verspäteter Rückgabe der Mietsache handelt, *Palandt/Putzo* 59. Auflage, § 557 Rn. 18; MK-BGB/*Medicus* Vor §§ 987-1003 Rn. 20.

330 Vgl. hierzu die Ausführungen auf S. 75.

II. Stellungnahme / Lösungsvorschlag

Nachdem damit weder die in der Literatur für die Fälle der späteren Erfüllungswahl, noch die in der Literatur für die Fälle der späteren Erfüllungsablehnung vorgeschlagenen Lösungsansätze überzeugen, wird im Folgenden unter Berücksichtigung der neueren Rechtsprechung des BGH sowie unter Prüfung verschiedener Lösungsansätze ein weiterer Versuch einer interessengerechten und dogmatisch sauberen Herleitung eines Zahlungsanspruches der Fondsgesellschaft für den Zeitraum des Schwebezustandes unternommen.

1.) Vertragliche Ansprüche auf Zahlung der Leasingraten

Bereits bei der Darstellung der Auswirkungen der Eröffnung des Insolvenzverfahrens auf den Leasingvertrag sowie auf die sich aus diesem ergebenden Erfüllungsansprüche wurde erörtert, dass im Zeitraum zwischen Eröffnung des Verfahrens und Ausübung des Wahlrechts keine durchsetzbaren Ansprüche aus dem Leasingvertrag bestehen. Waren die Erfüllungsansprüche in diesem Zeitraum nach der früheren Erlöschenstheorie erloschen, so bestehen sie nach heutiger Ansicht des BGH auch nach Verfahrenseröffnung fort, sind aber undurchsetzbar. Die Erfüllungsansprüche erhalten ihre Durchsetzbarkeit erst durch die Wahl der Vertragserfüllung durch den Insolvenzverwalter zurück. Bis zum Zeitpunkt der Wahlrechtsausübung sowie nach Ablehnung der Erfüllung des Mobilienleasingvertrages sind die vertraglichen Ansprüche undurchsetzbar und damit faktisch nicht gegeben[331]. Im Zeitraum des Schwebezustandes hat die Fondsgesellschaft demnach keinen vertraglich durchsetzbaren Anspruch auf Zahlung der Leasingraten.

2. Zahlungsanspruch aus gesetzlicher Anspruchsgrundlage

a) Anspruch wegen verspäteter Rückgabe des Leasinggegenstandes gem. § 546a Abs. 1 BGB bzw. § 546a Abs. 1 BGB analog[332]

Als Anspruchsgrundlage für einen Anspruch auf Zahlung der Leasingraten kommt weiter (in direkter oder analoger Anwendung) § 546a Abs. 1 BGB in Betracht. Nach dieser Vorschrift kann der Vermieter, wenn der Mieter eine gemietete Sache

---

331 Vgl. hierzu die Ausführungen auf S. 38 ff..

332 § 546a BGB wurde durch das Mietrechtsreformgesetz vom 19.06.2001 (BGBl. I S. 1149) zum 1.09.2001 eingeführt. Er entspricht dem vorherigen § 557 BGB. Soweit in älterer Literatur von der direkten oder analogen Anwendbarkeit des § 557 BGB gesprochen wird, gilt dies entsprechend für § 546a BGB. Die Vorschriften sind inhaltsgleich.

nach Beendigung des Mietverhältnisses nicht zurückgibt, für die Dauer der Vorenthaltung als Entschädigung die vereinbarte Miete verlangen. Der BGH hat zum inhaltsgleichen Vorgänger des heutigen § 546a BGB, dem § 557 BGB a. F., entsprechend seiner Orientierung am Leitbild der Miete, entschieden, dass die Norm grundsätzlich auf Finanzierungsverträge uneingeschränkt Anwendung findet[333].

Problematisch ist im Hinblick auf eine Anwendung des § 546a Abs. 1 BGB als Anspruchsgrundlage für einen Zahlungsanspruch während des Schwebezustandes jedoch, ob dessen Voraussetzungen eines beendigten Mietverhältnisses sowie einer Vorenthaltung des Leasinggegenstandes durch den Leasingnehmer erfüllt sind. Im Ergebnis muss dies wohl verneint werden[334].

Durch die Eröffnung des Insolvenzverfahrens wird das Leasingverhältnis gerade nicht beendigt, sondern es werden nur dessen Erfüllungsansprüche undurchsetzbar. Es besteht daher schon keine Beendigung des Mietverhältnisses im Sinne des § 546a Abs. 1 BGB. Außerdem wäre Voraussetzung für ein „Vorenthalten" im Sinne des § 546a Abs. 1 BGB, dass der Leasingnehmer das Leasinggut entgegen seiner Rückgabepflicht aus § 546 Abs. 1 BGB[335] nicht oder erst verspätet zurückgewährt, sowie, dass das Unterlassen der Rückgewähr dem Willen des Leasinggebers widerspricht[336]. Dies ist aber für den Zeitraum bis zur Ausübung des Wahlrechtes sowie den Zeitraum nach Wahl der Erfüllung im Sinne des § 103 Abs. 1 InsO zu verneinen. „Vorenthalten" im Sinne des § 546a Abs. 1 BGB meint nach dem Sinn und Zweck der Vorschrift nur die Fälle, in denen der Mieter eine Mietsache nicht zurückgibt, obwohl er dazu eigentlich verpflichtet wäre[337]. Oben wurde aber bereits dargestellt, dass im Hinblick auf § 103 InsO bis zur Ausübung des Wahlrechts zwar grundsätzlich eine Rückgabepflicht besteht, diese aber in ihrer Durchsetzbarkeit gehemmt ist. Im Zeitraum zwischen Verfahrenseröffnung und Wahlrechtsausübung besteht daher faktisch keine Rückgabepflicht[338]. Dies muss auch im Rahmen der §§ 546, 546a BGB gelten, da andernfalls die Undurchsetzbarkeit des Rückgabeanspruches unterlaufen werden würde. Der Insolvenzverwalter müsste, trotz der Undurchsetzbarkeit des Rückgabeanspruches, das Leasinggut zurückgeben, um einen Anspruch auf Zahlung der Leasingraten aus § 546a BGB

333 BGHZ NJW 1989, 1730, 1731; OLG Hamm ZIP 1989, 45, 46; kritisch hierzu, bezogen auf die Zeit nach Vollamortisation: *Sinz* KS-InsO S. 608 f. Rn. 35.

334 *Schwemer* ZMR 2000, 348, 349; *Sinz* KS-InsO 602 Rn. 21; *Graf von Westphalen* Rn. 981 ff., 1533.

335 § 546 BGB hat im Rahmen der Mietrechtsreform durch Gesetz vom 19.06.2001 (BGBl. I S. 1149) § 556 BGB zum 1.09.2001 ersetzt.

336 BGH NJW 83, 112, 113; *Graf von Westphalen* Rn. 983; *Palandt/Weidenkaff* 64. Auflage § 546a Rn. 8.

337 *Palandt/Weidenkaff* 64. Auflage § 546a Rn. 8.

338 Vgl. hierzu die Ausführungen auf S. 45 ff..

zu verhindern. Dies würde dem Sinn und Zweck des Wahlrechts des § 103 InsO widersprechen. Die nicht erfolgte Rückgabe des Leasinggutes stellt daher bis zur Ausübung des Wahlrechtes kein Vorenthalten im Sinne des § 546a Abs. 1 BGB dar[339]. Daher besteht für den Zeitraum zwischen Verfahrenseröffnung und Wahlrechtsausübung mangels Beendigung des Mietverhältnisses und mangels Vorenthaltens kein Anspruch auf Zahlung der Leasingraten aus § 546a Abs. 1 BGB.

Bleibt die Möglichkeit eines Anspruches aus analoger Anwendung des § 546a Abs. 1 BGB zu prüfen. Voraussetzung eine solche Analogie wäre zum einen das Vorliegen einer planwidrigen Regelungslücke und zum anderen eine vergleichbare Interessenslage. Insbesondere letztere ist hier aber nicht gegeben. Hintergrund des § 546a Abs. 1 BGB ist, dass derjenige, der die Mietsache (Leasinggut) vorenthält (also trotz Rückgabepflicht nicht herausgibt), nicht besser stehen soll, als wenn der Miet- bzw. Leasingvertrag fortbestehen würde[340]. Auch für eine analoge Anwendung des § 546a Abs. 1 BGB ist es daher Voraussetzung, dass eine Rückgabepflicht des Mieters (Leasingnehmers) vorliegt und der Mieter (Leasingnehmer) trotzdem die Rückgabe verweigert. Liegt ein Vorenthalten, wie während des Schwebezustandes, mangels Rückgabepflicht nicht vor, so liegt demnach keine vergleichbare Interessenlage vor. Eine analoge Anwendung des § 546a Abs. 1 BGB als Anspruchsgrundlage für den Zeitraum des Schwebezustandes ist daher abzulehnen. Im Ergebnis ist weder ein Anspruch aus direkter, noch ein Anspruch aus analoger Anwendung des § 546a Abs. 1 BGB gegeben.

b) Nutzungsentschädigungsanspruch aus Eigentümer-Besitzer-Verhältnis gem. §§ 990 Abs. 1, 987 BGB, 55 Abs. 1 Ziff. 1 InsO

Das Vorliegen eines Anspruches auf Nutzungsentschädigung gem. §§ 990 Abs. 1, 987 BGB hängt davon ab, ob im Rahmen der Finanzierung des Investitionsgegenstandes eine Sicherungsübereignung erfolgt ist oder nicht.

aa) Finanzierung des Leasingobjektes ohne Sicherungsübereignung

Die Möglichkeit einer Vindikationslage mit deren Folge eines Anspruches auf Nutzungsentschädigung gem. §§ 990 Abs. 1, 987 BGB ist, soweit ersichtlich, bisher in Rechtsprechung und Literatur nicht berücksichtigt worden. Die folgenden Ausführungen werden aber zeigen, dass gerade diese Anspruchsgrundlage zu ei-

339 *Sinz* KS-InsO S. 602 Rn. 21; *Graf von Westphalen* Rn. 981 ff., 1533.

340 *Palandt/Weidenkaff* 64. Auflage § 546a Rn. 1.

nem interessengerechten Ergebnis führt, ohne dass die Folgeprobleme der bereicherungsrechtlichen Lösung entstehen.

Voraussetzung sowohl für einen Anspruch gem. §§ 990 Abs. 1, 987 BGB, 55 Abs. 1 Ziff. 1 InsO als auch für die Sperrwirkung des EBV gem. § 993 Abs. 1 2. Halbsatz BGB ist das Vorliegen einer Vindikationslage[341]. Eine solche liegt immer dann vor, wenn der Anspruchsteller Eigentümer und der Anspruchsgegner Besitzer ohne Recht zum Besitz ist[342]. Hinsichtlich des Besitzes ist es dabei unbeachtlich, ob es sich um Eigen- oder Fremdbesitz, ob es sich um unmittelbaren oder mittelbaren Besitz handelt[343]. Der Anwendungsbereich der §§ 987-993 BGB ist für beide Besitzformen eröffnet.

aaa) Vindikationslage gem. §§ 985, 986 BGB / Sperrwirkung des EBV gem. § 993 Abs. 1 2. Halbsatz BGB

Festgestellt wurde in Hinblick auf das Bestehen einer Vindikationslage bereits, dass die Eröffnung des Insolvenzverfahrens dazu führt, dass das vertragliche Besitzrecht ruht. Durch die Eröffnung des Insolvenzverfahrens wirkt sich das Bestehen des Leasingvertrages nur insofern aus, als dass der Herausgabeanspruch nicht durchsetzbar ist. Ein Besitzrecht im Sinne des § 986 BGB mit der Folge der Aufhebung der Vindikationslage besteht nicht[344]. Nach dieser Feststellung ist für eine Vindikationslage an dieser Stelle nur noch die Ermittlung der Eigentums- und Besitzverhältnisse erforderlich.

Das Eigentum am Investitionsgut bleibt trotz der Überlassung im Rahmen des Leasings bei der Fondsgesellschaft. Beim Leasing erfolgt eine Nutzungsüberlassung, nicht aber eine Übereignung des Leasinggutes. Neben einem unberechtigten Besitz des Leasingnehmers liegt mithin auch das für eine Vindikationslage erforderliche Eigentum der Fondsgesellschaft vor.

---

341 *Palandt/Bassenge* 64. Auflage Vorb. v. § 987 Rn. 2.

342 *Wolf* Rn. 218.

343 *Palandt/Bassenge* 64. Auflage Vorb. v. § 987 Rn. 3 f., 14ff..

344 Vgl. hierzu die Ausführungen auf S. 45 ff.. Sofern man der hier vertretenen Auffassung nicht folgt und auch in der Zeit des „Schwebezustandes" ein Recht zum Besitz annimmt, wäre zu prüfen, ob die §§ 987 BGB im Wege einer Analogie anwendbar sind. Dies wird zum Teil unter der Annahme vertreten, ein Zurückbehaltungsrecht sei ein Recht zum Besitz und versperre daher die direkte Anwendung der §§ 987 ff. BGB (Nachweise bei MK-BGB/*Medicus* Vor §§ 987-1003 Rn. 13 Fn. 23). *Medicus* weist aber zurecht darauf hin, dass schon eine direkte Anwendung in Frage kommt, wenn man, wie hier vertreten wird, das Zurückbehaltungsrecht nicht als Recht zum Besitz, sondern als Einrede ansieht, vgl. MK-BGB/*Medicus* Vor §§ 987-1003 Rn. 13 f..

Gem. § 148 Abs. 1 InsO ist der Insolvenzverwalter verpflichtet, den Leasinggegenstand unverzüglich in Besitz zu nehmen[345]. Mit Inbesitznahme erlischt der unmittelbare Besitz des insolventen Leasingnehmers und wandelt sich zum mittelbaren Fremdbesitz im Sinne des § 868 BGB. Der Insolvenzverwalter wird unmittelbarer Fremdbesitzer[346]. Sowohl ein unmittelbarer Fremdbesitz als auch ein mittelbarer Fremdbesitz stellen eine für das Vorliegen einer Vindikationslage ausreichende Besitzform dar. Dies ist für den unmittelbaren Besitzer, den Insolvenzverwalter, offensichtlich, aber auch bei dem mittelbaren Besitzer ist Besitz im Sinne einer Vindikationslage gegeben. Mit der Beendigung des Besitzrechtes beim unmittelbaren Besitzer wird (auch bei befugter Besitzüberlassung) der Besitzmittler gegenüber dem Eigentümer nichtberechtigter Besitzer und die §§ 987-993 BGB werden anwendbar[347].

Eine Vindikationslage liegt demnach im Ergebnis ab dem Zeitpunkt der Eröffnung des Insolvenzverfahrens zwischen der Fondsgesellschaft und dem insolventen Leasingnehmer, sowie ab dem Zeitpunkt der Inbesitznahme des Investitionsobjektes durch den Insolvenzverwalter auch zwischen der Fondsgesellschaft und dem Insolvenzverwalter vor. Die Fondsgesellschaft ist und bleibt Eigentümerin, der Insolvenzverwalter und der Leasingnehmer sind nichtberechtigte Besitzer. Damit ist wegen der Sperrwirkung des EBV zum einen ein bereicherungsrechtlicher Anspruch auf Nutzungsentschädigung gem. § 993 Abs. 1 2. Halbsatz BGB ausgeschlossen, zum anderen ist der Anwendungsbereich der §§ 987-993 BGB eröffnet. Zu prüfen ist in Folge dessen, ob der Tatbestand der §§ 990 Abs. 1, 987 BGB erfüllt ist.

bbb) Haftung des Besitzers bei Kenntnis, § 990 Abs. 1 BGB

Gem. § 990 Abs. 1 Satz 1 BGB haftet ein Besitzer dem Eigentümer von der Zeit des Erwerbes an nach den §§ 987, 989 BGB, soweit er bei dem Erwerb des Besitzes nicht in gutem Glauben war. Gem. § 990 Abs. 1 Satz 2 BGB gilt dies ebenfalls ab Kenntniserlangung, soweit der Besitzer die Kenntnis erst später erhält. Voraussetzung ist demnach sowohl für Satz 1 als auch für Satz 2 eine Bösgläubigkeit des Besitzers. In Bezug auf diese ist in Literatur und Rechtsprechung anerkannt, dass § 990 Abs. 1 Satz 1 BGB zu lesen ist als: „War dem Besitzer bei dem Erwerbe des

---

345 MK-InsO/*Füchsl/Weishäupl* § 148 Rn. 1; HK-InsO/*Irschlinger* § 148 Rn. 1.

346 *N/R/Andres* § 148 Rn. 30; HK-InsO/*Irschlinger* § 148 Rn. 4; *Braun/Gerbers* § 148 Rn. 4; MK-InsO/*Füchs/Weishäupl* § 148 Rn. 24, 37; *Haarmeyer/Wutzke/Förster* Kapitel 5 Rn. 85; a.A. sog. Organtheorie: Nach ihr sei die Insolvenzmasse selbst Eigenbesitzerin. Der Insolvenzverwalter übe lediglich als Organ den Besitz der Insolvenzmasse aus und sei selbst nicht Besitzer, vgl. Literaturnachweise bei MK-InsO/*Füchsl/Weishäupl* § 148 Rn. 24.

347 BGH LM § 987 Nr. 10; *Palandt/Bassenge* 64. Auflage Vorb. v. § 987 Rn. 16.

Besitzes bekannt oder infolge grober Fahrlässigkeit unbekannt, dass er zum Besitz nicht berechtigt ist ...“[348]. Der gleiche Maßstab ist auf die Feststellung einer nachträglichen Kenntnis im Sinne des § 990 Abs.1 Satz 2 BGB anzuwenden.

Vor diesem Hintergrund stellt sich die Frage, ob eine Haftung des Insolvenzverwalters und des insolventen Leasingnehmers auf Nutzungsersatz in Frage kommt. Problematisch ist dabei, dass beide Besitzer auf Grund der Rechtsfolge der Eröffnung des Insolvenzverfahrens ein faktisches, nicht aber ein vindikationsrechtliches Recht zum Besitz haben. Leasingnehmer und Insolvenzverwalter müssen das Leasinggut mangels Durchsetzbarkeit des Herausgabeanspruchs bis zur Ablehnung der Erfüllung durch den Insolvenzverwalter nicht herausgeben und haben damit zwar kein vindikationsrechtliches, wohl aber ein faktisches Besitzrecht. Fraglich ist damit, ob auf Grund dieses faktischen Rechts zum Besitz überhaupt eine Bösgläubigkeit möglich ist.

Dies ist zu bejahen. Zu Recht hat der Bundesgerichtshof in Hinblick auf einen Anspruch auf Nutzungsersatz unterschieden zwischen dem Recht, die Herausgabe zu verweigern, und dem Recht, die Sache weiter zu nutzen. Ein Zurückbehaltungsrecht gegen einen Herausgabeanspruch nach § 985 BGB berechtigt nur dazu, die Herausgabe zu verweigern, nicht aber, die Sache weiter zu nutzen[349]. Im Rahmen des Nutzungsersatzanspruchs gem. §§ 990, 987 BGB ist die Voraussetzung einer Bösgläubigkeit demnach auszulegen als: „War der Besitzer bei Nutzung des Besitzes nicht in gutem Glauben oder war ihm in Folge grober Fahrlässigkeit unbekannt, dass er zur Nutzung nicht berechtigt war, so haftet er dem Eigentümer nach den §§ 987, 989 BGB.“

Eine Bösgläubigkeit in diesem Sinne ist beim Insolvenzverwalter regelmäßig gegeben. Bei Insolvenzverwaltern handelt es sich um besonders geschulte Personen, denen die Rechtsfolgen einer Insolvenz bekannt sind oder bekannt sein müssen[350]. Bei Inbesitznahme über das Vermögen des Leasingnehmers nach Eröffnung des Insolvenzverfahrens ist dem Insolvenzverwalter daher entweder bekannt oder zumindest grob fahrlässig unbekannt, dass ihm zwar bis zur Ausübung des Wahlrechtes ein Zurückbehaltungsrecht hinsichtlich der Herausgabe des Leasinggegenstandes, ihm aber weder ein vindikationsrechtliches Recht zum Besitz, noch einen Anspruch auf Nutzung zusteht. Ein Insolvenzverwalter ist in Bezug auf das Bestehen eines Besitzrechtes daher regelmäßig bösgläubig im Sinne des § 990 Abs. 1 Satz 1 BGB.

---

[348] *Palandt/Bassenge* 64. Auflage § 990 Rn. 4.

[349] BGHZ 65, 56, 59; BGH LM H. 4/1998 ApothG Nr. 8 Blatt 702.

[350] *Bork* InsO Rn. 55.

Gleiches ist regelmäßig beim Leasingnehmer in Bezug auf dessen mittelbaren Besitz sowie auf dessen Besitzrecht gegeben. Dies ergibt sich aus der Tatsache, dass Leasingnehmer geschlossener Fonds regelmäßig größere Unternehmen sind, deren Mitarbeiter einen hohen Ausbildungsgrad aufweisen und die juristisch beraten werden. Daher kann regelmäßig angenommen werden, dass Leasingnehmern geschlossener Fonds das Nichtbestehen eines vindikationsrechtlichen Besitzrechts sowie insbesondere das Nichtbestehen eines Nutzungsrechts bekannt ist. Darüber hinaus erfolgt bei Insolvenzverfahrenseröffnung eine Belehrung des Insolvenzschuldners durch das Insolvenzgericht und/oder den Insolvenzverwalter. In diesem wird der Leasingnehmer über das Fehlen eines Besitz- und Nutzungsrechts aufgeklärt worden sein.

Im Ergebnis ist daher der Tatbestand des § 990 Abs. 1 BGB sowohl beim Insolvenzverwalter als auch beim insolventen Leasingnehmer erfüllt. Der Insolvenzverwalter haftet dem Eigentümer, also der Fondsgesellschaft, gem. § 987, 989 BGB ab Inbesitznahme im Sinne des § 148 InsO. Der Leasingnehmer haftet ab Kenntnis des Erlöschens seines Rechts zum Besitz, also regelmäßig ab Eröffnung des Insolvenzverfahrens.

ccc) Herausgabe gezogener Nutzungen gem. § 987 BGB

Gem. § 987 BGB, auf den § 990 Abs. 1 BGB verweist, hat der Besitzer dem Eigentümer die Nutzungen herauszugeben, die er nach dem Eintritt der Rechtshängigkeit zieht (Abs. 1). Zieht der Besitzer nach dem Eintritt der Rechtshängigkeit Nutzungen nicht, die er nach den Regeln einer ordnungsgemäßen Wirtschaft ziehen könnte, so ist er dem Eigentümer zum Ersatz verpflichtet, soweit ihm ein Verschulden zur Last fällt (Abs. 2). Auf Grund des § 990 Abs. 1 BGB ist der Rechtshängigkeit sowohl in Abs. 1 als auch in Abs. 2 jeweils der Erwerb der Kenntnis der Nichtberechtigung gleichzusetzen. Wurde festgestellt, dass dies beim Leasingnehmer regelmäßig zum Zeitpunkt der Eröffnung des Insolvenzverfahrens und beim Insolvenzverwalter zum Zeitpunkt der Inbesitznahme gem. § 148 InsO der Fall ist, so folgt hieraus, dass die ab Eröffnung des Insolvenzverfahrens bzw. Inbesitznahme durch den Leasingnehmer und dessen Insolvenzverwalter gezogenen Nutzungen an die Fondsgesellschaft herauszugeben sind. Als Wert der Nutzungen wird dabei beim Leasing der objektive Mietwert (Leasingrate ggf. zuzüglich Umsatzsteuer) angenommen[351]. Dies gilt unabhängig davon, ob die Fondsgesellschaft die Nutzungen gezogen hätte[352]. Voraussetzung ist aber, dass der Insolvenzverwalter bzw. der Leasingnehmer Nutzungen gezogen oder eine Nutzung schuldhaft un-

---

[351] BGH LM H. 4/1998 ApothG Nr. 8 Blatt 702 f.; BGH NJW 1995, 2627, 2628; BGH NJW-RR 1998, 803, 805; *Palandt/Bassenge* 64. Auflage § 987 Rn. 7.

[352] *Palandt/Bassenge* 64. Auflage § 987 Rn. 7.

terlassen hat. Die Fondsgesellschaft hat damit gegenüber dem Insolvenzverwalter und gegenüber dem insolventen Leasingnehmer einen Anspruch auf Nutzungsersatz gem. §§ 990 Abs. 1, 987 BGB, soweit der Insolvenzverwalter das Leasinggut nach Eröffnung des Insolvenzverfahrens für den Leasingnehmer weiterhin nutzt oder nach den Regeln einer ordnungsgemäßen Wirtschaft nutzen müsste.

Über diesen Anspruch hinaus ist der Insolvenzverwalter wegen der Sperrwirkung des Eigentümer-Besitzer-Verhältnisses (EBV) gem. § 993 Abs. 1 2. Halbsatz BGB im Falle der Finanzierung des Investitionsgegenstandes des Fonds nicht zur Herausgabe von Nutzungen nach bereicherungsrechtlichen Vorschriften verpflichtet. Es besteht für die Fondsgesellschaft zwar weiterhin das Problem, dass sie die Beweislast hinsichtlich einer gezogenen bzw. schuldhaft unterlassenen Nutzung des Insolvenzverwalters hat. Für die Lösung über die §§ 990, 987 BGB spricht im Gegensatz zu anderen Literaturmeinungen aber, dass sie dogmatische Widersprüche vermeidet, sowie, dass sie, vorausgesetzt, es besteht eine Nutzung bzw. eine Nutzung wäre zu ziehen gewesen, billigerweise einen Anspruch in Höhe der Leasingraten und nicht nur in Höhe der objektiv gezogenen Nutzungen begründet. Damit entfällt diesbezüglich auch die Beweisproblematik der Fondsgesellschaft.

ddd) Masseschuld gem. § 55 Abs. 1 Ziff. 1 InsO

Fraglich bleibt noch, ob es sich bei dem Anspruch auf Nutzungsentschädigung um eine Insolvenzforderung oder um eine Masseschuld handelt. Würde es sich um eine Masseschuld handeln, so wäre die Nutzungsentschädigung gem. § 53 InsO vorweg aus der Masse zu berichtigen[353]. Würde es sich dagegen um eine Insolvenzforderung handeln, so würde diese nur nach Maßgabe der §§ 187 ff. InsO zur Quote befriedigt[354].

Masseschulden sind gem. § 55 Abs. 1 Ziff. 1 InsO unter anderem Verbindlichkeiten, die durch Handlungen des Insolvenzverwalters oder in anderer Weise durch die Verwaltung, Verwertung und Verteilung der Insolvenzmasse begründet werden, ohne zu den Kosten des Insolvenzverfahrens zu gehören[355]. Der Begriff der Handlungen ist im weitesten Sinne zu sehen. Unter diesem Begriff sind sowohl Rechtsgeschäfte aller Art, als auch nicht rechtsgeschäftliche Handlungen zu verstehen[356]. Diese Handlungen des Insolvenzverwalters müssen aber immer einen

---

353 MK-InsO/*Hefermehl* § 53 Rn.1; *Bien* S.88; HK-InsO/*Eickmann* Rn.1f.; *Braun/Bäuerle* § 53 Rn.9.

354 *Bien* S. 88 ; *Braun/Kießner* Vorb. vor §§ 187-206.

355 MK-InsO/*Hefermehl* § 55 Rn. 10; HK-InsO/*Eickmann* § 55 Rn. 2; FK-InsO/*Schumacher* § 55 Rn. 4.

356 *Braun/Bäuerle* § 55 Rn. 3; *N/R/Andres* § 55 Rn. 3; MK-InsO/*Hefermehl* § 55 Rn 12; FK-

Bezug zur Insolvenzmasse haben, das heißt, zur Verwaltung, Verwertung oder Verteilung der Insolvenzmasse gehören[357]. Unter diese Definition ist auch der Anspruch auf Nutzungsentschädigung gem. §§ 990 Abs. 1, 987 BGB subsumierbar. Nutzungen des Leasinggutes stellen aufgrund der diesbezüglich weiten Auslegung des § 55 Abs. 1 Ziff. 1 InsO Handlungen im Sinne der Verwaltungstätigkeit des Insolvenzverwalters und damit Handlungen im Sinne der Norm dar. Sie erfolgen im Rahmen des Wirtschaftsbetriebes des insolventen Leasingnehmers und weisen somit regelmäßig einen Bezug zur Insolvenzmasse im Sinne des § 55 Abs. 1 Ziff. 1 InsO auf. Der Anspruch auf Nutzungsentschädigung stellt demnach eine Masseschuld im Sinne des § 55 Abs. 1 Ziff. 1 InsO dar.

eee) Zwischenergebnis

Wurde das Investitionsgut eines geschlossenen Mobilienleasingfonds im Rahmen der Finanzierung nicht sicherungsübereignet, so hat die Fondsgesellschaft in der Insolvenz des Leasingnehmers weder gegen den Leasingnehmer, noch gegen den Insolvenzverwalter einen durchsetzbaren Anspruch aus Vertrag, aus direkter oder analoger Anwendung des § 546 a BGB, sowie aus Bereicherungsrecht. Die Fondsgesellschaft hat aber gem. §§ 990 Abs. 1, 987 BGB, 55 Abs. 1 Ziff. 1 InsO einen Anspruch gegen den Leasingnehmer und dessen Insolvenzverwalter auf Zahlung einer Nutzungsentschädigung aus der Masse in Höhe der Leasingraten, sofern der Insolvenzverwalter bzw. der Leasingnehmer das Investitionsobjekt nach Inbesitznahme bzw. nach Verfahrenseröffnung genutzt oder dessen Nutzung schuldhaft unterlassen hat.

bb) Finanzierung des Leasingobjektes mit Sicherungsübereignung

In den wohl häufigeren Fällen erfolgt die Finanzierung geschlossener Mobilienfonds aber gegen Sicherungsübereignung des Investitionsobjektes. Die Finanzierung erfolgt in den meisten Fällen überwiegend durch Fremdkapitalgeber, das Eigenkapital der Anleger dagegen macht nur den geringeren Anteil aus[358]. Der

---

InsO/*Schumacher* § 55 Rn. 4.

[357] *N/R/Andres* § 55 Rn. 3; *Braun/Bäuerle* § 55 Rn. 3; HK-InsO/*Eickmann* § 55 Rn. 2 ff.; MK-InsO/*Hefermehl* § 55 Rn. 15.

[358] Z.B. erfolgt beim „BUSS Logistics Container Fonds 1“ eine Fremdkapitalfinanzierung i.H.v. 70 % der „ConRendit 3 - der Containerfonds“ sieht eine solche Finanzierung i.H.v. 66,22 % vor, wobei der Prospekt letzteren Fonds ausdrücklich den Hinweis auf eine Sicherungsabtretung und Sicherungsübereignung enthält. Dagegen erfolgt bei der „Fünfte Boll Kino Beteiligungs-GmbH & Co.KG“ nach den Prospektangaben eine 100 %ige Finanzierung über das Kommanditkapital.

Fremdkapitalgeber wird sich auf Grund der Höhe seiner Kapitalbereitstellung nicht mit der Abtretung künftiger Leasingraten zufrieden geben und daher eine Sicherungsübereignung verlangen.

Erfolgt eine Sicherungsübereignung, so wird damit die Vindikationslage zwischen Fondsgesellschaft und Insolvenzverwalter, sowie zwischen Fondsgesellschaft und Leasingnehmer aufgehoben. Bei der Sicherungsübereignung erfolgt eine vorübergehende Vollrechtsübertragung an den Sicherungsgeber zur Sicherung von Forderungen[359]. Der Sicherungsgeber erhält Volleigentum mit „fiduziarischem Charakter“ (Treuhandeigentum)[360]. Jedenfalls der Fondsgesellschaft steht bei Sicherungsübereignung daher in der Insolvenz des Leasingnehmers mangels Eigentums kein Anspruch auf Zahlung der Leasingraten aus §§ 990 Abs. 1, 987 BGB, 55 Abs. 1 Ziff. 1 InsO zu.

Das gleiche ablehnende Ergebnis ergibt sich, nur mit anderer Begründung, hinsichtlich eines Anspruchs des Sicherungsnehmers (Fremdkapitalgebers) auf Nutzungsentschädigung gem. §§ 990 Abs. 1, 987 BGB, 55 Abs. 1 Ziff. 1 InsO. Zwar sind bei diesem grundsätzlich die Voraussetzungen einer Vindikationslage und damit die Grundvoraussetzungen eines EBV-Anspruchs erfüllt. Der Fremdkapitalgeber ist Eigentümer, Leasingnehmer und Insolvenzverwalter sind nach Wahl der Nichterfüllung des Leasingvertrages Besitzer des Investitionsgegenstandes ohne Besitzrecht. Wie auch im Hinblick auf die Ermittlung der Widerspruchsbefugnis des Sicherungsnehmers im Rahmen des § 771 ZPO ist aber auf Grund einer juristisch-teleologischen Wertung zu berücksichtigen, wem das Vermögen haftungsrechtlich zuzuordnen ist und ob dem Eigentümer in Folge dessen ein Nutzungsersatzanspruch zusteht[361]. Es ist danach im konkreten Fall zu berücksichtigen, dass bei Bejahung eines Anspruches ein Ergebnis eintreten würde, das durch die Parteien nicht gewollt ist. Durch die Sicherungsübereignung soll dem Sicherungsnehmer eine Sicherheit für die Kapitalüberlassung gegeben, es soll ihm aber durch die Sicherungsübereignung kein Nutzungsrecht am Sicherungsgut überlassen werden[362]. Es entspricht im Unterschied zum BGB-Pfandrecht gerade dem Wesen der

---

359 *Lwowski* Rn. 528; MK-InsO/*Ganter* § 51 Rn. 48; MK-BGB/*Oechsler* Anh. §§ 929-936 Rn. 4; *Palandt/Bassenge* 64. Auflage § 930 Rn. 13.

360 MK-InsO/*Ganter* § 47 Rn. 53; *Palandt/Bassenge* 64. Auflage § 930 Rn. 13.

361 Zur vergleichbaren Lage bei § 771 ZPO *Stein/Jonas/Münzberg* § 771 Rn. 25: „Bei fiduziarischen Rechtsverhältnissen, d.h. solchen, bei denen der Treugeber dem Treuhänder das Vollrecht (Eigentum, Inhaberschaft der Forderung usw.) zur Herbeiführung bestimmter wirtschaftlicher Zwecke überträgt, um nach deren Erledigung dasselbe bzw. ein Surrogat zurückzuerhalten, ist aufgrund einer juristisch-teleologischen Wertung zu entscheiden, wem das Vermögen haftungsrechtlich zuzuordnen ist.“

362 *Bien* ist der Ansicht, dass zwischen Fremdkapitalgeber und Leasinggeber eine Vereinbarung üblich sei, nach der dem Fremdkapitalgeber auch die Nutzungen als Sicherheiten zustehen (*Bien* S. 11 Fn. 35). Sofern eine solche Vereinbarung getroffen ist, besteht unproblematisch

Sicherungsübereignung, dass das Nutzungsrecht beim Sicherungsgeber bestehen bleiben soll[363]. Der Anwendungsbereich der §§ 990, 987 BGB ist daher im Wege einer teleologischen Reduktion zu begrenzen.

Zur Begründung dieses Ergebnisses kann weiterhin der Rechtsgedanke des § 1227 BGB herangezogen werden. Oben wurde bereits festgestellt, dass dieser auf die Sicherungsübereignung anzuwenden ist[364]. § 1227 BGB trägt mit seiner Eröffnung des Anwendungsbereiches des § 987 BGB (unter der Voraussetzung, dass eine Übertragung der Nutzungsmöglichkeit auf den Pfändungsgläubiger erfolgt ist (§ 1213 BGB)[365]) dem Gedanken Rechung, dass dem Sicherungsnehmer ein Anspruch auf Nutzungsentschädigung nur dann zustehen soll, wenn ihm die Nutzung auch tatsächlich zusteht. Ist letzteres nicht der Fall, so hat ein Ausgleich für gezogene oder schuldhaft nicht gezogene Nutzungen nach dem Rechtsgedanken des § 1227 BGB im Verhältnis des Nutzungsberechtigten zum Nutzer und nicht vom nicht nutzungsberechtigten Eigentümer zum Nutzer zu erfolgen. Dies ist bei der Sicherungsübereignung und der Pfandrechtsbestellung gleichsam gegeben. Bei der Pfandrechtsbestellung sollen dem Pfandrechtsgläubiger die Nutzungen gem. § 1213 BGB nur bei ausdrücklicher Vereinbarung zustehen[366], bei der Sicherungsübereignung sollen dem Sicherungsnehmer die Nutzungen kraft Natur des Sicherungsinstrumentes überhaupt nicht zustehen. Die sicherungsweise Übereignung der Nutzungsentgelte ist der Sicherungsabtretung vorbehalten. Hat demnach keine Einigung im Sinne des § 1213 BGB stattgefunden, so sind Pfandrecht und Sicherungseigentum im Hinblick auf die berührte Interessenlage identisch.

Aus dem bei der Sicherungsübereignung zu berücksichtigenden Rechtsgedanken des § 1227 BGB ergibt sich daher im Ergebnis, dass dem Sicherungsnehmer gegen den Leasingnehmer und dessen Insolvenzverwalter kein Anspruch auf Nutzungsersatz aus §§ 990 Abs. 1, 987 BGB, 55 Abs. 1 Ziff. 1 InsO zusteht. Im Ergebnis besteht daher bei erfolgter Sicherungsübereignung weder ein Nutzungsersatzanspruch der Fondsgesellschaft, noch ein Nutzungsersatz des Fremdkapitalgebers gegen den Leasingnehmer und dessen Insolvenzverwalter aus §§ 990 Abs. 1, 987 BGB, 55 Abs. 1 Ziff. 1 InsO.

ein EBV-Anspruch und die folgenden Ausführungen sind nicht einschlägig. Dem Verfasser ist aus seiner Tätigkeit als Mitarbeiter der Rechtsabteilung eines Kreditinstitutes eine solche Praxis aber weder bekannt noch ist sie nach seiner Kenntnis üblich, so dass von ihr nicht ausgegangen werden kann.

363 *Schwab/Prütting* Rn. 409 f.; MK-InsO/*Ganter* § 51 Rn. 50.

364 Vgl. hierzu die Ausführungen auf S. 63 f..

365 MK-BGB/*Damrau* § 1227 Rn. 4; *Staudinger/Wiegand* § 1227 Rn. 11.

366 *Staudinger/Wiegand* § 1213 Rn. 1 f..

c) Bereicherungsrechtlicher Anspruch auf Nutzungsentschädigung

aa) Finanzierung des Leasingobjektes ohne Sicherungsübereignung

Durch das Vorliegen eines Eigentümer-Besitzer-Verhältnisses (EBV) wird ein bereicherungsrechtlicher Anspruch der Fondsgesellschaft auf Nutzungsentschädigung durch die Sperrwirkung des EBV verhindert[367]. Es besteht daher bei Finanzierung des Investitionsobjektes ohne Sicherungsübereignung kein bereicherungsrechtlicher Nutzungsentschädigungsanspruch.

bb) Finanzierung des Leasingobjektes mit Sicherungsübereignung

Keine Sperrwirkung des EBV besteht dagegen in Bezug auf einen bereicherungsrechtlichen Anspruch des Fremdkapitalgebers bei fiduziarischem Eigentum des Fremdkapitalgebers. In diesem Fall ist das EBV zwischen Fondsgesellschaft und Leasingnehmer durch die Sicherungsübereignung aufgehoben. Mangels sonstigem Anspruch bleibt der Fondsgesellschaft bei einer solchen Finanzierung des Investitionsobjektes für den Zeitraum des Schwebezustandes bis zur Ausübung des

Wahlrechtes nur ein Anspruch aus ungerechtfertigter Bereicherung der Insolvenzmasse im Sinne des § 55 Abs. 1 Nr. 3 InsO.

Voraussetzung eines Anspruches gem. § 55 Abs. 1 Nr. 3 InsO ist, dass nach Eröffnung des Insolvenzverfahrens eine Bereicherung der Insolvenzmasse durch Leistung oder auf sonstige Weise ohne rechtlichen Grund eingetreten ist[368]. Es finden insofern die §§ 812 ff. BGB Anwendung. Der Umfang des Bereicherungsanspruches richtet sich nach den §§ 818 ff. BGB[369].

Sofern eine Nutzung des Leasinggutes nach Eröffnung des Insolvenzverfahrens stattgefunden hat, ist der Insolvenzschuldner durch die Nutzung ungerechtfertigt bereichert. Die Nutzung stellt sich sowohl für den Leasingnehmer als auch für dessen Insolvenzverwalter als Leistung der Fondsgesellschaft im Sinne des § 812 Abs. 1 Satz 1 1.Alt. BGB dar. Maßgeblich für die Beurteilung, ob eine Leistung vorliegt, ist der sog. Empfängerhorizont. Nach diesem ist zu ermitteln, als wessen Leistung zu Gunsten welcher Person sich das tatsächlich Zugewendete bei objek-

---

367 BGHZ 41, 157, 157; BGH NJW 1996, 52, 52; *Palandt/Sprau* 64. Auflage Einf. v. § 812 Rn. 14; *Palandt/ Bassenge* 64. Auflage Vorb. v. § 987 Rn. 22; vgl. hierzu im Übrigen die Ausführungen auf S. 76 f..

368 MK-InsO/*Hefermehl* § 55 Rn. 203

369 *Braun/Bäuerle* § 55 Rn. 41; *N/R/Andres* § 55 Rn. 125; MK-InsO/*Hefermehl* § 55 Rn. 212.

tiver Betrachtung aus Sicht des Zuwendungsempfängers unter Berücksichtigung der Gesichtspunkte des Vertrauensschutzes und der Risikoverteilung darstellt[370]. Sowohl der insolvente Leasingnehmer als auch dessen Insolvenzverwalter können die Nutzung aus ihrer Sicht bei objektiver Betrachtung nur als Leistung der Fondsgesellschaft auf den Leasingvertrag verstehen. Das Vorliegen einer Sicherungsübereignung wird ihnen entweder nicht bekannt sein oder aber sie können auf Grund des Leasingvertrages und der Rechtsnatur der Sicherungsübereignung davon ausgehen, dass die Nutzungsüberlassung durch die Fondsgesellschaft erfolgt und diese die Erlösverteilung im Innenverhältnis zum Fremdkapitalgeber vornimmt. Zuletzt liegt für die Bereicherung auch kein Rechtsgrund vor, da der rechtliche Grund, der Erfüllungsanspruch des Leasingvertrages, durch Eröffnung des Insolvenzverfahrens undurchsetzbar geworden ist.

Damit ist für den Sachverhalt der Insolvenz des Leasingnehmers bei Finanzierung des Investitionsgutes gegen Sicherungsübereignung trotz der gegen sie angeführten Argumente der eingangs beschriebenen Lösung der Literatur zu folgen[371]. Der Fondsgesellschaft bleibt nur ein bereicherungsrechtlicher Anspruch gegen den insolventen Leasingnehmer bzw. dessen Insolvenzverwalter aus § 55 Abs. 1 Ziff. 3 InsO. Ein Anspruch auf Nutzungsentschädigung entsteht während des Schwebezustandes bis zur Wahlrechtsausübung nur bei tatsächlicher Nutzung der Sache. Wird der Leasinggegenstand nach Verfahrenseröffnung auf Grund einer Einstellung des Geschäftsbetriebes nicht genutzt, besteht dagegen kein Anspruch. Ein bereicherungsrechtlicher Anspruch auf Nutzungsentschädigung besteht darüber hinaus nicht in Höhe der Leasingraten, sondern nur in Höhe des objektiven Wertes der tatsächlichen Nutzung. Die Beweislast hierfür liegt bei der Fondsgesellschaft.

3.) Zwischenergebnis

Als Zwischenergebnis ist festzuhalten, dass, egal wie der Insolvenzverwalter später sein Wahlrecht ausübt, die Fondsgesellschaft für den Zeitraum zwischen Verfahrenseröffnung und Wahlrechtsausübung keinen durchsetzbaren vertraglichen, wohl aber einen durchsetzbaren gesetzlichen Anspruch auf Nutzungsersatz hat. Sofern im Rahmen der Finanzierung keine Sicherungsübereignung stattgefunden hat, ergibt sich ein Anspruch auf Nutzungsersatz in Höhe der vereinbarten Leasingraten aus §§ 990 Abs. 1, 987 BGB, 55 Abs. 1 Ziff. 1 InsO. Hat dagegen eine Sicherungsübereignung stattgefunden, so besteht mangels Vindikationslage kein Anspruch auf Nutzungsersatz aus EBV. Der Fondsgesellschaft bleibt nur ein Anspruch aus ungerechtfertigter Bereicherung der Insolvenzmasse gem. § 55 Abs. 1 Ziff. 3 InsO. Dieser besteht in Höhe des objektiven Wertes der erfolgten Nutzung.

---

370 BGHZ 122, 46, 50; *Palandt/Sprau* 64. Auflage § 812 Rn. 41.

371 Vgl. hierzu die Ausführungen auf S. 75 ff..

C. Leasingraten für den Zeitraum nach Ausübung des Wahlrechtes

I. Leasingraten nach Wahl der Erfüllung gem. § 103 Abs. 1 InsO

Unstreitig ist, dass dem Leasinggeber, nachdem der Insolvenzverwalter sich für die Erfüllung des Leasingvertrages entschieden hat, ein vertraglicher Anspruch auf Zahlung der Leasingraten zusteht[372]. Die Erfüllungsansprüche des Leasingvertrages erhalten durch die Ausübung des Wahlrechtes ihre Durchsetzbarkeit zurück. Nachdem der Vertrag nach der hier vertretenen Ansicht nie erloschen ist, wird er so behandelt, als hätte er unverändert fortbestanden. Das gleiche Ergebnis ergibt sich nach der Gegenansicht. Nach der sog. Erlöschenstheorie der früheren Rechtsprechung entstehen die vertraglichen Ansprüche mit ex-nunc-Wirkung mit dem ursprünglichen Vertragsinhalt neu. Alle Ansichten beinhalten demnach für den Zeitraum nach der Erfüllungswahl des Insolvenzverwalters die vertragliche Verpflichtung desselben, die vereinbarten Leasingraten in unveränderter Höhe zu zahlen. § 103 Abs. 1 InsO hat zur Folge, dass der Gläubiger die ihm obliegenden Leistungen nur gegen Erhalt der (nicht auf die Quote verkürzten) Gegenleistung erbringen muss[373]. Im Gegenzug wird dem Insolvenzverwalter ermöglicht, den Vertrag zu erfüllen und seinerseits die ausstehende Gegenleistung zu ziehen[374].

Unterschiedliche Ansichten bestehen allerdings darüber, ob Leasingraten, die sich auf die Gebrauchsüberlassung nach einer positiven Wahlrechtsausübung des Insolvenzverwalters beziehen, als Insolvenzforderungen oder als Masseschulden zu betrachten sind. Die Betrachtung der Leasingraten als Masseforderungen hätte zur Folge, dass die Forderungen der Fondsgesellschaft vorweg aus der Masse zu berichtigen wären (§ 53 InsO), während die Einstufung der Leasingraten als Insolvenzforderungen zur Folge hätte, dass die Forderungen nur zur Quote zu befriedigt wären (§§ 187 ff. InsO)[375].

Eckert vertritt die Auffassung, die Leasingraten seien in der Insolvenz des Leasingnehmers Insolvenzforderungen[376,377]. Die Masse könne nach § 55 Abs. 1 Nr. 2 InsO allenfalls ein Entgelt für die Leistung schulden, die sie nach Verfahrenser-

---

372 *Thomas* S. 163; *Schwemer* ZMR 2000, 348, 349.

373 *Scherer* NZI 2004, 113, 115; *K/P/Tintelnot* § 103 Rn. 3; MK-InsO/*Kreft* § 103 Rn. 2.

374 *Scherer* NZI 2004, 113, 115; MK-InsO/*Kreft* § 103 Rn. 2; *K/P/Tintelnot* § 103 Rn. 4.

375 *Bien* S. 88.

376 *Eckert* ZIP 1997, 2077, 2077 ff..

377 Ähnlich *Graf von Westphalen* Rn. 1549 ff., der Leasingraten nach Verfahrenseröffnung zwar für die verbleibende Dauer der kaufrechtlichen Gewährleistungshaftung des Lieferanten des Leasinggegenstandes noch in voller Höhe als Masseverbindlichkeiten anerkennen will, aber im Übrigen ihren Wert mit lediglich ungefähr 10 % der monatlichen Leasingraten ansetzt.

öffnung erhalte. Nach Verfahrenseröffnung erhalte die Masse aber lediglich noch die Nebenleistung der geschuldeten Belassung des ungestörten Gebrauchs. Die Hauptleistung der geschuldeten Gebrauchsgewährung (Überlassung) sei bereits mit der Beschaffung und Übergabe des Leasinggutes vor Eröffnung des Insolvenzverfahrens erbracht worden. Das Belassen der Nutzungsmöglichkeit nach Übergabe an den Leasingnehmer stelle keine der mietrechtlichen Gebrauchsgewährung vergleichbare Leistung dar[378]. Der Leasinggeber solle daher vom Insolvenzverwalter nicht die Zahlung der laufenden Leasingraten als Masseforderungen verlangen können. Man könne allenfalls den geringen Teil der Leasingraten der Hauptverbindlichkeit der Belassung des ungestörten Gebrauchs zuordnen und in Folge dessen als Masseverbindlichkeit einordnen, der den Wert des Belassens darstellt. Der Rest (Überlassung des ungestörten Gebrauchs) sei dem des Leasing eigenen Amortisationszweck (Herstellungs- und Finanzierungsaufwand) als betagte Forderung aus der Zeit vor Eröffnung des Insolvenzverfahrens zuzuordnen und stelle damit nur eine Insolvenzforderung dar[379].

Diese Auffassung kann jedoch nicht überzeugen. Die Fondsgesellschaft kann die Leasingraten vielmehr ab dem Zeitpunkt, in dem der Insolvenzverwalter die Erfüllung des Vertrages gewählt hat, aus der Masse fordern[380].

Da das Leasingverhältnis von einem dauerhaften Leistungsaustausch lebt, können Leasingraten nicht als Nebenleistungen eingestuft werden. Sie sind vielmehr als Äquivalent der Überlassung des im Vordergrund stehenden ungestörten Gebrauches als Hauptleistungen anzusehen[381]. Steht beim Leasing, anders als bei der Miete, nicht die Gebrauchsüberlassung, sondern der Finanzierungs- und Amortisationsgedanke im Vordergrund, so ist dieser ebenfalls auf die Nutzungszeit aufzuteilen. Die Insolvenzordnung will den Leasinggeber in der Insolvenz des Leasingnehmers nicht rechtlos stellen. Sie will lediglich mit der Eröffnung des Insolvenzverfahrens einen Schlussstrich ziehen und einen Neubeginn ermöglichen[382]. Soweit der Insolvenzverwalter sich für die Fortführung des Leasingvertrages ent-

---

378 *Eckert* ZIP 1997, 2077, 2079.

379 *Eckert* ZIP 1997, 2079, 2079.

380 *Sinz* KS-InsO S. 602 Rn. 22, S. 607 Rn. 32 ff.; *Obermüller/Livonius* DB 1995, 27, 28; *Schmid-Burgk* ZIP 1998, 1022, 1023; *N/R/Balthasar* § 103 Rn. 51f.; HK-InsO/*Marotzke* § 103 Rn. 45; *Thomas* S. 163; *Huth* S. 251; MK-InsO/*Hefermehl* § 55 Rn. 132; MK-BGB/*Habersack* Leasing Rn. 136; *Schwemer* ZMR 2000, 348, 349; *Reinicke/Tiedtke* Kaufrecht Rn. 1294; *Scherer* NZI 2004, 113, 115; *Huber* NZI 2002, 467, 467; *Fehl* StB 1998, 12, 14 f.; Bankrecht und Bankpraxis/*Peters* Rn. 13/116b; *Engel* BB 1999 Beilage 6 23, 26; *Pape* S. 574 Rn. 68; *Abel* NZI 2003, 121, 124; *Gottwald/Adolphsen* S. 1064 Rn. 82; *Krull* ZMR 1998, 746, 747.

381 *Schmid-Burgk* ZIP 1998, 1022, 1022; *Schwemer* ZMR 2000, 348, 349; *Sinz* KS-InsO S. 608 Rn. 34; *Pape* KS-InsO S. 574 Rn. 68.

382 *Bork* InsO Rn. 70, 117

scheidet, muss er auch mit dessen Nachteilen leben und kann sich nicht zu Lasten des Vertragspartners sanieren. Gerade zu diesem Ergebnis würde es aber kommen, müsste der Insolvenzverwalter lediglich einen Bruchteil der vereinbarten Leasingraten zahlen.

Neben diesen grundsätzlichen Bedenken im Hinblick auf eine Einordnung der Leasingraten als Insolvenzforderungen ist eine solche auch nicht mit der gesetzlichen Regelung des § 103 InsO vereinbar. Zum einen müsste *Eckert* bei seiner typologischen Qualifikation des Leasings konsequenterweise schon die Anwendbarkeit des § 103 InsO auf Leasingverträge ablehnen, da nach seiner Ansicht der Vertrag bereits im Zeitpunkt der Eröffnung des Insolvenzverfahrens im Wesentlichen erfüllt ist[383]. Zum anderen würde das Wahlrecht des Insolvenzverwalters, insbesondere die Möglichkeit der Ablehnung des Vertrages, faktisch überflüssig. Der Insolvenzverwalter dürfte sich der Möglichkeit der nahezu kostenlosen Nutzungsmöglichkeit des Leasinggegenstandes nicht verschließen und müsste regelmäßig Erfüllung wählen.

Leasingraten, die sich auf den Zeitraum nach einer Wahlrechtsausübung im Sinne des § 103 Abs. 1 InsO beziehen, begründen demnach gem. § 55 Abs. 1 Nr. 2 InsO Masseforderungen[384]. Der, der Leistungen der Masse gegenüber erbringt, soll auch die volle Gegenleistung aus der Masse erhalten[385].

II. Leasingraten nach Ablehnung der Erfüllung gem. § 103 Abs. 2 InsO

Für den Zeitraum nach Ablehnung der Erfüllung gelten bezüglich eines Anspruchs auf Zahlung der Leasingraten größtenteils die Ausführungen zum Anspruch auf Zahlung der Leasingraten während des Zeitraumes zwischen Verfahrenseröffnung und Wahlrechtsausübung entsprechend. Wird die Erfüllung gem. § 103 Abs. 2 InsO abgelehnt, so entsteht aus dem vorherig zeitweiligen Leistungsverweigerungsrecht wegen Undurchsetzbarkeit der vertraglichen Erfüllungsansprüche (bis zur Ausübung des Wahlrechtes) vorerst ein dauerhaftes Leistungsverweigerungsrecht hinsichtlich aller sich aus dem Mobilienleasingvertrag ergebenden Rechte und Pflichten, bis die Erfüllungsansprüche, wie an anderer Stelle dargestellt wird, durch ein Schadensersatzverlangen der Fondsgesellschaft erlöschen. Vertragliche Ansprüche auf Zahlung der Leasingraten scheiden daher für den Zeitraum nach

---

383 So auch *Fehl* StB 1998, 12, 15.

384 *Braun/Bäuerle* § 55 Rn. 28 f.; *Gottwald/Adolphsen* KS-InsO S. 1064 Rn. 82; *H/W/W/Hess* § 108 Rn. 41; *Obermüller* Rn. 7.17; *Obermüller/Hess* Rn. 1509; *K/P/Tintelnot* § 108 Rn. 17 f.; *Huth* S. 251; *Reinicke/Tiedtke* Kaufrecht Rn. 1294.

385 Sog. Gegenleistungsgrundsatz; BGH ZIP 1995, 926, 927 f.; *Eckert* ZIP 1997, 2077, 2077 m.w.N. hinsichtlich BGH-Rspr.; *Gottwald/Adolphsen* KS-InsO S. 1064 Rn. 82.

Ablehnung der Erfüllung aus. Die Fondsgesellschaft ist in Folge dessen für diesen Zeitraum auf gesetzliche Anspruchsgrundlagen verwiesen.

1.) Ansprüche bei Finanzierung ohne Sicherungsübereignung

Hat im Rahmen der Finanzierung des Investitionsgegenstandes keine Sicherungsübereignung stattgefunden, so besteht jedenfalls ab dem Zeitpunkt der Wahlrechtsausübung, egal welcher Auffassung man im Hinblick auf das Bestehen einer Vindikationslage während des Schwebezustandes folgt, eine Vindikationslage mit der Folge eines Nutzungsersatzanspruches gem. §§ 990 Abs. 1 987 BGB, 55 Abs. 1 Ziff. 1 InsO. Sämtliche Ansichten über die Folgen der Eröffnung des Insolvenzverfahrens führen zum gleichen Ergebnis:

Folgt man der hier vertretenen Ansicht, dass die Eröffnung des Insolvenzverfahrens zur Undurchsetzbarkeit der vertraglichen Ansprüche führt und damit kein vertragliches Recht zum Besitz besteht, so folgt aus dem nunmehr dauerhaften Leistungsverweigerungsrecht (bzw. dem Erlöschen der Ansprüche nach Forderung auf Schadensersatz[386]), dass die vor Ablehnung der Erfüllung bestehende Vindikationslage auch nach Wahlrechtsausübung fortbesteht und dass auf Grund der durch die Ablehnung der Erfüllung darüber hinaus regelmäßig bestehenden Bösgläubigkeit des Insolvenzverwalters und des Leasingnehmers die Voraussetzungen eines Nutzungsersatzanspruches gem. §§ 990, 987 BGB erfüllt sind. Hat im Rahmen der Finanzierung keine Sicherungsübereignung stattgefunden, so ist die Fondsgesellschaft Eigentümerin des Investitionsobjektes, der Insolvenzverwalter ist unmittelbarer Fremdbesitzer und der insolvente Leasingnehmer ist mittelbarer Fremdbesitzer[387]. Das vertragliche Besitzrecht ist durch die Eröffnung des Insolvenzverfahrens erloschen. Die Erfüllungsablehnung bringt insoweit keine Änderung mehr.

Wird hingegen der Ansicht gefolgt, nach der der Leasingvertrag trotz Insolvenzverfahrenseröffnung fortbestehe und dem fortbestehenden Vertrag ein Besitzrecht zu entnehmen sei, so führt jedenfalls die Wahlrechtsausübung zum Entstehen einer Vindikationslage. Lehnt der Insolvenzverwalter die Erfüllung des Leasingvertrages ab, so wird das Vertragsverhältnis rück abgewickelt, was den endgültigen Verlust des vertraglichen Besitzrechts bedeutet.

Aber selbst wenn man der Auffassung über das Fortbestehen des Leasingvertrages nach Eröffnung des Insolvenzverfahrens nicht folgt und mit Verfahrenseröffnung ein Erlöschen des Vertrages annimmt, ergibt sich dasselbe Ergebnis. Nach dieser

---

386 Vgl. hierzu die Ausführungen auf S. 55 ff..

387 Vgl. hierzu die Ausführungen auf S. 81 mit den dortigen Nachweisen.

Ansicht sind die vertraglichen Erfüllungsansprüche bereits mit Eröffnung des Insolvenzverfahrens weggefallen. Die nunmehrige Erfüllungsablehnung führt nur dazu, dass der Insolvenzverwalter sein Recht auf Wiederentstehung der Erfüllungsansprüche verliert und der mit Verfahrenseröffnung eingetretene Zustand dauerhaft ist. Nach dieser Ansicht besteht mithin die bereits seit Verfahrenseröffnung bestehende Vindikationslage fort.

Damit besteht im Ergebnis ab dem Zeitpunkt der Erfüllungsablehnung nach allen Ansichten eine Vindikationslage. Diese bewirkt, dass zu Gunsten der Fondsgesellschaft gem. §§ 990 Abs. 1, 987 BGB, 55 Abs. 1 Ziff. 1 InsO von der Wahlrechtsausübung im Sinne des § 103 Abs. 2 Satz 1 InsO an eine Masseforderung auf Nutzungsersatz in Höhe der Leasingraten besteht[388].

2.) Ansprüche bei Finanzierung mit Sicherungsübereignung

Anders ist die Rechtslage zu beurteilen, wenn im Rahmen der strukturierten Finanzierung des Investitionsgegenstandes eine Sicherungsübereignung an einen Fremdkapitalgeber erfolgt ist. In diesem Fall besteht der seit Eröffnung des Insolvenzverfahrens existierende Bereicherungsanspruch (§ 55 Abs. 1 Ziff. 3 InsO) in Höhe der tatsächlich gezogenen Nutzungen, durch die Wahlrechtsausübung unverändert, bis zur Rückgabe des Investitionsgegenstandes fort. Ein Eigentümer-Besitzer-Verhältnis steht der Anwendung des Bereicherungsrechts nach dem Rechtsgedanken des § 1227 BGB nicht entgegen. Ein Rechtsgrund in Form durchsetzbarer vertraglicher Erfüllungsansprüche liegt auf Grund der Erfüllungsablehnung des Vertrags, gleich welcher Ansicht in Bezug auf das Fortbestehen des Vertrages gefolgt wird, ebenfalls nicht vor.

D. Auswirkungen von Sicherungsabtretung, Forfaitierung und Factoring

Häufig erfolgt zur Finanzierung des Investitionsobjektes des geschlossenen Mobilienfonds eine Sicherungsabtretung, Forfaitierung oder ein Factoring der Leasingraten. Auf das Wesen dieser Kreditsicherungs- und Finanzierungsinstrumente wird an späterer Stelle näher eingegangen werden[389]. Hier ist allein entscheidend, dass

---

388 A.A. *H/W/W/Hess* § 108 Rn. 45; *Obermüller/Hess* Rn. 1513. Eine Nutzungsentschädigung sei nach den Vorschriften über die ungerechtfertigte Bereicherung der Masse zu verlangen. Ihr komme der Rang einer Masseforderung nach § 55 Abs. 1 Nr. 3 InsO zu. Dies kann aber weder vom Ergebnis noch dogmatisch überzeugen. Vgl. insoweit oben die Ausführungen zur Nutzungsentschädigung für den Zeitraum bis zur Ausübung des Wahlrechtes.

389 Vgl. hierzu die Ausführungen auf S. 142 ff..

sowohl bei der Sicherungsabtretung, als auch bei der Forfaitierung, als auch beim Factoring das Nutzungsentgelt aus dem Leasingvertrag im Voraus abgetreten wird. Daraus folgt die Frage, ob sich die Eröffnung des Insolvenzverfahrens auf den Übergang der Gläubigerstellung auswirkt.

I. Zivilrechtlicher Umfang der Abtretung

Die zwischen Fondsgesellschaft und Fremdkapitalgeber vereinbarte Sicherungsabrede ist regelmäßig so formuliert, dass sich die Abtretung auf alle oder aber zumindest bestimmte künftig durch den Leasingnehmer geschuldeten Leasingraten bezieht. Fraglich ist bei einer solchen Regelung, ob damit nur die vertraglich geschuldeten Leasingraten abgetreten werden, oder ob von der Abtretung sämtliche Nutzungsentschädigungsansprüche umfasst sind.

1. Abtretung der vertraglich geschuldeten Leasingraten

Wurde in Bezug auf das Fortbestehen der Abtretung von Leasingraten nach der früheren Erlöschenstheorie problematisiert, ob der Fremdkapitalgeber durch das Erlöschen der vertraglichen Erfüllungsansprüche die ihm im Voraus abgetretenen Leasingraten mit Eröffnung des Insolvenzverfahrens über das Vermögen des Vertragsschuldners verlieren würde, sowie, dass die Abtretung möglicherweise auch bei Wahl der Erfüllung des Vertrages durch den Insolvenzverwalter nicht wieder aufleben würde[390,391], so stellt sich diese Problematik nach der neueren Rechtspre-

---

390 Zum Teil wird diese Problematik in der Literatur bei der Darstellung der Auswirkungen der Insolvenz des Leasinggebers behandelt. In der Insolvenz des Leasinggebers stellt sich die Fragestellung vor dem Gesichtspunkt, ob der Fremdkapitalgeber im jetzigen Sicherungsfall auf die Forderung zurückgreifen kann. Die gleiche Problematik besteht aber auch in der Insolvenz des Leasingnehmers, so dass eine Darstellung bereits an dieser Stelle erfolgt. § 103 InsO unterscheidet nicht zwischen der Insolvenz des Leasinggebers und der des Leasingnehmers (*Pape* KS-InsO S. 567 Rn. 57), so dass sich hier die Frage der Insolvenzfestigkeit der Abtretung unter dem Gesichtspunkt stellt, ob die Leasingraten dem Fremdkapitalgeber noch als Sicherheit dienen können.

391 *Fehl* StB 1998, 12, 14; Bankrecht und Bankpraxis/*Peters* Rn. 13/110a: Nach der Erlöschenstheorie wären bei späterer Ablehnung der Erfüllung des Leasingvertrages ab dem Zeitpunkt der Insolvenzverfahrenseröffnung keine Leasingforderungen gegeben, so dass die Abtretung ab diesem Zeitpunkt ins Leere gehen würde. Bei späterer Erfüllungswahl bestünden zwischen Verfahrenseröffnung und Wahlrechtsausübung keine Leasingforderungen, so dass auch hier die Abtretung ins Leere gehen würde. Durch die Erfüllungswahl würden neue Leasingforderungen entstehen, die dem refinanzierenden Fremdkapitalgeber im Vorwege nicht abgetreten worden wären und gem. §§ 91, 81 InsO auch nicht insolvenzfest abgetreten werden könnten.

chung und der hier vertretenen Ansicht durch die Aufgabe der Erlöschenstheorie nicht mehr. Die Erfüllungsansprüche erlöschen nach heutiger Rechtsprechung und hier vertretener Ansicht nicht mit Eröffnung des Insolvenzverfahrens, sondern sie bestehen dauerhaft, gegebenenfalls undurchsetzbar, fort. Die Undurchsetzbarkeit steht einer Abtretung nicht entgegen. Abgetreten wird die Forderung in ihrem jeweiligen Bestand, also entweder durchsetzbar oder undurchsetzbar. Der Fremdkapitalgeber ist demnach durch die Abtretung Gläubiger der vertraglichen durchsetzbaren Zahlungsansprüche aus dem Zeitraum vor Eröffnung des Insolvenzverfahrens sowie aus dem Zeitraum nach Ausübung des Insolvenzverwalterwahlrechts in Form der Erfüllungswahl. Darüber hinaus ist der Fremdkapitalgeber durch die Abtretung Gläubiger der undurchsetzbaren Ansprüche auf Zahlung der Leasingraten während des Schwebezustandes bis zur Ausübung des Wahlrechtes sowie für die Zeit nach Ablehnung der Erfüllung.

2. Abtretung der gesetzlichen Nutzungsersatzansprüche

Festgestellt wurde, dass die Fondsgesellschaft neben den undurchsetzbaren vertraglichen Erfüllungsansprüchen im Zeitraum des Schwebezustandes bis zur Wahlrechtsausübung, sowie im Zeitraum nach Ablehnung der Erfüllung des Leasingvertrages durchsetzbare Ansprüche auf Nutzungsersatz aus gesetzlichen Anspruchsgrundlagen hat. Für den Fremdkapitalgeber ist es interessant, ob auch diese Ansprüche von der Abtretung erfasst sind, da er die Sicherungsabtretung während des Schwebezustandes sowie nach Erfüllungsablehnung nur (wenn auch in ihrer Werthaltigkeit wegen der Insolvenz des Schuldners stark eingeschränkt) nutzen könnte, wenn eine Abtretung der gesetzlichen Nutzungsersatzansprüche zu bejahen wäre. Gleiches gilt für den Forderungskauf im Rahmen der Forfaitierung bzw. dem Factoring.

Zur Ermittlung des Umfangs der Abtretung ist die in Erfüllung der schuldrechtlichen Sicherungsabrede erfolgte dingliche Einigung auszulegen. Gem. §§ 133, 157 BGB ist der wirkliche Wille der Vertragsparteien unter Berücksichtigung von Treu und Glauben und unter Berücksichtigung der Verkehrssitte zu ermitteln[392]. Regelmäßig ergibt sich dabei folgendes Ergebnis:

Die Vertragsparteien Fondsgesellschaft und Fremdkapitalgeber nehmen die Abtretung zur Fremdkapitalbeschaffung vor. Der Wille der Parteien geht bei einer solchen Abtretung mithin dahin, dass der Zessionar die sich aus der Nutzung des Leasinggegenstandes ergebenden Entgeltforderungen erwerben will und dafür ein Entgelt zahlt bzw. ein Darlehen bereitstellt. Ob sich die Entgeltforderung aus Ver-

---

392 *Palandt/Heinrichs* 64. Auflage § 133 Rn. 1.

trag oder aus EBV bzw. Bereicherungsrecht ergibt, ist für die Vertragsparteien nicht ausschlaggebend. Maßgeblich ist allein, dass der Fremdkapitalgeber die Ansprüche der Fondsgesellschaft aus der Gebrauchsüberlassung an den Leasingnehmer gegen Entgelt zu Vollinhaberschaft bzw. gegen Darlehensvergabe zu fiduziarischer Inhaberschaft erhalten und die Fondsgesellschaft ihm diese zur Geldbeschaffung überlassen will. Die Vertragsparteien wollen demnach regelmäßig sämtliche im Abtretungszeitraum der Fondsgesellschaft zustehenden Nutzungsentgelte, gleich welcher Anspruchsgrundlage sie entstammen, an den Fremdkapitalgeber übertragen.

3. Zwischenergebnis

Zivilrechtlich sind damit sämtliche Entgeltforderungen, die sich aus der Nutzung des Investitionsobjekts begründen, an den Fremdkapitalgeber abgetreten, sofern eine Sicherungsabtretung, eine Forfaitierung oder ein Factoring erfolgt ist. Der insolvente Leasingnehmer bzw. dessen Insolvenzverwalter darf daher so lange, wie er nichts von der Abtretung weiß (stille Zession), mit befreiender Wirkung an die Fondsgesellschaft zahlen, bekommt er aber Kenntnis von der Abtretung (offene Zession), kann er die Nutzungsentgelte mit befreiender Wirkung nur noch an den Fremdkapitalgeber entrichten.

II. Auswirkungen der Insolvenz auf die Abtretung

Dieses Ergebnis bleibt auch nach Berücksichtigung der Vorschriften der Insolvenzordnung bestehen. Dem Fortbestand der Abtretung stehen insbesondere nicht die Verfügungsverbote der §§ 81 und 91 InsO entgegen.

Eine Anwendung des § 81 InsO scheidet aus, da dieser eine Verfügung des Schuldners, hier also des Leasingnehmers, nach Eröffnung des Insolvenzverfahrens voraussetzt[393]. Die Abtretung erfolgt jedoch durch die Fondsgesellschaft an den Fremdkapitalgeber, so dass keine Verfügung des Insolvenzschuldners vorliegt, überdies erfolgt die Abtretung vor Verfahrenseröffnung.

Ebenso scheidet eine Anwendung des § 91 InsO aus. § 91 InsO verlangt wie § 81 InsO eine Verfügung über ein Recht an einem Gegenstand der Insolvenzmasse

[393] *Bork* InsO Rn. 136; MK-InsO/*Ott* § 81 Rn. 8; HK-InsO/*Eickmann* § 81 Rn. 4; *Braun*/*Kroth* § 81 Rn. 6; FK-InsO/*App* § 81 Rn. 1; *Smid*/*Smid* InsO § 81 Rn. 1.

und damit eine Verfügung nach Verfahrenseröffnung[394]. Zu Gegenständen im Sinne des § 91 InsO gehören zwar grundsätzlich auch Forderungen[395]. Bei an Fremdkapitalgeber abgetretene Forderungen handelt es sich bei Insolvenz des Leasingnehmers aber nicht um Forderungen zu Gunsten der Insolvenzmasse, sondern um Forderungen zu Lasten der Insolvenzmasse. Überdies hat die Verfügung bereits vor Verfahrenseröffnung stattgefunden.

Da somit durch die Eröffnung des Insolvenzverfahrens weder die vertraglichen Ansprüche auf Zahlung der Leasingraten untergehen, noch die insolvenzrechtlichen Verfügungsverbote der §§ 81 und 91 InsO einschlägig sind, bleibt es in der Insolvenz des Leasingnehmers bei den zivilrechtlichen Folgen der Abtretung. Der Insolvenzverwalter muss bei der stillen Zession an die Fondsgesellschaft, bei der offenen Zession an den Fremdkapitalgeber zahlen.

E. Ergebnis

Im Ergebnis stellen die vor Eröffnung des Insolvenzverfahrens fälligen Leasingraten gem. § 105 Satz 1 InsO Insolvenzforderungen der Fondsgesellschaft gegen den insolventen Leasingnehmer dar. Für den Zeitraum zwischen Inbesitznahme des Leasinggutes durch den Insolvenzverwalter, die gem. § 148 InsO unverzüglich nach Verfahrenseröffnung zu erfolgen hat, und Wahlrechtsausübung durch den Insolvenzverwalter hat die Fondsgesellschaft, vorausgesetzt es hat keine Sicherungsübereignung stattgefunden, gem. §§ 990 Abs. 1, 987 BGB, 55 Abs. 1 Ziff. 1 InsO zu Lasten der Insolvenzmasse einen Anspruch auf Nutzungsentschädigung in Höhe der Leasingraten. Hat dagegen eine Sicherungsübereignung stattgefunden, so tritt an Stelle des Anspruches aus EBV ein bereicherungsrechtlicher Anspruch aus § 55 Abs. 1 Ziff. 3 InsO. Dieser ist davon abhängig, ob eine tatsächliche Nutzung des Leasingobjektes erfolgt und beläuft sich nur auf den Wert der tatsächlich gezogenen Nutzung. Nach der Ausübung des Wahlrechtes durch den Insolvenzverwalter kommt es darauf an, ob er sich für oder gegen die Erfüllung des Vertrages entschieden hat. Bei Wahl der Erfüllung des Leasingvertrages erlangen dessen vertragliche Erfüllungsansprüche mit der Wahlrechtsausübung ihre Durchsetzbarkeit zurück. Ab diesem Zeitpunkt besteht ein durchsetzbarer vertraglicher Anspruch auf Zahlung der Leasingraten aus der Insolvenzmasse. Lehnt der Insolvenzverwalter dagegen die Erfüllung ab, so besteht von der Wahlrechtsausübung an bis zur Rückgabe des Leasingobjektes ein Anspruch des Leasinggebers auf Nutzungsersatz. Hat keine Sicherungsübereignung stattgefunden, so besteht ein

---

394 *Bork* InsO Rn. 146; MK-InsO/*Breuer* § 91 Rn. 5 ff.; HK-InsO/*Eickmann* § 91 Rn. 2; *Braun/Kroth* § 91 Rn. 2; FK-InsO/*App* § 91 Rn. 7; *Smid/Smid* InsO § 91 Rn. 2.

395 MK-InsO/*Breuer* § 91 Rn. 13; HK-InsO/*Eickmann* § 91 Rn. 12 ff.; *Braun/Kroth* § 91 Rn. 14.

Anspruch zu Lasten der Insolvenzmasse aus §§ 990 Abs. 1, 987 BGB, § 55 Abs. 1 Ziff. 1 InsO. Hat dagegen eine Sicherungsübereignung stattgefunden, so besteht ein bereicherungsrechtlicher Anspruch gem. § 55 Abs. 1 Ziff. 3 InsO.

Zahlt der Insolvenzverwalter auf diese Forderungen, so muss er, sofern es sich um eine stille Zession handelt oder keine Zession erfolgte, an die Fondsgesellschaft, andernfalls an den Fremdkapitalgeber zu zahlen.

Kapitel 3: Schadensersatzansprüche der Fondsgesellschaft

Im Hinblick auf das Bestehen eines Schadensersatzanspruches der Fondsgesellschaft ist in der Insolvenz des Leasingnehmers zu unterscheiden zwischen einem Schadensersatzanspruch wegen Nichterfüllung des Nutzungsüberlassungsvertrages und einem Schadensersatzanspruch wegen Verschlechterung, Untergang oder sonstiger Verhinderung der Herausgabe des Investitionsobjektes. Bei einem Schadensersatzanspruch wegen Nichterfüllung ist weiter zu unterscheiden zwischen dem Zeitraum bis zur Ausübung des Insolvenzverwalterwahlrechtes und dem Zeitraum nach Ausübung dieses Wahlrechtes.

A. Schadensersatz wegen Nichterfüllung als Insolvenzforderung

I. Schadensersatz wegen Nichterfüllung bei Ablehnung der Erfüllung durch den Insolvenzverwalter, § 103 Abs. 2 Satz 1 InsO

Lehnt der Insolvenzverwalter die Erfüllung ab, so kann der andere Teil gem. § 103 Abs. 2 Satz 1 InsO eine Forderung wegen Nichterfüllung als Insolvenzgläubiger geltend machen[396]. Verlangt die Fondsgesellschaft in diesem Sinne Schadensersatz, so erlöschen dadurch die bis dahin auch nach Ablehnung der Erfüllung fortbestehenden vertraglichen Erfüllungsansprüche[397].

---

396 MK-InsO/*Huber* § 103 Rn. 184; *Bork* InsO Rn. 165; *Engel* BB 1999 Beilage 6, 23, 26; *Pape* KS-InsO S. 553 Rn. 31; FK-InsO/*Wegener* § 103 Rn. 73; *Smid/Smid* InsO § 103 Rn. 52; *Uhlenbruck/Berscheid* InsO § 103 Rn. 85f.; *N/R/Balthasar* § 103 Rn. 60; *K/P/Tintelnot* § 103 Rn. 92.

397 Vgl. hierzu die Ausführungen auf S. 54 ff..

1.) Die Rechtsnatur des Schadensersatzanspruches

Umstritten ist, welcher Rechtsnatur dieser Anspruch ist. Der Streit bestand bereits für die Konkursordnung. Da der Gesetzgeber darauf verzichtet hat, ihn zu klären, setzt er sich auch nach Einführung der Insolvenzordnung fort[398]. Weitgehende Einigkeit besteht insofern lediglich darin, dass in dem Anspruch der Fondsgesellschaft ein Schadenersatzanspruch gesehen wird[399].

Eine Ansicht der Literatur will den Schadensersatzanspruch aus dem bürgerlichen Recht, insbesondere aus § 280 Abs. 1 BGB n.F. (bzw. „pVV" a.F.), §§ 280 Abs. 1, 3, 283 BGB n.F. (bzw. § 325 BGB a.F.) und §§ 280 Abs. 1, 3, 281, 323 BGB n.F. (bzw. § 326 BGB a.F.) herleiten[400]. Dies ist jedoch problematisch und abzulehnen, da die genannten Anspruchsgrundlagen gem. § 280 Abs. 1 BGB jeweils eine Pflichtverletzung und ein Verschulden voraussetzen, beides aber regelmäßig nicht gegeben ist. Das Gesetz hat dem Insolvenzverwalter die Ablehnung der Erfüllung durch § 103 Abs. 2 Satz 1 InsO ausdrücklich erlaubt. Wenn der Insolvenzverwalter von dieser Möglichkeit Gebrauch macht, dann kann darin kein vorwerfbares Fehlverhalten liegen[401].

Nach anderer Ansicht begründe sich ein solcher Anspruch wegen Nichterfüllung des Vertrages (teilweise vertreten als Schadensersatzanspruch, teilweise als Ausgleichsanspruch) aus dem Insolvenzrecht. Grundlage seien die §§ 38, 45 und 103 Abs. 2 Satz 1 InsO[402]. Auch dies ist problematisch, da die §§ 38, 45 und 103 Abs. 2 Satz 1 InsO ihrem Wortlaut nach nur die insolvenzrechtliche Einordnung eines anderweitig zu begründenden Anspruches regeln.

Im Ergebnis macht die Nennung der richtigen Anspruchsgrundlage damit erheblich Schwierigkeiten. Es ist im Ergebnis aber ohne Belang[403] und kann deshalb offen bleiben, ob es sich dogmatisch um einen Anspruch handelt, der sich aus den

---

398 *N/R/Balthasar* § 103 Rn. 61; *Braun/Kroth* § 103 Rn. 67; MK-InsO/*Huber* § 103 Rn. 184.

399 RGZ 86, 247, 250; RGZ 135, 167, 170; BGHZ 17, 127, 129; BGHZ 68, 379, 380; BGHZ 96, 392, 395; *Gottwald/Huber* § 35 Rn. 32; *Jaeger/Henckel* § 17 Rn. 170f.; *N/R/Balthasar* § 103 Rn. 61; *Windel* Jura 2002, 230, 233; *Engel* BB 1999, Beilage 6, 23, 26; *K/P/Tintelnot* § 103 Rn. 98; *Uhlenbruck/Berscheid* InsO § 103 Rn. 86; *Smid/Smid* InsO § 103 Rn. 52; FK-InsO/*Wegener* § 103 Rn. 82; *Bork* InsO Rn. 165.

400 RGZ 135, 167, 170; BGHZ 17, 127, 129; *Musielak* AcP 179 (1979), 189, 203 ff.; *Smid/Smid* InsO § 103 Rn. 52; *Braun/Kroth* § 103 Rn. 78.; *Pape* KS-InsO S. 553 Rn. 31.

401 *Jaeger/Henckel* § 17 Rn. 171; *Bork* InsO Rn. 166.

402 *Marotzke* „Gegenseitige Verträge im neuen Insolvenzrecht" Rn. 5.64ff.; *Jaeger/Henckel* § 17 Rn. 171; *Bork* InsO Rn. 166; *K/P/Tintelnot* § 103 Rn. 98; *Pape* KS-InsO S. 553 Rn. 30.

403 BGHZ 68, 379, 380; MK-InsO/*Huber* § 103 Rn. 184; *N/R/Balthasar* § 103 Rn. 61; *Gottwald/Huber* § 35 Rn. 32; *Jaeger/Henckel* § 17 Rn. 171; *Braun/Kroth* § 103 Rn. 67; *Bork* InsO Rn. 166; *Smid/Smid* InsO § 103 Rn. 52; *Uhlenbruck/Berscheid* InsO § 103 Rn. 86.

bürgerlich-rechtlichen Vorschriften begründet, oder ob sich der Anspruch aus dem Insolvenzrecht selbst herleitet, da zumindest weitgehende Einigkeit darüber besteht, dass der Inhalt des Ersatzanspruches sich nach den Grundsätzen des bürgerlichen Rechts über den Schadensersatz wegen Nichterfüllung richtet[404]. Aus diesem Grund wird die Frage der Rechtsnatur in der neueren Rechtsprechung des BGH auch nicht mehr erwähnt[405]. Hat der Insolvenzverwalter die Erfüllung des Leasingvertrages abgelehnt, so kann die Fondsgesellschaft ihre Forderung wegen der Nichterfüllung des Leasingvertrages als Insolvenzgläubigerin geltend machen. Die Fondsgesellschaft wird in diesem Fall wegen ihres Anspruches mit der Quote befriedigt[406].

2.) Der Umfang des Schadensersatzanspruches

Über den Schadensersatzanspruch wegen Nichterfüllung ist die Fondsgesellschaft so zu stellen, wie sie bei ordnungsgemäßer Erfüllung stünde, wobei die wechselseitigen Erfüllungsansprüche durch ein Abrechnungsverhältnis ersetzt werden, in welches die Ansprüche der Vertragsparteien als unselbständige Rechnungsposten eingestellt werden[407].

a) Entgangener Gewinn als Nichterfüllungsschaden?

Streit herrscht in der Literatur über die Frage, ob in den Nichterfüllungsschaden auch der entgangene Gewinn der Fondsgesellschaft einzuberechnen ist. Es wird vertreten, bei der Berechnung des Schadens sei nicht das Erfüllungsinteresse maßgeblich. Auf Grund der Änderung des Wortlautes des § 111 Abs. 2 Satz 1 des Regierungsentwurfs im Gesetzgebungsverfahren müsse davon ausgegangen werden, dass die Ausübung des Insolvenzverwalterwahlrechtes dem Verwalter die Möglichkeit geben soll, sich aus dem Vertragsverhältnis lösen zu können, ohne die

[404] *Braun/Kroth* § 103 Rn. 67; MK-InsO/*Huber* § 103 Rn. 184; *Gottwald/Huber* § 35 Rn. 32; A.A. *Windel* Jura 2002, 230, 233, nach dem es sich zwar um einen Schadensersatzanspruch handele, nicht aber um einen Schadensersatzanspruch im Sinne der §§ 249 ff. BGB. Der Gläubiger erhalte die Differenz zwischen Leistung und Gegenleistung. Dies folge aus dem „Nennwertprinzip", wonach der Wert der Insolvenzforderung zum Zeitpunkt der Verfahrenseröffnung zu berechnen sei.

[405] BGHZ 68, 379, 380; BGHZ 96, 392, 395; BGH NJW 1987, 1702, 1702 f.; BGHZ 106, 236, 242; MK-InsO/*Huber* § 103 Fn. 258; *Bork* Rn. 166 Fn. 24.

[406] *Scherer* NZI 2004, 113, 115.

[407] *Braun/Kroth* § 103 Rn. 68; MK-InsO/*Huber* § 103 Rn. 185; *Uhlenbruck/Berscheid* InsO § 103 Rn. 87; *Gottwald/Huber* § 35 Rn. 33; FK-InsO/*Wegener* § 103 Rn.82; *H/W/W/Hess* § 103 Rn.148.

Masse mit einer Schadensersatzforderung zu belasten, die den entgangenen Gewinn umfasst[408].

Eine andere Ansicht wiederum sieht einen solchen auch den Gewinn umfassenden Schadensersatzanspruch dann als gegeben an, wenn dessen Voraussetzungen bereits vor Verfahrenseröffnung gegeben waren[409].

Dagegen bezieht eine dritte Ansicht grundsätzlich den entgangenen Gewinn in die Nichterfüllungsforderung im Sinne des § 103 Abs. 2 Satz 1 InsO ein[410].

Überzeugend erscheint die zweite Ansicht. Wie bereits mehrfach dargestellt wurde[411], erfolgt durch die Eröffnung des Insolvenzverfahrens eine Trennung in den Zeitraum vor und den Zeitraum nach Eröffnung des Verfahrens. Nach der Eröffnung des Insolvenzverfahrens soll der Insolvenzschuldner nur mit solchen Verbindlichkeiten belastet werden, für die er tatsächlich auch nach der Verfahrenseröffnung eine Gegenleistung erhält. Es geht in Bezug auf den Zeitraum nach der Verfahrenseröffnung nur noch darum, den Wert der noch ausstehenden Leistungen zu ermitteln und im Rahmen des in § 103 Abs. 2 Satz 1 InsO genannten Schadensersatzanspruches auszugleichen. Es geht nicht darum, einen eventuellen Gewinn der Fondsgesellschaft zu sichern.

Beachtet man diesen Grundgedanken der Insolvenzordnung, so folgt daraus, dass der Insolvenzschuldner durch die Ablehnung der Erfüllung von einem Ausgleich des entgangenen Gewinns der Fondsgesellschaft, der sich aus dem Leasingvertrag für die Zeit nach Eröffnung des Insolvenzverfahrens ergeben hätte, befreit wird. Gem. § 103 Abs. 2 Satz 1 InsO werden dagegen sämtliche Forderungen (inkl. Gewinn), die eine Fondsgesellschaft aus der Zeit vor der Verfahrenseröffnung erworben hat, durch die Eröffnung des Insolvenzverfahrens und anschließende Ablehnung der Erfüllung zu Insolvenzforderungen.

---

408 *Pape* KS-InsO S. 553 Rn. 31; *Sinz* KS-InsO S. 601 f. Rn. 20; *Häsemeyer* Rn. 20.24; im Ergebnis so auch *Obermüller/Livonius* DB 1995, 27, 28, die den Umfang des zu erstattenden Schadens als den Ausgleich des noch nicht getilgten Teils der Gesamtkosten des Leasinggebers beziffern.

409 *Uhlenbruck/Berscheid* InsO § 103 Rn. 88; *K/P/Tintelnot* § 103 Rn. 98 f.; *Smid/Smid* InsO § 103 Rn. 54; *N/R/Balthasar* § 103 Rn. 62.

410 MK-InsO/*Huber* § 103 Rn. 190; FK-InsO/*Wegener* § 103 Rn. 82; *H/W/W/Hess* § 103 Rn. 151; *Gottwald/Huber* § 35 Rn. 34; *Jaeger/Henckel* § 17 Rn. 177.

411 Z.B. bei der Aufteilung von Sonderzahlungen in solche, die sich auf den Zeitraum vor Verfahrenseröffnung und solche, die sich auf den Zeitraum nach Verfahrenseröffnung beziehen; vgl. hierzu die Ausführungen auf S. 70 ff..

Im Ergebnis ist daher zwischen dem Zeitraum vor und dem Zeitraum nach der Verfahrenseröffnung zu unterscheiden. Der Gewinn ist vom Schadensersatzanspruch wegen Nichterfüllung umfasst, soweit er sich auf den Zeitraum vor Eröffnung des Insolvenzverfahrens bezieht, er ist dagegen nicht umfasst, soweit er sich auf die Zeit nach Eröffnung des Insolvenzverfahrens bezieht.

b) Berechnung des Schadensersatzanspruches wegen Nichterfüllung

Nachdem bereits oben festgestellt wurde, dass sich der Inhalt des Schadensersatzanspruches nach den Grundsätzen des bürgerlichen Rechts über den Schadensersatz wegen Nichterfüllung richtet, erfolgt die Berechnung des Schadensersatzanspruches nach den §§ 249 ff. BGB, wobei grundsätzlich auch die §§ 252, 254 BGB (wenn auch teilweise eingeschränkt) Anwendung finden[412]. Die Fondsgesellschaft kann die Schadensberechnung (die nach dem Festgestellten nur den Gewinn der Fondsgesellschaft umfasst, der sich auf den Zeitraum vor Eröffnung des Insolvenzverfahrens bezieht) wahlweise konkret oder abstrakt vornehmen[413,414]. Der Schaden geht auf Ersatz in Geld und besteht in der Differenz zwischen der Vermögenslage, die bei ordnungsgemäßer Erfüllung eingetreten wäre, und der Vermögenslage, die durch die Nichterfüllung tatsächlich entstanden ist. Von diesem Abrechnungsverhältnis werden alle Ansprüche der Fondsgesellschaft als Rechnungsposten erfasst[415].

Nicht anwendbar ist dabei die sog. abgeschwächte Differenztheorie, nach der der Vertragspartner in bestimmten Fällen seine Leistung, insbesondere eine ausstehende Restleistung, im Austausch gegen den Wert der Gegenleistung erbringen darf[416]. Dem Insolvenzverwalter darf gegen seinen Willen keine Leistung aufgedrängt werden, die der Masse keine Vorteile (was durch die Erfüllungsablehnung

---

412 *Braun/Kroth* § 103 Rn. 69; MK-InsO/*Huber* § 103 Rn. 186; *Smid/Smid* InsO § 103 Rn. 54; *H/W/W/Hess* § 103 Rn. 151.

413 MK-InsO/*Huber* § 103 Rn. 186; *Gottwald/Huber* § 35 Rn. 34; *Braun/Kroth* § 103 Rn. 69; FK-InsO/*Wegener* § 103 Rn. 82; *H/W/W/Hess* § 103 Rn. 151.

414 Bei der *konkreten Berechnungsmethode* werden im Rahmen eines Gesamtvergleichs der Vermögenslage sämtliche Vor- und Nachteile des nicht erfüllten Vertrags saldiert. Maßgeblich ist, wie der Vertragpartner konkret stünde, hätte der Schuldner die ihm obliegende Leistung ordnungsgemäß erbracht. Bei der *konkreten Berechnungsmethode* hingegen wird die Differenz zur Vermögenslage im vorgesehenen Erfüllungszeitpunkt nach dem gewöhnlichen Lauf der Dinge unter Berücksichtigung sämtlicher Vor- und Nachteile ermittelt; vgl. MK-InsO/*Huber* § 103 Rn. 187 f..

415 *Gottwald/Huber* § 35 Rn. 33; MK-InsO/*Huber* § 103 Rn. 185; *Braun/Kroth* § 103 Rn. 68; *Uhlenbruck/Berscheid* InsO § 103 Rn. 87; *N/R/Balthasar* § 103 Rn. 62.

416 MK-InsO/*Huber* § 103 Rn. 186, 191; *Gottwald/Huber* § 35 Rn. 33; *N/R/Balthasar* § 103 Rn. 63; *Braun/Kroth* § 103 Rn. 69.

des Insolvenzverwalters indiziert wird), ihr aber erhebliche Nachteile bringt (z.B. wegen Erhaltungs- oder Verwertungskosten)[417].

3.) Ergebnis

Lehnt der Insolvenzverwalter die Erfüllung des Leasingvertrages ab, so kann die Fondsgesellschaft Schadensersatz wegen Nichterfüllung als Insolvenzforderung verlangen. Der Umfang des Schadensersatzanspruches berechnet sich dabei nach den §§ 249 ff. BGB und umfasst insbesondere auch den Gewinn der Fondsgesellschaft, der sich auf die Zeit vor Eröffnung des Insolvenzverfahrens bezieht, nicht dagegen den Gewinn, den die Fondsgesellschaft im Zeitraum nach Verfahrenseröffnung erzielt hätte. Die eingeschränkte Differenztheorie ist im Rahmen des § 103 Abs. 2 Satz 1 InsO nicht anwendbar.

II. Schadensersatz wegen Nichterfüllung bei späterer Erfüllungswahl

Fraglich ist, ob ein solcher Anspruch auf Schadenersatz wegen Nichterfüllung auch bei späterer Wahl der Erfüllung gem. § 103 Abs. 1 InsO besteht. Anspruchsbegründendes Ereignis ist in diesem Fall nicht die Nichterfüllung des Leasingvertrages, sondern dessen Unterbrechung.

Nach der Ansicht, die einen Schadenersatzanspruch des Insolvenzgläubigers aus der Insolvenzordnung herleitet, besteht kein Anspruch auf Schadensersatz wegen der Unterbrechung des Leasingvertrages bei späterer Wahl der Erfüllung durch den Insolvenzverwalter. § 103 Abs. 1 InsO kennt keine § 103 Abs. 2 Satz 1 InsO entsprechende, einen Schadensersatzanspruch begründende Norm. Eine Analogie des § 103 Abs. 2 Satz 1 InsO ist wegen der konkreten Unterscheidung des Gesetzgebers zwischen der Formulierung des § 103 Abs. 1 InsO gegenüber der Formulierung des § 103 Abs. 2 InsO nicht möglich. Aber auch nach der Gegenansicht, nach der sich der Inhalt des in § 103 Abs. 2 Satz 1 InsO genannten Schadensersatzanspruchs nach bürgerlichem Recht richte, scheidet ein Schadensersatzanspruch der Fondsgesellschaft für den Zeitraum der Unterbrechung bei späterer Wahl der Erfüllung aus:

Die bürgerlich-rechtlichen Anspruchsgrundlagen des § 280 Abs. 1 BGB n.F. („pVV“ a.F.), der §§ 280 Abs. 1, 3, 283 BGB n.F. (§ 325 BGB a.F.) und der §§ 280 Abs. 1, 3, 281, 323 BGB n.F. (§ 326 BGB a.F.) setzen das Bestehen einer

---

417 MK-InsO/*Huber* § 103 Rn. 191; *Smid/Smid* InsO § 103 Rn. 55; *N/R/Balthasar* § 103 Rn. 63; *Braun/Kroth* § 103 Rn. 63.

schuldhaften Pflichtverletzung voraus. Die Unterbrechung des Leasingvertrags durch die zeitweise Undurchsetzbarkeit der Erfüllungsansprüche bis zur Ausübung des Wahlrechts des § 103 InsO stellt keine Pflichtverletzung dar. Denn eine Pflichtverletzung setzt ein Verhalten voraus, das nicht der gebotenen Verhaltensweise entspricht. Wenn der Gesetzgeber aber das Wahlrecht mit dem für die Ausübung gebilligten Entscheidungszeitraum durch § 103 InsO ausdrücklich normiert hat, kann darin kein Verhalten liegen, das die dem Insolvenzverwalter auferlegten Pflichten verletzt und das eine nicht gebotene Verhaltensweise darstellt. Ein Schadensersatzanspruch wegen Nichterfüllung ist daher auch nach der Ansicht, die den Schadensersatzanspruch aus dem bürgerlichen Recht herleitet, mangels Pflichtverletzung abzulehnen.

Im Ergebnis ist ein Schadensersatzanspruch bei späterer Wahl der Erfüllung im Sinne des § 103 Abs. 1 InsO demnach nach keiner Ansicht gegeben.

B. Schadensersatz wegen Verschlechterung, Untergang oder sonstiger Verhinderung der Herausgabe, §§ 990 Abs. 1, 989 BGB, 55 Abs. 1 Ziff. 1 InsO

Neben dem geschilderten Schadensersatzanspruch des § 103 Abs. 2 Satz 1 InsO besteht für den Zeitraum zwischen Eröffnung des Insolvenzverfahrens und Ausübung des Insolvenzverwalterwahlrechts sowie den Zeitraum zwischen Wahlrechtsausübung und Rückübertragung des Besitzes auf die Fondsgesellschaft (bei Ausübung des Wahlrechts gem. § 103 Abs. 2 Satz 1 InsO) ein Schadensersatzanspruch gem. §§ 990 Abs. 1, 989 BGB. Wie festgestellt wurde, liegt in den genanten Zeiträumen eine Vindikationslage zwischen Fondsgesellschaft und Leasingnehmer/Insolvenzverwalter vor. Auch ist der Insolvenzverwalter regelmäßig bösgläubig[418]. In Folge dessen ist der Insolvenzverwalter gem. §§ 990 Abs. 1, 989 BGB für den Schaden verantwortlich, der dadurch entsteht, dass das Leasingobjekt in den genannten Zeiträumen in Folge seines Verschuldens verschlechtert wird, untergeht oder aus einem anderen Grunde nicht herausgegeben werden kann. Entsteht die Ersatzpflicht durch eine Handlung des Insolvenzverwalters mit Bezug auf die Verwaltung, Verwertung und Verteilung der Insolvenzmasse, stellt die Schadenersatzforderung gem. § 55 Abs. 1 Ziff. 1 InsO eine Masseforderung dar.

C. Ergebnis

Als Ergebnis ist festzuhalten, dass die Fondsgesellschaft im Falle der Ablehnung der Erfüllung des Leasingvertrages durch den Insolvenzverwalter eines insolven-

[418] Vgl. hierzu die Ausführungen auf S. 82.

ten Leasingnehmers gem. § 103 Abs. 2 Satz 1 InsO einen Schadensersatzanspruch wegen Nichterfüllung des Vertrages als Insolvenzforderung besitzt. Ein solcher Anspruch besteht dagegen nicht bei Wahl der Erfüllung durch den Insolvenzverwalter, auch nicht für den Zeitraum zwischen Eröffnung des Insolvenzverfahrens und Ausübung des Wahlrechtes.

Neben dem benannten Schadensersatzanspruch besteht für den Zeitraum bis zur Wahlrechtsausübung bzw. bei Ablehnung der Erfüllung des Leasingvertrages gem. § 103 Abs. 2 Satz 1 InsO bis zur Rückübertragung des Besitzes auf die Fondsgesellschaft, ein Schadenersatzanspruch gem. §§ 990 Abs. 1, 989 BGB. Entsteht die Ersatzpflicht durch eine Handlung mit Bezug auf die Verwaltung, Verwertung und Verteilung der Insolvenzmasse, so stellt der Anspruch gem. § 55 Abs. 1 Ziff. 1 InsO eine Masseforderung dar.

Kapitel 4: Auswirkungen der Insolvenz auf eine Kaufoption, Verlängerungsoption und Abschlusszahlungspflicht des Leasingnehmers sowie auf ein Andienungsrecht der Fondsgesellschaft

A. Die Kaufoption des Leasingnehmers

Häufig vereinbaren Fondsgesellschaft und Leasingnehmer im Leasingvertrag eine Kaufoption. Als Kaufoption wird das Recht des Leasingnehmers, nach Ablauf der Grundmietzeit den Verkauf des Leasinggutes zu einem im Vertrag vereinbarten Optionspreis zu verlangen, bezeichnet[419,420]. Mit der Ausübung der Option kommt ein Kaufvertrag über das Leasinggut zustande[421].

---

[419] *Büschgen/Findeisen* § 18 Rn. 48; *Kalkschmid* Rn. 18; *Bien* S. 8; *Palandt/Putzo* 64. Auflage Vorb. v. § 463 Rn. 17; MK-BGB/*Habersack* Leasing Rn. 110; *Staudinger/Stoffels* Leasing Rn. 40 f..

[420] Die Höhe des Optionspreises und die Länge der Grundmietzeit sind wesentlich für die von den Parteien beabsichtigte wirtschaftliche Zuordnung des Investitionsgutes zur Fondsgesellschaft. Nach dem Mobilienerlass des BMF vom 19.04.1971 wird das wirtschaftliche Eigentum im Sinne des § 39 Abs. 2 AO dem Leasinggeber zugerechnet, wenn die Grundmietzeit mindestens 40 v.H. und höchstens 90 v.H. der betriebsgewöhnlichen Nutzungsdauer des Leasinggegenstandes beträgt und der in der Kaufoption vereinbarte Kaufpreis mindestens dem bei linearer Abschreibung entstehenden Restbuchwert oder einem niedrigeren Verkehrswert des Leasingobjektes zum Ende der Grundmietzeit entspricht (BStBl. I 1971, 264, 265); *Bien* S. 8; *Thomas* S. 81 ff..

[421] *Palandt/Putzo* 64. Auflage Vorb. v. § 463 Rn. 17; MK-BGB/*Habersack* Leasing Rn. 110; *Staudinger/Stoffels* Leasing Rn. 40.

Die Vereinbarung einer solchen Option wird von Seiten der Fondsgesellschaft häufig angeregt, da sie, vorausgesetzt die Option wird ausgeübt, kein Aufwand und kein Risiko mehr hinsichtlich der Verwertung des Investitionsgutes hat. Für den Leasingnehmer ist eine solche Option vor allem deswegen interessant, da sie ihm die Möglichkeit gibt, je nach Bedarf zum Zeitpunkt des Optionsrechtes, das Investitionsobjekt zu erwerben und weiter zu nutzen oder gegebenenfalls bei schlechterer Ertragslage darauf zu verzichten[422]. Vor allem aber gibt eine Kaufoption dem Leasingnehmer die Möglichkeit, von Wertsteigerungen des Investitionsobjektes zu partizipieren. Fraglich ist, welchen Einfluss eine Insolvenz des Leasingnehmers auf die Kaufoption hat.

I. Ausübung vor Eröffnung des Insolvenzverfahrens

Ist die Kaufoption bereits vor Eröffnung des Insolvenzverfahrens ausgeübt worden, so besteht zum Zeitpunkt der Eröffnung des Verfahrens neben dem Leasingvertrag ein aus der Ausübung entstandener Kaufvertrag[423]. Ist der Kaufvertrag zum Zeitpunkt der Eröffnung des Insolvenzverfahrens noch nicht erfüllt, so stellt der Kaufvertrag einen eigenen bei Eröffnung des Insolvenzverfahrens bestehenden gegenseitigen Vertrag dar, der seinerseits wie der Leasingvertrag dem Wahlrecht des § 103 InsO unterfällt[424]. Anders als in der Konkursordnung trennt die Insolvenzordnung im eröffneten Verfahren bei beweglichen Sachen nicht mehr zwischen Kauf und Miete, soweit es um das Fortbestehen des Vertrages und dabei um die Frage geht, ob dem Verwalter ein Wahlrecht zwischen Erfüllung und Nichterfüllung oder ein Kündigungsrecht innerhalb der gesetzlichen Fristen zusteht, sondern wendet auf alle gegenseitigen Verträge grundsätzlich das Wahlrecht des § 103 InsO an[425]. Unabhängig vom Wahlrecht über den Fortbestand eines Leasingverhältnisses auch nach Kaufoptionsausübung hat der Insolvenzverwalter daher bei Optionsausübung vor Verfahrenseröffnung grundsätzlich gem. § 103 InsO ein Wahlrecht hinsichtlich der Ausübung des Kaufvertrages. Die Wahl ist dabei nicht an die Wahl hinsichtlich des Leasingvertrages gebunden und umgekehrt[426]. Wählt der Insolvenzverwalter die Erfüllung des Kaufvertrages, so hat er einen Anspruch gegen die Fondsgesellschaft auf Übereignung des Leasinggegenstandes an die Masse. Im Gegenzug erhält die Fondsgesellschaft gem. § 55 Abs. 1 Nr. 2 InsO ei-

---

422 *Bien* S. 8.

423 Ebenso *Sinz* KS-InsO S. 604 Rn. 25; *Uhlenbruck/Sinz* InsO § 108 Rn. 75.

424 FK-InsO/*Wegener* § 103 Rn. 10; *Braun/Kroth* § 103 Rn. 13; HK-InsO/*Marotzke* § 103 Rn. 5; MK-InsO/*Huber* § 103 Rn. 73; *Sinz* KS-InsO S. 604 Rn. 25; *Smid/Smid* InsO § 103 Rn. 11; *K/P/Tintelnot* § 103 Rn. 17.

425 *H/W/W/Hess* § 108 Rn. 35; *Obermüller* Rn. 7.15; *Obermüller/Hess* Rn. 1507.

426 *Sinz* KS-InsO S. 604 Rn. 25; *Uhlenbruck/Sinz* InsO § 108 Rn. 75.

nen Anspruch auf Zahlung des Kaufpreises aus der Masse[427]. Lehnt der Insolvenzverwalter hingegen die Erfüllung des Kaufvertrages ab, so steht der Durchsetzbarkeit der kaufvertraglichen Erfüllungsansprüche ein dauerhaftes Leistungsverweigerungsrecht entgegen. Weder der Insolvenzverwalter, noch die Fondsgesellschaft kann die Erfüllung des Kaufvertrages verlangen. Die Kaufpreisforderung wird zum Rechnungsposten im Rahmen des Schadensersatzanspruches wegen Nichterfüllung gem. § 103 Abs. 2 Satz 1 InsO und damit zur Insolvenzforderung. Falls seitens des Schuldners der Kaufpreisforderung, also der insolventen Leasingnehmerin, bereits Teilzahlungen erfolgt sind, so kann der Insolvenzverwalter diese für die insolvente Leasingnehmerin herausverlangen[428].

II. Ausübung nach Eröffnung des Insolvenzverfahrens

Im Unterschied zur Ausübung der Kaufoption vor Eröffnung des Insolvenzverfahrens hängt bei Ausübung nach Eröffnung des Verfahrens das Schicksal der Kaufoption vom Schicksal des Leasingvertrages ab[429]. Es handelt sich bei der Kaufop-

---

427 *Uhlenbruck/Uhlenbruck/Berscheid* InsO § 55 Rn. 47; *Sinz* KS-InsO S. 604 Rn. 25; *Braun/Bäuerle* § 55 Rn. 28.

428 Die dogmatische Begründung dieses Herausgabeanspruches ist umstritten, wenn auch das Bestehen eines solchen Anspruches nicht in Zweifel gezogen wird (vgl. *Uhlenbruck/Berscheid* InsO § 103 Rn. 92 f.). Eine gesetzliche Regelung über die Auswirkungen einer Insolvenz auf eine Vorleistung des Insolvenzschuldners besteht nicht. Die Rechtsprechung hat einen Rückzahlungsanspruch lange Zeit damit begründet, dass mit Erlöschen der Erfüllungsansprüche der Rechtsgrund für die Leistung gem. § 812 Abs. 1 Satz 2 1. Alt. BGB weggefallen sei (BGH NJW 1977, 1345, 1345, BGH NJW 1997, 3434, 3437). Dieser Lösungsweg ist nach der Aufgabe der Erlöschenstheorie durch den BGH aber nur noch eingeschränkt möglich. Nach dem durch den Gesetzgeber im Hinblick auf Schadensersatz- und Erfüllungsansprüche gewählten Prinzip *ellektiver Konkurrenz* erlischt der der Vorleistung zu Grunde liegende Erfüllungsanspruch und damit der Rechtsgrund für die Vorleistung erst durch das Verlangen der Fondsgesellschaft auf Schadensersatz wegen Nichterfüllung. Andernfalls besteht mit dem (wenn auch undurchsetzbaren) Erfüllungsanspruch der Rechtsgrund der Vorleistung fort, so dass kein bereicherungsrechtlicher Anspruch besteht. Vorzugswürdig erscheint daher schon auf Grund der Vermeidung einer Abhängigkeit eines Rückzahlungsanspruches vom Schadensersatzverlangen der Gegenpartei die Herleitung des Herausgabeanspruches aus einer analogen Anwendung der §§ 326 Abs. 4, 346 Abs. 1 BGB n.F. (vgl. *Uhlenbruck/Berscheid* InsO § 103 Rn. 92 f.).

429 *Pape* KS-InsO S. 574 Rn. 70; *Sinz* KS-InsO S. 601 Rn. 19, S. 604 Rn. 24 f.; *Uhlenbruck/Sinz* InsO § 108 Rn. 74; FK-InsO/*Wegener* § 108 Rn. 11; A.A. HK-InsO/*Marotzke* § 103 Rn. 4: Der Insolvenzverwalter brauche einen gegen den Schuldner gerichteten Anspruch auf Abschluss eines gegenseitigen Vertrages (wie es dem Wesen einer Kaufoption entspricht) nur als Insolvenzforderung zu berücksichtigen. Analog § 103 InsO stehe dem Insolvenzverwalter jedoch frei, die Kontrahierungspflicht des Schuldners an dessen Stelle zu erfüllen, wenn Abschluss und Durchführung des Vertrages im Interesse der Masse liegen. Dies kann nicht überzeugen. Es wird eine unnatürliche Aufspaltung zwischen Leasingver-

tion um eine Nebenleistungsverpflichtung, die das Schicksal des Leasingvertrages teilt. Wird der Leasingnehmer während der Grundleasingzeit insolvent, so hat er bezüglich der Fortführung des Leasingvertrages gem. § 103 InsO ein Wahlrecht im Hinblick auf die Erfüllung des Leasingvertrages. Mit der Eröffnung des Insolvenzverfahrens erlischt weder der Leasingvertrag noch die in ihm enthaltene Kaufoption, sondern beide geraten in einen Schwebezustand, in dem sämtliche Erfüllungsansprüche undurchsetzbar sind. Entscheidet sich der Insolvenzverwalter für die Erfüllung des Vertrages, so erhalten die Erfüllungsansprüche des Leasingvertrages mit der positiven Ausübung des Wahlrechtes ihre Durchsetzbarkeit zurück. Durch die Eröffnung des Insolvenzverfahrens und den zwischenzeitlichen Schwebezustand werden die vertraglichen Abreden nicht verändert. In Folge dessen wirkt sich die positive Ausübung des Wahlrechts bezogen auf die vertragliche Kaufoption so aus, dass der Anspruch auf Optionsausübung seine Durchsetzbarkeit wiedererlangt. Über die Ausübung der Option hat der Insolvenzverwalter bei Fälligkeit, unabhängig vom Wahlrecht des § 103 InsO, zu entscheiden[430].

Entscheidet sich der Insolvenzverwalter dagegen gegen die Erfüllung des Leasingvertrages, so steht allen Erfüllungsansprüchen aus dem Leasingvertrag ein endgültiges Leistungsverweigerungsrecht entgegen und die Fondsgesellschaft ist nach § 103 Abs. 2 Satz 1 InsO auf einen Schadensersatzanspruch wegen Nichterfüllung des Erfüllungsanspruches verwiesen. Zu den von dieser Regelung betroffenen Erfüllungsansprüchen gehört auch das Optionsrecht aus der Kaufoption. Der Insolvenzverwalter kann demnach die Kaufoption nach Ablehnung des Leasingvertrages nicht mehr ausüben[431].

Übt der Insolvenzverwalter sein somit nach Eröffnung des Insolvenzverfahrens und Wahl der Erfüllung des Leasingvertrages bestehendes Optionsrecht aus, so stellt der daraus entstehende Kaufvertrag eine Masseschuld dar[432]. Der Insolvenzverwalter hat den Vertrag für die Masse abgeschlossen. Dies entspricht einem Grundgedanken der Insolvenzordnung, dem sog. Gegenleistungsgrundsatz, und ist im Übrigen in § 55 Abs. 1 Nr. 2 InsO normiert. Nach dem Gegenleistungsgrundsatz des BGH soll der, der Leistungen der Masse gegenüber erbringt, auch die vol-

trag und Kaufoption vorgenommen, derer es zur Erlangung des praktisch gleichen Ergebnisses gar nicht bedarf. Auch ohne eine analoge Anwendung des § 103 InsO gelangt man zu einem Wahlrecht in Bezug auf die Ausübung der Kaufoption. Es besteht daher schon keine für eine Analogie des § 103 InsO erforderliche Regelungslücke.

430 Im Ergebnis gleich (auf Basis der Erlöschenstheorie): *Uhlenbruck/Sinz* InsO § 108 Rn. 74; *Sinz* KS-InsO S. 603 f. Rn. 24 f.; FK-InsO/*Wegener* § 108 Rn. 11.

431 Im Ergebnis gleich (auf Basis der Erlöschenstheorie): *Uhlenbruck/Sinz* InsO § 108 Rn. 74; *Sinz* KS-InsO S. 603 f. Rn. 24 f..

432 So auch *Pape* KS-InsO S. 574 Rn. 70.

le Gegenleistung aus der Masse erhalten[433].

III. Aufforderung zur Optionsausübung analog § 103 Abs. 2 Satz 2 InsO

in Teil der Literatur wollte vor Einführung der Insolvenzordnung dem Leasinggeber in analoger Anwendung des § 17 Abs. 2 KO das Recht einräumen, den Verwalter vorzeitig zu einer Erklärung über die Optionsausübung aufzufordern[434]. Da § 103 InsO die entsprechende Regelung zu §§ 17 und 19 KO darstellt[435], würde der Fondsgesellschaft nach dieser Ansicht in analoger Anwendung des § 103 Abs. 2 Satz 2 InsO ein Recht zur Aufforderung des Insolvenzverwalters zur Entscheidung über die Optionsausübung zustehen.

Überzeugender ist allerdings die Gegenansicht, die ein solches Recht verneint[436]: Bei einer Kaufoption fehlt es an einer für eine Analogie erforderlichen vergleichbaren Interessenlage mit dem Wahlrecht des § 103 InsO. § 103 Abs. 2 Satz 2 InsO räumt dem Vertragspartner des Schuldners nur dann ein Recht zur Beseitigung eines Schwebezustandes ein, wenn dieser durch die Verfahrenseröffnung entstanden ist. Bei Leasingverträgen mit Kaufoption besteht der Schwebezustand jedoch unabhängig vom Insolvenzfall bereits aufgrund ausdrücklicher Parteivereinbarung. Es handelt sich somit um unterschiedliche Interessenlagen, so dass im Ergebnis kein Recht der Fondsgesellschaft besteht, den Insolvenzverwalter analog § 103 Abs. 2 Satz 2 InsO nach Eröffnung des Insolvenzverfahrens zur Optionsausübung aufzufordern.

B. Das Andienungsrecht der Fondsgesellschaft

Unabhängig von der Vereinbarung einer Kaufoption wird häufig ein sog. Andienungsrecht der Fondsgesellschaft vereinbart. Als Andienungsrecht bezeichnet man das Recht des Leasinggebers, den Kauf des Leasinggutes zu einem im Voraus vereinbarten Restwert vom Leasingnehmer zu verlangen[437]. Das Andienungsrecht entspricht der Kaufoption, nur dass beim Andienungsrecht der Leasinggeber und nicht der Leasingnehmer die Option zum Abschluss des Kaufvertrages hat. Es gel-

---

433 Vgl. im Hinblick auf den Gegenleistungsgrundsatz die Nachweise bei Fn. 385.

434 *Jaeger/Henckel* § 19 Rn. 18; *Graf von Westphalen* Rn. 1508.

435 Vgl. hierzu die Nachweise bei Fn. 189.

436 *Uhlenbruck/Sinz* InsO § 108 Rn. 76; *Sinz* KS-InsO S. 604 Rn. 26.

437 *Graf von Westphalen* Rn. 18; *Büschgen/Findeisen* § 18 Rn. 47; *Kalkschmid* Rn. 18; *Bien* S. 9; *Boutonnet* S. 325; *Staudinger/Stoffels* Leasing Rn. 56, 297.

ten für das Andienungsrecht der Fondsgesellschaft daher die Ausführungen zur Kaufoption entsprechend.

Wird das Andienungsrecht vor Eröffnung des Insolvenzverfahrens ausgeübt, so besteht zum Zeitpunkt der Eröffnung des Insolvenzverfahrens neben dem Leasingvertrag ein Kaufvertrag. Bezüglich dieses Vertrages hat der Insolvenzverwalter, vorausgesetzt die Parteien haben die von ihnen geschuldeten Leistungen noch nicht vollständig erbracht, ein eigenes Wahlrecht nach § 103 InsO[438]. Wählt der Insolvenzverwalter Erfüllung des Kaufvertrages, so hat er den Vertrag gem. § 103 InsO aus der Masse zu erfüllen. Verweigert der Insolvenzverwalter dagegen die Erfüllung des Kaufvertrages, so steht den Erfüllungsansprüchen ein endgültiges Leistungsverweigerungsrecht entgegen und die Fondsgesellschaft ist gem. § 103 Abs. 2 Satz 1 InsO auf eine Schadensersatzforderung wegen Nichterfüllung als Insolvenzforderung verwiesen.

Wird das Andienungsrecht dagegen erst nach Eröffnung des Insolvenzverfahrens ausgeübt, so hängt dessen Schicksal vom Schicksal des Leasingvertrages ab[439]. Wählt der Insolvenzverwalter Erfüllung des Leasingvertrages, so erhält das mit dem Leasingvertrag bei Eröffnung des Insolvenzverfahrens undurchsetzbar gewordene Andienungsrecht der Fondsgesellschaft durch die Erklärung der Erfüllungswahl seine Durchsetzbarkeit zurück. Ansonsten erstreckt sich die Undurchsetzbarkeit der Erfüllungsansprüche des Leasingvertrages auch auf das Andienungsrecht. Wird ein bestehendes Andienungsrecht nach Eröffnung des Insolvenzverfahrens ausgeübt, so wird die Restwert- bzw. Kaufpreisforderung zu einer Masseschuld und die geschuldete Übereignung des Leasinggutes wird zu einer Masseforderung[440].

C. Die Verlängerungsoption des Leasingnehmers

An Stelle einer Kaufoption kann dem Leasingnehmer auch eine Verlängerungsoption eingeräumt werden. Der Leasingnehmer hat auf Grund einer solchen Option das Recht, den Leasingvertrag am Ende der Grundmietzeit durch einseitige Willenserklärung auf bestimmte oder unbestimmte Zeit zu verlängern[441]. Die Höhe der Leasingrate für den Verlängerungszeitraum wird bereits im ursprünglichen

---

438 So auch *Sinz* KS-InsO S. 605 Rn. 28; *Uhlenbruck/Sinz* InsO § 108 Rn. 79.

439 *Uhlenbruck/Sinz* InsO § 108 Rn. 78; *Sinz* KS-InsO S. 605 Rn. 28.

440 So auch *Pape* KS-InsO S. 574 Rn. 70; *Sinz* KS-InsO S. 605 Rn. 28; *Uhlenbruck/Sinz* InsO § 108 Rn. 78.

441 *Kalkschmid* Rn. 18; *Bien* S. 8; *Palandt/Weidenkaff* 64. Auflage Einf. v. § 535 Rn. 8; *Staudinger/Emmerich* Vorbem. zu § 535 Rn. 101.

Leasingvertrag festgelegt[442,443]. Im Gegensatz zur Kaufoption verzichtet der Leasingnehmer hier jedoch auf die Möglichkeit, an einer eventuellen Wertsteigerung des Leasinggutes zu partizipieren[444]. Der Vorteil dieses Gestaltungsinstruments ist für den Leasingnehmer darin zu sehen, dass ihm der Leasinggegenstand nicht gegen seinen Willen nach Ablauf der Grundmietzeit entzogen werden kann[445].

Insolvenzrechtlich begründet eine Verlängerungsoption in einem Leasingvertrag keinen besonderen Tatbestand. Es entsteht nur ein Leasingvertrag, dessen Vertragslänge durch die Option verlängert werden kann. Gleichgültig, ob eine solche Option bei Eröffnung des Insolvenzverfahrens bereits ausgeübt wurde oder noch wird, gilt für Leasingverträge mit Verlängerungsoption beim Mobilienleasing im Sinne der Insolvenzordnung das Wahlrecht des § 103 InsO[446]. Wird die Erfüllung des Nutzungsüberlassungsvertrages abgelehnt, so verliert auch die Verlängerungsoption als immanenter Bestandteil des Vertrages bzw. verliert der durch eine bereits erfolgte Ausübung einer Verlängerungsoption verlängerte Leasingvertrag mit Eröffnung des Insolvenzverfahrens seine Durchsetzbarkeit. Wird dagegen Erfüllung gewählt, so erhalten die Erfüllungsansprüche aus dem Leasingvertrag und damit auch die Verlängerungsoption bzw. erhält der bereits verlängerte Leasingvertrag mit Ausübung des Wahlrechtes seine Durchsetzbarkeit zurück.

D. Die Abschlusszahlungspflicht des Leasingnehmers

Kündbare Teilamortisationsverträge sehen zur Absicherung des Restwertes häufig eine Abschlusszahlungspflicht des Leasingnehmers vor[447]. Es handelt sich dabei um eine Zahlungsverpflichtung in Höhe des noch nicht amortisierten Netto-Restwertes des Leasinggegenstandes, die anfällt, falls der Leasingvertrag vor Vollamortisation endet[448]. Als Bestandteile des Leasingvertrages ist die Abschlusszahlungspflicht wie die Kaufoption, die Verlängerungsoption und das Andienungsrecht vom Bestehen des Leasingvertrages abhängig. Die Abschlusszah-

---

442 *Bien* S. 8.

443 Auch die Höhe der Leasingrate wird, wie die Höhe des Kaufpreises bei der Kaufoption, von steuerrechtlichen Vorgaben beeinflusst. Die Höhe der Leasingrate für den Verlängerungszeitraum muss mindestens den Werteverzehr decken, der sich bei Anwendung der linearen Abschreibung ergibt; vgl. *Bien* S. 8; *Büschgen/Büschgen* § 3 Rn 11.

444 *Lauenstein* S. 52.

445 *Bien* S. 8 f.; *Baumgarte* S. 19.

446 So auch *Sinz* KS-InsO S. 604 Rn. 27; *Uhlenbruck/Sinz* InsO § 108 Rn. 77.

447 *Uhlenbruck/Sinz* InsO § 108 Rn. 80; *Sinz* KS-InsO S. 605 Rn. 29; MK-BGB/*Habersack* Leasing Rn. 113.

448 *H/W/W/Hess* § 108 Rn. 79; *Obermüller* Rn. 7.39; *Obermüller/Hess* Rn. 1527; MK-BGB/*Habersack* Leasing Rn. 113.

lungspflicht eines insolventen Leasingnehmers ist daher nur praxisrelevant, sofern der Insolvenzverwalter die Erfüllung des Leasingvertrages gem. § 103 Abs. 1 InsO wählt. Andernfalls (bei Ablehnung der Erfüllung) teilt die Abschlusszahlungspflicht das Schicksal des Leasingvertrages und wird gem. § 103 Abs. 2 Satz 1 InsO zur Insolvenzforderung[449].

Wählt der Insolvenzverwalter Erfüllung des Vertrages, so stellt sich die Frage, inwieweit die Abschlusszahlung eine Insolvenzforderung und inwieweit sie eine Masseforderung darstellt. Einerseits wird vertreten, es sei auf den Zeitpunkt der Fälligkeit abzustellen, so dass die Abschlusszahlung in vollem Umfang eine Masseschuld darstelle. Dieser Zeitpunkt sei ein sachgerechtes Abgrenzungskriterium[450]. Andererseits wird die Auffassung vertreten, die Abschlusszahlung werde nur zeitanteilig Masseschuld, weil durch sie auch ein Teil der Nutzungsüberlassung vor Verfahrenseröffnung vergütet werde[451].

Die besseren Gründe sprechen für die letztgenannte Auffassung. Anders als bei Kaufoption und Andienungsrecht bezieht sich die Abschlusszahlung, wie die oben beschriebene anfängliche Sonderzahlung, auf die gesamte Nutzungsdauer des Leasingvertrages. Es gelten insofern für die Abschlusszahlung dieselben Argumente wie für eine anfängliche Sonderzahlung, so dass auf dortige Ausführungen verwiesen wird[452]. Die Abschlusszahlung stellt keine Leistung ausschließlich auf einen nach Eröffnung des Insolvenzverfahrens erfolgten Vorgang dar. Vielmehr ist die Abschlusszahlung ein Entgelt, das die zeitanteilig geschuldeten Leasingraten im Wege einer Einmalzahlung im Nachhinein erhöht (Wertäquivalenz der Vertragesleistungen). Die Abschlusszahlung ist daher periodengerecht aufzuteilen. Der Anteil der Abschlusszahlung, der auf den Zeitraum vor Eröffnung des Insolvenzverfahrens entfällt, stellt gem. § 105 InsO eine Insolvenzforderung dar. Dagegen handelt es sich bei dem Anteil, der auf den Zeitraum nach Eröffnung des Insolvenzverfahrens entfällt, gem. § 55 Abs. 1 Nr. 2 InsO um eine Masseforderung.

E. Ergebnis

Wird eine Kaufoption durch den Leasingnehmer vor der Eröffnung des Insolvenzverfahrens ausgeübt, so entsteht unabhängig von dem Leasingvertrag ein Kaufvertrag. Hinsichtlich der Erfüllung dieses Kaufvertrages steht dem Insolvenzverwalter ein Wahlrecht zu. Hat der Leasingnehmer die Kaufoption dagegen zum Zeitpunkt

---

449 *Sinz* KS-InsO S. 605 Rn. 29; *Uhlenbruck/Sinz* InsO § 108 Rn. 80.

450 FK-InsO/*Wegener* § 108 Rn. 29; *Engel/Völkers* Rn. 332.

451 *Sinz* KS-InsO S. 605 Rn. 29; *Uhlenbruck/Sinz* InsO § 108 Rn. 80.

452 Vgl. hierzu die Ausführungen auf S. 70 ff..

der Eröffnung des Insolvenzverfahrens noch nicht ausgeübt, so kann der Insolvenzverwalter die Kaufoption nur ausüben, sofern er die Erfüllung des Leasingvertrages wählt. Andernfalls teilt die Kaufoption das Schicksal des Leasingvertrages und ist endgültig undurchsetzbar. Übt der Insolvenzverwalter die Kaufoption nach Erfüllungswahl im Hinblick auf den Leasingvertrag aus, so stellt die Kaufpreisforderung eine Masseschuld dar. Ein Aufforderungsrecht der Fondsgesellschaft gegenüber dem Insolvenzverwalter zur Ausübung seines Optionsrechtes besteht nicht.

Ähnliches gilt für ein vereinbartes Andienungsrecht der Fondsgesellschaft. Wird das Andienungsrecht vor Eröffnung des Insolvenzverfahrens über das Vermögen des Leasingnehmers ausgeübt, so besteht neben dem Leasingvertrag ein Kaufvertrag. Hinsichtlich dieses Vertrages hat der Insolvenzverwalter das Wahlrecht des § 103 InsO. Die Ausübung des Andienungsrechtes nach Eröffnung des Insolvenzverfahrens ist nur möglich, wenn sich der Insolvenzverwalter für die Erfüllung des Leasingvertrages entschieden hat.

Auch das Bestehen einer Verlängerungsoption hängt von der Ausübung des Insolvenzverwalterwahlrechts ab. Sofern sich der Insolvenzverwalter für die Erfüllung des Leasingvertrages entscheidet, besteht dieser (bereits verlängert oder mit Verlängerungsoption) fort. Ähnliches gilt für eine Abschlusszahlungspflicht. Soll der Leasingvertrag erfüllt werden, so besteht auch eine vereinbarte Abschlusszahlungspflicht. Der Anteil der Abschlusszahlung, der auf den Zeitraum vor Verfahrenseröffnung entfällt, stellt eine Insolvenzforderung dar, bei dem Rest handelt es sich um eine Forderung gegen die Masse. Lehnt der Insolvenzverwalter dagegen die Erfüllung des Leasingvertrages ab, so wird die Abschlusszahlung zum Rechnungsposten im Rahmen des Schadensersatzanspruches wegen Nichterfüllung gem. § 103 Abs. 2 Satz 1 InsO.

Teil 2: Die Insolvenz der Fondsgesellschaft (Leasinggeber)

Anders als bei der Betrachtung der Auswirkungen der Insolvenz des Leasingnehmers, bei der es vornehmlich auf das Verhältnis Fondsgesellschaft - Leasingnehmer ankam, ist bei der Betrachtung der Auswirkungen des Insolvenz der Fondsgesellschaft stets das Dreiecksverhältnis Fremdkapitalgeber - Fondsgesellschaft - Leasingnehmer zu betrachten.

Im Verhältnis Fondsgesellschaft - Leasingnehmer besteht ein Leasing- bzw. Nutzungsüberlassungsvertrag. Würde dieser Vertrag durch die Insolvenz der Fondsgesellschaft erlöschen, so würde dies zu einem Herausgabeanspruch gegenüber dem Leasingnehmer führen. Würde der Leasingvertrag hingegen fortbestehen, so würde er für den Leasingnehmer ein Recht zum Besitz im Sinne des § 986 BGB begründen und es würde kein Herausgabeanspruch bestehen. Daneben hängen auch die Rechtsfolgen für die Leasingraten vom Fortbestand des Leasingvertrages ab. Nur wenn der Leasingvertrag fortbesteht, kommt ein vertraglicher Anspruch des Insolvenzverwalters gegenüber dem Leasingnehmer auf Zahlung der Leasingraten in Betracht. Ansonsten stellt sich auch hier die Frage eines gesetzlichen Nutzungsersatzanspruches.

Das Verhältnis Fondsgesellschaft - Fremdkapitalgeber ist geregelt durch eine Sicherungsabrede. Nach dieser ist der Fremdkapitalgeber berechtigt, ihm gestellte Sicherheiten im Falle der Nichterfüllung fälliger Forderungen zu verwerten. Als Sicherheiten kommen in der Praxis die Sicherungsübereignung und die Sicherungsabtretung in Betracht, teilweise werden die Ansprüche auf Zahlung der Leasingraten im Rahmen der Forfaitierung oder des Factoring auf einen Fremdkapitalgeber übertragen. Vor diesem Hintergrund stellt sich die Frage der Auswirkungen der Eröffnung des Insolvenzverfahrens auf die gestellten Sicherheiten, sowie die Frage der Auswirkungen der Stellung von Sicherheiten zum Zweitpunkt der Eröffnung des Insolvenzverfahrens.

Kapitel 1: Der Leasingvertrag in der Insolvenz der Fondsgesellschaft

Wie zu Beginn der Arbeit dargestellt wurde, erfolgt die Finanzierung der Investitionsgegenstände eines geschlossenen Mobilienleasingfonds regelmäßig durch Eigen- und Fremdkapital, nur in selteneren Fällen wird der Leasinggegenstand ausschließlich durch Investition des Eigenkapitals der Fondsgesellschaft erworben. Erfolgt eine Fremdkapitalbeschaffung, so erfolgt diese typischerweise durch Aufnahme eines Darlehens gegen Stellung von Sicherheiten, durch Forfaitierung oder durch Factoring. Als Sicherheiten kommen insbesondere die Abtretung der künftigen Leasingraten sowie die Übereignung des Investitionsgegenstandes in Betracht.

Im Hinblick auf die Auswirkungen der Insolvenz der Fondsgesellschaft ist vor diesem Hintergrund zu differenzieren zwischen einer Finanzierung, im Rahmen derer eine Sicherungsübereignung erfolgt ist, und einer solchen, bei der auf eine solche verzichtet wurde. Begonnen wird hier mit dem Grundfall Mobilienleasings, in dem keine Sicherungsübereignung erfolgt ist.

A. Auswirkungen der Insolvenz bei Refinanzierung ohne Sicherungsübereignung des Investitionsgegenstandes

I. Das Wahlrecht des Insolvenzverwalters gem. § 103 InsO

1.) Die Eröffnung des Anwendungsbereichs des § 103 InsO

Sofern im Rahmen der Finanzierung des Investitionsgegenstandes keine Sicherungsübereignung erfolgt ist, gibt § 103 InsO dem Insolvenzverwalter nach Eröffnung des Insolvenzverfahrens über das Vermögen der Fondsgesellschaft, wie bei der oben beschriebenen Insolvenz des Leasingnehmers, ein Wahlrecht und legt die Erfüllung des Leasingvertrages in sein Ermessen[453]. Der Leasingvertrag stellt ein § 103 InsO unterfallendes, regelmäßig noch nicht vollständig erfülltes Schuldverhältnis dar[454], außerdem unterscheidet der Wortlaut des § 103 InsO nicht zwischen der Insolvenz des Leasinggebers und der Insolvenz des Leasingnehmers. Der Anwendung des § 103 InsO steht weiterhin weder eine im Rahmen einer Fremdkapitalbeschaffung erfolgte Sicherungsabtretung noch eine Forfaitierung der Leasingraten entgegen. Denn dies betrifft, solange keine Vertragsübernahme stattgefunden hat, nicht das Schicksal des Vertrages, sondern nur die Gläubigereigenschaft bzw. die Forderungsinhaberschaft an den Leasingraten. Das Wahlrecht des § 103 InsO wird davon nicht berührt[455]. Zuletzt steht der Anwendung des § 103 InsO auch nicht § 108 InsO entgegen. Das Fortbestehen des Leasingvertrages nach § 108 Abs. 1 Satz 2 InsO besteht nur für Leasingverhältnisse, die eine Fondsgesellschaft als Leasinggeberin eingegangen war und bei denen der Leasinggegenstand einem Dritten, der die Anschaffung oder Herstellung des Leasinggegenstandes finanziert hat, zur Sicherheit übertragen wurden[456]. Ist ein Mobilienfonds in einer Weise strukturiert, dass das Investitionsobjekt ausschließlich durch Eigenkapital oder nur unter Beschaffung von zusätzlichem Kapital über Forfaitierung oder Factoring und dabei ohne Sicherungsübereignung finanziert wurde, sind die Voraussetzungen des § 108 Abs. 1 Satz 2 InsO nicht erfüllt[457]. Da auch § 108 Abs. 1 Satz 1 InsO auf diesen Fall der strukturierten Finanzierung eines Investitionsobjekts, das keinen

---

[453] *N/R/Balthasar* § 103 Rn. 14; *H/W/W/Hess* § 108 Rn. 85; *Obermüller* Rn. 7.41; *Schwemer* ZMR 2000, 348, 351; *Bien* S. 11; MK-InsO/*Huber* § 103 Rn. 75; FK-InsO/*Wegener* § 103 Rn. 12; *Uhlenbruck/Berscheid* InsO § 103 Rn. 24; *Uhlenbruck/Sinz* InsO § 108 Rn. 112.

[454] Vgl. hierzu die Ausführungen auf S. 36.

[455] *H/W/W/Hess* § 108 Rn. 86; *Obermüller* Rn. 7.42; *Obermüller/Hess* Rn. 1529.

[456] HK-InsO/*Marotzke* § 108 Rn. 11; *Braun/Kroth* § 108 Rn. 5, 14; MK-InsO/*Eckert* § 108 Rn. 45; Bankrecht und Bankpraxis/*Peters* Rn. 110a; *H/W/W/Hess* § 108 Rn. 1; FK-InsO/*Wegener* § 108 Rn. 14.

[457] *Seifert* FLF 1998, 166, 168 f.; *Uhlenbruck/Sinz* InsO § 108 Rn. 112 f.; *Beck/Depré/Ringstmeier* § 15 Rn. 16.

unbeweglichen Gegenstand im Sinne der Insolvenzordnung darstellt, nicht anwendbar ist, richtet sich der Fortbestand des Leasingvertrages nach § 103 InsO[458].

2.) Auswirkungen des Insolvenzverfahrens auf den Leasingvertrag

Nachdem festgestellt wurde, dass die Voraussetzungen des § 103 InsO erfüllt sind, und dass § 103 InsO nicht zwischen der Insolvenz des Leasingnehmers und der Insolvenz des Leasinggebers unterscheidet, kann hinsichtlich der Auswirkungen der Insolvenz der Fondsgesellschaft bei Refinanzierung ohne Sicherungsübereignung auf oben verwiesen werden. Die dortigen Ausführungen zu den Auswirkungen eines Insolvenzverfahrens des Leasingnehmers gelten in der Insolvenz der Fondsgesellschaft des geschlossenen Mobilienfonds entsprechend. Zusammenfassend ergeben sich daher durch die Eröffnung des Insolvenzverfahrens über das Vermögen der Fondsgesellschaft folgende Auswirkungen auf den Leasingvertrag:

Nach der Aufgabe der Erlöschenstheorie durch den BGH und der nunmehr von ihm vertretenen Auffassung, die als vorzugswürdig festgestellt wurde, bestehen Leasingverträge auch in der Insolvenz der Fondsgesellschaft nach Eröffnung des Insolvenzverfahrens fort. Lediglich die vertraglichen Erfüllungsansprüche verlieren für die Zeit bis zur Ausübung des Wahlrechtes ihre Durchsetzbarkeit. Dieser durch die Eröffnung des Insolvenzverfahrens verursachte Schwebezustand besteht nicht nur für die vertraglichen Ansprüche, auch der durch die Undurchsetzbarkeit des vertraglichen Nutzungsrechts des Leasingnehmers mit Eröffnung des Insolvenzverfahrens entstandene Herausgabeanspruch der Fondsgesellschaft ist hiervon betroffen. Mit Eröffnung des Insolvenzverfahrens ist zwar ein Herausgabeanspruch der Fondsgesellschaft entstanden, dieser ist jedoch in seiner Durchsetzbarkeit gehemmt.

3.) Wahl der Erfüllung des Leasingvertrages gem. § 103 Abs. 1 InsO

Die Anwendbarkeit des § 103 InsO bewirkt, dass dem Insolvenzverwalter der Fondsgesellschaft ein Wahlrecht zusteht, ob er den Leasingvertrag erfüllen will oder nicht[459]. Wählt er die Erfüllung des Vertrages, so führt dies, wie in der Insol-

---

458 *Huth* S. 257; Bankrecht und Bankpraxis/*Peters* Rn. 13/110a; *Fehl* StB 1998, 12, 15; *Uhlenbruck*/*Sinz* InsO § 108 Rn. 112 f..

459 Vgl. zu den Kriterien, die der Insolvenzverwalter bei der Ausübung des Wahlrechtes zu beachten hat und zu der Pflicht des Insolvenzverwalters, sein Wahlrecht unverzüglich auszuüben, die hier entsprechend geltenden Ausführungen auf S. 57 ff. mit den dortigen Nachweisen.

venz des Leasingnehmers, dazu, dass er den Leasingvertrag „an Stelle des Schuldners“ zu erfüllen hat. Die Erfüllungswahl führt zu keiner inhaltlichen Veränderung des Vertrages. Der Insolvenzverwalter hat den Vertrag so zu erfüllen, wie er ihn bei Verfahrenseröffnung vorfand. Durch die Ausübung des Wahlrechtes im Sinne des § 103 Abs. 1 InsO wird die Durchsetzbarkeit der vertraglichen Ansprüche wiederhergestellt. Die undurchsetzbaren Ansprüche erhalten die Rechtsqualität von originären Forderungen zu Gunsten oder zu Lasten der Masse. Damit erlangt das vertragliche Besitzrecht des Leasingnehmers durch die Erfüllungserklärung des Insolvenzverwalters seine Durchsetzbarkeit zurück. Durch die Wiederherstellung der Durchsetzbarkeit der Rechte aus dem Leasingvertrag wird die Vindikationslage aufgehoben und es besteht ein vertragliches Besitzrecht im Sinne des § 986 BGB. In Folge dessen erlischt der zwischenzeitlich undurchsetzbare Anspruch der Fondsgesellschaft bzw. deren Insolvenzverwalters auf Herausgabe des Investitionsgegenstandes[460].

4.) Ablehnung der Erfüllung gem. § 103 Abs. 2 Satz 1 InsO

Gleich, ob man der früheren Erlöschenstheorie folgt oder mit der hier vertretenen Ansicht das Fortbestehen des Leasingvertrages mit undurchsetzbaren Ansprüchen bevorzugt, entsteht mit Erklärung der Ablehnung der Erfüllung des Leasingvertrages durch den Insolvenzverwalter ein Herausgabeanspruch der Fondsgesellschaft bzw. deren Insolvenzverwalters. Das Recht zum Besitz des Leasingnehmers war bereits mit Eröffnung des Insolvenzverfahrens erloschen. Indem der Insolvenzverwalter nunmehr die Erfüllung des Leasingvertrages gem. § 103 Abs. 2 Satz 1 InsO abgelehnt hat, erhält der Herausgabeanspruch der Fondsgesellschaft bzw. dessen Insolvenzverwalters seine Durchsetzbarkeit. Zum Ausgleich für die vorzeitige Beendigung des Leasingvertrages hat der Leasingnehmer im Gegenzug einen Anspruch auf Schadensersatz wegen Nichterfüllung des Leasingvertrages. Diesen Anspruch kann sie gem. § 103 Abs. 2 Satz 1 InsO als Insolvenzforderung geltend machen[461].

---

460 Vgl. zu den Auswirkungen der Erfüllungswahl die Ausführungen auf S. 53 mit den dortigen Nachweisen. Diese gelten hier entsprechend, da § 103 InsO nicht zwischen der Insolvenz der Leasingnehmers und der Insolvenz des Leasinggebers unterscheidet.

461 Vgl. zu den Folgen der Ablehnung der Erfüllung die Ausführungen auf S. 54 f. mit den dortigen Nachweisen. Diese gelten hier entsprechend, da § 103 InsO nicht zwischen der Insolvenz der Leasingnehmers und der Insolvenz des Leasinggebers unterscheidet.

5.) Zwischenergebnis

Wird über das Vermögen der Fondsgesellschaft das Insolvenzverfahren eröffnet, so besteht der Leasingvertrag, allerdings mit undurchsetzbaren Ansprüchen, fort. Der Insolvenzverwalter kann den Investitionsgegenstand herausverlangen, wenn er die Erfüllung des Leasingvertrages ablehnt. In diesem Fall hat der Leasingnehmer einen Schadensersatzanspruch wegen Nichterfüllung, den er als Insolvenzforderung anmelden kann. Wählt der Insolvenzverwalter dagegen Erfüllung des Leasingvertrages, so erhalten die vertraglichen Ansprüche aus dem Leasingvertrag ihre Durchsetzbarkeit zurück.

II. Kündigungs- und Rücktrittsrechte bei Insolvenz der Fondsgesellschaft

1.) Kündigungs- und Rücktrittsrechte nach den §§ 109 und 111 InsO

Leasingobjekt bei Mobilienfonds sind bewegliche Gegenstände. Sowohl § 109 InsO, als auch § 111 InsO setzen aber für ihre Anwendbarkeit ein Miet- oder Pachtverhältnis über einen unbeweglichen Gegenstand im Sinne der Insolvenzordnung voraus[462]. Beide Normen sind daher auf geschlossene Mobilienfonds in der Insolvenz der Fondsgesellschaft generell nicht anwendbar.

2.) Die Kündigungssperre des § 112 InsO

Anders als bei der Insolvenz des Leasingnehmers besteht bei der Insolvenz der Fondsgesellschaft eines geschlossenen Mobilienfonds keine Kündigungssperre nach § 112 InsO. § 112 InsO verlangt ein Miet- oder Pachtverhältnis, das der Insolvenzschuldner als Mieter oder Pächter eingegangen war. Zu diesen gehören grundsätzlich auch Leasingverträge. Die insolvente Fondsgesellschaft stellt aber den Vermieter des Leasingobjektes dar. Ist der Insolvenzschuldner ein Miet-, Pacht- oder Leasingverhältnis als Vermieter eingegangen, so ist der Anwendungsbereich des § 112 InsO nicht eröffnet[463].

Für eine Anwendung des § 112 InsO besteht auch kein Bedarf. Der Gesetzgeber hat die Insolvenz des Leasinggebers zu Recht vom Anwendungsbereich des § 112 InsO ausgenommen. Die Leistungspflicht der Fondsgesellschaft besteht in der Nutzungsüberlassung des Leasinggutes. Die Nutzungsmöglichkeit ist von den

---

[462] Nachweise bei Fn. 208.

[463] HK-InsO/*Marotzke* § 112 Rn. 3; *K/P/Tintelnot* § 112 Rn. 3; FK-InsO/*Wegener* § 112 Rn. 2; *Uhlenbruck/Berscheid* InsO § 112 Rn. 3; *Beck/Depré/Ringstmeier* § 15 Rn. 36.

Vermögensverhältnissen der Fondsgesellschaft unabhängig. Ist das Leasinggut dem Leasingnehmer zu Beginn der Vertragslaufzeit zur Nutzung überlassen worden, wird die Nutzungsmöglichkeit durch die spätere Vermögensverschlechterung der Fondsgesellschaft nicht beeinflusst. Sie gibt dem Leasingnehmer kein Kündigungsrecht, so dass die insolvente Fondsgesellschaft vor einer Kündigung nicht geschützt werden muss.

III. Ergebnis

Unabhängig von der Eröffnung des Insolvenzverfahrens über das Vermögen der Fondsgesellschaft besteht der Leasingvertrag nach Verfahrenseröffnung, allerdings mit undurchsetzbaren Ansprüchen, fort. Eine Beschränkung der Kündigungsmöglichkeiten des Leasingnehmers ist auf Grund der Insolvenz nicht gegeben. Der Insolvenzverwalter kann den Investitionsgegenstand herausverlangen, wenn er die Erfüllung des Leasingvertrages ablehnt. In diesem Fall hat der Leasingnehmer einen Schadensersatzanspruch wegen Nichterfüllung, den er als Insolvenzforderung anmelden kann. Wählt der Insolvenzverwalter dagegen Erfüllung des Leasingvertrages, so erhalten die vertraglichen Ansprüche aus dem Leasingvertrag ihre Durchsetzbarkeit zurück.

B. Auswirkungen der Insolvenz bei Fremdkapitalbeschaffung gegen Sicherungsübereignung des Investitionsgegenstandes

I. Das Fortbestehen des Vertrages gem. § 108 Abs. 1 Satz 2 InsO

Anders als bei der Finanzierung ohne Sicherungsübereignung kommt bei einer Finanzierung des Leasingobjekts gegen Sicherungsübereignung neben dem Vorliegen eines Wahlrechts im Sinne des § 103 InsO auch ein automatischer Fortbestand des Vertrages gem. § 108 Abs. 1 Satz 2 InsO in Betracht. Nach § 108 Abs. 1 Satz 2 InsO bestehen Miet- und Pachtverhältnisse des Insolvenzschuldners mit Wirkung für die Insolvenzmasse fort, sofern der Insolvenzschuldner das Miet- und Pachtverhältnis als Vermieter oder Verpächter eingegangen war und das Miet- und Pachtverhältnis darüber hinaus einen sonstigen Gegenstand betrifft, der einem Dritten, der seine Anschaffung finanziert hat, zur Sicherung übertragen wurde (finanziertes Mobilienleasing). Zu prüfen ist daher im Folgenden, ob es sich bei Mobilienleasingverträgen um Miet- und Pachtverhältnisse im Sinne des § 108 Abs. 1 Satz 2 InsO handelt, welche Anforderungen an die Fremdfinanzierung zu stellen sind und wie sich das gleichzeitige Vorliegen der Voraussetzungen des § 103 InsO und der Voraussetzungen des § 108 Abs. 1 Satz 2 InsO auswirkt.

1.) Miet- und Pachtverhältnis im Sinne des § 108 Abs. 1 InsO

Mietverträge im Sinne des § 108 Abs. 1 InsO sind grundsätzlich Mietverträge im Sinne des § 535 BGB[464], also Verträge, bei denen die eine Vertragspartei verpflichtet ist, den Gebrauch der Mietsache zu gewähren, und die andere Partei verpflichtet ist, hierfür ein Entgelt zu zahlen[465]. Sowohl für Mietverträge im Sinne des § 535 BGB als auch für Mietverträge im Sinne des § 108 InsO steht demnach die Nutzungsüberlassung gegen Entgelt im Vordergrund.

a) Operate-Leasingverträge

Jedenfalls Operate-Leasingverträge sind unter diesen Vorgaben Mietverträge im Sinne des § 108 Abs. 1 InsO. Bei ihnen steht der Finanzierungsgedanke im Hintergrund, im Vordergrund steht, für ein Mietverhältnis typisch, die Nutzungsüberlassung und das Absatzinteresse[466]. Operate-Leasingverträge stellen demnach Mietverträge im Sinne des § 108 Abs. 1 InsO dar[467].

b) Finanzierungsleasingverträge

Die Einordnung von Finanzierungsleasingverträgen ist demgegenüber problematischer. An einer Einordnung des Finanzierungsleasings als Mietvertrag im Sinne des § 108 InsO wird von Teilen der Literatur kritisiert, dass gegenüber dem Charakter der vordergründigen Nutzungsüberlassung der Miete beim Finanzierungsleasing vor allem die Finanzierung des Wirtschaftsgutes im Fordergrund stehe[468]. Darüber hinaus seien auch im Übrigen diverse Unterschiede zwischen Miete und Finanzierungsleasing gegeben, beispielsweise, dass die Instandhaltungspflicht des

---

464 *Schmid-Burgk* S. 305; MK-InsO/*Eckert* § 108 Rn. 14.

465 MK-InsO/*Eckert* § 108 Rn. 14; *Palandt/Weidenkaff* 64. Auflage Einf. v. § 535 Rn. 1; MK-BGB/ *Schilling* § 535 Rn. 1; *Erman/Jendrek* Vor § 535 Rn. 1; *Jauernig/Teichmann* Vor § 535 Rn. 1.

466 *Kalkschmid* Rn. 26; vgl. zum Operate-Leasing im Übrigen die Ausführungen auf S. 9 f..

467 *K/P/Prütting* § 47 Rn. 50; HK-InsO/*Eickmann* § 47 Rn. 8; *Lauenstein* S. 40; *Braun/Kroth* § 108 Rn. 7; *Kalkschmid* Rn.26; MK-BGB/*Habersack* Leasing Rn. 4; FK-InsO/*Wegener* § 108 Rn. 9; FK-InsO/*Johnleit/Imberger* § 47 Rn. 28; *H/W/W/Weis* § 47 Rn. 293 *Staudinger/Stoffels* Leasing Rn. 17; a.A. *Seifert* S. 54; Bankrecht und Bankpraxis/*Peters* Rn. 110a.

468 *Canaris* ZIP 1993, 401, 404 ff., der das Finanzierungsleasing als gemischttypischen Vertrag aus Elementen des Kredit- und des Geschäftsbesorgungsrechts ansieht.

Vermieters (§ 536 BGB) beim Finanzierungsleasing meist abbedungen und dem Leasingnehmer auferlegt sei[469].

Trotz der Kritik werden Finanzierungsleasingverträge vom BGH[470] und von einem Großteil der Literatur[471] als atypische Mietverträge angesehen. Wie sich aus den folgenden Argumenten ergibt, ist dieser Ansicht zuzustimmen:

Führt die Gegenansicht an, dass beim Leasing im Unterschied zu den gesetzlichen Vorschriften des Mietrechts meist die Instandhaltungspflicht auf den Leasingnehmer übertragen sei, so ist dieser Argumentation entgegenzuhalten, dass § 536 BGB gem. § 536 Abs. 4 BGB lediglich bei der Vermietung von Wohnraum zwingend ist. Im Umkehrschluss ist aus § 536 Abs. 4 BGB herzuleiten, dass bei der Überlassung von Wirtschaftsgütern im Handelsverkehr vom Gesetzgeber das Abbedingen des § 536 BGB gerade als Möglichkeit vorgesehen wurde. § 536 BGB ist daher kein Argument gegen, sondern ein Argument für die Vergleichbarkeit von Miete und Finanzierungsleasing.

Ein weiteres Argument für die Behandlung des Finanzierungsleasingvertrags als atypischen Mietvertrag im Sinne des § 108 Abs. 1 InsO ist seine Gebrauchsüberlassungsfunktion. Unter kaufmännischen Gesichtspunkten ist für ein Unternehmen, das sich für das Finanzierungsleasing entscheidet, nicht die Frage entscheidend, wie das Wirtschaftsgut am günstigsten erworben werden kann. Zur Gewinnmaximierung ist vielmehr maßgeblich, wie es das Wirtschaftsgut über die Totalperiode der geplanten Nutzung am günstigsten nutzen kann. Ob das Unternehmen das Wirtschaftsgut dabei sein Eigentum nennen kann, wird nebensächlich sein. Das Eigentum selbst wirft keine Rendite ab und kann bilanzoptisch und steuerpolitisch sogar unerwünscht sein. Steht demnach beim Finanzierungsleasing die Gebrauchsüberlassung im Fordergrund, so besteht zwischen Miete und Finanzierungsleasing kein Unterschied, der eine unterschiedliche Behandlung rechtfertigt.

Zuletzt ergibt sich die Einordnung des Finanzierungsleasings auch aus der gesetzgeberischen Zielsetzung des § 108 Abs. 1 InsO. Mit der nachträglichen Einfügung des § 108 Abs. 1 Satz 2 InsO und der dadurch beabsichtigten Ermöglichung der

---

469 *Lauenstein* S. 41.

470 Bspw.: BGH DB 1975, 2366, 2367; BGH DB 1978, 1334, 1335; BGHZ 96, 103, 106 f.; BGH ZIP 1990, 180, 182.

471 *Palandt/Weidenkaff* 64. Auflage Einf. vor § 535 Rn. 38; *Braun/Kroth* § 108 Rn. 7; *Thomas* S. 160; HK-InsO/*Marotzke* § 108 Rn. 17; *K/P/Tintelnot* § 108 Rn. 6, 17 f.; *Bien* S. 1; *Huth* S. 250; *Gottwald/Adolphsen* KS-InsO S. 1061 f. Rn. 70 ff.; *Smid/Smid* InsO § 108 Rn. 10; FK-InsO/*Wegener* § 107 Rn. 5, § 108 Rn. 10; *Engel* BB 1999 Beilage 6, 23, 23 f.; *Fehl* DZWIR 1999, 89; *ders.* StB 1998, Beilage 2, 12, 12; *Schwemer* ZMR 2000, 348, 348; *Seifert* S. 51 f.; Bankrecht und Bankpraxis/*Peters* Rn. 13/110b.

Refinanzierung der Leasingbranche[472] hat der Gesetzgeber zum Ausdruck gebracht, dass er keinen Unterschied zwischen Operate- und Finanzierungsleasingverträgen macht und beide als atypische Mietverträge und damit als Mietverträge im Sinne des § 108 Abs. 1 InsO ansieht[473].

c) Zwischenergebnis

Im Ergebnis stellen sowohl Operate- als auch Finanzierungsleasingverträge ein Miet- und Pachtverhältnis im Sinne des § 108 Abs. 1 InsO dar. Operate- und Finanzierungsleasingverträge sind diesbezüglich gleich zu behandeln[474].

2.) Anforderungen des § 108 Abs. 2 Satz 1 InsO an die Fremdfinanzierung

Handelt es sich demnach sowohl bei Operate- als auch bei Finanzierungsleasingverträgen um Mietverträge im Sinne des § 108 Abs. 1 Satz 2 InsO, so ist weiter zu prüfen, welche Anforderungen an die Fremdfinanzierung zu stellen sind. Einigkeit besteht darüber, dass eine Sicherungsübereignung des Leasingobjektes erfolgen muss, sowie darüber, dass zwischen Finanzierungsgeschäft und Herstellung oder Anschaffung eine kausale Beziehung bestehen muss[475]. Es genügt nicht, wenn die Finanzierung aus einem allgemeinen Betriebsmittelkredit ohne erkennbaren Zusammenhang mit dem konkreten Leasinggut erfolgt. Die konkrete Finanzierung des Leasinggutes muss Auslöser für die Aufnahme des Kredites gewesen sein[476,477]. Fraglich ist allerdings, inwiefern § 108 Abs. 1 Satz 2 InsO voraussetzt,

---

472 Vgl. Bericht es BT-Rechtsausschusses zu Art. 2 des Entwurfs eines Gesetzes zur Änderung des AGB-Gesetzes (BT-Drucks. 13/4699, S. 5 f., abgedruckt in *Balz/Landfermann* S. 335 f.; *N/R/Balthasar* § 108 Rn. 4; *H/W/W/Hess* § 108 Rn. 98 f.; MK-InsO/*Eckert* § 108 Rn. 7; *Bien* S. 2, 10 f.; *ders.* ZIP 1998, 1017, 1017; *Schmid-Burgk* S. 308, 310; *Livonius* S. 5; *Engel* BB 1999 Beilage 6, 23, 23 f.; *Fehl* DZWIR 1999, 89, 91 f.; Bankrecht und Bankpraxis/*Peters* Rn. 13/110a; *Livonius* ZInsO 1998, 111, 112.

473 So überzeugend *Peters* in Bankrecht und Bankpraxis Rn. 13/110b.

474 *Huth* S. 250; *Gottwald/Adolphsen* KS-InsO S. 1062 Rn. 72; HK-InsO/*Marotzke* § 103 Rn. 6.

475 *N/R/Balthasar* § 108 Rn. 13; *Sinz* KS-InsO S. 614 Rn. 53; *ders.* „Factoring in der Insolvenz" Rn. 568 ff.; *Beck/Depré/Ringstmeier* § 15 Rn. 16; *Schmid-Burgk* S. 309; Bankrecht und Bankpraxis/*Peters* Rn. 13/111b; *Uhlenbruck/Sinz* InsO § 108 Rn. 116.

476 *N/R/Balthasar* § 108 Rn. 13; *Sinz* KS-InsO S. 614 Rn. 53; *ders.* „Factoring in der Insolvenz" Rn. 568 ff.; MK-InsO/*Eckert* § 108 Rn. 45; *Schmid-Burgk* S. 309; *Huth* S. 255; *Michalski/Ruess* NZI 2000, 250, 250; Bankrecht und Bankpraxis/*Peters* Rn. 13/111b; *Uhlenbruck/Sinz* InsO § 108 Rn. 116; FK-InsO/*Wegener* § 108 Rn. 15a.

477 Im Einzelfall kann die Abgrenzung, ob ein für § 108 Abs. 1 Satz 2 InsO ausreichender Zusammenhang zwischen Finanzierung und Sicherungsübereignung gegeben ist, schwierig

dass die Finanzierung des „sonstigen Gegenstandes" vollständig durch den Fremdkapitalgeber erfolgt sein muss, oder ob, wie es regelmäßig der Fall sein wird, eine Teilfinanzierung für die Bejahung des § 108 Abs. 1 Satz 2 InsO ausreicht.

Der Wortlaut des § 108 Abs. 1 Satz 2 InsO lässt diesbezüglich keine Rückschlüsse zu. Zur Lösung der Frage, ob eine Teilfinanzierung ausreicht, hilft dagegen die Betrachtung des gesetzgeberischen Motivs zur Einführung des § 108 Abs. 1 Satz 2 InsO. Während das Wahlrecht des § 103 InsO den Sinn und Zweck hat, dem Insolvenzverwalter ein effizientes Mittel an die Hand zu geben, um sein Ziel, nämlich die Sanierung des Betriebes unter höchstmöglicher Befriedigung der Gläubiger (§ 1 InsO), zu erreichen[478], bezweckt § 108 Abs. 1 Satz 2 InsO, die insolvenzfeste Refinanzierung des Leasinggebers durch Fremdkapitalgeber zu sichern[479]. Dies ist sowohl im Sinne des Leasinggebers, der ansonsten die Mittel nicht bekommen würde, als auch im Interesse des Fremdkapitalgebers, der die Mittel bereitstellt. Der Vorrang des § 108 Abs. 1 Satz 2 InsO zeigt, dass es im Sinne des Gesetzgebers ist, dass das Ziel der Sanierung des Betriebes hinter der Sicherung der Refinanzierung zurückstehen muss. Dies zeigt, dass eine teilweise Refinanzierung keine andere Interessenlage und damit auch keine andere Handhabung herbeiführen kann als bei einer 100%igen Fremdfinanzierung. Auch eine nur teilweise Fremdfinanzierung durch eine Bank kann für die Anschaffung bzw. Herstellung des Leasinggutes entscheidend sein. Ohne diese kann die Refinanzierung des Leasinggebers scheitern. Dies soll aber gerade durch die Einführung des § 108 Abs. 1 Satz 2 InsO verhindert werden. Auch hier entspricht es somit den Motiven des Gesetzgebers, die dieser bei Einführung des § 108 Abs. 1 Satz 2 InsO gehabt hat, auch eine teilweise Fremdfinanzierung für eine Anwendung des § 108 Abs. 1 Satz 2 InsO ausreichen zu lassen. Es ist daher festzuhalten, dass bei einer teilweisen Fremdfinanzierung keine anderen Regeln bestehen als bei einer 100%igen Fremdfinanzierung. Diese ist unproblematisch vom Anwendungsbereich des § 108 Abs. 1 Satz 2 InsO umfasst[480].

---

sein. Vgl. hierzu die ausführlichen Darstellungen bei Bankrecht und Bankpraxis/*Peters* Rn. 13/111b-13/111i sowie bei *Engel* BB 1999 Beilage 6, 23, 26 f..

478 *Fehl* DZWIR 1999, 89, 92; *N/R/Balthasar* § 103 Rn. 3.

479 Vgl. Bericht es BT-Rechtsausschusses zu Art. 2 des Entwurfs eines Gesetzes zur Änderung des AGB-Gesetzes (BT-Drucks. 13/4699, S. 5 f., abgedruckt in *Balz/Landfermann* S. 335 f.; *N/R/Balthasar* § 108 Rn. 4; *H/W/W/Hess* § 108 Rn. 98 f.; MK-InsO/*Eckert* § 108 Rn. 7; *Bien* S. 2, 10 f.; *ders.* ZIP 1998, 1017, 1017; *Schmid-Burgk* S. 308, 310; *Livonius* S. 5; *Engel* BB 1999 Beilage 6, 23, 23 f.; *Fehl* DZWIR 1999, 89, 91 f.; Bankrecht und Bankpraxis/*Peters* Rn. 13/110a.

480 Im Ergebnis so auch Bankrecht und Bankpraxis/*Peters* Rn. 13/111b.

3.) Verhältnis des § 108 Abs. 1 Satz 2 InsO zu § 103 InsO

Ist damit sowohl der Anwendungsbereich des § 103 InsO als auch der Anwendungsbereich des § 108 Abs. 1 Satz 2 InsO eröffnet, so stellt sich die Frage, wie sich das Verhältnis des Wahlrechtes des § 103 InsO zum Fortbestand von Dauerschuldverhältnissen nach § 108 Abs. 1 Satz 2 InsO darstellt.

§ 108 InsO ist gegenüber § 103 InsO *lex specialis*. Ein Wahlrecht des Insolvenzverwalters nach § 103 InsO besteht nur dann, wenn nicht § 108 Abs. 1 InsO einschlägig ist[481]. Dies ergibt sich aus einem Vergleich der Regelungsinhalte beider Normen. Das Wahlrecht des § 103 InsO führt nach neuerer Rechtsprechung und der hier vertretenen Auffassung dazu, dass mit Eröffnung des Insolvenzverfahrens zwar die zwischen der Fondsgesellschaft und dem Leasingnehmer bestehenden gegenseitigen Verträge, zu denen auch der Leasingvertrag gehört, fortbestehen, dass aber die vertraglichen Erfüllungsansprüche bis zur Ausübung des Wahlrechtes ihre Durchsetzbarkeit verlieren[482]. § 108 Abs. 1 InsO dagegen regelt ausweislich seines Wortlautes, dass die dort genannten Dauerschuldverhältnisse ununterbrochen fortbestehen. § 108 Abs. 1 InsO stellt somit für die in der Norm genannten Vertragsverhältnisse einen Ausnahmetatbestand gegenüber den Regelungen für gegenseitige Verträge im Allgemeinen beinhaltenden § 103 InsO dar.

Dieses Ergebnis entspricht auch der gesetzgeberischen Zielsetzung bei Schaffung der §§ 103 und 108 InsO. Der Gesetzgeber hat mit der Einführung des § 108 Abs. 1 Satz 2 InsO einem besonderen Wunsch der Leasingbranche und deren Fremdkapitalgeber Rechnung getragen[483]. Durch die Einführung des § 108 Abs. 1 Satz 2 InsO wollte der Gesetzgeber erreichen, dass mit Inkrafttreten der Insolvenzordnung mittelständischen Leasinggesellschaften nicht die Finanzierungsgrundlage entzogen wird[484]. Mittelständische Leasinggesellschaften waren (wie auch heute) mangels ausreichendem Eigenkapital regelmäßig auf die Finanzierung durch Fremdkapitalgeber angewiesen. Indem der Gesetzgeber von der zum Zeitpunkt der Einführung der Insolvenzordnung geltenden Erlöschenstheorie des BGH ausgehen musste, wäre die Sicherungsabtretung künftiger Leasingraten wegen des durch die Verfahrenseröffnung verursachten Erlöschens der vertraglichen Ansprüche und der lastenfreien Neubegründung derselben nach Wahl der Erfüllung des Vertrages

---

481 *Braun/Kroth* § 108 Rn. 1; HK-InsO/*Marotzke* § 108 Rn. 1; *Schmid-Burgk* S. 310; *Bien* S. 2; *Engel* BB 1999 Beilage 6, 23, 25; *Pape* KS-InsO S. 536 Rn. 3; *Abel* NZI 2003, 121, 124; *Beck/Depré/Ringstmeier* § 15 Rn. 13 f.; *K/P/Tintelnot* § 108 Rn. 1; *Smid/Smid* InsO § 108 Rn. 1.

482 Vgl. hierzu die Ausführungen auf S. 38 ff..

483 *Beck/Depré/Ringstmeier* § 15 Rn. 14; *Huth* S. 254; MK-InsO/*Eckert* § 108 Rn. 7 f..

484 *H/W/W/Hess* § 108 Rn. 16; *Engel/Völkers* Rn. 345; *Huth* S. 254; *Bien* S. 2; *Braun/Kroth* § 108 Rn. 3; MK-InsO/*Eckert* § 108 Rn. 7; *Zahn* DB 1996, 1393, 1393 f..

nicht insolvenzfest gewesen. Die nach Ausübung des Wahlrechts neu entstehenden Ansprüche wären in Folge der Erlöschenstheorie nicht von der Sicherungsabtretung umfasst gewesen[485]. Den Leasinggesellschaften wäre ohne die Einführung des § 108 Abs. 1 Satz 2 InsO nur unter Stellung zusätzlicher Sicherheiten und damit erschwert oder aber mangels werthaltiger Sicherheiten überhaupt keine Refinanzierung durch Fremdkapitalgeber möglich gewesen[486]. Viele Leasinggesellschaft hätten ohne § 108 Abs. 1 Satz 2 InsO nicht überleben können. Leasinggesellschaften mit ausreichend Sicherheiten hätten auf Grund schlechterer Bonität eine Kapitalaufnahme nur zu schlechteren Konditionen erhalten, wodurch sich die Leasingraten erhöht hätten.

4.) Zwischenergebnis

Leasingverträge, für deren Anschaffung die Fondsgesellschaft eine Fremdkapitalfinanzierung unter Sicherungsübertragung des Leasinggegenstandes vorgenommen hat, bestehen in der Insolvenz der Fondsgesellschaft mit Wirkung für die Insolvenzmasse fort. Sie sind demnach insolvenzfest[487].

II. Kündigungs- und Rücktrittsrechte bei Insolvenz der Fondsgesellschaft

Die durch § 108 Abs. 1 Satz 2 InsO erfolgte Gleichstellung finanzierter Mobilienleasingverträge mit Immobilienleasingverträgen beschränkt sich auf die Gleichstellung hinsichtlich des Fortbestandes der Leasingverträge nach Eröffnung eines Insolvenzverfahrens über das Vermögen der Fondsgesellschaft. Eine Gleichstellung in Bezug auf die Sonderkündigungsrechte der §§ 109 und 111 InsO hat der Gesetzgeber unterlassen. Der Anwendungsbereich der §§ 109 und 111 InsO ist nach dem Wortlaut der jeweiligen Norm auch nach Einführung des § 108 Abs. 1 Satz 2 InsO ausdrücklich auf unbewegliche Gegenstände beschränkt[488]. Die §§ 109 und 111 InsO sind daher, gleich ob die Finanzierung unter Sicherungsübereignung oder ohne Sicherungsübereignung erfolgt ist, nicht anwendbar.

---

485 MK-InsO/*Eckert* § 108 Rn. 7; *Braun/Kroth* § 108 Rn. 3; *K/P/Tintelnot* § 108 Rn. 3.

486 *Engel/Völkers* Rn. 345; *Beck/Depré/Ringstmeier* § 15 Rn. 15; MK-InsO/*Eckert* § 108 Rn. 7; *K/P/Tintelnot* § 108 Rn. 3; *Zahn* DB 1996, 1393, 1393 f..

487 *Bien* ZIP 1998, 1017, 1021; *H/W/W/Hess* § 108 Rn. 100; *K/P/Tintelnot* § 108 Rn. 3; *Smid/Smid* § InsO 108 Rn. 13.

488 In Bezug auf § 109: MK-InsO/*Eckert* § 109 Rn. 8; FK-InsO/*Wegener* § 109 Rn. 1; *Smid/Smid* InsO § 109 Rn. 2; *Uhlenbruck/Sinz/Berscheid* InsO § 109 Rn. 2; *Braun/Kroth* § 109 Rn. 5; HK-InsO/*Marotzke* § 109 Rn. 1; in Bezug auf § 111: *Uhlenbruck/Berscheid* InsO § 111 Rn. 1; MK-InsO/*Eckert* § 111 Rn. 1; FK-InsO/*Wegener* § 111 Rn. 2; *Smid/Smid* InsO § 111 Rn. 1; *Braun/Kroth* § 111 Rn. 3; HK-InsO/*Marotzke* § 111 Rn. 2.

Eine Anwendung der Kündigungssperre des § 112 InsO auf finanzierte Mobilienleasingverträge scheidet in der Insolvenz der Fondsgesellschaft mangels Leasingnehmerstellung der Fondsgesellschaft aus.

III. Auswirkungen der Sicherungsübereignung sowie Auswirkungen der Insolvenz auf die Sicherungsübereignung

1.) Das Veräußerungsverbot der §§ 81 Abs. 1, 91 Abs. 1 InsO

Hat die Fondsgesellschaft das Investitionsobjekt im Rahmen der Finanzierung an einen Fremdkapitalgeber zur Sicherung übereignet, so ist das Eigentum auf den Fremdkapitalgeber übergegangen. Dieser Eigentumsübergang wird durch die Insolvenz der Fondsgesellschaft nicht berührt. Der Eigentümerwechsel wird nicht durch das Veräußerungsverbot der §§ 81 Abs. 1, 91 Abs. 1 InsO beeinflusst. Voraussetzung für ein solches Verbot ist der Erwerb des Eigentums nach Eröffnung des Insolvenzverfahrens[489]. Die Sicherungsübereignung erfolgt aber im Rahmen der Anschaffung des Leasinggutes. Zu diesem Zeitpunkt ist regelmäßig kein Insolvenzverfahren in Sicht oder gar eröffnet, da die Bank die Finanzierung ansonsten nicht übernehmen würde.

2.) Abgesonderte Befriedigung des Fremdkapitalgebers gem. §§ 51 Nr. 1, 50, 166-173 InsO

Zivilrechtlich wird der Fremdkapitalgeber durch die Sicherungsübereignung Eigentümer des Investitionsobjekts. Insolvenzrechtlich kann er aber gem. §§ 51 Nr. 1, 50, 166-173 InsO nur abgesonderte Befriedigung verlangen[490]. Der Sicherungseigentümer wird zwar formal-rechtlich Eigentümer, er hat aber letztlich kein Recht auf das Sicherungsgut selbst, sondern nur ein pfandrechtsähnliches Recht auf den in ihm verkörperten Wert, den er als Verwertungserlös soweit beanspruchen kann,

---

489 MK-InsO/*Ott* § 81 Rn. 8; MK-InsO/*Breuer* § 91 Rn. 18; HK-InsO/*Eickmann* § 81 Rn. 4, § 91 Rn. 2; *Braun/Kroth* § 81 Rn. 6; *H/W/W/Hess* § 81 Rn. 11; *H/W/W/Weis* § 91 Rn. 16; *K/P/Lüke* § 81 Rn. 10; *Uhlenbruck/Uhlenbruck* InsO § 81 Rn. 5.

490 *H/W/W/Weis* § 47 Rn. 177; *Uhlenbruck/Uhlenbruck* InsO § 51 Rn. 2; MK-InsO/*Ganter* § 47 Rn. 381, § 51 Rn. 4 ff.; *K/P/Prütting* § 51 Rn. 10; HK-InsO/*Eickmann* § 51 Rn. 4; *Braun/Bäuerle* § 51 Rn. 4; *Reinicke/Tiedtke* Kreditsicherungsrecht Rn. 584; *Hess* „Bankrechtstag 1999“ S. 119; *Michalski/Ruess* NZI 2000, 250, 252; *Bien* S. 63; FK-InsO/*Joneleit/Imberger* § 51 Rn. 5; vor in Kraft treten der Insolvenzordnung entsprach dies bereits der herrschenden Ansicht, mit dem in Kraft treten wurde dies in das Gesetz aufgenommen (Nachweise für die früher herrschende Ansicht bei *Reinicke/Tiedtke* Kreditsicherungsrecht Rn. 584, Fn. 196).

wie seine Forderung reicht[491]. Nach der wirtschaftlichen Betrachtung der Insolvenzordnung steht das Sicherungseigentum der Verpfändung näher als der Übereignung[492]. Der Sicherungseigentümer kann daher vom Insolvenzverwalter nur die Befriedigung vor allen anderen Gläubigern und damit nur verlangen, dass der Verwertungserlös vorrangig zur Tilgung seiner gesicherten Forderung verwertet wird[493].

Bei der Geltendmachung des Absonderungsrechts am sicherungsübereigneten Gegenstand ergibt sich die Frage, wem das Verwertungsrecht zusteht. Für den refinanzierenden Fremdkapitalgeber hängt hiervon ab, ob ein Teil des Verwertungserlöses nach §§ 170, 171 InsO einzubehalten ist[494].

Die Verwertung eines Wirtschaftsgutes, das nach der Insolvenzordnung als beweglicher Gegenstand zu behandeln ist und an dem ein Absonderungsrecht besteht, ist in den §§ 166-173 InsO geregelt[495]. Die Verwertung erfolgt entweder durch den Insolvenzverwalter oder durch den Absonderungsgläubiger. Der Insolvenzverwalter ist gem. § 166 Abs. 1 InsO zur freihändigen Verwertung des Leasinggutes berechtigt, wenn er das Leasinggut in Besitz hat. Andernfalls hat der Gläubiger das Investitionsgut des geschlossenen Fonds zu verwerten, § 173 Abs. 1 InsO[496]. Entscheidend ist somit, ob der Insolvenzverwalter Besitz im Sinne des § 166 InsO inne hat. Hinzu kommt die Frage, ob die §§ 165-172 InsO überhaupt auf die hier behandelten Mobilienfonds anwendbar sind. Die §§ 165-172 InsO sehen nur Regelungen über die Verwertung beweglicher Gegenstände, also den Fall geschlossener Containerfonds, vor. Zu prüfen ist daher neben der Frage des Besitzes auch, ob die Verwertungsvorschriften auf die Verwertung immaterieller Wirtschaftsgüter und damit auf geschlossene Medienfonds Anwendung finden.

a) Analogie zu § 166 Abs. 2 InsO bei geschlossenen Medienfonds

Die §§ 165-172 InsO sehen keine ausdrückliche Regelungen für die Befriedigung aus einem zur Sicherheit übertragenen immateriellen Wirtschaftsgut vor. Dem Wortlaut nach sind diese Vorschriften auf die Verwertung beweglicher Gegens-

---

491 *Bork* InsO Rn. 240; *Hess* „Bankrechtstag 1999“ S. 119.

492 MK-InsO/*Ganter* § 51 Rn. 9; HK-InsO/*Eickmann* § 51 Rn. 4; *Uhlenbruck/Uhlenbruck* InsO § 51 Rn. 2; FK-InsO/*Johnleit/Imberger* § 51 Rn. 5; *K/P/Prütting* § 51 Rn. 10.

493 *N/R/Andres* § 49 Rn. 1; *Bork* InsO Rn. 246; *Gottwald/Gottwald* § 41 Rn. 1; *Häsemeyer* Rn. 18.01; *Beck/Depré/Beck* § 1 Rn. 128; *Haarmeyer/Wutzke/Förster* S. 667.

494 *Schwemer* ZMR 2000, 348, 351 f.; *Bien* S. 3 f..

495 HK-InsO/*Landfermann* Vorb. zu §§ 165-173 Rn. 2.

496 HK-InsO/*Landfermann* § 173 Rn. 3; *Braun/Gerbers* § 173 Rn. 2; MK-InsO/*Lwowski* § 173 Rn. 11; *H/W/W/Hess* § 173 Rn. 1.

tände und Forderungen beschränkt. Dies bedeutet aber nicht, dass der Fremdkapitalgeber in Folge dessen immaterielle Wirtschaftsgüter als Sicherungseigentümer gem. § 173 InsO verwerten darf. Vielmehr soll nach der Literatur eine Regelungslücke bestehen, die eine analoge Anwendung des § 166 Abs. 2 InsO ermöglicht[497]. Die Materialien der Gesetzgebung zeigen, dass man sich vor allem von der Abgrenzung zwischen Sicherungsabtretung und Verpfändung beherrschen ließ und dabei die Kategorien Rechte und Forderungen gleich setzte[498]. Daher soll der Verwalter in entsprechender Anwendung von § 166 Abs. 2 Satz 1 InsO auch andere Rechte als Forderungen (z.B. Marken, Patente, Urheberrechte) und sonstige unkörperliche Gegenstände (z.B. Ideen, Wissen, Kundenstamm) verwerten können[499]. Geschlossene Container- und geschlossene Medienfonds sind daher gleichzusetzen und dem Anwendungsbereich der §§ 166-173 InsO zu unterwerfen. Es bestätigt sich auch hier die Einordnung der Medienfonds als Mobilienfonds.

b) „Besitz" im Sinne des § 166 InsO

aa) Insolvenzverwalter = mittelbarer Besitzer im Sinne des § 868 BGB

Im Falle des Leasings ist der Insolvenzverwalter der Fondsgesellschaft mittelbarer Besitzer des Leasinggutes. Das Leasinggut befindet sich beim Leasingnehmer, der mittelbare Besitz im Sinne des § 868 BGB begründet sich aus dem in der vorliegenden Variante gem. § 108 Abs. 1 Satz 2 InsO auch nach Eröffnung des Insolvenzverfahrens fortbestehenden Leasingvertrag. Dabei wirkt es sich auf das Vorliegen eines mittelbaren Besitzes beim Insolvenzverwalters nicht aus, dass der Investitionsgegenstand dem Fremdkapitalgeber sicherungsübereignet wurde, und dass die Leasingraten gegebenenfalls an den Fremdkapitalgeber zur Sicherheit abgetreten wurden. Der Insolvenzverwalter mittelt den Besitz für den Fremdkapitalgeber aufgrund der Sicherungsabrede. Der Leasingnehmer mittelt wiederum den Besitz für den Insolvenzverwalter. Der Insolvenzverwalter ist demnach bei Insolvenz der Fondsgesellschaft mittelbarer Besitzer im Sinne des § 868 BGB[500].

---

[497] *N/R/Becker* § 166 Rn. 34 f.; *Gottwald/Gottwald* § 42 Rn. 99; kritisch: HK-InsO/*Landfermann* § 166 Rn. 19; für eine analoge Anwendung des § 166 Abs. 1 InsO: *Häcker* ZIP 2001, 995, 995 ff.; eine Analogie dagegen grundsätzlich ablehnend, da der Gesetzgeber sonstige Gegenstände als Sachen und Forderungen bewusst habe von den §§ 166-172 InsO ausschließen wollen: *Lwowski/Hoes* WM 1999, 771, 776 f. (bezogen auf Markenrechte).

[498] *N/R/Becker* § 166 Rn. 35.

[499] *N/R/Becker* § 166 Rn. 35.

[500] *Michalski/Ruess* NZI 2000, 250, 252.

bb) Mittelbarer Besitz als Besitz im Sinne des § 166 InsO

Daraus ergibt sich die Frage, ob ein mittelbarer Besitz einen Besitz im Sinne des § 166 Abs. 1 InsO darstellt. Die Bejahung dieser Frage hätte zur Folge, dass der Insolvenzverwalter zur Verwertung berechtigt wäre. Würde der mittelbare Besitz dagegen nicht ausreichen, so würde ein Verwertungsrecht gem. § 173 Abs. 1 InsO ausschließlich dem Fremdkapitalgeber zustehen[501].

Die Antwort auf diese Frage ist in der Literatur umstritten und von der Rechtsprechung, soweit ersichtlich, noch nicht entschieden.

Nach einer Ansicht sei mittelbarer Besitz kein Besitz im Sinne des § 166 Abs. 1 InsO[502]. Nach der *ratio legis* der Norm solle das Verwertungsrecht des Insolvenzverwalters verhindern, dass absonderungsberechtigte Gläubiger dem Betrieb Gegenstände entziehen, die für eine Fortführung noch benötigt werden oder für die sich ein höherer Verwertungserlös erzielen ließe, wenn sie im Verbund mit anderen Gegenständen veräußern würden[503]. Da sich das Leasingobjekt aber nicht beim Leasingnehmer befinde, sei der Insolvenzverwalter zur Fortführung des Betriebes weder auf die Verfügbarkeit des Leasingobjekt angewiesen, noch würde sich der Verwertungserlös schmälern, wenn das Leasingobjekt nicht in das Verfahren einbezogen würde[504].

Überzeugender ist jedoch die Gegenansicht[505], nach der mittelbarer Besitz für §

---

501 Nachweise vgl. Fn. 343.

502 MK-InsO/*Lwowski* § 166 Rn. 37, 50; *Sinz* KS-InsO S. 617 Rn. 58; *Obermüller* Rn. 7.54; Bankrecht und Bankpraxis/*Peters* Rn. 13/115a; *K/P/Kemper* § 166 Rn. 4; *Schwemer* ZMR 2000, 348, 352; *Michalski/Ruess* NZI 2000, 250, 252 f.; *N/R/Becker* § 166 Rn. 17f.; *Haunschild* DZWiR 1999, 60.61; *Zahn* DB 1995, 1649, 1649; *Kalt* BB 1996, Beilage 8.

503 Begründung zum Gesetzentwurf, BT-Drucks. 12/2443, S. 178 f. zu § 191 RegE InsO; Bankrecht und Bankpraxis/*Peters* Rn. 13/115a; *Sinz* KS-InsO S. 617 Rn. 58; *ders.* „Factoring in der Insolvenz" Rn. 570; *Zahn* DB 1995, 1649, 1649; MK-InsO/*Lwowski* § 166 Rn. 37.

504 *Sinz* KS-InsO S. 617 Rn. 58; *Obermüller* Rn. 7.54; *Zahn* DB 1995, 1649, 1649; *Huth* S. 257 MK-InsO/*Lwowski* § 166 Rn. 50; Bankrecht und Bankpraxis/*Peters* Rn. 13/ 115a; *Sinz* „Factoring in der Insolvenz" Rn. 570.

505 *Gottwald/Gottwald* § 42 Rn. 102; *Engel/Völckers* Rn. 370; *Henckel/Kreft/Grub* S: 134; HK-InsO/*Landfermann* § 166 Rn. 11; *Bork* InsO Rn. 254; *ders.* „Festschrift für Gaul" S. 75 *Obermüller/Livonius* DB 1995, 27, 32; *Smid* WM 1999, 1141, 1141 f.; FK-InsO/*Wegener* § 166 Rn. 4; *Bien* S. 64 ff.; einschränkend in der Hinsicht, dass mittelbarer Besitz des Insolvenzverwalters nur ausreiche, wenn er in einer Kette von Besitzmittlungsverhältnissen dem unmittelbaren Besitzer näher steht als der Gläubiger: *Hess* „Bankrechtstag 1999" S. 119 Fn. 54; *Braun/Gerbers* § 166 Rn. 7; *Smid/Smid* InsO § 166 Rn. 16; *N/R/Becker* § 166 Rn. 17 einschränkend in der Hinsicht, dass mittelbarer Besitz ausreiche, wenn, wie beim Leasing, der unmittelbare Besitz dem Geschäftskonzept des schuldnerischen Unternehmens entsprechend einem Dritten eingeräumt ist; *Gaul* ZInsO 2000, 256, 261 ff. einschränkend auf die

166 Abs. 1 InsO ausreiche und dem Insolvenzverwalter daher ein Verwertungsrecht gebe. Hierfür sprechen eine Reihe von Argumenten:

Zwar wäre es für einen Sicherungseigentümer regelmäßig vorteilhaft, wenn eine Abführungspflicht eines Kostenbeitrages nicht bestünde, da dann auch dieser Betrag zur Befriedigung ausstehender Forderungen eingesetzt werden könnte. Doch entspricht diese Ansicht eher dem Willen des Gesetzgebers bei Schaffung des § 166 InsO[506]. Ein wesentlicher Zweck der Neuerung der Insolvenzordnung war es, einen Verfahrensbeitrag von den gesicherten Gläubigern einer beweglichen Sache zu erheben[507]. Dies wird nur erreicht, wenn man mittelbaren Besitz ausrechen lässt. Gewährt man dem Insolvenzverwalter dadurch ein Verwertungsrecht, muss der Fremdkapitalgeber als Sicherungsnehmer gem. §§ 170 Abs. 2, 171 Abs. 1 InsO einen Kostenbeitrag in Höhe von 4 % des Verwertungserlöses als Feststellungskosten sowie den Umsatzsteuerbetrag an die Masse abführen[508]. Daneben fallen für die Verwertung weitere 5 % des Bruttoerlöses an, es sei denn, die Kosten der Verwertung sind nachweisbar erheblich höher oder niedriger[509].

Darüber hinaus ist der Insolvenzverwalter entgegen der erstgenanten Ansicht gerade auf die Verfügbarkeit über das Leasingobjekts angewiesen, was nur bei Bejahung des § 166 Abs. 1 InsO gewährleistet ist. Das Leasing stellt den hauptsächlichen wirtschaftlichen Betätigungsbereich einer Fondsgesellschaft dar. Will der Insolvenzverwalter den Betrieb fortführen und sanieren, braucht er die Entscheidungsbefugnis über die Fortführung des Leasingvertrages und die Verwertung des Leasingobjektes, da er den Geschäftsbetrieb ansonsten nicht Aufrecht erhalten kann. Die Möglichkeit des Fremdkapitalgebers, dem Insolvenzverwalter durch die Verwertung Gegenstände zu entziehen, würde daher dem Ziel der Sanierung des Betriebes oder zumindest der bestmöglichen Befriedigung aller Gläubiger entgegenstehen, da dem Insolvenzverwalter in seinen Verwertungsmöglichkeiten beschränkt wäre.

Für ein Verwertungsrechts des Insolvenzverwalters als mittelbarer Besitzer spricht weiterhin, dass dadurch entsprechend der *ratio legis* des § 166 Abs. 1 InsO die Möglichkeit besteht, dass durch eine Verwertung mehrerer Gegenstände im Verbund ein höherer Verwertungserlös mit der Folge einer höheren Gläubigerbefriedigung erzielt werden kann und eine Verwertung regelmäßig durch den Insol-

Fälle, in denen der Insolvenzverwalter darlegt und beweist, dass er die Gegenstände, die sich bei einem Dritten befinden, für eine Fortführung des Geschäftsbetriebes des Insolvenzschuldners benötigt.

506 *Braun/Gerbers* § 166 Rn. 7; FK-InsO/*Wegener* § 166 Rn. 4.

507 *Engel/Völckers* Rn. 370.

508 *Engel/Völckers* Rn. 370.

509 *Engel/Völckers* Rn. 379.

venzverwalter einfacher möglich ist, als durch den Fremdkapitalgeber. Der Insolvenzverwalter muss, anders als der Fremdkapitalgeber, nicht die Wirksamkeit der Sicherungsübereignung und den Eintritt des Sicherungsfalles nachweisen. Gerade eine solche Vereinfachung der Verwertung war eine weitere gesetzgeberische Intention bei Schaffung des § 166 InsO und macht eine weite Auslegung des Besitzes im Sinne des § 166 Abs. 1 InsO erforderlich[510]. Die Sanierung des Betriebes und die Vereinfachung der Verwertung erfordert es daher, dass dem Insolvenzverwalter das Verwertungsrecht zusteht. Dazu ist es notwendig, den mittelbaren Besitz des Insolvenzverwalters als Besitz im Sinne des § 166 Abs. 1 InsO anzuerkennen.

Der hier favorisierten Ansicht, nach der dem Insolvenzverwalter nach § 166 Abs. 1 InsO ein Verwertungsrecht zusteht, stehen zuletzt auch nicht die Verwertungsinteressen des Fremdkapitalgebers entgegen. Vielmehr schafft § 168 InsO einen Ausgleich und zeigt gleichzeitig, dass der Gesetzgeber keine Unterscheidung zwischen mittelbarem und unmittelbarem Besitz treffen, sondern dem Insolvenzverwalter generell die Verwertungsbefugnis zuteilen wollte. § 168 InsO gesteht dem Fremdkapitalgeber eine Mitwirkung bei der Verwertung zu und sichert damit, dass seine Interessen gewahrt bleiben.

c) Zwischenergebnis

In Folge dessen lässt sich als Ergebnis festhalten, dass der Insolvenzverwalter als mittelbarer Besitzer im Sinne des § 166 Abs. 1 InsO Besitz inne hat und damit zur Verwertung des Investitionsgegenstandes zuständig ist. Der Fremdkapitalgeber darf den Leasinggegenstand nur dann verwerten, wenn ihm der Insolvenzverwalter die Sache zur Verwertung überlassen hat. Gleichgültig, ob der Insolvenzverwalter selbst verwertet, oder ob er die Verwertung dem Fremdkapitalgeber überlässt, muss er einen Kostenbeitrag in Höhe von 4 % des Verwertungserlöses als Feststellungskosten zuzüglich Umsatzsteuer vorweg an die Masse abführen. Daneben fallen für die Verwertung 5 % des Bruttoerlöses an, es sei denn, die Kosten der Verwertung sind nachweisbar erheblich höher oder erheblich niedriger.

C. Ergebnis

Die Voraussetzungen für das Vorliegen des Wahlrechtes nach § 103 InsO sind nach dem Wortlaut der Norm bei geschlossenen Mobilienfonds erfüllt, gleich, ob im Rahmen der Finanzierung des Leasinggegenstandes eine Sicherungsübereig-

---

510 *Bien* S. 64 ff..

nung erfolgt oder nicht. Trotzdem § 103 InsO seinem Wortlaut nach erfüllt ist, steht dem Insolvenzverwalter der Fondsgesellschaft das Wahlrecht des § 103 InsO aber nicht zu, wenn der Leasinggegenstand an einen Fremdkapitalgeber zur Sicherheit übereignet wurde (sog. „finanziertes Mobilienleasing"). Neben § 103 InsO ist in diesem Fall auch § 108 Abs. 1 Satz 2 InsO erfüllt. § 108 Abs. 1 Satz 2 InsO geht dem § 103 InsO als *lex specialis* vor. Hat demnach im Rahmen der Finanzierung des Leasinggegenstandes eine Sicherungsübereignung an einen Fremdkapitalgeber stattgefunden, besteht der Leasingvertrag trotz Eröffnung des Insolvenzverfahrens fort. Hat dagegen keine Sicherungsübereignung stattgefunden, hat der Insolvenzverwalter ein Wahlrecht hinsichtlich der Erfüllung des Vertrages.

Unabhängig vom Fortbestehen des Leasingvertrages ist der Insolvenzverwalter zur Verwertung des Investitionsgegenstandes des insolventen Fonds befugt. Dem Fremdkapitalgeber ist eine Verwertung nur gestattet, soweit der Insolvenzverwalter ihm das Leasingobjekt zur Verwertung überlassen hat.

Kapitel 2: Leasingraten in der Insolvenz der Fondsgesellschaft

A. Leasingraten für die Zeit vor Eröffnung des Insolvenzverfahrens

Auf vertragliche Zahlungsansprüche für die Zeit vor Eröffnung des Insolvenzverfahrens hat eine Insolvenz der Fondsgesellschaft keinen Einfluss. Die Eröffnung des Insolvenzverfahrens wirkt sich auf das Vertragsverhältnis erst ab dem Zeitpunkt der Verfahrenseröffnung aus. Hat ein Leasingnehmer seine vertraglichen Verpflichtungen auf Zahlung der Leasingraten für den Zeitraum vor Verfahrenseröffnung nicht erfüllt, so besteht nach Verfahrenseröffnung ein Zahlungsanspruch des Insolvenzverwalters bzw. bei Abtretung der Forderungen ein Zahlungsanspruch des Zessionars[511].

B. Leasingraten für die Zeit nach Eröffnung des Insolvenzverfahrens

Für die Zeit nach Eröffnung des Insolvenzverfahrens drängen sich bei einer Insolvenz der Fondsgesellschaft im Hinblick auf Ansprüche des Insolvenzverwalters bzw. Ansprüche eines Zessionars zwei Fragen auf, die im Folgenden zu untersuchen sind. Zum einen stellt sich die Frage, ob nach Verfahrenseröffnung überhaupt

---

[511] BGHZ 129, 336, 340; MK-InsO/*Kreft* § 103 Rn. 32.

ein Zahlungsanspruch besteht, zum anderen stellt sich - soweit dies der Fall ist - die Frage, wer Gläubiger dieses Anspruchs ist.

I. Ansprüche der Fondsgesellschaft bei Finanzierung ohne Sicherungsabtretung, Forfaitierung und Factoring

1.) Ansprüche bei Finanzierung ohne Sicherungsübereignung

Im Hinblick auf das Bestehen eines Anspruchs auf Zahlung der Leasingraten nach Eröffnung des Insolvenzverfahrens über das Vermögen der Fondsgesellschaft und erfolgter Finanzierung des Investitionsgegenstandes ohne Sicherungsübereignung sind die Ausführungen über Leasingraten in der Insolvenz des Leasingnehmers weitgehend entsprechend anzuwenden. Wie bei der Insolvenz des Leasingnehmers liegt im Zeitraum bis zur Verfahrenseröffnung sowie im Zeitraum nach Erfüllungswahl ein wirksamer und hinsichtlich der Erfüllungsansprüche durchsetzbarer Leasingvertrag vor. Im Zeitraum zwischen Verfahrenseröffnung und Wahlrechtsausübung im Sinne des § 103 Abs. 1 InsO besteht ein in Bezug auf die Erfüllungsansprüche undurchsetzbarer Leasingvertrag, im Falle der Wahlrechtsausübung im Sinne des § 103 Abs. 2 Satz 1 InsO steht den Erfüllungsansprüchen ab dem Zeitpunkt der Wahlrechtsausübung ein Leistungsverweigerungsrecht entgegen. In Folge dessen besteht bis zur Eröffnung des Insolvenzverfahrens ein durchsetzbarer vertraglicher Anspruch auf Zahlung der Leasingraten. Nach Verfahrenseröffnung hat die Fondsgesellschaft, unabhängig von der späteren Wahlrechtsausübung, bis zur Ausübung des Wahlrechts keinen durchsetzbaren vertraglichen Anspruch gegen den Leasingnehmer, wohl aber gem. §§ 990 Abs. 1, 987 BGB, 35 InsO einen gesetzlichen Anspruch auf Nutzungsersatz in Höhe der Leasingraten. Wählt der Insolvenzverwalter Erfüllung des Vertrages, so tritt an die Stelle des Nutzungsersatzanspruchs aus EBV (ein entsprechender Anspruch besteht auf Grund der Wiederentstehung des Leasingvertrages als Besitzrecht und des damit verbundenen Untergangs der Vindikationslage nicht mehr) ein durchsetzbarer vertraglicher Anspruch auf Zahlung der Leasingraten an die Masse. Lehnt der Insolvenzverwalter die Erfüllung des Leasingvertrages dagegen ab, so besteht ein Nutzungsersatzanspruch aus §§ 990 Abs. 1, 987 BGB, 35 InsO bis zur Rückgabe des Leasinggegenstandes fort.

2.) Ansprüche bei Finanzierung mit Sicherungsübereignung

Im Unterschied zur Rechtslage bei Finanzierung ohne Sicherungsübereignung bestehen durchsetzbare vertragliche Erfüllungsansprüche auf Zahlung der Leasingraten im Falle der Finanzierung gegen Sicherungsübereignung gem. § 108 Abs. 1

Satz 2 InsO, unbeeinflusst von der Eröffnung des Insolvenzverfahrens automatisch mit Wirkung für die Insolvenzmasse, fort[512]. Dies gilt sowohl bei strukturierten Finanzierungen in Form geschlossener Containerfonds als auch in Form geschlossener Medienfonds. Sowohl die Container als bewegliche Gegenstände als auch die Filmrechte sind „sonstige Gegenstände" im Sinne des § 108 Abs. 1 Satz 2 InsO[513]. Die vertraglich geschuldeten Leasingraten sind an die Masse (§ 35 InsO) zu begleichen.

II. Ansprüche des Fremdkapitalgebers bei Finanzierung gegen Sicherungsabtretung der Leasingraten

1. Das insolvenzrechtliche Verfügungsverbot der §§ 81, 91 InsO

Zur Sicherung der Finanzierung werden dem Fremdkapitalgeber bei geschlossenen Mobilienfonds regelmäßig die künftig vom Leasingnehmer zu entrichtenden Leasingraten abgetreten. Eine solche Abtretung künftiger Ansprüche ist zivilrechtlich grundsätzlich wirksam[514]. Der Sicherungsnehmer erwirbt bei einer solchen Sicherungsabtretung rechtlich die volle Gläubigerstellung. Nach der zwischen den Parteien vereinbarten Sicherungsabrede sollen ihm aber nur die Befugnisse ähnlich denen eines Pfandgläubigers zustehen[515]. Wie oben eingehend erörtert wurde, umfasst die Sicherungsabtretung, unabhängig, ob auf Grund einer erfolgten Sicherungsübereignung durchgängig durchsetzbare vertragliche Ansprüche bestehen, oder ob an deren Stelle bei nicht erfolgter Sicherungsübereignung zeitweise Ansprüche auf Nutzungsersatz aus EBV treten, sämtliche Entgeltansprüche der nunmehr insolventen Fondsgesellschaft gegen den Leasingnehmer.

Im Falle der Sicherungsabtretung künftiger Leasingraten stellt sich die Frage, ob es sich bei den im Voraus abgetretenen Leasingraten und Nutzungsentgeltforderungen, die für die Zeit nach Eröffnung des Insolvenzverfahrens anfallen, um solche handelt, die im Sinne der §§ 81, 91 InsO unter das Verfügungsverbot nach Eröffnung des Insolvenzverfahrens fallen, oder ob die Abtretung auch nach Eröffnung des Insolvenzverfahrens wirksam bleibt.

---

[512] *Uhlenbruck/Berscheid* InsO § 108 Rn. 29.

[513] HK-InsO/*Marotzke* § 108 Rn. 9; *Smid/Smid* InsO § 108 Rn. 5; *Uhlenbruck/Berscheid* InsO § 108 Rn. 16f..

[514] *Palandt/Heinrichs* 64. Auflage § 398 Rn. 11.

[515] *Hess* „Bankrechtstag 1999" S. 124.

a) Verfügungsverbot bei Finanzierung ohne Sicherungsübereignung

Gem. §§ 81, 91 InsO können Rechte an den Gegenständen der Insolvenzmasse nach der Eröffnung des Insolvenzverfahrens nicht wirksam erworben werden. Ein Erwerb einer künftigen Forderung ist daher unwirksam, wenn die Forderung erst nach Eröffnung des Insolvenzverfahrens entsteht[516].

aa) Vertragliche Ansprüche auf Zahlung der Leasingraten

Erfolgt eine Finanzierung ohne Sicherungsübereignung, so bestehen vertragliche Ansprüche sowohl vor als auch nach Eröffnung des Insolvenzverfahrens. Die Erfüllungsansprüche für den Zeitraum zwischen Verfahrenseröffnung und Ausübung des Insolvenzverwalterwahlrechts sind lediglich in ihrer Durchsetzbarkeit gehemmt. Daraus folgt, dass jedenfalls die bis zur Eröffnung des Insolvenzverfahrens entstandenen und fälligen Ansprüche nicht vom Verfügungsverbot der §§ 81, 91 InsO erfasst werden. Für die Frage, ob die nach Verfahrenseröffnung fälligen Raten unter das Verfügungsverbot fallen, bedarf es einer näheren Betrachtung, ob die abgetretenen Forderungen als sog. „betagte" oder als sog. „befristete" Forderungen anzusehen sind.

aaa) Einordnung der Leasingraten als sog. „betagte Forderungen"

Würde es sich um befristete Forderungen handeln, so wäre der Erwerbsvorgang der Sicherungsabtretung bis zur Fälligkeit der Forderung nicht abgeschlossen. Der Erwerbsvorgang würde erst nach Eröffnung des Insolvenzverfahrens eintreten. In Folge dessen stünde der Sicherungsabtretung das Verfügungsverbot der §§ 81, 91 InsO entgegen. Würde es sich dagegen um betagte Forderungen handeln, so würden bestehende, aber erst nach Verfahrenseröffnung fällige Forderungen abgetreten. In der Sicherungsabtretung läge mithin keine Verfügung im Sinne der §§ 81, 91 InsO, da die Verfügung bereits vor Verfahrenseröffnung erfolgt ist. Ein Verfügungsverbot stünde nicht entgegen.

Nach der Rechtsprechung des BGH und der herrschenden Ansicht in der Literatur ist der zweiten Möglichkeit zu folgen. Leasingraten sind als betagte Forderungen anzusehen[517]. Ansprüche aus einem Leasingvertrag entstehen bereits mit Ab-

---

516 *Braun/Kroth* § 91 Rn. 14; *Huth* S. 257; *Smid/Smid* InsO § 91 Rn. 1.

517 BGH ZIP 1990, 180, 182; *Lauer* Rn. 5.55; *Seifert* FLF 1998, 164, 165; MK-BGB/*Habersack* Leasing Rn. 139; *Michalski/Ruess* NZI 2000, 250, 251; *Bien* S. 7; *Sinz* KS-InsO S. 613 Rn. 48; *Braun/Kroth* § 91 Rn. 14; *Obermüller/Livonius* DB 1995, 27, 29; *Uh-*

schluss des Vertrages und werden jeweils zum festgelegten Termin fällig. Diese im Vergleich zur Miete unterschiedliche Beurteilung ist unter dem Gesichtspunkt gerechtfertigt, dass beim Leasingvertrag die Dauer der Mietzeit/des Nutzungsrechtes, die Fälligkeit und die Höhe der Leasingraten schon bei Vertragsschluss feststehen und einen wesentlichen Teil des Vertragsinhaltes ausmachen[518]. Hinzu kommt, dass Leasingraten regelmäßig nicht nur, wie beim Mietvertrag, ein Entgelt für die zeitlich begrenzte Nutzungsüberlassung, sondern auch eine Finanzierungsleistung darstellen. Diese Finanzierungsleistungen sind typischerweise turnusmäßig zu entrichten. Leasingraten sind daher grundsätzlich betagte Forderungen und nicht vom Verfügungsverbot der §§ 81, 91 InsO umfasst[519].

Dieser Grundsatz gilt uneingeschränkt für Leasingraten für die Grundmietzeit bzw. bei geschlossenen Medienfonds für die Lizenzgebühren für die Grundnutzungsberechtigung[520], er gilt dagegen aber nur eingeschränkt für die Leasingraten und Lizenzgebühren für einen Verlängerungszeitraum.

Leasingraten für einen Verlängerungszeitraum sind nur dann als betagte Forderungen anzusehen, wenn die Verlängerung schon in dem ursprünglichen Vertrag vorgesehen ist, ihre Folgen in jeder Hinsicht geregelt sind und ihr Eintritt allein vom Willen des Leasingnehmers abhängt[521]. Dies ist zum Beispiel der Fall bei einer Vertragsverlängerung auf Grund einer Klausel des Leasingvertrages, nach der sich der Vertrag über den Ablauf der Grundmietzeit hinaus fortsetzt, wenn er nicht vom Leasingnehmer gekündigt wird[522]. Sind die Voraussetzungen für eine Einordnung der Leasingraten des Verlängerungszeitraums als betagte Forderungen dagegen nicht gegeben, so sind die Leasingraten nicht von der Vorausabtretung an den Fremdkapitalgeber umfasst. Eine Verfügung über diese Leasingraten erfolgt erst nach Verfahrenseröffnung. Eine solche Verfügung ist gem. §§ 81, 91 InsO unwirksam.

---

lenbruck/Sinz InsO § 108 Rn. 109.

518 BGH WM 1990, 197, 199; *Obermüller/Livonius* DB 1995, 27, 29; *Gottwald/Adolphsen* KS-InsO S. 1067 Rn. 94; *Lauer* Rn. 5.55; *Uhlenbruck/Sinz* InsO § 108 Rn. 109.

519 BGH WM 1990, 935, 939; *Eckert* ZIP 1997, 2077, 2077; *Obermüller/Livonius* DB 1995, 27, 29; *Gottwald/Adolphsen* KS-InsO S. 1067 Rn. 94 f.; *H/W/W/Hess* § 108 Rn. 72; *Obermüller* Rn. 7.33; *Obermüller/Hess* Rn. 1523 f.; *Bien* S. 7; a.A. *Huth* S. 254, 257; *Braun/Kroth* § 91 Rn. 14.

520 *H/W/W/Hess* § 108 Rn. 73; *Obermüller* Rn. 7.34; *Obermüller/Hess* Rn. 1524; *Eckert* ZIP 1997, 2077, 2077.

521 *Obermüller/Livonius* DB 1995, 27, 30; *H/W/W/Hess* § 108 Rn. 74.

522 BGH WM 90, 197,200, offengelassen von BGH DB 1992, 1570, 1571; *H/W/W/Hess* § 108 Rn.74.

bbb) Wirksamkeit der Sicherungsabtretung nach Eröffnung des Verfahrens

Aus der Einordnung der Leasingraten als betagte Forderungen ergibt sich, dass die Aufgabe der Erlöschenstheorie erheblichen Auswirkungen auf den Bestand von Sicherungsabtretungen nach Eröffnung des Insolvenzverfahrens hat. Waren die Erfüllungsansprüche nach der Erlöschenstheorie mit Verfahrenseröffnung erloschen und lebten neu auf, sofern sich der Insolvenzverwalter für die Wahl der Erfüllung des Leasingvertrages entschied, so hatte dies zur Folge, dass die vertraglichen Erfüllungsansprüche unter das Verfügungsverbot der §§ 81, 91 InsO fielen. Die Ansprüche entstanden erst nach Eröffnung des Insolvenzverfahrens neu. Daher konnten diese Forderungen auch erst nach Verfahrenseröffnung abgetreten werden, was gem. §§ 81, 91 InsO zur Unwirksamkeit der Abtretung führte[523]. Soweit der Kaufpreis für den Erwerb der Forderungen bereits bezahlt, so führte dies zu einem Bereicherungsanspruch des Fremdkapitalgebers gegenüber der Fondsgesellschaft gem. § 55 Abs. 1 Nr. 3 InsO[524]. Anders liegt dies nach der vorzugswürdigen und heute von der Rechtsprechung verfolgten Ansicht des Fortbestandes der Erfüllungsansprüche. Die betagten Forderungen auf Zahlung der Leasingraten bestehen auch nach Eröffnung des Insolvenzverfahrens fort und sind lediglich temporär in ihrer Durchsetzbarkeit beschränkt. Auch die künftigen Ansprüche auf Zahlung der Leasingraten für die Zeit nach Verfahrenseröffnung sind daher als betagte Forderungen bereits vor Verfahrenseröffnung entstanden, so dass die auf Grund der Sicherungsabtretung erfolgte Verfügung ebenfalls vor Verfahrenseröffnung stattgefunden hat. Dieser Verfügung steht das Verfügungsverbot der §§ 81, 91 InsO nicht entgegen, so dass die Sicherungsabtretung der Leasingraten durch die Verfahrenseröffnung nicht gegenstandslos geworden ist, sondern weiterhin Gültigkeit hat.

bb) Ansprüche auf Nutzungsersatz aus EBV

Anders verhält sich dies jedoch bezüglich der Sicherungsabtretung der oben festgestellten Ansprüche auf Nutzungsersatz gem. §§ 990 Abs. 1, 987 BGB, die der Fondsgesellschaft für den Zeitraum zwischen Verfahrenseröffnung und Wahl der Erfüllung bzw. Rückgabe des Leasinggegenstandes zustehen. Wie bereits dargestellt, setzt das Vorliegen des Verfügungsverbotes der §§ 81, 91 InsO eine Verfügung nach Eröffnung des Insolvenzverfahrens voraus. Eine Verfügung ist dann unwirksam, wenn die Forderung erst nach Verfahrenseröffnung entsteht[525]. Dies ist bei Nutzungsersatzansprüchen der Fall.

---

523 *Lauer* Rn. 5.52; *Sinz* KS-InsO S. 614 Rn. 51; *Pape* KS-InsO S. 541 Rn. 12.

524 *Lauer* Rn. 5.52.

525 *Braun/Kroth* § 91 Rn. 14; *Huth* S. 257.

Ein Anspruch auf Nutzungsersatz gem. §§ 990 Abs. 1, 987 BGB setzt, anders als ein vertraglicher Anspruch, eine Nutzung durch den Leasingnehmer voraus. Anspruchsbegründendes Merkmal eines Nutzungsersatzanspruchs aus EBV ist die erst nach Verfahrenseröffnung erfolgende oder schuldhaft unterlassene Nutzung[526]. Dies führt dazu, dass Nutzungsersatzansprüche, im Gegensatz zu vertraglichen Ansprüchen, erst nach Eröffnung des Insolvenzverfahrens entstehen und deren Abtretung damit unter das Verfügungsverbot der §§ 81, 91 InsO fällt. Die Sicherungsabtretung der bei Finanzierung ohne Sicherungsübereignung entstehenden EBV-Nutzungsersatzansprüche ist in Folge dessen gem. §§ 81, 91 InsO unwirksam. Die Nutzungsersatzansprüche stehen der insolventen Fondsgesellschaft bzw. deren Insolvenzverwalter zu.

cc) Zwischenergebnis

Festzuhalten ist damit, dass sowohl die vertraglichen Erfüllungsansprüche mit Fälligkeit vor, als auch die vertraglichen Erfüllungsansprüche mit Fälligkeit nach Eröffnung des Insolvenzverfahrens nicht vom Verfügungsverbot der §§ 81, 91 InsO betroffen sind. Das Insolvenzverfahren hat auf diese Ansprüche nur Auswirkungen in Bezug auf deren Durchsetzbarkeit. Dagegen ist die Sicherungsabtretung der Nutzungsersatzansprüche aus §§ 990 Abs. 1, 987 BGB gem. §§ 81, 91 InsO unwirksam. Die Ansprüche stehen der insolventen Fondsgesellschaft bzw. deren Insolvenzverwalter zu.

b) Verfügungsverbot bei Finanzierung mit Sicherungsübereignung

Hat im Rahmen der Finanzierung des Investitionsgegenstandes neben der Sicherungsabtretung auch eine Sicherungsübereignung stattgefunden, so kann im Wesentlichen auf die Ausführungen zur Anwendbarkeit der §§ 81, 91 InsO auf vertragliche Erfüllungsansprüche bei Finanzierung ohne Sicherungsübereignung Bezug genommen werden. Der Unterschied besteht im Falle der Finanzierung unter Sicherungsübereignung darin, dass die vertraglichen Ansprüche gem. § 108 Abs. 1 Satz 2 InsO auch nach Eröffnung des Insolvenzverfahrens nicht nur unverändert, aber temporär undurchsetzbar, sondern unverändert und durchsetzbar fortbestehen. Die Tatsache, dass es sich bei den Erfüllungsansprüchen auf Zahlung der Leasingraten um betagte Forderungen handelt, führt daher, wie im Falle einer Finanzierung ohne Sicherungsübereignung, dazu, dass bis zur Beendigung des Leasingvertragsverhältnisses für eine Anwendung der §§ 81, 91 InsO kein Raum ist, da die Sicherungsabtretung bereits vor Verfahrenseröffnung stattgefunden hat. Der dar-

[526] *Palandt/Bassenge* 64. Auflage § 987 Rn. 4 ff.; MK-BGB/*Medicus* § 987 Rn. 5.

aus folgende Bestand der Sicherungsabtretung auch nach Verfahrenseröffnung war Ziel des Gesetzgebers bei Schaffung des § 108 Abs. 1 Satz 2 InsO. Nach dem Anliegen des Gesetzgebers sollte mit dem Fortbestand des Leasingvertrages gem. § 108 Abs. 1 Satz 2 InsO zugleich die Insolvenzfestigkeit der Abtretung der Leasingforderungen gegeben sein[527]. Erfolgt demnach eine Finanzierung des Investitionsgutes unter Sicherungsübereignung, so wird die Sicherungsabtretung in ihrer Wirksamkeit durch die §§ 81, 91 InsO nicht beeinflusst.

2. Auswirkungen der Insolvenz auf fiduziarisch abgetretene Leasingraten

a) Zivil- und insolvenzrechtliche Folgen der Abtretung der Leasingraten

Zivilrechtlich hat die Abtretung der Leasingraten zur Folge, dass Gläubiger der Forderung nicht mehr die Fondsgesellschaft, sondern der Fremdkapitalgeber ist. Als Folge der Abtretung besteht zivilrechtlich kein Anspruch zu Gunsten der Insolvenzmasse der Fondsgesellschaft, sondern ein Anspruch zu Gunsten des Fremdkapitalgebers. Sofern der Leasingnehmer von der Abtretung nichts weiß (sog. „stille Zession"), kann er aber weiter mit befreiender Wirkung an die Fondsgesellschaft zahlen. Der Fremdkapitalgeber hat daher regelmäßig aus der Sicherungsabrede das Recht, die Zession offen zu legen und wird hiervon bei Insolvenz der Fondsgesellschaft Gebrauch machen.

Insolvenzrechtlich hat die Sicherungsabtretung zur Folge, dass dem Fremdkapitalgeber in der Insolvenz der Fondsgesellschaft trotz seines zivilrechtlichen Eigentums kein Aussonderungsrecht zusteht, sondern er gem. § 51 Nr. 1, 50 InsO auf eine abgesonderte Befriedigung verwiesen ist[528]. Der Insolvenzverwalter kann die künftig fällig werdenden Leasingraten selbst vereinnahmen, der Leasingnehmer muss trotz der Sicherungsabtretung an den Insolvenzverwalter und nicht an den refinanzierenden Fremdkapitalgeber leisten[529]. Dies gilt unabhängig von einem vertraglicher Anspruch auf Zahlung der Leasingraten auf Grund des gem. § 108 Abs. 1 Satz 2 InsO automatischen Fortbestandes des Vertrages oder auf Grund des Fortbestandes des Vertrages bis zur Wahlrechtsausübung bzw. nach Erfüllungswahl (§ 103 InsO). Der Sicherungsgläubiger wird zwar formal-rechtlich Inhaber der Forderung, er hat aber kein Recht auf die Forderung selbst, sondern nur ein pfandrechtsähnliches Recht auf den in ihr verkörperten Wert, den er als Verwertungserlös nur beanspruchen kann, soweit seine gesicherte Forderung reicht[530]. Er

---

527 Bankrecht und Bankpraxis/*Peters* Rn. 13/112.

528 *Bork* InsO Rn. 240; *N/R/Andres* § 51 Rn. 4; *Reinicke/Tiedtke* Kreditsicherungsrecht Rn. 653; *Lauer* Rn. 9; *Bien* S. 57 f.; *Smid/Smid* InsO § 51 Rn. 7.

529 *H/W/W/Hess* § 108 Rn. 87; *Obermüller* Rn. 7.43; *Obermüller/Hess* Rn. 1530.

530 *Bork* InsO Rn. 240; MK-InsO/*Ganter* § 51 Rn. 9; HK-InsO/*Eickmann* § 51 Rn. 4;

kann daher nur verlangen, dass er sich vor allen anderen Gläubigern aus den Leasingraten befriedigen darf, indem der Verwertungserlöse vorrangig zur Tilgung seiner gesicherten Forderung verwertet wird[531].

b) Verwertungsrecht des Insolvenzverwalters, §§ 166 Abs. 2 Satz 1 InsO

Gem. § 166 Abs. 2 Satz 1 InsO darf der Insolvenzverwalter eine Forderung, die der Schuldner zur Sicherung eines Anspruches abgetreten hat, einziehen oder in anderer Weise verwerten. Zuständig für die Verwertung abgetretener Leasingraten ist demnach bei einer Insolvenz der Fondsgesellschaft der Insolvenzverwalter[532]. Das Verwertungsrecht geht mit der Eröffnung des Insolvenzverfahrens auf den Verwalter über. Eine „Inbesitznahme" wie bei Sachen ist bei Forderungen nicht möglich und daher auch nicht nötig[533].

3.) Die Unanwendbarkeit des § 110 Abs. 1 InsO beim Mobilienleasing

Zuletzt ist eine fiduziarische Abtretung künftiger Leasingraten beim Mobilienleasing auch nicht gem. § 110 Abs. 1 InsO unwirksam. Zum einen fordert der Wortlaut des § 110 Abs. 1 InsO ausdrücklich ein Miet- oder Pachtverhältnis über einen unbeweglichen Gegenstand, zum anderen würde der Zweck des § 108 Abs. 1 Satz 2 InsO, nämlich die Schaffung einer Refinanzierungsmöglichkeit für Leasinggesellschaften, konterkariert, würde man im Falle des § 108 Abs. 1 Satz 2 InsO eine Anwendung des § 110 Abs. 1 InsO bejahen[534]. Dies gilt auch für eine analoge Anwendbarkeit des § 110 InsO[535].

Braun/Bäuerle § 51 Rn. 4; *Lauer* Rn. 9.1; *Smid/Smid* InsO § 51 Rn. 7, 16.

531 *N/R/Andres* § 49 Rn. 1; *Bork* InsO Rn. 246.

532 *Hess* „Bankrechtstag 1999" S. 126; *Bien* S. 58 f.; MK-InsO/*Lwowski* § 166 Rn. 136; *Smid/Smid* § 166 Rn. 32; FK-InsO/*Wegener* § 166 Rn. 6, 7.

533 *Hess* „Bankrechtstag 1999" S. 126.

534 *N/R/Balthasar* § 110 Rn. 6, 10; *Braun/Kroth* § 110 Rn. 6; HK-InsO/*Marotzke* § 110 Rn. 1, 5; FK-InsO/*Wegener* § 110 Rn. 2; *Smid/Smid* InsO § 110 Rn. 1; *Uhlenbruck/Berscheid* InsO § 110 Rn.1.

535 HK-InsO/*Marotzke* § 110 Rn. 5; *K/P/Tintelnot* § 110 Rn. 4.

III. Auswirkungen der Forfaitierung bzw. des Factoring der Leasingraten

1. Die Forfaitierung und das Factoring als alternative Finanzierungsformen

Alternativ zur Fremdkapitalbeschaffung gegen Sicherungsübereignung und/ oder Sicherungsabtretung erfolgt zur Finanzierung des Investitionsobjektes häufig eine Forfaitierung oder ein Factoring der Leasingraten[536,537]. Forfaitierung und Factoring sind insbesondere im Bereich des Mobilienleasing und damit insbesondere auch bei geschlossenen Mobilienleasingfonds verbreitet. Bei derartigen Finanzierungsformen sind Darlehen nicht in derselben Weise dinglich am Leasingobjekt sicherbar, wie dies bei Immobilien möglich ist[538].

Die Grenzen zwischen Forfaitierung und Factoring sind dabei fließend. Dies ist vermutlich der Grund dafür, dass sich in der Literatur und Rechtsprechung eine Vielzahl unterschiedlicher Definitionen dieser beiden Finanzierungsformen finden. Vorangestellt wird daher eine kurze Darstellung der Finanzierungsformen der Forfaitierung und des Factoring sowie deren Unterschiede.

a) Das Finanzierungsmodell der Forfaitierung

Bei einer Forfaitierung handelt es sich grundsätzlich um einen Kaufvertrag in Form eines Forderungskaufes (§§ 433, 453 BGB) zwischen einem Forderungsverkäufer (sog. Forfaitist, hier die Fondsgesellschaft) und einer Bank oder einem Spezialinstitut als Forderungskäufer (sog. Forfaiteur)[539]. Aufgrund des Forderungsverkaufes erhält die Fondsgesellschaft als Forfaitist gegen einen gewissen Zins- und Risikoabschlag sofort das Geld für die Beschaffung des Investitionsobjektes, das sie andernfalls erst verteilt über die Laufzeit des Leasingvertrages er-

536 *Lüdicke/Arndt/Götz* S. 103; *Lauenstein* S. 43; *Bien* S. 13; *Thomas* S. 84, 137; Bankrecht und Bankpraxis/*Peters* Rn. 13/120.

537 Bis zum 09.01.1996 wurde unter steuerlichen Gesichtspunkten diskutiert, ob die gewollte Stellung des Leasinggebers als wirtschaftlicher Eigentümer des Leasinggutes durch einen Forderungsverkauf (Forfaitierung/Factoring), insbesondere dem Forderungsverkauf der Restwerterlöse aus der Ausübung einer Kaufoption oder eines Andienungsrechts, gefährdet ist. Am 09.01.1996 wurde diesbezüglich durch ein BMF-Schreiben (BStBl. 1996 Teil I S. 9) Klarheit geschaffen. Der BMF vertritt danach, dass ein Forderungsverkauf durch Forfaitierung/Factoring die Zurechnung des Leasinggutes nicht beeinflusst; Bankrecht und Bankpraxis/*Peters* Rn. 12/122; *Büschgen/Berninghaus* § 30 Rn. 50; *Graf von Westphalen* Rn. 1847 ff.; *Milatz* DB 1996, 841, 843.

538 *Lüdicke/Arndt/Götz* S. 103 f.; *Lauenstein* S. 45.

539 *Staudinger/Martinek* § 675 Rn. B 144; *Palandt/Putzo* 64. Auflage § 453 Rn. 28; Vorb. v. § 488 Rn. 6; *Lüdicke/Arndt/Götz* S. 103, 130; *Schimansky/Bunte/Lwowski/Martinek/Oechsler* § 103 Rn.1 f., 14; *Milatz* DB 1996, 841, 841; *Kalt* BB 1996, Beilage 8.

halten würde[540]. Im Gegenzug gehen alle Rechte aus der Forderung, aber auch das Risiko der Zahlungsunfähigkeit des Schuldners, auf den Forfaiteur über. Der Kaufgegenstand, die Forderung, wird durch Abtretung auf den Fremdkapitalgeber übertragen, so dass dieser neuer Forderungsinhaber wird[541]. Der Forfaitist trägt bei einer Fortfaitierung nur das Risiko des rechtlichen Bestandes der Forderung[542].

b) Das Finanzierungsmodell des Factoring[543]

Das Finanzierungsmodell des Factoring wird in der Literatur demgegenüber wie folgt beschrieben: Beim Factoring tritt ein Gläubiger (sog. Anschlusskunde) seine Forderungen, die ihm aus Warenlieferung oder Dienstleistung gegenüber einem Schuldner (sog. Drittschuldner) zustehen, an ein Finanzierungsinstitut (sog. Factorer) ab. Dieses schreibt dem Anschlusskunden den Gegenwert (abzüglich Gebühren, Zinsen und Sicherungseinbehalt) sofort gut und zieht die Forderungen nach Eintritt der Fälligkeit beim Debitor ein[544]. Im Unterschied zur Forfaitierung wird beim Factoring durch einen Rahmen- (Geschäftsbesorgungs-) vertrag der spätere Abschluss eines Forderungskaufvertrages geregelt. Über den Factoringvertrag wird eine auf Dauer angelegte Geschäftsverbindung begründet[545]. Die Fondsgesellschaft verpflichtet sich, dem Fremdkapitalgeber alle oder einen Teil ihrer laufend entstehenden Forderungen gegen den Leasingnehmer zum Kauf anzubieten[546]. Die einzelnen Forderungen gegen den Leasingnehmer werden auf Grund eigenständiger Verträge an den Fremdkapitalgeber gegen Zahlung eines Entgelts veräußert, welches dann zur Finanzierung des Investitionsgegenstandes des Fonds

---

540 *Lüdicke/Arndt/Götz* S. 103.

541 *Staudinger/Martinek* § 675 Rn. B 144; *Palandt/Putzo* 64. Auflage § 453 Rn. 28; vor § 488 Rn. 6; *Schimansky/Bunte/Lwowski/Martinek/Oechsler* § 103 Rn. 14.

542 BMF BStBl. 1996 Teil I S. 9; *Lüdicke/Arndt/Götz* S. 103; *Lauenstein* S. 45; *Bien* S. 16; *Schimansky/Bunte/Lwowski/Martinek/Oechsler* § 103 Rn. 1 f., 14, 31; *Tacke* S. 97; *Sinz* "Factoring in der Insolvenz" Rn. 20; *Zahn* DB 1995, 1597, 1597.

543 Sofern im Folgenden von Factoring gesprochen wird, ist nur das hier beschriebene *„echte Factoring"* gemeint. Im Unterschied dazu erfolgt beim *„unechte Factoring"* eine Darlehensgewährung gegen Vorausabtretung, außerdem liegt das Betreiberrisiko beim *„unechten Factoring"* weiter beim Zedenten. Die Forderungen werden nur „erfüllungshalber" übertragen. Die Zession hat nur Sicherungscharakter, so dass die Ausführungen zur Sicherungsabtretung entsprechend gelten; vgl. HK-InsO/*Eickmann* § 47 Rn. 16; *Kalkschmid* Rn. 136; *Sinz* „Factoring in der Insolvenz" Rn. 14.

544 *Sinz* „Factoring in der Insolvenz" Rn. 4.

545 *Schwarz* S. 26; MK-InsO/*Ott* § 116 Rn. 13; MK-InsO/*Ganter* § 47 Rn. 257, 262; *Bette* FLF 1997, 133, 133 ff.; *Bien* S. 13; MK-BGB/*Roth* § 398 Rn. 167; *Sinz* „Factoring in der Insolvenz" Rn. 22, 38, 159.

546 *Bien* S. 13 f.; *Kalkschmid* Rn. 135; *Schwarz* S. 11.

genutzt werden kann[547]. Neben dem Forderungsverkauf werden beim Factoring meist, anders als bei der Forfaitierung[548], neben der Übernahme der Finanzierungs- und Delkrederefunktion noch weitere Dienstleistungen übernommen[549]. Der Factoringvertrag ist als Rahmenvereinbarung durch die Geschäftsbesorgung in Gestalt von Dienstleistungen des Factors für die Fondsgesellschaft geprägt[550]. Gegenstand eines Forfaitierungsvertrages ist dagegen ausschließlich der Kauf einzelner, bereits entstandener Forderungen[551].

2.) Forfaitierung und Factoring bei geschlossenen Mobilienfonds

Sowohl bei der Forfaitierung als auch beim Factoring kommt demnach ein Forderungskauf zu Stande, zu dessen Erfüllung die Leasingraten an einen Fremdkapitalgeber abgetreten werden. Im Hinblick auf dingliche Verfügungen und die dingliche Rechtslage unterscheiden sich Forfaitierung, Factoring und Sicherungsabtretung nur insofern, als dass der Fremdkapitalgeber bei der Sicherungsabtretung eine fiduziarische, bei der Forfaitierung und beim Factoring dagegen eine unbeschränkte Inhaberschaft an den Leasingforderungen erhält. Auf Grund dieser Parallele der genannten Finanzierungsinstrumente gelten hinsichtlich des Umfangs der abgetretenen Forderungen obige Ausführungen zur Sicherungsabtretung für die Forfaitierung und das Factoring entsprechend[552]. Gleich, ob nach der Verfahrenseröffnung vertragliche Ansprüche fortbestehen oder an ihre Stelle Ansprüche auf Nutzungsentschädigung aus EBV treten, sind diese nach dem Willen von Fondsgesellschaft und Fremdkapitalgeber von der Abtretung umfasst und daher auf den Fremdkapitalgeber übergegangen. Sofern der Leasingnehmer von der Abtretung im Rahmen der Forfaitierung bzw. des Factoring nichts weiß (sog. „stille Zession“), kann er aber weiter mit befreiender Wirkung an die Fondsgesellschaft bzw. dessen Insolvenzverwalter zahlen[553]. Dem Fremdkapitalgeber steht daher regelmäßig aus dem Forfaitierungs-/Factoringvertrag das Recht zu, die Zession offen zu legen. Häufig wird zwischen Fremdkapitalgeber, Fondsgesellschaft und Leasingnehmer vereinbart, dass ein Teil der Leasingraten zur Begleichung laufender Kosten an die

---

547 Sog. „zweistufige Gestaltung“; *Bien* S. 13; *Sinz* „Factoring in der Insolvenz“ Rn. 23 f., 40.

548 Der Forfaiteur übernimmt keine Dienstleistungen sondern nur die Finanzierungs- und Delkrederefunktion; OLG Hamburg ZIP 1983, 46, 47; *Bien* S. 15.

549 Der Umfang der Dienstleistungen kann im Einzelfall sehr unterschiedlich sein. Die übertragenen Tätigkeiten reichen von der Führung der Debitorenbuchhaltung über die Durchführung des Mahnwesens und des Rechnungsinkassos bis zur Verpflichtung des Factors zu beratender Tätigkeit; vgl. *Bien* S. 14; *Sinz* „Factoring in der Insolvenz“ Rn. 6 ff., 13, 35.

550 *Bette* FLF 1997, 133, 134; *Bien* S. 15.

551 *Bien* S. 16; *Sinz* „Factoring in der Insolvenz“ Rn. 20.

552 Vgl. hierzu die Ausführungen auf S. 140.

553 *Michalski/Ruess* NZI 2000, 250, 251.

Fondsgesellschaft und der Rest auf Grund des Forderungsverkaufes an den Fremdkapitalgeber zu zahlen ist.

Fraglich ist aber, wie sich eine Insolvenz der Fondsgesellschaft insolvenzrechtlich auf eine Forfaitierung bzw. ein Factoring der Leasingraten auswirkt.

a) Auswirkungen des Insolvenzverfahrens auf eine Forfaitierung

aa) Insolvenzrechtliches Verfügungsverbot gem. §§ 81, 91 InsO

Im Hinblick auf das Verfügungsverbot der §§ 81, 91 InsO ergeben sich zwischen den Auswirkungen einer Insolvenz auf eine Forfaitierung gegenüber den oben beschriebenen Auswirkungen der Insolvenz auf eine Sicherungsabtretung keine Unterschiede. Sowohl bei der Forfaitierung als auch bei der Sicherungsabtretung findet eine Abtretung der vertraglichen Erfüllungsansprüche statt. Der Unterschied der Fiduziarität der Sicherungsabtretung gegenüber der unbeschränkten Inhaberschaft des Forfaiteurs an den Leasingraten hat im Hinblick auf die §§ 81, 91 InsO keine Auswirkungen. In Folge dessen kann auf die oben erfolgten Ausführungen zu den §§ 81, 91 InsO verwiesen werden[554]. Hat im Rahmen der Finanzierung keine Sicherungsübereignung stattgefunden, so bestehen durchsetzbare vertragliche Ansprüche auf Zahlung der Leasingraten bis zur Eröffnung des Insolvenzverfahrens sowie nach Ausübung des Insolvenzverwalterwahlrechts im Sinne des § 103 Abs. 1 InsO. Da es sich jeweils um betagte Forderungen handelt, erfolgt die Verfügung bereits vor Verfahrenseröffnung. Die §§ 81, 91 InsO sind deshalb nicht einschlägig. Dagegen entstehen die Ansprüche auf Nutzungsersatz für den Zeitraum zwischen Verfahrenseröffnung und Wahlrechtsausübung bzw. bei Ablehnung der Erfüllung der Rückgabe des Investitionsgutes erst nach Eröffnung des Insolvenzverfahrens. Folge ist, dass auch die Abtretung der Nutzungsansprüche erst nach der Verfahrenseröffnung stattfindet und somit unter das Verfügungsverbot der §§ 81, 91 InsO fällt. Hat dagegen im Rahmen der Finanzierung eine Sicherungsübereignung stattgefunden, so bestehen die vertraglichen Ansprüche nach Verfahrenseröffnung unverändert fort. Da es sich bei den Leasingraten um betagte Forderungen handelt, sind diese Forderungen bereits vor Eröffnung des Insolvenzverfahrens übergegangen, so dass das Verfügungsverbot der §§ 81, 91 InsO nicht einschlägig ist.

---

[554] Vgl. hierzu die Ausführungen auf S. 135.

bb) Aussonderungsrecht des Forfaiteurs gem. § 47 InsO

Als insolvenzrechtliche Folge wurde bei der Sicherungsabtretung festgestellt, dass dem Fremdkapitalgeber in der Insolvenz der Fondsgesellschaft trotz seiner zivilrechtlichen Forderungsinhaberschaft kein Aussonderungsrecht zusteht, sondern er gem. §§ 51 Nr. 1, 50 InsO nur ein Recht zur abgesonderten Befriedigung besitzt. Dies ist im Falle der Forfaitierung der Leasingraten anders.

Hintergrund der Regelung des §§ 51 Nr. 1, 50 InsO ist, dass der Zessionar einer Sicherungsabtretung zwar formal-rechtlich Forderungsinhaber wird, er aber letztlich kein Recht auf die Forderung selbst, sondern nur ein pfandrechtsähnliches Recht auf den in ihr verkörperten Wert hat. Diesen Wert kann er soweit beanspruchen, wie seine gesicherte Forderung reicht. Der Forfaiteur dagegen kauft die Leasingraten und trägt das Veritätsrisiko. Er wird nicht nur formal-rechtlich Forderungsinhaber unter Erwerb eines pfandrechtsähnlichen Rechts, sondern er tritt in vollem Umfang an die Stelle des bisherigen Forderungsinhabers. Der Forfaiteur ist daher nicht nur absonderungsberechtigt gem. §§ 51 Nr. 1, 50 InsO, sondern er ist gem. § 47 InsO aussonderungsberechtigt[555].

b) Auswirkungen des Insolvenzverfahrens auf das Factoring

Beim Factoring ist nach dem Festgestellten zu unterscheiden zwischen dem Factoringvertrag und den Factoringgeschäften. Der Factoringvertrag ist ein Rahmenvertrag, der für die Fondsgesellschaft die Verpflichtung enthält, dem Fremdkapitalgeber Leasingraten anzudienen bzw. für den Fremdkapitalgeber die Verpflichtung enthält, weitere Forderungen anzukaufen. Die Factoringgeschäfte stellen demgegenüber die Erfüllung des Factoringvertrages durch Abschluss von Kaufverträgen und Abtretung der Forderungen dar[556].

aa) Auswirkungen auf den Factoring-(rahmen-)vertrag

Der Factoring-(rahmen-)Vertrag wird allgemein als gemischttypischer Vertrag mit starken Elementen einer Geschäftsbesorgung angesehen[557]. Die Vielschichtigkeit

---

555 *N/R/Andres* § 47 Rn. 30; *Michalski/Ruess* NZI 2000, 250, 251.

556 *Smid/Smid* InsO § 116 Rn. 38; vgl. hierzu die Ausführungen auf S. 143.

557 *Braun/Kroth* § 116 Rn. 9; MK-InsO/*Ganter* § 47 Rn. 257; *Schwarz* S. 133; *K/P/Tintelnot* §§ 115, 116 Rn. 28 f.; *Bette* FLF 1997, 133, 134; *N/R/Balthasar* § 103 Rn. 21; *Sinz* KS-InsO S. 621 Rn. 72; *Sinz* „Factoring in der Insolvenz“ Rn. 22, 38, 159; *Schimansky/Bunte/Lwowski/Oechsler* § 102 Rn. 137; *Gottwald/Huber* § 36 Rn. 39.

der Factoring-(rahmen-)verträge macht dabei zwar eine Einzelfallbetrachtung erforderlich[558], im Normalfall, von dem hier ausgegangen wird, ist er aber als Geschäftsbesorgungsvertrag einzuordnen.

Handelt es sich bei dem Factoring-(rahmen-)vertrag demnach um einen Geschäftsbesorgungsvertrag, so werden die Folgen der Insolvenzverfahrenseröffnung auf diesen Vertrag durch § 116 InsO geregelt. § 116 InsO berücksichtigt die Tatsache, dass nach der Verfahrenseröffnung für die Verwaltung des Vermögens des Insolvenzschuldners im Regelfall allein der Insolvenzverwalter zuständig und verantwortlich ist[559]. Der Gesetzgeber hat daher für Geschäftsbesorgungsverträge durch die Sondervorschrift des § 116 InsO geregelt, dass diese Verträge im Unterschied zu sonstigen Dienst- und Werkverträgen mit Eröffnung des Insolvenzverfahrens zwingend erlöschen. Sie unterliegen nicht dem Insolvenzverwalterwahlrecht des § 103 InsO[560]. Die Eröffnung des Insolvenzverfahrens über das Vermögen der Fondsgesellschaft bewirkt demnach gem. § 116 InsO das endgültige Erlöschen des Factoring-(rahmen-)vertrages[561]. Mit Verfahrenseröffnung erlischt die Verpflichtung der Fondsgesellschaft, weitere Leasingraten anzudienen und es erlischt die Verpflichtung des Fremdkapitalgebers, weitere Leasingraten anzukaufen[562]. Soll ein weiteres Factoring erfolgen, so muss der Insolvenzverwalter mit dem Fremdkapitalgeber einen neuen Factoring-(rahmen-)vertrag abschließen.

bb) Auswirkungen auf die einzelnen Factoringgeschäfte

aaa) Auswirkung der Insolvenz auf den Forderungskaufvertrag

Im Unterschied zur Anwendung des § 116 InsO auf den Factoring-(rahmen-) vertrag kommt eine Anwendung des § 116 Satz 1 InsO auf die einzelnen Factoringgeschäfte nicht in Betracht. Die auf Übernahme der einzelnen Forderungen gerichteten Verträge sind (Forderungs-) Kaufverträge im Sinne der §§ 433, 453 BGB und damit dem Anwendungsbereich des § 116 Satz 1 InsO entzogen[563]. Die Auswirkungen der Eröffnung des Insolvenzverfahrens richten sich nach dem Stand der einzelnen Factoringgeschäfte:

---

558 MK-InsO/*Ott* § 116 Rn. 13.

559 MK-InsO/*Ott* § 116 Rn. 1; *Smid/Smid* InsO § 116 Rn. 1.

560 MK-InsO/*Ott* § 116 Rn. 1; *Smid/Smid* InsO § 116 Rn. 4.

561 *Schimansky/Bunte/Lwowski/Martinek/Oechsler* § 102 Rn. 137; *Braun/Kroth* § 116 Rn. 9; *Bien* S. 15; *Schwarz* S. 133; MK-InsO/*Ganter* § 47 Rn. 42, *Bette* FLF 1997, 133, 134, ausführlich: MK-InsO/*Ott* § 116 Rn. 17-20; *K/P/Tintelnot* §§ 115, 116 Rn. 28; *N/R/Balthasar* § 103 Rn. 21; *Sinz* "Factoring in der Insolvenz" Rn. 560; *Smid/Smid* InsO § 116 Rn. 38.

562 *Bette* FLF 1997, 133, 134; *Sinz* KS-InsO S. 622 Rn. 73.

563 MK-InsO/*Ott* § 116 Rn. 15; *Smid/Smid* InsO § 116 Rn. 39 ff.; *Sinz* KS-InsO S. 662 Rn. 73.

Den Regelfall bildet ein bereits abgewickeltes Factoringgeschäft. Im Rahmen der Aktivitäten um die Andienung des Ankaufs der Leasingraten sowie dem Verkauf derselben wird regelmäßig auch die dingliche Übertragung der Leasingraten auf den Fremdkapitalgeber erfolgen[564]. Das Factoringgeschäft ist dann bei Verfahrenseröffnung bereits voll abgewickelt, wodurch eine Anwendung des § 103 InsO ausgeschlossen ist. Voll abgewickelte Geschäfte werden von der Insolvenz der Fondsgesellschaft nicht berührt[565].

Das gleiche Ergebnis liegt vor, wenn eine im Rahmen des Factoring verkaufte Leasingrate noch nicht eingezogen ist. Abzustellen ist im Hinblick auf § 103 InsO auf das jeweilige Schuldverhältnis, hier also das bereits erfüllte Factoringgeschäft. Das Factoringgeschäft ist mit der Abtretung erfüllt[566].

Fallen dagegen ausnahmsweise einmal der Abschluss des Kaufvertrages und die dingliche Erfüllung desselben auseinander, so hat der Insolvenzverwalter nach § 103 InsO ein Wahlrecht bezüglich der Erfüllung des Kaufvertrages[567].

bbb) Aussonderungsrecht des Factors gem. § 47 InsO

Bei dem im Rahmen des Factoring-(rahmen-)vertrages und bei dem im Rahmen der Forfaitierung abgeschlossenen Forderungskaufvertrag handelt es sich rechtlich um denselben Vertragstyp. Folglich sind auch die insolvenzrechtlichen Folgen in beiden Fällen gleich. Wie die obigen Ausführungen gezeigt haben, wird der Factorer Vollrechtseigentümer und nicht lediglich formal-rechtlicher, fiduziarischer Eigentümer wie der Sicherungseigentümer. In Folge dessen hat auch der Factorer, wie der Forfaiteur, in der Insolvenz der Fondsgesellschaft ein Aussonderungsrecht gem. § 47 InsO[568]. Zahlt der Leasingnehmer gleichwohl an den Insolvenzverwalter, so hat dieser die Zahlungen an den Fremdkapitalgeber abzuführen. Die Insolvenzordnung sieht für diesen Fall in § 48 InsO einen Anspruch auf Ersatzaussonderung vor[569].

---

564 *Bien* S. 15; *Bette* FLF 1997, 133, 135.

565 *Schwarz* S. 133; MK-InsO/*Ganter* § 47 Rn. 263; *Bien* S. 15; *Schimansky/Bunte/Lwowski/Martinek/Oechsler* § 102 Rn. 138; *K/P/Tintelnot* §§ 115, 116 Rn. 29; *Sinz* KS-InsO S. 639 Rn. 126.

566 MK-InsO/*Ganter* § 47 Rn. 264.

567 *Schimansky/Bunte/Lwowski/Martinek/Oechsler* § 102 Rn. 139; *K/P/Tintelnot* §§ 115, 116 Rn. 19.

568 *Lauer* Rn. 9.1; *Bien* S. 52 f..

569 *Bien* S. 53; MK-InsO/*Ganter* § 48 Rn. 3 ff.; FK-InsO/*Joneleit/Imberger* § 48 Rn. 2.

C. Ergebnis

Wird bei der rechtlichen Gestaltung eines Mobilienfonds eine Finanzierungsstruktur gewählt, nach der eine Sicherungsübereignung des Investitionsobjekts nicht zu erfolgen braucht, so besteht der Vertrag bei Insolvenz der Fondsgesellschaft nach der Eröffnung des Insolvenzverfahrens zwar automatisch fort, jedoch sind die gegenseitigen vertraglichen Erfüllungsansprüche in ihrer Durchsetzbarkeit gehemmt. Durchsetzbare vertragliche Ansprüche der insolventen Fondsgesellschaft auf Zahlung der Leasingraten bestehen demnach nur für vor Verfahrenseröffnung sowie für nach positiver Wahlrechtsausübung fällige Leasingraten. Für die übrige Zeit der Nutzungsüberlassung kann die Fondsgesellschaft gem. §§ 990 Abs. 1, 987 BGB, 55 Abs. 1 Ziff. 1 InsO Nutzungsersatz in Höhe der Leasingraten an die Masse fordern.

Findet dagegen eine Strukturierung der Finanzierung mit Sicherungsübereignung des Investitionsobjektes statt, so bestehen wegen der Fortgeltung des Leasingvertrages (§ 108 Abs. 1 Satz 2 InsO) auch nach Verfahrenseröffnung weiterhin durchsetzbare vertragliche Ansprüche auf Zahlung der Leasingraten. Diese sind im Falle einer stillen Zession an die insolvente Fondsgesellschaft, ansonsten an den Fremdkapitalgeber zu zahlen.

Sind die Leasingraten und sonstigen Nutzungsersatzansprüche, egal ob eine Sicherungsübereignung erfolgt ist oder nicht, im Voraus im Rahmen einer Sicherungsabtretung, einer Forfaitierung oder eines Factoring abgetreten worden, so steht dem Gläubiger einer Sicherungsabtretung ein Absonderungsrecht, dem Forfaiteur bzw. dem Factorer steht dagegen ein Aussonderungsrecht an den Leasingraten bzw. Nutungsersatzansprüchen zu.

Kapitel 3: Auswirkungen der Insolvenz auf eine Kaufoption, eine sicherungsweise Abtretung der Restwertforderung aus Kaufoptionsausübung sowie auf eine vertragliche Abschlusszahlungspflicht

A. Die Kaufoption des Leasingnehmers

I. Auswirkungen der Insolvenz auf eine Kaufoption des Leasingnehmers

Bereits bei der Darstellung der Auswirkungen der Insolvenz des Leasingnehmers auf eine vertraglich vereinbarte Kaufoption wurden Lösungsansätze überprüft, nach denen das Schicksal der Kaufoption vom Schicksal des Leasingvertrages abhänge bzw. nach denen im Hinblick auf den Bestand eines Optionsrechts ein Insolvenzverwalterwahlrecht analog § 103 InsO bestehe. Die erstgenannte Ansicht wurde dabei als vorzugswürdig festgestellt[570].

Bei Insolvenz des Leasinggebers wird zusätzlich zu diesen beiden Lösungsansätzen vertreten, es handele sich bei einem Leasingvertrag mit Kaufoption um ein „kaufähnliches Geschäft", auf das § 107 Abs. 1 InsO analog anzuwenden sei[571]. Voraussetzung sei allerdings, dass bereits vor Verfahrenseröffnung eine bedingte Übereignung an den Leasingnehmer erfolgt sei[572].

Die unterschiedlichen Lösungsansätze, entweder über die festgestellte Bindung des Optionsrechtes an den Leasingvertrag oder über eine entsprechende Anwendung des § 107 Abs. 1 InsO, können in der Praxis erhebliche Auswirkungen haben. Folge einer analogen Anwendung des § 107 Abs. 1 InsO wäre, dass der Leasingnehmer die Abwicklung des Kaufvertrages verlangen und der Insolvenzverwalter der Fondsgesellschaft sich nicht ohne Kaufmöglichkeit des Leasingnehmers vom Vertrag lösen könnte. Die entsprechende Anwendung des § 107 Abs. 1 Satz 1 InsO würde vorschreiben, dass der Leasingnehmer als Optionsrechtsinhaber die Erfüllung der Option verlangen könnte, soweit die Optionsrechtseinräumung vor Verfahrenseröffnung erfolgt und ihm der Besitz an der Sache übertragen worden ist. Dies kann für die Sanierungsfähigkeit und für die Interessen der Gläubiger der insolventen Fondsgesellschaft problematisch sein, wenn eine im Vergleich zum Optionspreis bessere Verwertungsmöglichkeit oder eine Nutzungsmöglichkeit des Leasinggegenstandes zu besseren Konditionen möglich wäre.

Folgt man dagegen der für die Insolvenz des Leasingnehmers bejahten Ansicht, nach der das Kaufoptionsrecht des Leasingnehmers vom Schicksal des Leasingvertrags abhängt, so ist jedenfalls bei Finanzierung ohne Sicherungsübereignung wegen des dort gegebenen Insolvenzverwalterwahlrechts (§ 103 InsO) für den Insolvenzverwalter eine Möglichkeit der Lösung vom Vertrag ohne Optionsrecht des Leasingnehmers gegeben. Der Insolvenzverwalter könnte die Erfüllung des Leasingvertrages und damit einhergehend die Erfüllung der Kaufoption gem. § 103 Abs. 2 Satz 1 InsO ablehnen.

570 Vgl. hierzu die Ausführungen auf S. 106 ff..

571 HK-InsO/*Marotzke* § 107 Rn. 2; *Marotzke* JZ 1995, 803, 807; *Obermüller* KS-InsO S. 996 Rn. 42; *Uhlenbruck/Berscheid* InsO § 107 Rn. 2; *Häsemeyer* Rn. 18.40; *N/R/Balthasar* § 107 Rn. 11; FK-InsO/*Wegener* § 107 Rn. 5, MK-InsO/*Ott* InsO § 107 Rn. 7; *Braun/Kroth* § 107 Rn. 3; Gegen eine analoge Anwendung: *K/P/Tintelnot* § 107 Rn. 8.

572 HK-InsO/*Marotzke* § 107 Rn. 2; *Marotzke* JZ 1995, 803, 807; *Obermüller* KS-InsO S. 996 Rn. 42; *Uhlenbruck/Berscheid* InsO § 107 Rn. 2; *Häsemeyer* Rn. 18.40; *N/R/Balthasar* § 107 Rn. 11; FK-InsO/*Wegener* § 107 Rn. 5, MK-InsO/*Ott* InsO § 107 Rn. 7; *Braun/Kroth* § 107 Rn. 3.

Fraglich ist demnach, ob bei einer Insolvenz der Fondsgesellschaft im Hinblick auf eine vertragliche Kaufoption ein eigenständiges Optionsrecht analog § 107 Abs. 1 Satz 1 InsO besteht, oder ob auch hier eine Abhängigkeit der Kaufoption vom Bestand des Leasingvertrages gegeben ist.

Überzeugender ist letztere Ansicht. Für eine Analogie des § 107 InsO liegt schon die erste Voraussetzung einer Analogie, nämlich das Bestehen einer einem Anwartschaftsrecht vergleichbaren Interessenslage nicht vor. Es besteht keine aufschiebend bedingten Übereignung und keine damit verbundenen vergleichbare dinglichen Rechtsposition des Leasingnehmers[573]:

Offensichtlich ist dies in den Fällen, in denen die Finanzierung mit Sicherungsübereignung des Leasinggegenstandes erfolgt ist. Auf Grund der Sicherungsübereignung wird das Eigentum am Investitionsobjekt fiduziarisch an den Fremdkapitalgeber übertragen. Die Fondsgesellschaft hat aus der Sicherungsabrede lediglich einen schuldrechtlichen Rückübertragungsanspruch. Dies hat zur Folge, dass die Fondsgesellschaft dem Leasingnehmer im Rahmen der Einräumung der Kaufoption keine, auch keine aufschiebend bedingte, dingliche Rechtsposition am Leasinggegenstand einräumen kann. Es handelt sich vielmehr um eine schuldrechtliche Dreiecksbeziehung. Durch die Ausübung der Kaufoption kann der Leasingnehmer die Fondsgesellschaft schuldrechtlich zur Übereignung verpflichten. Die Fondsgesellschaft kann über die Sicherungsabrede das Eigentum am Leasinggegenstand beschaffen und damit die Verpflichtung aus dem Kaufvertrag erfüllen. Erst in diesem Stadium erfolgt die Einräumung einer dinglichen Rechtsposition zu Gunsten des Leasingnehmers[574]. Eine analoge Anwendung des § 107 Abs. 1 InsO scheidet daher vor diesem Zeitpunkt bei Sicherungsübereignung des Investitionsgegenstandes mangels vergleichbarer Interessenlage aus.

Auch in den Fällen, in denen keine Sicherungsübereignung erfolgt ist, ergibt sich das Selbe Ergebnis. Eine Kaufoption stellt lediglich die unwiderrufliche schuldrechtliche Möglichkeit des Abschlusses eines Kaufvertrages dar und gibt dem Optionsberechtigten keine dingliche Rechtsposition. Durch die Einräumung einer Kaufoption macht die Fondsgesellschaft dem Leasingnehmer ein unwiderrufliches Angebot auf Abschluss eines Kaufvertrages, das dieser durch Ausübung der Option annehmen kann[575]. Dass es sich dabei nur um eine schuldrechtliche Vereinbarung und nicht auch um ein dingliches Rechtsgeschäft handelt, ergibt sich aus dem Wesen der Kaufoption als leasingtypische Vereinbarung. Da es dem Wesen des Leasings entspricht, dass der Leasingnehmer während der Vertragslaufzeit keine

---

573 MK-InsO/*Ott* § 107 Rn. 7; FK-InsO/*Wegener* § 107 Rn. 5; *Pape* KS-InsO S. 561 f. Rn. 46.

574 So auch Bankrecht und Bankpraxis/*Peters* 13/114d.

575 FK-InsO/*Wegener* § 108 Rn. 11, 29; *Pape* KS-InsO S. 561 f. Rn. 46; *Palandt/Weidenkaff* 64. Auflage Einf. v. § 535 Rn. 37, *Palandt/Putzo* 64. Auflage Vorb. v. § 463 Rn. 17.

dingliche Rechtsposition erhalten und so die bilanztechnischen und steuerlichen Auswirkungen einer dinglichen Rechtsposition vermeiden will, ist auch bei der Einräumung einer Kaufoption keine dingliche Rechtsposition gewollt[576]. Auch hier verbietet sich daher eine analoge Anwendung des § 107 Abs. 1 InsO, da wegen der beim Leasingnehmer nicht vorhandenen dinglichen Rechtsposition schon keine für eine Analogie erforderliche vergleichbare Interessenlage vorliegt.

Festzuhalten ist damit als Ergebnis, dass für die Kaufoption bei einer Insolvenz der Fondsgesellschaft gleiches gilt, wie bei einer Insolvenz des Leasingnehmers. Es gelten daher die Ausführungen über das Schicksal der Kaufoption in der Insolvenz des Leasingnehmers entsprechend[577]. Wurde die Kaufoption bereits vor Eröffnung des Insolvenzverfahrens ausgeübt, so liegt bei Verfahrenseröffnung ein vom Leasingvertrag unabhängiger Kaufvertrag vor. Im Hinblick auf die sich aus dem Kaufvertrag ergebenden Erfüllungsansprüche steht dem Insolvenzverwalter der Fondsgesellschaft dann das Wahlrecht des § 103 InsO zu. Wurde die Kaufoption dagegen nicht vor Verfahrenseröffnung ausgeübt, so hängt das Bestehen einer durchsetzbaren Kaufoption vom Leasingvertrag ab. Handelt es sich um eine Finanzierung mit Sicherungsübereignung, besteht der Leasingvertrag und damit auch die Kaufoption gem. § 108 Abs. 1 Satz 2 InsO nach Verfahrenseröffnung fort. Handelt es sich dagegen um eine Konstruktion ohne Sicherungsübereignung, hat der Insolvenzverwalter ein Wahlrecht über die Erfüllung des Leasingvertrages und die Kaufoption kann nur nach Erfüllungswahl ausgeübt werden.

II. Auswirkungen der Insolvenz auf eine Abtretung des Restwertanspruches aus Kaufoptionsausübung

Soweit dem Leasingnehmer eine Kaufoption eingeräumt wurde, ist es denkbar, dass auch der Optionspreis („Restwert“) zur Sicherheit an den Fremdkapitalgeber abgetreten wird. Bei der Frage, wie sich eine Eröffnung des Insolvenzverfahrens auf diese auswirkt, bestehen unterschiedliche Auffassungen:

1.) Auswirkungen der Insolvenz nach Ansicht der Literatur

Maßgeblichen Einfluss auf die Frage der Auswirkungen der Insolvenz auf die Abtretung eines Restwertanspruches hat nach den in der Literatur vertretenen Auffassungen die rechtliche Qualifikation einer Kaufoption:

---

576 So auch MK-InsO/*Ott* § 107 Rn. 7; MK-BGB/*Habersack* Leasing Rn. 17 ff..

577 Vgl. hierzu die Ausführungen aus S. 106 ff..

Zum Teil wird die Ansicht vertreten, dass es sich bei einer Kaufoption lediglich um ein schuldrechtliches Recht auf Abschluss eines Kaufvertrages handele[578]. In Folge dessen sei zu einem Erwerb der Restwertforderung aus der Ausübung der Option noch eine Handlung erforderlich, so dass einer Insolvenzfestigkeit die §§ 21 Abs. 2, 81 InsO entgegenstünden[579].

Nach der Gegenansicht räumt die Kaufoption dem Leasingnehmer das Recht ein, den Kaufvertrag durch einseitige Erklärung zustande zu bringen. Es handele sich um ein Gestaltungsrecht des Leasingnehmers und nicht um einen lediglich schuldrechtlichen Anspruch auf Abschluss eines Kaufvertrages[580]. Die im Voraus abgetretenen Ansprüche auf Zahlung des Restwertes im Falle der Ausübung der Kaufoption würden daher bei Ausübung der Option nach Anordnung eines allgemeinen Verfügungsverbotes bzw. unabhängig vom allgemeinen Verfügungsverbot nach §§ 81, 91 InsO beim Fremdkapitalgeber verbleiben, wenn der Kaufpreis im Voraus vertraglich festgelegt ist[581]. Bei einer solchen vertraglichen Vereinbarung sei das Optionsrecht des Leasingnehmers als Anwartschaftsrecht ausgestaltet, so dass der Eigentumsübergang lediglich aufschiebend bedingt von der Ausübung der Kaufoption abhänge[582]. Ein solch aufschiebend bedingter Rechtserwerb könne sich ungehindert durch das allgemeine Verfügungsverbot noch vollenden, wenn der begründende Tatbestand bereits vor dem allgemeinen Verfügungsverbot vollständig verwirklicht sei und es zum Wirksamwerden nur noch des Eintritts der Bedingung bedürfe[583]. Die aufschiebende Bedingung könne noch nach Eröffnung des Insolvenzverfahrens und Wirksamwerden eines Verfügungsverbotes auf der Grundlage des ursprünglichen Vertrages eintreten. Nach Ausübung der Kaufoption durch den Leasingnehmer erwerbe dieser das Eigentum an dem Leasinggut ungehindert von einem bestehenden insolvenzrechtlichen Verfügungsverbot. Beim Fremdkapitalgeber entstehe dann ein fälliger Anspruch in Höhe der Restwertforderung aus abgetretenem Recht[584].

---

578 FK-InsO/*Wegener* § 108 Rn. 11, 29.

579 Bankrecht und Bankpraxis/*Peters* Rn. 13/114a.

580 Bankrecht und Bankpraxis/*Peters* Rn. 13/114a.

581 *H/W/W/Hess* § 108 Rn. 76.

582 *H/W/W/Hess* § 108 Rn. 76; *Uhlenbruck/Sinz* WM 1989, 1113, 1119; *Obermüller* Rn. 7.37; *Obermüller/Hess* Rn. 1526.

583 *H/W/W/Hess* § 108 Rn. 77; *Obermüller* Rn. 7.37; *Obermüller/Hess* Rn. 1526.

584 *H/W/W/Hess* § 108 Rn. 78; *Obermüller* Rn. 7.38.

2. Stellungnahme/Lösungsvorschlag

Bei genauer Betrachtung der Argumentationsketten ergibt sich, dass beiden Ansichten erhebliche Bedenken entgegenstehen, so dass im Ergebnis keiner der dargestellten Ansichten uneingeschränkt gefolgt werden kann.

Gegen die erste Auffassung ist anzuführen, dass keine Verfügung im Sinne der §§ 21, 81 InsO vorliegt. Voraussetzung einer solchen Verfügung wäre ein dingliches Rechtsgeschäft nach Eröffnung des Insolvenzverfahrens. Auf Verpflichtungsgeschäfte nach Verfahrenseröffnung ist das Verfügungsverbot dagegen nicht anwendbar[585]. Die hier zu betrachtende Abtretung des Restwertanspruches ist aber bereits vor Verfahrenseröffnung erfolgt, so dass der Anwendungsbereich des Verfügungsverbotes für sie nicht eröffnet ist. Ebenfalls keine Verfügung bewirkt die Ausübung des Optionsrechts. Sie führt nur zum Zustandekommen eines schuldrechtlichen Kaufvertrages und erfüllt die Voraussetzungen der §§ 21, 81 InsO damit ebenfalls nicht.

Gegen die zweite Ansicht spricht die oben festgestellten Einordnung der Kaufoption als Annahmerecht eines unwiderruflichen schuldrechtlichen Kaufangebotes und die Verneinung einer einem Anwartschaftsrecht vergleichbare dingliche Rechtsposition durch die Einräumung der Kaufoption[586].

Die Insolvenz der Fondsgesellschaft hat auf die Vorausabtretung des Restwertanspruches vielmehr, ähnlich wie auf die Vorausabtretung künftiger Leasingraten, folgende Auswirkungen:

Wurde die Kaufoption bereits vor Eröffnung des Insolvenzverfahrens ausgeübt, besteht bei Verfahrenseröffnung neben dem Leasingvertrag ein Kaufvertrag. Bezüglich dieses Vertrages hat der Insolvenzverwalter der Fondsgesellschaft, vorbehaltlich der Regelungen der §§ 106, 107 InsO, ein Wahlrecht, ob er den Vertrag erfüllen will oder nicht. Gläubiger der Kaufpreisforderung ist auf Grund deren fiduziarischer Abtretung der Fremdkapitalgeber. Wählt der Insolvenzverwalter die Erfüllung des Kaufvertrages, so hat der Fremdkapitalgeber als Sicherungseigentümer ein Absonderungsrecht gem. §§ 51 Ziff. 1, 50 InsO, andernfalls (bei Ablehnung der Erfüllung) steht dem Absonderungsrecht die Undurchsetzbarkeit der Kaufpreisforderung entgegen.

Wurde die Kaufoption dagegen zum Zeitpunkt der Eröffnung des Insolvenzverfahrens noch nicht ausgeübt, hängt das Bestehen der Option vom Fortbestand des Leasingvertrages ab. Hat der Insolvenzverwalter im Hinblick auf den Leasingver-

---

585 *Braun/Kroth* § 81 Rn. 3 f..

586 Vgl. hierzu die Ausführungen auf S. 149 f..

trag ein Wahlrecht gem. § 103 InsO, erhält die Kaufoption mit Wahl der Erfüllung des Vertrages ihre Durchsetzbarkeit zurück. Wird die Kaufoption in der Folge ausgeübt, kommt ein Kaufvertrag mit Wirkung für die Masse zu Stande. Nach § 55 Abs. 1 Ziff. 2 InsO hat die Wahl der Erfüllung zur Folge, dass die Ansprüche des Vertragspartners sowohl bezüglich des Hauptanspruches sowie sämtlicher Nebenansprüche Masseverbindlichkeiten werden[587]. Zu den Nebenansprüchen ist die Kaufoption zu zählen. Wählt der Insolvenzverwalter der Fondsgesellschaft also Erfüllung des Leasingvertrages, wird auch die Kaufoption Masseverbindlichkeit. Der Insolvenzverwalter hat die Übereignung des Leasinggegenstandes aus der Insolvenzmasse vorzunehmen, an der Kaufpreisforderung hat der Fremdkapitalgeber durch die Sicherungsabtretung ein Absonderungsrecht gem. §§ 51 Ziff. 1, 50 InsO.

Das gleiche Ergebnis wie bei einer Erfüllungswahl des Insolvenzverwalters ergibt sich, falls das Wahlrecht des § 103 InsO durch § 108 Abs. 1 Satz 2 InsO verdrängt wird. In diesem Falle besteht der Leasingvertrag mit der in ihm enthaltenen Kaufoption auch nach Verfahrenseröffnung fort und der Fremdkapitalgeber hat nach der Ausübung des Wahlrechtes ein Absonderungsrecht an der Restwertforderung gem. § 51 Ziff. 1, 50 InsO.

III. Ergebnis

Die Eröffnung des Insolvenzverfahrens über das Vermögen der Fondsgesellschaft hat damit auf eine im Leasingvertrag eingeräumte Kaufoption folgende Wirkung: Wurde die Kaufoption bereits vor Verfahrenseröffnung ausgeübt, besteht unabhängig vom Leasingvertrag ein Kaufvertrag zwischen der Fondsgesellschaft und dem Leasingnehmer. Im Hinblick auf diesen hat der Insolvenzverwalter der Fondsgesellschaft ein Wahlrecht gem. § 103 InsO. Wählt er die Erfüllung des Kaufvertrages, so hat er diesen aus der Masse zu erfüllen. Sind die Restwertforderungen an den Fremdkapitalgeber abgetreten, steht diesem in Bezug auf die Restkaufpreisforderungen ein Absonderungsrecht zu. Lehnt der Insolvenzverwalter aber die Erfüllung ab, steht der Durchsetzbarkeit der Kaufoption ein Leistungsverweigerungsrecht entgegen.

Wurde die Kaufoption dagegen vor Eröffnung des Insolvenzverfahrens noch nicht ausgeübt, so hängt das Bestehen der Option vom Fortbestand des Leasingvertrages ab. Handelt es sich um einen Anwendungsfall des § 103 InsO, kann der Leasingnehmer die Kaufoption nur nach Wahl der Erfüllung des Leasingvertrages durch den Insolvenzverwalter ausüben. Wird die Kaufoption dann ausgeübt, kommt ein Kaufvertrag mit Wirkung für die Masse zu Stande. Der Fremdkapitalgeber hat ge-

587 *Braun/Bäuerle* § 55 Rn. 28; FK-InsO/*Schumacher* § 55 Rn. 25; HK-InsO/*Eickmann* § 55 Rn. 17; MK-InsO/*Hefermehl* § 55 Rn. 113; *Smid/Smid* InsO § 55 Rn. 28.

gebenenfalls (bei Sicherungsabtretung) ein Absonderungsrecht. Gleiches gilt im Falle der Ausübung der Kaufoption bei Fortbestand des Leasingvertrages gem. § 108 Abs. 1 Satz. 2 InsO.

B. Die Auswirkung der Insolvenz auf eine Abschlusszahlungspflicht

Wie im Hinblick auf eine Restwertforderung stellt sich bei Insolvenz der Fondsgesellschaft auch hinsichtlich einer vereinbarten Abschlusszahlungspflicht die Frage des Fortbestands und der Gläubigereigenschaft derselben.

Besteht der Leasingvertrag nach Eröffnung des Insolvenzverfahrens gem. § 108 Abs. 1 Satz 2 InsO fort oder erhalten die Erfüllungsansprüche des Leasingvertrages durch eine positive Ausübung des Wahlrechtes gem. § 103 Abs. 1 Satz 1 InsO ihre Durchsetzbarkeit zurück, so besteht unproblematisch auch eines Abschlusszahlungspflicht des Leasingnehmers. In der Praxis kann die vereinbarte Abschlusszahlungspflicht für den Insolvenzverwalter mithin, sofern sie gem. § 108 Abs. 1 Satz 2 InsO nicht ohnehin besteht, ein gewichtiges Argument für die Art der Ausübung seines Wahlrechtes darstellen. Es kann für ihn insbesondere bei nur kurzer Restlaufzeit sinnvoll sein, den Vertrag fortzuführen und sich dadurch die Abschlusszahlung zu sichern.

Darüber hinaus stellt sich die Frage, wem die Forderung zusteht. Hat keine Abtretung der Abschlusszahlungsforderung stattgefunden, so steht die Forderung naturgemäß der insolventen Fondsgesellschaft zu. Wurde die Abschlusszahlungsforderung dagegen zur Sicherheit an einen Fremdkapitalgerber abgetreten, dann stellt sich erneut die Frage, ob einer solchen Vorausabtretung ein Verfügungsverbot entgegensteht. Dies ist abzulehnen. Wie bereits dargestellt wurde, handelt es sich bei der Abschlusszahlung um eine aufgeschobene Leasingratenzahlung. Es kann daher für die Abschlusszahlung nichts anderes gelten als für Leasingraten. Damit handelt es sich auch bei der Abschlusszahlungsforderung um eine sog. betagte Forderung. Soweit die Forderung demnach an einen Fremdkapitalgeber abgetreten wurde, steht sie diesem auch nach Eröffnung des Insolvenzverfahrens zu[588].

[588] *H/W/W/Hess* § 108 Rn. 82; *Obermüller* Rn. 7.39; *Obermüller/Hess* Rn. 1527; *Obermüller/Livonius* DB 1995, 27, 29.

Abschnitt 4: Auswirkungen der Insolvenz beim Immobilienfonds

Teil 1: Die Insolvenz des Leasingnehmers / Verwertungsunternehmens

Kapitel 1: Der Leasingvertrag in der Insolvenz des Leasingnehmers / Aussonderungsrecht der Fondsgesellschaft?

Wie beim Mobilienleasing stellt sich auch beim Immobilienleasing die Frage, welche Auswirkungen die Eröffnung des Insolvenzverfahrens über das Vermögen des Leasingnehmers auf den zwischen Fondsgesellschaft und Leasingnehmer bestehenden Leasingvertrag hat. Die Fondsgesellschaft und deren Insolvenzverwalter haben zu bedenken, ob und unter welchen Voraussetzungen der Leasingvertrag und das durch ihn begründete Besitzrecht im Sinne des § 986 BGB fortbesteht, ob und gegebenenfalls wie die Fondsgesellschaft das Besitzrecht aufheben kann, um das Investitionsobjekt vom insolventen Leasingnehmer herausverlangen zu können, sowie ob und wie der Insolvenzverwalter das Vertragsverhältnis beenden kann und die Fondsgesellschaft dadurch gezwungen ist, das Investitionsobjekt neu zu vermarkten.

A. Das Fortbestehen des Leasingvertrages gem. § 108 Abs. 1 Satz 1 InsO

Der Gesetzgeber hat den hier behandelten Sachverhalt der Insolvenz des Leasingnehmers eines geschlossenen Schiffs-, Flugzeug- und Immobilienfonds explizit in § 108 Abs. 1 Satz 1 InsO geregelt. § 108 Abs. 1 Satz 1 InsO besagt, dass Miet- und Pachtverhältnisse des Schuldners über unbewegliche Gegenstände oder Räume sowie Dienstverhältnisse des Schuldners mit Wirkung für die Insolvenzmasse fortbestehen. Da es sich bei den Investitionsgegenständen inländischer Schiffs-, Flugzeug- und Immobilienleasingfonds um unbewegliche Gegenstände im Sinne der Insolvenzordnung handelt und überdies das zwischen Fondsgesellschaft und Leasingnehmer bestehende Leasingverhältnis nach überwiegender Auffassung ein spezielles Miet- bzw. Pachtverhältnis darstellt, regelt § 108 Abs. 1 InsO für den Fall der Insolvenz des Leasingnehmers, dass das Vertragsverhältnis zwischen Fondsgesellschaft und insolventem Leasingnehmer unbeeinflusst von der Verfahrenseröffnung auch nach Eröffnung des Insolvenzverfahrens fortbesteht[589].

---

[589] *Uhlenbruck/Sinz* InsO § 108 Rn. 96; *Braun/Kroth* § 108 Rn. 1; *Engel/Völkers* Rn. 361; *Engel* StB 2000, Beilage 2, 28, 29; *dies.* BB 1999 Beilage 6, 23, 28; *Schmid-Burgk/Ditz* ZIP 1996, 1123, 1125; *Thomas* S. 165; MK-BGB/*Habersack* Leasing Rn. 137; *Obermül-*

Besteht der Leasingvertrag zwischen Fondsgesellschaft und insolventem Leasingnehmer beim Immobilienleasing demnach gem. § 108 Abs. 1 Satz 1 InsO fort, so ergeben sich daraus zwei hervorzuhebende Unterschiede zwischen Mobilien- und Immobilienleasing: Zum einen besteht beim Immobilienleasing, anders als beim Mobilienleasing, kein Wahlrecht des Insolvenzverwalters über den Fortbestand des Leasingvertrages, selbiger besteht vielmehr automatisch fort. Das Wahlrecht des § 103 InsO wird verdrängt durch § 108 Abs. 1 Satz 1 und 2 InsO[590]. Zum anderen hängt das Fortbestehen des Leasingvertrages im Falle des § 108 Abs. 1 Satz 1 InsO, anders als im Fall des § 108 Abs. 1 Satz 2 InsO, nicht davon ab, dass das Leasinggut zur Sicherheit an einen Fremdkapitalgeber übereignet worden ist.

Festzuhalten ist, dass ein Immobilienleasingvertrag trotz Eröffnung des Insolvenzverfahrens über das Vermögen des Leasingnehmers fortbesteht. Allein die Verfahrenseröffnung führt bei Immobilienleasingfonds nicht zum Wegfall des Besitzrechts des Leasingnehmers bzw. abgeleiteten Besitzrechts dessen Insolvenzverwalters. Allein die Verfahrenseröffnung bewirkt daher kein Aussonderungsrecht der Fondsgesellschaft (§§ 985, 986 BGB, 47 InsO).

B. Kündigungs- und Rücktrittsrechte in der Insolvenz des Leasingnehmers

I. Sonderkündigungs- und Rücktrittsrecht nach § 109 InsO

Für den Fall der Insolvenz des Leasingnehmers sieht § 109 InsO für den Insolvenzverwalter zwei Möglichkeiten vor, ein Leasingvertragsverhältnis über einen unbeweglichen Gegenstand zu beenden[591]. Gem. § 109 InsO kann der Insolvenzverwalter ein Miet- oder Pachtverhältnis über einen unbeweglichen Gegenstand, das der Schuldner als Mieter oder Pächter eingegangen war, ohne Rücksicht auf die vereinbarte Vertragsdauer unter Einhaltung der gesetzlichen Frist kündigen (§ 109 Abs. 1 Satz 1 InsO). War dem Schuldner der unbewegliche Gegenstand zur

---

ler/Livonius DB 1995, 27, 28; *Bien* S. 109; *Lauer* Rn. 5.50; *Beck/Depré/Ringstmeier* § 15 Rn. 25; *Kalkschmid* unterscheidet dagegen zwischen der Herstellungs-, Nutzungs- und Abwicklungsphase. In der Nutzungsphase sei § 108 Abs. 1 Satz 1 InsO anzuwenden. In der Herstellungsphase sei dies nur der Fall, soweit der Leasinggegenstand bereits beim Leasinggeber existiere und damit überlassen werden könne, ansonsten sei § 103 InsO einschlägig. Ein durch Ausübung einer Verlängerungsoption verlängerter Vertrag falle ebenfalls unter § 108 Abs. 1 Satz 1 InsO, dagegen falle in der Abwicklungsphase der durch Ausübung der Kaufoption zustande gekommene Kaufvertrag unter § 103 InsO (*Kalkschmid* Rn. 152 ff. mit Zusammenfassung bei Rn. 309 ff.).

590 Vgl. hierzu die Auswirkungen auf S. 125.

591 *Thomas* S. 165; *H/W/W/Hess* § 108 Rn. 53 ff.; FK-InsO/*Wegener* § 109 Rn. 1; MK-BGB/*Habersack* Leasing Rn. 136; *Kalkschmid* Rn. 317.

Zeit der Verfahrenseröffnung noch nicht überlassen, so kann sowohl der Insolvenzverwalter als auch der andere Teil vom Vertrag zurücktreten (§ 109 Abs. 2 Satz 1 InsO). Macht der Insolvenzverwalter von diesem Recht Gebrauch, so kann der andere Teil wegen der vorzeitigen Beendigung des Vertrages als Insolvenzgläubiger Schadensersatz verlangen (Abs. 2 Satz 2). Jeder Teil hat dem anderen auf dessen Verlangen binnen zwei Wochen zu erklären, ob er vom Vertrag zurücktreten will. Unterlässt er dies, so verliert er das Rücktrittsrecht (Abs. 2 Satz 3).

1.) Sonderkündigungsrecht bei Überlassung vor Verfahrenseröffnung

Auf die Insolvenz des Leasingnehmers eines geschlossenen Immobilienleasingfonds übertragen bedeutet dies, dass, soweit eine Überlassung des Investitionsgegenstandes bereits vor Eröffnung des Insolvenzverfahrens erfolgt ist, dem Insolvenzverwalter ein Sonderkündigungsrecht zusteht[592], nach dem er den Leasingvertrag gem. § 109 Abs. 1 Satz 1 InsO ohne Rücksicht auf die vereinbarte Vertragsdauer unter Einhaltung der gesetzlichen Frist des § 580a Abs. 1 Nr. 3, Abs. 4 BGB kündigen kann[593,594]. Dies soll die Masse davor schützen, mit Miet- bzw. Pachtzinsforderungen belastet zu werden, obwohl eine wirtschaftlich angemessene Nutzung des Mietobjektes in Anbetracht der Insolvenz nicht mehr möglich ist[595]. Es ist überdies Ausfluss der Zielsetzung des Insolvenzverfahrens, den Insolvenzschuldner zu sanieren. Um dies zu ermöglichen, muss dem Insolvenzverwalter die Möglichkeit gegeben werden, sich von unnötigen Belastungen zu lösen. Beim Mobilienleasing wird dies durch das Insolvenzverwalterwahlrecht des § 103 InsO,

---

592 *N/R/Balthasar* § 109 Rn. 3; *H/W/W/Hess* § 108 Rn. 53; FK-InsO/*Wegener* § 109 Rn. 5; *Obermüller* Rn. 7.23; *Obermüller/Hess* Rn. 1515; *Fehl* StB 1998, Beilage 2, 12, 14; *Pape* KS-InsO S. 578 f. Rn. 77; *Vehslage* ZInsO 2001, 786, 787.

593 MK-InsO/*Eckert* § 109 Rn. 21ff.; *Pape* KS-InsO S. 578 f. Rn. 77; *Sinz* KS-InsO S. 611 Rn. 41; *Obermüller/Livonius* DB 1995, 27, 29; *Obermüller* Rn. 7.23; *Vehslage* ZInsO 2001, 786, 787.

594 Beim Immobilienleasing als Überlassung von Grundstücken und Räumen beträgt die gesetzliche Kündigungsfrist und damit die Sonderkündigungsfrist drei Monate abzüglich von drei Karenztagen („spätestens am dritten Werktag eines Kalendermonats") (MK-InsO/*Eckert* § 109 Rn. 21). Beim Schiffsleasingfonds, bei dem der Investitionsgegenstand im Schiffsregister eingetragen ist, verlängert § 580 a Abs. 1 Nr. 3 BGB die Kündigungsfrist insoweit, als dass nur zum Ablauf eines Kalendervierteljahres gekündigt werden kann. Dagegen ist beim Flugzeugleasingfonds eine extrem kurze Sonderkündigungsfrist einschlägig. Sie beträgt nach § 580a Abs. 4 in Verbindung mit Abs. 3 Nr. 2 BGB nur drei Tage. § 98 Abs. 2 Luftfahrzeuggesetz zitiert § 578 a BGB, der nur auf §§ 566 ff. BGB verweist, nicht jedoch auf § 580 a BGB (MK-InsO/*Eckert* § 109 Rn. 24).

595 BGHZ 71, 189, 191; *N/R/Balthasar* § 109 Rn. 2; *Uhlenbruck/Sinz/Berscheid* InsO § 109 Rn. 2; *Braun/Kroth* § 109 Rn. 2; FK-InsO/*Wegener* § 109 Rn. 1; *Kalkschmid* Rn. 317.

beim Immobilienleasing durch das Kündigungsrecht des § 109 Abs. 1 Satz 1 InsO erreicht[596].

Die Ausübung des Sonderkündigungsrechts braucht nicht sofort zu erfolgen, sie bleibt dem Insolvenzverwalter während der gesamten Dauer des Insolvenzverfahrens erhalten[597]. Im Unterschied zur Insolvenz des Leasingnehmers beim Mobilienleasing besteht beim Immobilienleasing diesbezüglich keine Handlungsmöglichkeit des Leasinggebers[598]. Um dem Insolvenzverwalter bei der Sanierung des Schuldners einen Spielraum zur Verfügung zu stellen, hat der Gesetzgeber im Unterschied zum Rücktrittsrecht des Abs. 2 sowie im Unterschied zum Insolvenzverwalterwahlrecht des § 103 InsO bewusst darauf verzichtet, dass der Vertragspartner ihn entsprechend Abs. 2 Satz 3 bzw. § 103 Abs. 2 Satz 2 InsO zur Entscheidung über die Ausübung des Kündigungsrechts zwingen kann. Der Insolvenzverwalter braucht die Kündigung nach § 109 Abs. 1 InsO daher erst dann aussprechen, wenn er den unbeweglichen Leasinggegenstand nicht mehr benötigt. Er kann die Immobilie so lange weiter nutzen, wie ihm dies sinnvoll erscheint[599].

Das Kündigungsrecht des § 109 Abs. 1 InsO steht ausschließlich dem Insolvenzverwalter des insolventen Leasingnehmers zu. Der Fondsgesellschaft steht dagegen, anders als nach dem früheren § 19 Abs. 1 Satz 1 KO, in der Insolvenz des Leasingnehmers kein Sonderkündigungsrecht zu[600]. Die Fondsgesellschaft kann daher in der Insolvenz des Leasingnehmers den Vertrag nicht von sich auflösen, solange der Verwalter die Pflichten aus dem Leasingvertrag erfüllt[601]. Der Gesetzgeber hat bei der Einführung der Insolvenzordnung bewusst darauf verzichtet, ein dem bisherigen Recht entsprechendes Sonderkündigungsrecht zu regeln, da sich dieses zur Erreichung des gesetzgeberischen Zieles der Insolvenzordnung, der Sanierung des Schuldners, als kontraproduktiv herausstellte. Das nach der Konkursordnung bestehende Sonderkündigungsrecht hatte zur Folge, dass nicht selten

---

596 *Huth* S. 252; *Gottwald/Adolphsen* KS-InsO S. 1064 Rn. 83; *Braun/Kroth* § 109 Rn. 8; *Sinz* KS-InsO S. 611 Rn. 41.

597 *Uhlenbruck/Berscheid* InsO § 109 Rn. 4; *Eckert* ZIP 1996, 897, 901; HK-InsO/*Marotzke* § 109 Rn. 4; *K/P/Tintelnot* § 109 Rn. 8; *N/R/Balthasar* § 109 Rn. 4; *Pape* KS-InsO S. 583 Rn. 83; MK-InsO/*Eckert* § 109 Rn. 25; *Minuth/Wolf* NZI 1999, 289, 291; *Smid/Smid* InsO § 109 Rn. 4; *Kalkschmid* Rn. 319 ff..

598 *Sinz* KS-InsO S. 611 Rn. 41; HK-InsO/*Marotzke* § 109 Rn. 4; *Eckert* ZIP 1996, 879, 901.

599 *Eckert* ZIP 1996, 897, 901; *N/R/Balthasar* § 109 Rn. 4; HK-InsO/*Marotzke* § 109 Rn. 4; *Pape* KS-InsO S. 583 Rn. 83; *Vehslage* ZInsO 2001, 786, 787; *Braun/Kroth* § 109 Rn. 2; *Kalkschmid* Rn. 319 ff..

600 *Uhlenbruck/Sinz/Berscheid* InsO § 109 Rn. 3; *Pape* KS-InsO S. 579 Rn. 77; *Obermüller/Livonius* DB 1995, 27, 29; *Braun/Kroth* § 109 Rn. 1; *Smid/Smid* InsO § 109 Rn.3.

601 *H/W/W/Hess* § 108 Rn. 56; *Obermüller* Rn. 7.24; *Obermüller/Hess* Rn. 1516; *Obermüller/Livonius* DB 1995, 27, 29; *Schmid-Burgk* S. 311; HK-InsO/*Marotzke* § 109 Rn. 24; *Smid/Smid* InsO § 109 Rn.3.

durch die Kündigung zur Sanierung erforderliche Betriebsmittel entzogen wurden, was im Ergebnis das Scheitern der Sanierung zur Folge hatte[602].

2.) Rücktrittsrecht bei noch ausstehender Überlassung, § 109 Abs. 2 InsO

War dem Leasingnehmer das Leasinggut zum Zeitpunkt der Stellung des Insolvenzantrages im Unterschied zur eben behandelten Sachverhaltskonstellation noch nicht überlassen, so kann sowohl der Insolvenzverwalter als auch die Fondsgesellschaft gem. § 109 Abs. 2 Satz 1 InsO vom Vertrag zurücktreten[603]. Jeder Teil hat dem anderen auf dessen Verlangen binnen zwei Wochen zu erklären, ob er vom Vertrag zurücktreten will. Unterlässt eine Seite dies, so verliert sie das Rücktrittsrecht (§ 109 Abs. 2 Satz 3 InsO)[604].

3.) Sonderkündigungsrecht bei Überlassung nach Verfahrenseröffnung

Den Vertragsparteien steht es frei, ob sie von dem dargestellten Rücktrittsrecht Gebrauch machen. Verzichten sie auf die Ausübung des Rücktrittsrechts und überlässt die Fondsgesellschaft daraufhin nach Verfahrenseröffnung dem Insolvenzverwalter das Leasingobjekt, so stellt sich die Frage, ob dem Insolvenzverwalter in dieser Konstellation, wie bei Überlassung vor Verfahrenseröffnung, ein Kündigungsrecht nach § 109 Abs. 1 InsO zusteht.

In der Literatur wird zum Teil vertreten, dies sei zu verneinen[605]. Den Befürwortern eines Kündigungsrechtes sei entgegenzuhalten, dass die vorbehaltslose Entgegennahme und Nutzung des Leasinggutes nach dem Grundsatz des *venire contra factum proprium* eine spätere Kündigung ausschließe. Etwas anderes könne nur gelten, wenn die Überlassung ohne Wissen und Wollen des Verwalters erfolge.

---

602 *Pape* KS-InsO S. 579 Rn. 77; *Braun/Kroth* § 103 Rn. 1; *Smid/Smid* InsO § 109 Rn.3.

603 *Fehl* StB 1998, Beilage 2, 12, 14; *Engel* BB 1999 Beilage 6, 23, 28; *Pape* KS-InsO S. 584 Rn. 84; *Sinz* KS-InsO S. 600 Rn. 16, S. 611 Rn. 44; *Obermüller/Livonius* DB 1995, 27, 29; *Vehslage* ZInsO 2001, 786, 786; *Uhlenbruck/Berscheid* InsO § 109 Rn. 18; *Braun/Kroth* § 109 Rn. 19.

604 *Uhlenbruck/Berscheid* InsO § 109 Rn. 26; *H/W/W/Hess* § 108 Rn. 62; *Obermüller* Rn. 7.28; *Obermüller/Hess* Rn. 1519; *Obermüller/Livonius* DB 1995, 27, 29; *Lauer* Rn. 5.50; *Braun/Kroth* § 109 Rn. 22; *Engel* BB Beilage 6, 23, 28; *Pape* KS-InsO S. 584 Rn. 84; *Sinz* KS-InsO S. 600 Rn. 16; *Vehslage* ZInsO 2001, 786, 786; FK-InsO/*Wegener* § 109 Rn. 23; *K/P/Tintelnot* § 109 Rn. 25; *N/R/Balthasar* § 109 Rn. 18.

605 *Smid/Smid* InsO § 109 Rn. 1, 3; HK-InsO/*Marotzke* § 109 Rn. 20 ff.; *Sinz* KS-InsO S. 601 Rn. 18.

Dann läge aber schon keine Erfüllung seitens des Leasinggebers vor (§ 82 InsO), so dass weiterhin § 109 Abs. 2 InsO greife[606].

Überzeugender ist auf Grund des Wortlautes und insbesondere des Sinn und Zwecks des § 109 InsO aber die Gegenansicht[607]:

Nach dem Wortlaut des § 109 Abs. 1 InsO („eingegangen") setzt das Kündigungsrecht lediglich einen Vertragsschluss vor Verfahrenseröffnung, nicht aber die Überlassung des Leasinggegenstandes vor Verfahrenseröffnung voraus[608]. Im Zusammenhang mit § 109 Abs. 2 InsO ist für ein Kündigungsrecht lediglich eine Überlassung, egal, ob vor oder nach Verfahrenseröffnung, erforderlich, so dass der Wortlaut der Norm ein Kündigungsrecht auch nach Überlassung nach Verfahrenseröffnung zulässt.

Dies entspricht auch dem Schutzzweck des § 109 InsO[609]. Wie bereits ausgeführt wurde, soll das Sonderkündigungsrecht des § 109 Abs. 1 InsO dem Insolvenzverwalter einen flexiblen Spielraum zur Sanierung des Schuldners bieten. Daher ist bewusst auf eine Frist zur Ausübung des Kündigungsrechts verzichtet worden, um dem Insolvenzverwalter eine Nutzung des Leasinggegenstandes zu ermöglichen und ihm nach Wegfall des Bedarfs die Möglichkeit der Kündigung zu geben. Es entspricht gerade dem Schutzzweck des § 109 InsO, dass der Insolvenzverwalter ein Sonderkündigungsrecht auch bei Überlassung nach Verfahrenseröffnung besitzt. Dem stehen auch nicht die Interessen der Fondsgesellschaft entgegen, da diese den Leasinggegenstand trotz Insolvenz übergeben und dabei auf ihr Rücktrittsrecht verzichtet hat.

Im Ergebnis hat der Insolvenzverwalter folglich auch bei Überlassung nach Verfahrenseröffnung ein Sonderkündigungsrecht gem. § 109 Abs. 1 InsO.

4.) Schadensersatz wegen Nichterfüllung bei Kündigung oder Rücktritt

Kündigt der Insolvenzverwalter nach § 109 Abs. 1 Satz 1 InsO den Leasingvertrag, kann die Fondsgesellschaft wegen der vorzeitigen Beendigung des Vertrages

---

606 *Sinz* KS-InsO S. 601 Rn. 18; HK-InsO/*Marotzke* § 109 Rn. 22.

607 MK-InsO/*Eckert* § 109 Rn. 73 ff.; *Uhlenbruck/Berscheid* InsO § 109 Rn. 27f.; *Braun/Kroth* § 109 Rn. 6; *Eckert* ZIP 1996, 897, 901; FK-InsO/*Wegener* § 109 Rn. 3; *K/P/Tintelnot* § 109 Rn. 31; *N/R/Balthasar* § 109 Rn. 20.

608 *Eckert* ZIP 1996, 897, 901; MK-InsO/*Eckert* § 109 Rn. 73; FK-InsO/*Wegener* § 109 Rn. 3; *K/P/Tintelnot* § 109 Rn. 31; *N/R/Balthasar* § 109 Rn. 20.

609 *Braun/Kroth* § 109 Rn. 6; MK-InsO/*Eckert* § 109 Rn. 75; *Uhlenbruck/Berscheid* InsO § 109 Rn. 28.

als Insolvenzgläubigerin Schadenersatz verlangen, § 109 Abs. 1 Satz 3 InsO[610]. Es handelt sich hierbei um keinen spezifischen insolvenzrechtlichen Schadensersatzanspruch. Vielmehr handelt es sich um einen Ersatzanspruch aus dem Anwendungsbereich der §§ 280, 325 BGB, der seine Grundlage im Miet bzw. Leasingvertrag hat[611]. Die Fondsgesellschaft ist über den Anspruch so zu stellen, wie wenn das Leasingverhältnis nicht vorzeitig, sondern zu dem für eine Kündigung des Leasingnehmers außerhalb der Insolvenz maßgeblichen Zeitpunkt beendet worden wäre[612]. Der zu ersetzende Schaden bemisst sich in den Leasingraten, die der Fondsgesellschaft durch die vorzeitige Beendigung des Leasingvertrages entgehen[613].

Ein identischer Schadensersatzanspruch der Fondsgesellschaft besteht gem. § 109 Abs. 2 Satz 2 InsO für den Fall, dass der Insolvenzverwalter gem. § 109 Abs. 2 Satz 1 InsO vom Leasingvertrag zurücktritt[614]. Kein Schadenersatzanspruch besteht dagegen in dem Fall, dass die Fondsgesellschaft gem. § 109 Abs. 2 Satz 1 InsO vom Vertrag zurücktritt[615]. Das BGB kennt keine entsprechende schadensersatzbegründende Regelung und § 109 Abs. 2 Satz 2 InsO ist dem Wortlaut nach nur zu Gunsten des Insolvenzverwalters anwendbar[616].

5.) Zwischenergebnis

Im Ergebnis ist festzuhalten, dass dem Insolvenzverwalter eines insolventen Leasingnehmers nach Überlassung des Leasinggegenstandes ein Sonderkündigungsrecht zusteht, gleich, ob die Überlassung vor oder nach Verfahrenseröffnung erfolgt ist. Die Ausübung des Kündigungsrechts ist an keine Frist gebunden und kann durch den Insolvenzverwalter nach seinem Ermessen jederzeit ausgeübt wer-

610 *H/W/W/Hess* § 108 Rn. 60; *Obermüller* Rn. 7.26; *Obermüller/Hess* Rn. 1518; *Lauer* Rn. 5.50; *Pape* KS-InsO S. 581 f., Rn. 78; *Vehslage* ZInsO 2001, 786, 787; *Uhlenbruck/Berscheid* InsO § 109 Rn. 8; *Braun/Kroth* § 109 Rn. 15; HK-InsO/*Marotzke* § 109 Rn. 27; FK-InsO/*Wegener* § 109 Rn. 12; *Kalkschmid* Rn. 325.

611 MK-InsO/*Eckert* § 109 Rn. 28.

612 *Uhlenbruck/Berscheid* InsO § 109 Rn. 8; *Braun/Kroth* § 109 Rn. 15; HK-InsO/*Marotzke* § 109 Rn. 27; MK-InsO/*Eckert* § 109 Rn. 29; *Kalkschmid* Rn. 327.

613 *Marotzke* "Gegenseitige Verträge im neuen Insolvenzrecht" Rn. 6.18ff.; *N/R/Balthasar* § 109 Rn. 12; MK-InsO/*Eckert* § 109 Rn. 29; FK-InsO/*Wegener* § 109 Rn. 13; *Kalkschmid* Rn. 327.

614 HK-InsO/*Marotzke* § 109 Rn. 35; MK-InsO/*Eckert* § 109 Rn. 66; *Pape* KS-InsO S. 584 Rn. 84; *Sinz* KS-InsO S. 600 Rn. 17; *Braun/Kroth* § 109 Rn. 20.

615 MK-InsO/*Eckert* § 109 Rn. 71; HK-InsO/*Marotzke* § 109 Rn. 41.

616 *Sinz* KS-InsO S. 600 Rn. 17; *zur Kritik an der Rücktrittsregel: Sinz* KS-InsO S. 600 Rn. 17; *Tintelnot* ZIP 1995, 616, 621; *Eckert* ZIP 1996, 897, 900.

den. Bei Ausübung des Kündigungsrechts entsteht jedoch ein Schadensersatz wegen Nichterfüllung als Insolvenzforderung.

Hat eine Überlassung des Leasinggegenstandes zum Zeitpunkt der Verfahrenseröffnung dagegen noch nicht stattgefunden und ist dem Insolvenzverwalter der Leasinggegenstand auch nach Verfahrenseröffnung noch nicht überlassen worden, so haben sowohl der Insolvenzverwalter als auch die Fondsgesellschaft ein Rücktrittsrecht. Beide Parteien können den jeweils anderen Teil auffordern, binnen zwei Wochen zu erklären, ob dieser von seinem Rücktrittsrecht Gebrauch macht oder nicht. Wird das Rücktrittsrecht innerhalb dieser Frist nicht ausgeübt, so ist es verwirkt. Erfolgt dagegen eine Rücktrittserklärung, so ist zwischen Erklärung des Insolvenzverwalters und Erklärung der Fondsgesellschaft zu unterscheiden. Die Rücktrittserklärung des Insolvenzverwalters begründet einen Schadensersatzanspruch der Fondsgesellschaft, die Rücktrittserklärung der Fondsgesellschaft dagegen nicht.

II. Das Kündigungsrecht des Erwerbers gem. § 111 InsO

Nach § 111 Satz 1 InsO kann derjenige, der ein Leasinggut von einem Insolvenzverwalter erworben hat, den Leasingvertrag unter Einhaltung der gesetzlichen Frist kündigen. § 111 InsO bezweckt, dem Insolvenzverwalter die Veräußerung unbeweglicher Miet- und Pachtobjekte aus der Insolvenzmasse zu erleichtern[617]. § 111 InsO regelt mithin ausschließlich den Fall der Insolvenz des Leasinggebers, nicht den der Insolvenz des Leasingnehmers[618]. Denn eine Veräußerung aus der Insolvenzmasse ist nur bei Insolvenz des Leasinggebers möglich, da das Leasingobjekt wegen des Eigentums des Leasinggebers nur dessen Insolvenzmasse zugeordnet werden kann. Im vorliegenden Fall der Insolvenz des Leasingnehmers ist § 111 InsO nicht anwendbar.

III. Die Kündigungssperre des § 112 InsO

Die Kündigungssperre des § 112 InsO gilt sowohl für Leasingverträge über Mobilien als auch für solche über Immobilien[619], sie gilt nach dem Wortlaut des § 112

617 *N/R/Balthasar* § 111 Rn. 2; MK-InsO/*Eckert* § 111 Rn. 2; *Uhlenbruck/Balthasar* InsO § 111 Rn. 1; *Braun/Kroth* § 109 Rn. 2; HK-InsO/*Marotzke* § 111 Rn. 1.

618 MK-InsO/*Eckert* § 111 Rn. 1; *Uhlenbruck/Berscheid* InsO § 111 Rn. 2; *Braun/Kroth* § 111 Rn. 7; HK-InsO/*Marotzke* § 111 Rn. 3; FK-InsO/*Wegener* § 111 Rn. 3.

619 *Eckert* ZIP 1996, 897, 897; *Sinz* KS-InsO S. 596 Rn. 5; *K/P/Tintelnot* § 112 Rn. 3; *Engel* BB 1999 Beilage 6, 23, 25; MK-InsO/*Eckert* § 112 Rn. 3; MK-BGB/*Habersack* Leasing Rn. 133; *Fehl* StB 1998, 12, 14; HK-InsO/*Marotzke* § 112 Rn. 1; *Abel* NZI 2003, 121, 123; FK-

InsO sowohl vor als auch nach Überlassung des Leasinggutes[620]. Gem. § 112 InsO darf die Fondsgesellschaft in der Insolvenz des Leasingnehmers nicht wegen Verzugs bei der Entrichtung der Leasingraten kündigen, wenn der Verzug vor dem Eröffnungsantrag eingetreten ist. Sie darf auch nicht wegen der Verschlechterung der Vermögensverhältnisse des Schuldners kündigen[621]. Die Kündigungsrechte wegen sonstiger Vertragsverletzungen und wegen Verzugs mit der Zahlung fälliger Leasingraten nach Verfahrenseröffnung bleiben unberührt[622]. Nach der gesetzgeberischen Intention sollen dem Leasingnehmer alle Wirtschaftsgüter erhalten bleiben, die dieser für eine erfolgreiche Fortsetzung des Unternehmens benötigt[623]. Abweichende Vereinbarungen, durch die das Kündigungsverbot des § 112 InsO ausgeschlossen oder umgangen wird, sind gem. § 119 InsO unwirksam[624].

Auswirkungen auf die Kündigungssperre des § 112 InsO ergeben sich beim Immobilien-, Schiffs- und Flugzeugleasing gegenüber dem Mobilienleasing auf Grund des § 109 InsO. § 109 InsO ist beim Mobilienleasing nicht anwendbar, da er ein Miet- oder Pachtverhältnis über einen unbeweglichen Gegenstand voraussetzt, was nur beim Immobilienleasing gegeben ist. § 109 Abs. 2 InsO regelt für die Überlassung unbeweglicher Gegenstände ausdrücklich, dass sowohl der Leasinggeber als auch der Insolvenzverwalter unter der Voraussetzung, dass das Leasinggut dem Leasingnehmer zum Zeitpunkt der Verfahrenseröffnung noch nicht überlassen worden ist, binnen zwei Wochen den Rücktritt vom Vertrag erklären können. Für den Fall, dass der Leasinggegenstand bereits überlassen ist, gibt § 109 Abs. 1 InsO dem Insolvenzverwalter ein ausdrückliches Kündigungsrecht. Damit ist in den Fällen des § 109 InsO trotz der Kündigungssperre des § 112 InsO beim Immobilen-, Schiffs- und Flugzeugleasing sowohl für den Insolvenzverwalter als für die Fondsgesellschaft eine Möglichkeit gegeben, sich vom Vertrag zu lösen[625].

InsO/*Wegener* § 112 Rn. 4.

620 *Eckert* ZIP 1996, 897, 899; *Sinz* KS-InsO S. 598 Rn. 10.

621 *Beck/Depré/Ringstmeier* § 15 Rn. 38; *Thomas* S. 166; *H/W/W/Hess* § 108 Rn. 25, 57; *Hess* „Bankrechtstag 1999" S. 145; *Engel* BB 1999 Beilage 6, 23, 25; *Fehl* StB 1998, 12, 14; *Obermüller/Livonius* DB 1995, 27, 27; *Vehslage* ZInsO 786, 787; *Kalkschmid* Rn. 334 ff.; vgl. im Übrigen die ausführliche Darstellung der Rechtsfolgen des § 112 InsO auf S. 44 mit weiteren Nachweisen.

622 *H/W/W/Hess* § 108 Rn. 25, 58; *K/P/Tintelnot* § 112. Rn. 11; *Hess* „Bankrechtstag 1999" S. 146; *Obermüller/Livonius* DB 1995, 27, 27; *Vehslage* ZInsO 786, 787; vgl. im Übrigen die ausführliche Darstellung der Rechtsfolgen des § 112 InsO auf S. 44 mit weiteren Nachweisen.

623 *Thomas* S. 166; *Engel* BB 1999 Beilage 6, 23, 25; vgl. im Übrigen die ausführliche Darstellung der Rechtsfolgen des § 112 InsO auf S. 44 mit weiteren Nachweisen.

624 *Engel* BB 1999, Beilage 6, 23, 25.

625 Mangel Anwendbarkeit des § 109 Abs. 2 InsO auf Mobilienleasingverträge besteht im Unterschied hierzu beim Mobilienleasing in Folge der Kündigungssperre des § 112 InsO nach Stellung des Antrags auf Eröffnung des Insolvenzverfahrens grundsätzlich keine Lösungs-

C. Die Auswirkungen der Sicherungsübereignung

Das Aussonderungsrecht des § 47 InsO besteht unabhängig davon, ob ein beweglicher oder ein unbeweglicher Gegenstand ausgesondert werden soll[626]. Die Ausführungen über die Auswirkungen der Sicherungsübereignung auf geschlossene Mobilienfonds gelten daher entsprechend. Zum einen hat der Fremdkapitalgeber ein Aussonderungsrecht aus seiner Stellung als Eigentümer des Leasinggutes, zum anderen besteht ein Aussonderungsrecht der Fondsgesellschaft, da diese sowohl das Eigentum des Fremdkapitalgebers nachweisen kann als auch einen eigenen obligatorischen Herausgabeanspruch gegen den Dritten besitzt. Da Immobilien-, Schiffs- und Flugzeugleasingverträge gem. § 108 Abs. 1 Satz 1 InsO unabhängig von der Eröffnung des Insolvenzverfahrens mit Wirkung für die Insolvenzmasse fortbestehen, ist ein solches Aussonderungsrecht aber erst nach Ablauf der Vertragslaufzeit, Kündigung oder nach Rücktritt einer Vertragspartei durchsetzbar.

D. Ergebnis

Bei geschlossenen Immobilienfonds besteht der Leasingvertrag zwischen Fondsgesellschaft und insolventem Leasingnehmer automatisch mit Wirkung für die Insolvenzmasse fort. Dem Insolvenzverwalter steht aber die Möglichkeit offen, den Vertrag anlässlich der Insolvenz des Leasingnehmers zu kündigen oder, soweit das Leasingobjekt noch nicht übergeben worden ist, vom Vertrag zurückzutreten. Ein entsprechendes Rücktrittsrecht steht auch der Fondsgesellschaft zu. Übt der Insolvenzverwalter sein Sonderkündigungsrecht aus oder tritt er vom Vertrag zurück, so kann die Fondsgesellschaft wegen der vorzeitigen Beendigung des Vertrages Schadensersatz in Höhe der entgangenen Leasingraten verlangen. Dagegen besteht kein Schadensersatzanspruch, soweit die Fondsgesellschaft anlässlich der Insolvenz zurücktritt. Wird die Kündigung durch den Insolvenzverwalter erklärt oder tritt der Insolvenzverwalter oder die Fondsgesellschaft wirksam zurück, so haben sowohl die Fondsgesellschaft als auch ein Fremdkapitalgeber, an den das Leasingobjekt sicherheitsübereignet ist, ein Aussonderungsrecht.

---

möglichkeit der Fondsgesellschaft.

626 HK-InsO/*Eickmann* § 47 Rn. 2; MK-InsO/*Ganter* § 47 Rn. 16; FK-InsO/*Joneleit*/*Imberger* § 47 Rn. 6; *Smid*/*Smid* InsO § 47 Rn. 7.

Kapitel 2: Leasingraten in der Insolvenz des Leasingnehmers

A. Leasingraten für die Zeit vor Eröffnung des Insolvenzverfahrens

Nachdem sich die Auswirkungen der Eröffnung des Insolvenzverfahrens auf Immobilienleasingverträge nach § 108 Abs. 1 Satz 1 InsO richten, ergeben sich die Auswirkungen der Verfahrenseröffnung auf noch nicht erfüllte Leasingforderungen, deren Fälligkeit vor der Verfahrenseröffnung liegt, aus § 108 Abs. 2 InsO. § 108 Abs. 2 InsO verdrängt den beim Mobilienleasing beschriebenen § 105 InsO, sein Regelungscharakter ist jedoch identisch[627]. Die Fondsgesellschaft kann als Vertragspartner des insolventen Leasingnehmers Ansprüche für die Zeit vor Verfahrenseröffnung nur als Insolvenzgläubiger geltend machen[628]. Wie im Falle des § 105 InsO ist eine Aufteilung der seitens des Leasingnehmers geschuldeten Zahlungen auf den Zeitraum vor und den Zeitraum nach Eröffnung des Insolvenzverfahrens vorzunehmen. Insofern gelten die Ausführungen zu § 105 InsO entsprechend[629]. Nicht bezahlte Leasingraten sowie Sonderzahlungen, die sich auf die Zeit vor Verfahrenseröffnung beziehen, stellen Insolvenzforderungen der Fondsgesellschaft dar[630].

B. Leasingraten für die Zeit nach Eröffnung des Insolvenzverfahrens

I. Vertraglicher Anspruch auf Zahlung der Leasingraten als Masseschuld

Der automatische Fortbestand des Immobilienleasingvertrages nach einer Eröffnung des Insolvenzverfahrens hat für die sich aus dem Vertrag ergebenden Ansprüche auf Zahlung der Leasingraten, die sich auf die Gerbrauchsüberlassung nach Verfahrenseröffnung beziehen, zur Folge, dass selbige unbeeinflusst von der Eröffnung des Insolvenzverfahrens entstehen[631]. Dies ist, soweit ersichtlich unstreitig. Unterschiedliche Ansichten bestehen dagegen, wie bei Mobilienleasing-

---

627 FK-InsO/*Wegener* § 108 Rn. 2; *Smid/Smid* InsO § 108 Rn. 8.

628 *Uhlenbruck/Sinz* InsO § 108 Rn. 98; HK-InsO/*Marotzke* § 108 Rn. 31; *Pape* KS-InsO S. 583 Rn. 83; *Sinz* KS-InsO S. 611 Rn. 42; FK-InsO/*Wegener* § 108 Rn. 2, 27; *Smid/Smid* InsO § 108 Rn. 8; *Braun/Kroth* § 108 Rn. 21.

629 Vgl. hierzu die Ausführungen auf S. 66 ff..

630 *H/W/W/Hess* § 108 Rn. 59; *Hess* „Bankrechtstag 1999" S. 146; *Huth* S. 252; *Smid/Smid* InsO § 108 Rn. 8; MK-InsO/*Eckert* § 108 Rn. 96; *Kalkschmid* Rn. 350.

631 *Bien* S. 109; HK-InsO/*Marotzke* § 108 Rn. 23f.; FK-InsO/*Wegener* § 108 Rn. 25.

[632], auch bei Immobilienleasingverträgen darüber, ob es sich bei den Forderungen, die sich auf den Zeitraum nach Verfahrenseröffnung beziehen, um Insolvenz- oder um Masseforderungen handelt.

Hintergrund der Diskussion ist wie beim Mobilienleasing, dass, anders als bei der Miete, die von den Vertragsparteien geschuldeten Leistungen nicht zeitlich korrespondieren. Während bei der Miete Nutzungsüberlassung und Zahlung des Entgeltes zeitlich zusammenhängen, liegt ein Schwerpunkt der vom Leasinggeber zu erbringenden Leistung darin, das Leasingobjekt zu beschaffen und dem Leasingnehmer zu überlassen. Die Belassung des Leasingobjektes wiegt weniger schwer[633]. In Folge dessen wird vertreten, es habe nach Eröffnung des Insolvenzverfahrens eine kalkulatorische Aufspaltung in Finanzierungsaufwand und Aufwand für die Gebrauchsüberlassung zu erfolgen[634]. Nach dem Gegenleistungsgrundsatz und entsprechend der zeitlichen Zäsur des § 108 Abs. 2 InsO müsse die Masse nur vergüten, was der Leasinggeber nach Verfahrenseröffnung an sie leiste, nämlich die Nutzungsüberlassung. Diese sei unter Verringerung der Leasingraten zu bewerten und allein diese sei eine Masseforderung. Im Übrigen lägen nur Insolvenzforderungen vor[635].

Überzeugender sind jedoch die Argumente der Gegenauffassung. Leasingraten, die den Gegenwert für eine Gebrauchsüberlassung nach Eröffnung des Insolvenzverfahrens darstellen, sind Masseverbindlichkeiten im Sinne des § 55 Abs. 1 Nr. 2 InsO[636]. Als Argument hierfür ist zum einen der Wortlaut des § 108 Abs. 2 InsO anzuführen. Nach diesem sind die Ansprüche für die Zeit vor Verfahrenseröffnung Insolvenzforderungen, bei Ansprüchen für die Zeit nach Verfahrenseröffnung handelt es sich um Masseforderungen. Eine Zuordnung zur Masse nimmt zum anderen auch § 108 Abs. 1 Satz 1 in Verbindung mit § 55 Abs. 1 Nr. 2 Alt. 2 InsO ausdrücklich vor. Hinzu kommt, dass sich nicht nur die Leasingraten in Finanzierungsaufwand und Nutzungsentgelt aufteilen lassen. Eine entsprechende Aufteilung ist auch für Mietverhältnisse über Immobilien typisch. Gerade bei einer Immobilienkapitalanlage wird der Investitionsgegenstand zur Gebrauchsüberlassung angeschafft und finanziert. In diesem Fall besteht kein Unterschied zum Leasing. Warum dann aber eine andere Behandlung erfolgen soll, ist nicht erklärbar. Ansprüche auf Zahlung von Leasingraten, die auf die Zeit nach Verfahrenseröffnung

---

632 Vgl. hierzu die Auswirkungen auf S. 90 ff..

633 Vgl. hierzu die Ausführungen aus S. 90 ff..

634 MK-InsO/*Eckert* § 108 Rn. 96; *Eckert* ZIP 1997, 2077, 2078 f..

635 MK-InsO/*Eckert* § 108 Rn. 96; *Eckert* ZIP 1997, 2077, 2078 f..

636 OLG Hamm ZIP 1992, 1563, 1563; *H/W/W/Hess* § 108 Rn. 59; FK-InsO/*Wegener* § 108 Rn. 25; *Obermüller* Rn. 7.25; *Obermüller/Hess* Rn. 1517; *Thomas* S. 165 f.; HK-InsO/*Marotzke* § 108 Rn. 19; *Hess* „Bankrechtstag 1999" S. 146; *Huth* S. 252; *Sinz* KS-InsO S. 611 Rn. 42; *N/R/Balthasar* § 108 Rn. 16; *Kalkschmid* Rn. 360 ff..

entfallen, stellen daher im Ergebnis gem. § 108 Abs. 1 Satz 1, Abs. 2 InsO in Verbindung mit § 55 Abs. 1 Nr. 2 Alt. 2 InsO Masseverbindlichkeiten dar.

II. Wirksamkeit einer Sicherungsabtretung trotz § 110 Abs. 1 InsO

Die Leasingraten werden im Rahmen von strukturierten Finanzierungen regelmäßig im Voraus als Sicherheit an einen Fremdkapitalgeber abgetreten. Diese Abtretung ist im Falle der Insolvenz des Leasingnehmers eines geschlossenen Immobilienfonds insolvenzfest und wird insbesondere nicht durch § 110 Abs. 1 InsO in ihrer Wirksamkeit beeinträchtigt. § 110 Abs. 1 InsO trifft zwar Regelungen über die Unwirksamkeit von Vorausverfügungen von Leasingraten im Falle der Vermietung und Verpachtung unbeweglicher Gegenstände. Der Anwendungsbereich der Norm ist aber nur im an dieser Stelle nicht vorliegenden Fall der Insolvenz der Fondsgesellschaft eröffnet[637]. § 110 Abs. 1 InsO spricht von einer Verfügung des Schuldners als Vermieter und Verpächter. Dies ist die Fondsgesellschaft und nicht der Leasingnehmer. Bestätigt wird die Nichtanwendbarkeit des § 110 Abs. 1 InsO auf die Insolvenz des Leasingnehmers durch den Sinn und Zweck der Norm. Durch § 110 InsO sollen der Masse die Erträge aus der Vermietung und Verpachtung zur Masse gehörender Immobilien gesichert werden[638]. Der insolvente Leasingnehmer hat jedoch keine Erträge zu Gunsten seiner Masse, sondern die Leasingraten stellen für ihn Verbindlichkeiten dar. Für die sicherheitshalber erfolgte Abtretung der künftigen Leasingraten ist die Eröffnung des Insolvenzverfahrens über das Vermögen des Leasingnehmers mithin unschädlich.

C. Ergebnis

Die Insolvenz des Leasingnehmers hat im Ergebnis keine Auswirkung auf vertragliche Ansprüche der Fondsgesellschaft auf Zahlung der Leasingraten. Die Fondsgesellschaft muss rückständige Leasingraten aus der Zeit vor Verfahrenseröffnung als Insolvenzforderungen geltend machen. Nach Verfahrenseröffnung fällige Leasingraten stellen dagegen Masseschulden dar. § 110 Abs. 1 Satz 1 InsO ist in der Insolvenz des Leasingnehmers nicht anwendbar.

---

[637] *Uhlenbruck/Berscheid* InsO § 110 Rn. 1; *Braun/Kroth* § 110 Rn. 6; *Schmid-Burgk* ZIP 1996, 1123, 1125; FK-InsO/*Wegener* § 110 Rn. 2.

[638] *N/R/Balthasar* § 110 Rn. 2; MK-InsO/*Eckert* § 110 Rn. 3; *Bien* S. 106; HK-InsO/*Marotzke* § 110 Rn. 1; FK-InsO/*Wegener* § 110 Rn. 1; *Smid/Smid* InsO § 110 Rn. 1.

Kapitel 3: Auswirkungen der Insolvenz auf eine Kaufoption, Verlängerungsoption und Abschlusszahlungspflicht des Leasingnehmers sowie auf ein Andienungsrechts der Fondsgesellschaft

Wie im Falle strukturierter Finanzierungen von beweglichen Wirtschaftsgütern stellt sich auch bei strukturierten Finanzierungen von Wirtschaftsgütern, die nach der Insolvenzordnung als unbewegliche Gegenstände behandelt werden, die Frage, welche Auswirkungen eine Insolvenz des Leasingnehmers auf eine im Leasingvertrag vereinbarte Kaufoption, auf eine vereinbarte Verlängerungsoption, auf eine Abschlusszahlungspflicht des Leasingnehmers sowie auf ein vereinbartes Andienungsrecht der Fondsgesellschaft hat. Im Wesentlichen kann hierbei auf die oben im Rahmen der Darstellung der Folgen einer Insolvenz beim Mobilienfonds erfolgten Ausführungen und die dortigen Nachweise verwiesen werden[639]. Die dortigen Ausführungen gelten hier entsprechend. Im Folgenden werden die Rechtsfolgen der Insolvenz des Leasingnehmers eines Immobilienfonds auf die genannten Rechtsinstitute daher nur soweit erörtert, als sich Unterschiede zu Mobilienfonds ergeben.

A. Auswirkungen der Insolvenz auf Kaufoption und Andienungsrecht

Wird eine Kaufoption oder ein Andienungsrecht vor der Eröffnung des Insolvenzverfahrens ausgeübt, so entsteht neben dem Leasingvertrag ein Kaufvertrag. Dieser Vertrag stellt, anders als der Leasingvertrag, keinen Vertrag im Sinne des § 108 Abs. 1 Satz 1 InsO dar, da § 108 Abs. 1 Satz 1 InsO ausschließlich von Miet- und Pachtverhältnissen über unbewegliche Gegenstände spricht. Anwendbar ist dagegen § 103 InsO. § 103 InsO setzt allgemein einen gegenseitigen Vertrag voraus und ist damit auch auf Kaufverträge anwendbar[640]. Wird eine Kaufoption oder ein Andienungsrecht vor der Eröffnung eines Insolvenzverfahrens ausgeübt, so besteht somit hinsichtlich der Erfüllung des Kaufvertrages ein Wahlrecht des Insolvenzverwalters, nach dem dieser entscheiden kann, ob er den Kaufvertrag erfüllen will oder nicht. Unabhängig davon besteht der Leasingvertrag gem. § 108 Abs. 1 Satz 1 InsO fort, sofern das Laufzeitende des Vertrages nicht erreicht ist oder vereinbart wurde, dass das Vertragsverhältnis mit der Optionsausübung enden soll.

---

639 Vgl. hierzu die Ausführungen auf S. 106 ff..

640 *Braun/Kroth* § 103 Rn. 13; *Smid/Smid* InsO § 103 Rn. 11; FK-InsO/*Wegener* § 103 Rn. 10; MK-InsO/*Huber* § 103 Rn. 73; *K/P/Tintelnot* § 103 Rn. 17; HK-InsO/*Marotzke* § 103 Rn. 5; *Sinz* KS-InsO S. 604 Rn. 25.

Ist eine Kaufoption oder ein Andienungsrecht dagegen zum Zeitpunkt der Eröffnung des Insolvenzverfahrens noch nicht ausgeübt worden, so besteht bei Verfahrenseröffnung lediglich ein Leasingvertrag mit einer in ihm enthaltenen Kaufoption und/oder einem Andienungsrecht. Da der Leasingvertrag gem. § 108 Abs. 1 Satz 1 InsO trotz der Verfahrenseröffnung fortbesteht, gilt dies auch für eine in ihm enthaltene Kaufoption und ein in ihm enthaltenes Andienungsrecht. Übt der Insolvenzverwalter die Kaufoption aus, so handelt es sich um eine Tätigkeit der Verwaltung der Insolvenzmasse. Die aus der Optionsausübung folgende Kaufpreisverbindlichkeit stellt dann gem. § 55 Abs. 1 Nr. 1 InsO eine Masseverbindlichkeit, die Gegenleistung eine Masseforderung dar. Eine Masseverbindlichkeit und eine Masseforderung entsteht ebenfalls im wegen der Zahlungsunfähigkeit und/oder Überschuldung des insolventen Leasingnehmers unwahrscheinlichen Fall, dass die Fondsgesellschaft ihr Andienungsrecht ausübt. Gem. § 55 Abs. 1 Nr. 2 InsO stellen alle Forderungen, die aus einem gem. § 108 Abs. 1 Satz 1 InsO fortbestehenden Vertrag nach Verfahrenseröffnung entstehen, Masseverbindlichkeiten dar[641]. Hierzu gehören auch kaufvertragliche Erfüllungsansprüche, da die Grundlage des Kaufvertrages im fortbestehenden Leasingvertrag begründet worden ist.

B. Verlängerungsoption und Abschlusszahlungspflicht des Leasingnehmers

Als Bestandteil des Leasingvertrages sind zuletzt auch die Verlängerungsoption und die Abschlusszahlungspflicht in der Insolvenz des Leasingnehmers vom Fortbestand des Leasingvertrages abhängig. Da beim Immobilienleasing der Leasingvertrag gem. § 108 Abs. 1 Satz 1 InsO unbeeinflusst von der Eröffnung eines Insolvenzverfahrens fortbesteht, besteht er bei Ausübung der Verlängerungsoption vor Verfahrenseröffnung mit verlängerter Laufzeit fort. Ist eine Verlängerungsoption dagegen vor der Eröffnung des Insolvenzverfahrens noch nicht ausgeübt worden, so besteht die Option auch nach der Verfahrenseröffnung. War eine Abschlusszahlung bereits vor Verfahrenseröffnung fällig, so stellt sie eine Insolvenzforderung der Fondsgesellschaft dar. Im Hinblick auf eine nach der Eröffnung des Insolvenzverfahrens fällige, vertraglich geschuldete Abschlusszahlung stellt sich wie beim Mobilienleasing auch beim Immobilienleasing die Frage, inwieweit die Abschlusszahlungspflicht eine Insolvenzforderung bzw. eine Forderung gegen die Masse darstellt. Insofern gilt hier nichts anderes als beim Mobilienleasing[642]:

Nicht zu folgen ist der Auffassung, es sei ausschließlich auf den Zeitpunkt der Fälligkeit abzustellen, so dass es sich in vollem Umfang um eine Masseschuld hande-

641 FK-InsO/*Schumacher* § 55 Rn. 25; *Smid/Smid* InsO § 55 Rn. 29.

642 Vgl. hierzu die Ausführungen auf S. 90.

le[643]. Wie bereits oben diskutiert wurde, stellt die Abschlusszahlung ein Entgelt dar, das die monatliche Leasingrate im Nachhinein im Wege einer Einmalzahlung erhöht[644]. Die Abschlusszahlung ist daher aufzuteilen. Der Anteil, der auf die Zeit vor der Verfahrenseröffnung entfällt, stellt eine Insolvenzforderung dar, der Anteil, der auf die Zeit danach fällt, geht zu Lasten der Masse. Allerdings kann sich der insolvente Leasingnehmer, gesetzlich vertreten durch den Insolvenzverwalter, von der Abschlusszahlungspflicht durch die Ausübung seines Sonderkündigungsrechtes gem. § 109 Abs. 1 Satz 1 InsO vor der Fälligkeit der Abschlusszahlung vom Leasingvertrag lösen und damit die Entstehung der Abschlusszahlungsverpflichtung verhindern.

643 FK-InsO/*Wegener* § 109 Rn. 29; *Engel/Völkers* Rn. 332.

644 *Sinz* KS-InsO S. 605 Rn. 29; *Obermüller* KS-InsO S. 995 Rn. 39; *Obermüller* Rn. 7.39.

Teil 2: Die Insolvenz der Fondsgesellschaft (Leasinggeber)

Kapitel 1: Der Leasingvertrag in der Insolvenz der Fondsgesellschaft

Wie in der Insolvenz des Leasingnehmers stellt sich auch in der Insolvenz der Fondsgesellschaft die Frage, ob der Insolvenzverwalter und der Leasingnehmer an den Vertrag gebunden sind, oder ob die Parteien sich wegen der Verfahrenseröffnung von der Vereinbarung lösen können. Weiter ist auch hier zu prüfen, wie sich die Refinanzierung durch einen Fremdkapitalgeber auswirkt.

A. Das Fortbestehen des Leasingvertrages gem. § 108 Abs. 1 Satz 1 InsO

Bei den Investitionsgütern geschlossener Immobilienfonds, die im Rahmen des Leasings zur Nutzung überlassen werden, handelt es sich insolvenzrechtlich um unbewegliches Vermögen. Auf dieses ist weder § 103 InsO noch § 108 Abs. 1 Satz 2 InsO anwendbar. Wie dargestellt wurde, wird § 103 InsO von dem spezielleren § 108 InsO verdrängt[645]. § 108 Abs. 1 Satz 2 InsO ist nicht einschlägig, da unbewegliches Vermögen kein sonstiges Vermögen im Sinne der Norm darstellt. Aus dem Zusammenhang mit § 108 Abs. 1 Satz 1 InsO ergibt sich vielmehr, dass sonstiges Vermögen im Sinne des § 108 Abs. 1 Satz 1 InsO nur solches ist, das nicht unbewegliches Vermögen im Sinne des § 108 Abs. 1 Satz 1 InsO darstellt. Beim Immobilienleasing handelt es sich daher im Ergebnis um einen Fall des § 108 Abs. 1 Satz 1 InsO. Der Leasingvertrag über insolvenzrechtlich unbewegliches Vermögen besteht bei Insolvenz der Fondsgesellschaft unverändert mit Wirkung für die Masse fort[646].

B. Kündigungs- und Rücktrittsrechte bei Insolvenz der Fondsgesellschaft

I. Das Kündigungs- und Rücktrittsrecht des § 109 InsO

§ 109 InsO gewährt dem Insolvenzverwalter bei Miet- und Pachtverhältnissen über unbewegliches Vermögen ein Sonderkündigungsrecht, sofern das Mietobjekt

---

[645] Vgl. hierzu die Ausführungen aus S. 125.

[646] *Thomas* S. 163 f.; *Obermüller/Livonius* DB 1995, 27, 30; *H/W/W/ Hess* § 108 Rn. 101; *Obermüller* Rn. 7.57; *Obermüller/Hess* Rn. 1537; *Seifert* FLF 1998, 164, 165, *ders.* FLF 1995, 13, 14; *Bien* S. 97; *Kalkschmid* Rn. 390.

bei Verfahrenseröffnung bereits überlassen ist, andernfalls gewährt es beiden Parteien ein Rücktrittsrecht[647]. Diese Rechte bestehen nach dem Wortlaut des § 109 InsO jedoch nur, soweit es sich um ein Verhältnis handelt, das der Schuldner als Mieter oder Pächter eingegangen war. Die insolvente Fondsgesellschaft ist jedoch Leasinggeber und nicht Leasingnehmer. Die Voraussetzungen für ein Sonderkündigungsrecht nach § 109 InsO liegen demnach nicht vor. Der Insolvenzverwalter der insolventen Fondsgesellschaft kann den Leasingvertrag folglich nicht gem. § 109 InsO kündigen[648].

II. Kündigungsrecht des Erwerbers nach Veräußerung gem. § 111 InsO

Der Leasingnehmer hat bei einer Insolvenz der Fondsgesellschaft § 111 InsO als Risiko des Fortbestandes seines Nutzungsrechtes am Leasingobjekt zu beachten. § 111 InsO zielt darauf ab, dem Insolvenzverwalter eine Veräußerung unbeweglicher Miet- und Pachtobjekte aus der Insolvenzmasse zu erleichtern[649]. Zu diesem Zweck gibt die Norm einem Erwerber eines Leasingobjekts nach Eröffnung des Insolvenzverfahrens ein besonderes Kündigungsrecht. Ohne dieses Kündigungsrecht wäre der Erwerber an den Leasingvertrag gebunden. In Folge dessen würde sich eine Veräußerung des Leasingobjekts sehr schwierig gestalten. Auf Grund des § 111 InsO kann der Erwerber den Leasingvertrag dagegen unter Einhaltung der gesetzlichen Frist kündigen und nach seiner Vorstellung verwerten[650]. Erwirbt also ein Dritter das Leasingobjekt vom Insolvenzverwalter im Rahmen dessen Verwertung des bestehenden Vermögens des Insolvenzschuldners, so tritt er zunächst gemäß § 566 BGB in das Leasingverhältnis an die Stelle der insolventen Fondsgesellschaft. § 111 InsO gibt ihm dann aber ein besonderes Kündigungsrecht, mit dem er sich vom Vertrag lösen kann. Die Kündigung kann allerdings gem. § 111 Satz 2 InsO nur für den ersten Termin erfolgen, für den sie zulässig ist[651].

Macht der Erwerber von seinem Kündigungsrecht Gebrauch, entsteht nach allgemeiner Ansicht ein Schadenersatzanspruch des Leasingnehmers gegenüber dem Erwerber. Der Schadensersatzanspruch wird zum Teil aus einer entsprechenden Anwendung des § 109 Abs. 1 Satz 2 InsO hergeleitet[652]. Andere vertreten, ein

---

647 *N/R/Balthasar* § 109 Rn. 3.

648 *Schmid-Burgk* S. 311.

649 *N/R/Balthasar* § 111 Rn. 2; MK-InsO/*Eckert* § 111 Rn. 2; *Uhlenbruck/Berscheid* InsO § 111 Rn. 1; *Braun/Kroth* § 111 Rn. 2; HK-InsO/*Marotzke* § 111 Rn. 1; *Kalkschmid* Rn. 395.

650 *Uhlenbruck/Berscheid* InsO § 111 Rn. 4; *Bien* S. 99; *Sinz* KS-InsO S. 619 Rn. 63.

651 MK-InsO/*Eckert* § 111 Rn. 14; *Smid/Smid* InsO § 111 Rn. 3; FK-InsO/*Wegener* § 111 Rn. 8; *Uhlenbruck/Berscheid* InsO § 111 Rn. 5; *Braun/Kroth* § 111 Rn. 9; HK-InsO/*Marotzke* § 111 Rn.6.

652 *Marotzke* „Gegenseitige Verträge im neuen Insolvenzrecht" Rn. 6.27 ff.; *Braun/Kroth* § 111

Schadensersatzanspruch ergebe sich aus allgemeinen Grundsätzen[653]. Übereinstimmend wird argumentiert, dass die Insolvenzordnung, wie bereits die Konkursordnung, zwar keine ausdrückliche Regelung über einen Schadensersatzanspruch enthalte, es aber systemwidrige sei, dem Vertragspartner einen solchen Anspruch zu versagen. Ein Leasingvertrag stelle nicht nur für den Vermieter, sondern auch für den Mieter ein vermögenswertes Recht dar, das nicht entschädigungslos untergehen könne[654].

III. Die Kündigungssperre des § 112 InsO

§ 112 InsO normiert eine Kündigungssperre ab dem Zeitpunkt der Eröffnung des Insolvenzverfahrens. Jedoch spricht § 112 InsO, wie § 109 InsO, seinem Wortlaut nach nur von einem Miet- oder Pachtverhältnis, das der Schuldner als Mieter oder Pächter eingegangen ist. Da die Fondsgesellschaft das Leasingverhältnis jedoch nicht als Mieter oder Pächter, sondern als Vermieter/Leasinggeber eingegangen ist, ist die Kündigungssperre des § 112 InsO auf Fälle der Insolvenz der Fondsgesellschaft nicht anwendbar[655].

C. Auswirkungen der Sicherungsübereignung

Wie beim Mobilienleasing ist der Fremdkapitalgeber auch beim Immobilienleasing durch die Sicherungsübereignung Eigentümer des Leasingobjektes geworden. Trotz seiner Stellung als zivilrechtlicher Eigentümer folgt aus dieser für den Fremdkapitalgeber in der Insolvenz der Fondsgesellschaft kein Aussonderungsrecht, sondern gem. § 49 InsO nur ein Recht auf abgesonderte Befriedigung am Investitionsobjekt[656]. Der Unterschied zwischen Aussonderungsrecht und Absonderungsrecht liegt darin, dass mit dem Aussonderungsrecht geltend gemacht wird, dass der beanspruchte Gegenstand nicht zur Insolvenzmasse gehört, wohingegen der Gegenstand bei einem Absonderungsrechts zwar grundsätzlich der Masse zuzurechnen ist, der Berechtigte aber von einem Recht auf vorzugsweise Befriedi-

---

Rn. 11 f.; *N/R/Balthasar* § 111 Rn. 14 f.; *Smid/Smid* InsO § 111 Rn. 4; FK-InsO/*Wegener* § 111 Rn. 13; *Braun/Kroth* § 111 Rn. 11.

653 HK-InsO/*Marotzke* § 111 Rn. 7; MK-InsO/*Eckert* § 111 Rn. 30 ff.; *Uhlenbruck/Berscheid* InsO § 111 Rn. 9

654 *Uhlenbruck/Berscheid* InsO § 111 Rn. 9; *N/R/Balthasar* § 111 Rn. 4; *Marotzke* „Gegenseitige Verträge im neuen Insolvenzrecht" Rn. 6.32.

655 HK-InsO/*Marotzke* § 112 Rn. 3; *Beck/Depré/Ringstmeier* § 15 Rn. 36; *K/P/Tintelnot* § 112 Rn. 3; FK-InsO/*Wegener* § 112 Rn. 2; *Uhlenbruck/Berscheid* § 112 Rn. 6.

656 *Smid/Depré* InsO § 49 Rn. 1; FK-InsO/*Joneleit/Imberger* § 49 Rn. 2.

gung Gebrauch machen kann[657]. Aus dieser Gegenüberstellung der beiden Rechtsinstitute folgt, dass der Fremdkapitalgeber bei Insolvenz der Fondsgesellschaft auch nach dem ihm zustehenden Absonderungsrecht uneingeschränkt die Verwertung des Investitionsobjektes betreiben kann. Ist auf Grund des Insolvenzverfahrens nach der Sicherungsabrede der Sicherungsfall eingetreten, kann der Fremdkapitalgeber durch Verwertung auf das Investitionsobjekt zurückgreifen[658].

Unabhängig davon kann aber auch der Insolvenzverwalter Einfluss auf die Verwertung nehmen. Zum einen hat er die Möglichkeit, das Investitionsobjekt im Wege des freihändigen Verkaufs zu verwerten[659]. Daneben gibt ihm § 165 InsO, konkretisiert durch die Vorschriften des ZVG[660], die Möglichkeit, beim zuständigen Gericht die Zwangsversteigerung oder die Zwangsverwaltung eines unbeweglichen Gegenstandes der Insolvenzmasse zu betreiben, auch wenn an dem Gegenstand ein Absonderungsrecht besteht[661]. Dies gilt bei Immobilien uneingeschränkt. Bei Flugzeugen und Schiffen ist dies dahingehend einzuschränken, dass dem Insolvenzverwalter bei diesen lediglich die Möglichkeit der Beantragung einer Zwangsversteigerung gegeben ist, da es bei Flugzeugen und Schiffen keine Zwangsverwaltung gibt[662].

Der Insolvenzverwalter ist aber nicht gezwungen, seine Verwertungsbefugnis zu nutzen. Er kann auch abwarten und zusehen, ob ein absonderungsberechtigter Gläubiger die Zwangsversteigerung beantragt[663]. Missfällt dem Insolvenzverwalter eine so vom absonderungsberechtigten Gläubiger betriebene Zwangsvollstreckung, so kann die Vollstreckung auf seinen Antrag hin einstweilen eingestellt werden, wenn es das Ziel der wirtschaftlich effektiven Durchführung des Insolvenzverfahrens erfordert[664].

Es lässt sich damit festhalten, dass die Sicherungsübereignung einer Immobilie im

---

657 MK-InsO/*Ganter* vor § 49-52 Rn. 1, 3; FK-InsO/*Joneleit/Imberger* § 49 Rn. 1; *Smid/Depré* InsO § 49 Rn. 3.

658 *Smid/Depré* InsO § 49 Rn. 6; MK-InsO/*Ganter* § 49 Rn. 87, 89.

659 MK-InsO/*Lwowski* § 165 Rn. 31, 177 ff.; *Smid/Depré* InsO § 165 Rn. 2; FK-InsO/*Wegener* § 165 Rn. 1.

660 HK-InsO/*Landfermann* Vorbemerkung zu §§ 165-173 Rn. 2; FK-InsO/*Wegener* § 165 Rn. 1.

661 FK-InsO/*Wegener* § 165 Rn. 1; *Smid/Depré* § 165 InsO Rn. 1; MK-InsO/*Lwowski* § 165 Rn. 1 f..

662 *Schmid-Burgk/Ditz* ZIP 1996, 1123, 1125; *Schmid-Burgk* S. 313; *Seifert* FLF 1998, 164, 170; *Bien* S. 114; *Schölermann/Schmid-Burgk* WM 1990, 1137, 1145.

663 *N/R/Becker* § 165 Rn. 50; HK-InsO/*Landfermann* § 165 Rn. 3.

664 MK-InsO/*Lwowski* § 165 Rn. 90 ff.; HK-InsO/*Landfermann* § 165 Rn. 3; FK-InsO/*Wegener* § 165 Rn. 1; *Smid/Depré* InsO § 165 Rn. 31.

Unterschied zu einer Sicherungsübereignung einer Mobilie dazu führt, dass im Falle der Insolvenz der Fondsgesellschaft neben dem Insolvenzverwalter auch der Fremdkapitalgeber die Verwertung des Investitions- und Leasingobjekts in die Wege leiten kann. Das Letztentscheidungsrecht steht aber dem Insolvenzverwalter zu, da er die Vollstreckung durch Antrag einstweilen einstellen lassen kann, wenn seiner Ansicht nach das Ziel der wirtschaftlich effektiven Durchführung des Insolvenzverfahrens gefährdet ist.

D. Ergebnis

Die im Rahmen der strukturierten Finanzierung abgeschlossenen Leasingverträge über Immobilien, Schiffe und Flugzeuge gelten nach Eröffnung des Insolvenzverfahrens gem. § 108 Abs. 1 Satz 1 InsO unverändert mit Wirkung für die Masse fort. Der Insolvenzverwalter hat weder ein Sonderkündigungsrecht nach § 109 InsO, noch besteht die Kündigungssperre des § 112 InsO.

Mit der Insolvenz des Leasinggebers ist im Verhältnis zur Bank der Sicherungsfall eingetreten. Der Fremdkapitalgeber ist daher zur abgesonderten Befriedigung aus dem Leasingobjekt berechtigt. Beim Immobilien-, Schiffs- und Flugzeugleasing erfolgt die Verwertung durch Zwangsversteigerung, aber auch eine Verwertung durch freihändigen Verkauf ist möglich. Die Zwangsvollstreckung kann sowohl durch den Insolvenzverwalter als auch durch den Fremdkapitalgeber beantragt werden. Wird auf Bestreben des Fremdkapitalgebers unter Billigung des Insolvenzverwalters oder durch den Insolvenzverwalter ein Leasingobjekt im Rahmen der Verwertung veräußert, so hat der Erwerber ein spezielles Kündigungsrecht nach § 111 InsO.

Kapitel 2: Leasingraten in der Insolvenz der Fondsgesellschaft

A. Ansprüche auf Zahlung der Leasingraten nach Verfahrenseröffnung

Auf Grund des Fortbestandes des Leasingvertrages nach der Eröffnung des Insolvenzverfahrens über das Vermögen der Fondsgesellschaft (§ 108 Abs. 1 Satz 1 InsO) hat die Verfahrenseröffnung keine Auswirkungen auf den Bestand der vertraglichen Ansprüche auf Zahlung der Leasingraten. Bestehen noch offene Forderungen aus der Zeit vor der Verfahrenseröffnung oder entstehen solche Forderungen nach der Eröffnung des Insolvenzverfahrens, so besteht ein Zahlungsanspruch des Insolvenzverwalters für die insolvente Fondsgesellschaft bzw. besteht bei wirksamer Abtretung der Forderungen ein Zahlungsanspruch des Zessionars. Sowohl die Forderungen aus der Zeit vor der Eröffnung des Insolvenzverfahrens als auch die Forderungen aus der Zeit danach gehören gem. § 35 InsO zur Insolvenzmasse und sind an diese zu erfüllen, soweit keine wirksame und offen gelegte Abtretung vorliegt.

B. Die Auswirkungen der §§ 81, 91 InsO auf eine Sicherungsabtretung der künftigen Leasingraten für die Zeit nach Verfahrenseröffnung

Da auch beim Immobilienleasing im Rahmen strukturierter Finanzierungen über geschlossene Immobilienfonds regelmäßig eine Sicherungsabtretung der Leasingraten an einen Fremdkapitalgeber erfolgt, stellt sich an dieser Stelle erneut die Frage der Wirksamkeit einer solchen Verfügung im Hinblick auf das insolvenzrechtliche Verfügungsverbot der §§ 81, 91 InsO. Bereits oben wurde hierzu im Rahmen der Ausführungen über das Vorliegen eines Verfügungsverbotes bei Mobilienleasingverträgen (Insolvenz der Fondsgesellschaft) festgestellt, dass es sich bei den vertraglich geschuldeten Leasingraten um sog. betagte Forderungen handelt. Dies hat dort zur Folge, dass die Verfügung der Leasingraten bereits vor Verfahrenseröffnung erfolgt, so dass das insolvenzrechtliche Verfügungsverbot der §§ 81, 91 InsO der Wirksamkeit der Sicherungsabtretung nicht entgegensteht. Im Falle des Immobilienleasing gilt dies entsprechend. Das Wesen der Leasingraten als betagte Forderungen ist unabhängig vom Leasingobjekt. In Folge dessen kann hier auf oben verwiesen werden. Die Leasingraten sind als betagte Forderungen auch beim Immobilienleasing nicht vom Verfügungsverbot der §§ 81, 91 InsO umfasst, so dass eine Eröffnung des Insolvenzverfahrens auch beim Immobilienleasing zu keiner Unwirksamkeit einer Sicherungsabtretung der künftigen Leasingraten an einen Fremdkapitalgeber führt. Die Sicherungsabtretung der Leasingraten erfolgt bereits vor der Eröffnung des Insolvenzverfahrens und ist daher in Bezug auf die §§ 81, 91 InsO insolvenzfest.

Dieses Ergebnis gilt, wie beim Mobilienleasing, uneingeschränkt für die Leasingraten der Grundleasingzeit. Für Leasingraten, die sich auf einen Verlängerungszeitraum beziehen, gilt dies dagegen nur, soweit die Verlängerung schon im ursprünglichen Vertrag vorgesehen war, ihre Folgen geregelt sind und ihr Eintritt allein vom Willen des Leasingnehmers abhängt[665]. Sind diese Voraussetzungen nicht erfüllt, gilt für die Leasingraten des Verlängerungszeitraumes das Verfügungsverbot der §§ 81, 91 InsO, da die Verfügung dann erst nach Verfahrenseröffnung erfolgt. Eine Sicherungsabtretung der Leasingraten für den Verlängerungszeitraum ist in diesem Fall unwirksam.

---

[665] *Obermüller/Livonius* DB 1995, 27, 30.

C. Das insolvenzrechtliche Verfügungsverbot des § 110 Abs. 1 InsO

I. Die Unwirksamkeit von Verfügungen im Rahmen der Sicherungsabtretung, des Factoring und der Forfaitierung nach § 110 Abs. 1 InsO

1. Die Unwirksamkeit der Sicherungsabtretung nach § 110 Abs. 1 InsO

§ 110 Abs. 1 InsO wird wegen seiner erheblichen Auswirkungen auf Immobilienleasingverträge (und damit auf die hier behandelten Immobilienleasingfonds) vielfach zitiert und diskutiert. Gem. § 110 Abs. 1 InsO sind Verfügungen, die ein Schuldner als Vermieter oder Verpächter eines unbeweglichen Gegenstandes vor Eröffnung eines Insolvenzverfahrens über Miet- und Pachtforderungen tätigt, nur wirksam, soweit sie sich auf den zum Zeitpunkt der Verfahrenseröffnung laufenden Kalendermonat beziehen. Erfolgt die Eröffnung des Insolvenzverfahrens erst nach dem fünfzehnten Tag eines Monats, so tritt die Unwirksamkeitsfolge erst nach dem folgenden Monat ein.

Aus dem Wortlaut dieser Vorschrift wird in der Literatur vielfach gefolgert, dass eine Sicherungsabtretung der künftigen Leasingraten beim Immobilien-, Schiffs- und Flugzeugleasing der Rechtsfolge des § 110 Abs. 1 InsO unterfalle[666]. In Folge dessen sei eine fiduziarische Abtretung von Leasingraten, die im Rahmen einer Fondsfinanzierungen von Immobilien, Schiffen und Flugzeugen zur Fremdkapitalbeschaffung erfolgt, maximal im Hinblick auf die zwei der Verfahrenseröffnung folgenden Kalendermonate wirksam[667]. Die Leasingraten für einen späteren Zeitraum könne der Insolvenzverwalter dagegen für die Masse einziehen[668]. Die Sicherungsabtretung wäre damit für Fremdkapitalgeber als Sicherheit praktisch wertlos, da einer Verwertung der Leasingraten gerade im Sicherungsfall der Insolvenz der Fondsgesellschaft die Unwirksamkeit der Abtretung entgegenstünde.

Dieses Ergebnis wird zu Recht als problematisch angesehen[669]. Im Falle des Immobilienleasings über Grundstücke und Gebäude ist die Regelung vertretbar, da dem refinanzierenden Fremdkapitalgeber die Möglichkeit bleibt, auf die Leasing-

---

[666] Bankrecht und Bankpraxis/*Schmid-Burgk* Rn. 13/210, 13/212, 13/231; *Schmid-Burgk/Ditz* ZIP 1996, 1123, 1125; *Engel* BB 1999, Beilage 6, 23, 28; *H/W/W/Hess* § 108 Rn. 103; *Huth* S. 256; *Seifert* FLF 1998, 164, 165, 170; *Lauer* Rn. 5.54; MK-InsO/*Eckert* § 110 Rn. 2, 18.

[667] Bankrecht und Bankpraxis/*Schmid-Burgk* Rn. 13/210, 13/212, 13/231; *Schmid-Burgk/Ditz* ZIP 1996, 1123, 1125; *Engel* BB 1999 Beilage 6, 23, 28; *dies.* StB 2000, Beilage 2, 28, 29; *H/W/W/Hess* § 108 Rn. 103; *Huth* S. 256; *Seifert* FLF 1998, 164, 165, 170; *Lauer* Rn. 5.54; MK-InsO/*Eckert* § 110 Rn. 18.

[668] *H/W/W/Hess* § 108 Rn. 102; *Obermüller* Rn. 7.58; *Obermüller/Hess* Rn. 1537; *Huth* S. 256; *Seifert* FLF 1998, 164, 165.

[669] *Schmid-Burgk/Ditz* ZIP 1996, 1123, 1125; *Engel* BB 1999, Beilage 6, 23, 27f..

forderungen über eine Zwangsverwaltung zuzugreifen. Bei Schiffen und Flugzeugen ist dagegen eine Zwangsverwaltung nicht vorgesehen, da Forderungen aus einer Vermietung und Verpachtung, also auch Forderungen aus einem Leasingvertrag, einem Gläubiger, der ein Registerpfandrecht an einem Flugzeug oder Schiff erworben hat, nicht mithaften und sie daher für ihn auch im Wege einer Zwangsverwaltung nicht verwertbar sind[670]. Verschärft wird die Problematik für Fremdkapitalgeber noch dadurch, dass Leasingnehmer teilweise vom Refinanzierer ein sog. „*letter of quiet enjoyment*" verlangen, nach dem sie sich vom Fremdkapitalgeber zusichern lassen, dass dieser das Recht auf Nutzung des Leasingobjektes so lange nicht stören und daher aus einem zu seinen Gunsten bestellten Pfandrecht nicht vorgehen darf, solange die Leasingraten gezahlt werden[671]. § 110 Abs. 1 InsO hätte demnach für den refinanzierenden Fremdkapitalgeber die problematische Auswirkung, dass er nach dem Eintritt des Sicherungsfalls zum einen wegen § 110 Abs. 1 InsO nicht auf die Leasingraten zurückgreifen könnte, da diese dem Insolvenzverwalter zustehen, und ihm zum anderen auf Grund des „*letter of quiet enjoyment*" auch eine Befriedigung aus dem für ihn eingetragenen Registerpfandrecht verwehrt wäre. Der Fremdkapitalgeber hätte demnach keine Möglichkeit der zwangsweisen Durchsetzung seiner Forderungen[672].

Bien schlägt daher eine theleologische Reduktion des § 110 InsO vor[673]. Die *ratio legis* des § 110 InsO mache beim Schiffs- und Flugzeugleasing eine Reduktion des § 110 InsO erforderlich, soweit ein Fremdkapitalgeber durch ein Registerpfandrecht gesichert sei. Durch § 110 InsO solle dem Insolvenzgläubiger der gleiche Schutz zuteil werden, wie ihn ein Hypothekengläubiger gem. § 1124 Abs. 2 BGB genieße. Dies sei bei einem Grundstück durch Anwendung des § 110 InsO der Fall, da ein Zugriff des Fremdkapitalgebers über das Grundpfandrecht möglich sei. Bei Schiffen und Flugzeugen bestehe diese Möglichkeit dagegen nicht, so dass die *ratio legis* des § 110 InsO bei diesen Objekten nur über eine Nichtanwendung der Norm erreicht werden könne.

So sehr ein solches Ergebnis für die Praxis strukturierter Finanzierungen auch wünschenswert wäre, da es die Refinanzierungsmöglichkeiten der Fondsgesellschaften vereinfachen und verbilligen würde, so kann ihr im Ergebnis nicht gefolgt werden, sondern es ist vielmehr von einer Anwendbarkeit des § 110 InsO auch auf das Flugzeug- und Schiffsleasing auszugehen. Die *ratio legis* einer Norm

---

670 *Schmid-Burgk/Ditz* ZIP 1996, 1123, 1125; *Schmid-Burgk* S. 313; *Seifert* FLF 1998, 164, 170; *Bien* S. 114; *Schölermann/Schmid-Burgk* WM 1990, 1137, 1145; MK-InsO/*Eckert* § 110 Rn. 18.

671 Bezogen auf Flugzeugleasingfonds: Bankrecht und Bankpraxis/*Schmid-Burgk* Rn. 13/213; *Thomas* S. 58.

672 Bezogen auf Flugzeugleasingfonds: Bankrecht und Bankpraxis/*Schmid-Burgk* Rn. 13/213.

673 *Bien* S. 120 ff..

wird in der Praxis so bestimmt, dass die praktischen Konsequenzen einer bestimmten Art der Auslegung herauszuarbeiten sind und diese Konsequenzen an dem festgestellten Zweck der Norm, sowie an den Anforderungen der Gerechtigkeit gemessen werden. Es wird geprüft, ob das Ergebnis befriedigend ist[674]. Ein solcher Vergleich der praktischen Konsequenzen der geschilderten Ansichten führt hier zu dem Ergebnis, dass nur die sich streng am Gesetz orientierende und die Anwendung des § 110 InsO auf Flugzeuge und Schiffe bejahende erste Ansicht dem Zweck der Norm entspricht:

Hintergrund der Regelung des § 110 Abs. 1 InsO ist es, masseverkürzende Maßnahmen des Schuldners zu vermeiden und die Erträge aus der Vermietung und Verpachtung zur Masse gehöriger unbeweglicher Gegenstände zu sichern[675]. § 110 Abs. 1 InsO will dem Insolvenzverwalter die Möglichkeit geben, an einem Miet-/Pachtvertrag zu Gunsten der Masse festzuhalten, ohne nachteilige Vorausverfügungen des Insolvenzschuldners berücksichtigen zu müssen[676]. Würde man der Ansicht über die Ausklammerung von Schiffen und Flugzeugen aus dem Anwendungsbereich des § 110 InsO folgen, so würden in Folge des Fortbestandes des Leasingvertrages (§ 108 Abs. 1 Satz 1 InsO) Vorausverfügungen von Leasingraten an einen Fremdkapitalgeber bestehen bleiben und der Leasingnehmer könnte den Leasinggegenstand weiternutzen, ohne dass dafür der Masse ein Ertrag zukommen würde. Dies entspricht nicht der soeben festgestellten *ratio legis* des § 110 Abs. 1 InsO. Eine theleologische Reduktion des § 110 Abs. 1 InsO scheidet in Folge dessen aus.

Dieses Ergebnis wird dadurch bestätigt, dass eine theleologische Reduktion wider dem gesetzgeberischen Willen wäre. Ausweislich der Begründung zum Regierungsentwurf zu § 124, der wörtlich dem umgesetzten § 110 InsO entspricht, wurde die Unwirksamkeit von Vorausverfügungen ausdrücklich für Grundstücke, andere unbewegliche Gegenstände und Räume normiert[677]. Der Gesetzgeber war sich bei Schaffung des § 110 InsO demnach darüber bewusst, dass auch andere Gegenstände als Grundstücke und Räume von § 110 InsO erfasst sind. Es kann davon ausgegangen werden, dass er sich auch über die Konsequenzen für das Schiffs- und Flugzeugleasing bewusst gewesen ist.

Als Ergebnis lässt sich festhalten, dass, auch wenn aus Sicht der Praxis, insbeson-

---

674 BGHZ 56, 27, 33; BGHZ 57, 245, 248; *Staudinger/Coing* Einl. zum BGB Rn. 149; MK-BGB/ *Säcker* Einl. Rn. 128.

675 *H/W/W/Hess* § 110 Rn. 2; *Smid/Smid* InsO § 110 Rn. 1; *N/R/Balthasar* § 110 Rn. 2; *Kalkschmid* Rn. 418.

676 *Balz/Landfermann* S. 337 f., Begr. RegE zu § 124; FK-InsO/*Wegener* § 110 Rn. 1; *Braun/Kroth* § 110 Rn. 1.

677 *Balz/Landfermann* S. 337, Begr. RegE zu § 124.

dere der Refinanzierungspraxis der Fondsgesellschaften, die Einschränkung der Wirksamkeit von Vorausabtretungen durch § 110 Abs. 1 InsO beim Schiffs- und Flugzeugleasing verfehlt erscheint, eine strenge Anwendung des Wortlauts der Norm der *ratio legis* und dem Willen des Gesetzgebers entspricht. Vorausverfügungen der Fondsgesellschaft eines geschlossenen Immobilienfonds sind daher nach Eröffnung des Insolvenzverfahrens über das Vermögen der Fondsgesellschaft nur wirksam, soweit sie sich auf den bei Verfahrenseröffnung laufenden Monat (bei Verfahrenseröffnung nach dem fünfzehnten Tag eines Monats auch auf den folgenden Monat) beziehen.

II. Unwirksamkeit der Abtretung bei der Forfaitierung und beim Factoring

Wie bei der Sicherungsabtretung ergibt sich auch bei einer Abtretung der Leasingraten im Rahmen einer Forfaitierung oder eines Factoring eine Unwirksamkeit der Abtretung, soweit sich diese auf den zur Zeit der Verfahrenseröffnung laufenden Monat oder bei Eröffnung des Insolvenzverfahrens nach dem fünfzehnten Tag eines Monats auf den laufenden und den folgenden Monat bezieht[678]. Sicherungsabtretung, Forfaitierung und Factoring haben gemeinsam, dass die Leasingraten von der Fondsgesellschaft an einen Dritten abgetreten werden. Bei der Sicherungsabtretung wird lediglich neben der dinglichen Übertragung der Forderungen eine schuldrechtliche Abrede getroffen, nach der die Übertragung sicherungshalber erfolgt und nach Wegfall des Sicherungszwecks eine Rückübertragung zu erfolgen hat. Da für § 110 Abs. 1 InsO aber nur die dingliche Verfügung entscheidend ist, kann zur Beurteilung der Wirksamkeit von Vorausverfügungen im Wege der Forfaitierung und des Factoring auf die unter I. erfolgten Ausführungen zur Wirksamkeit von im Rahmen einer Sicherungsabtretung erfolgten Vorausverfügungen verwiesen werden. Forfaitierung und Factoring sind für Fremdkapitalgeber demnach beim Immobilienleasing (wie die Sicherungsabtretung) im Hinblick auf das Risiko einer Insolvenz der Fondsgesellschaft praktisch wertlos[679]. Dies stellt einen der Gründe dar, warum Forfaitierung und Factoring beim Immobilienleasing weniger verbreitet sind als beim Mobilienleasing.

---

678 *Obermüller/Livonius* DB 1995, 27, 32; *Thomas* S. 163 ff.; *H/W/W/Hess* § 108 Rn. 105; *Obermüller* Rn. 7.60; *Obermüller/Hess* Rn. 1539; *Sinz* KS-InsO S. 619 Rn. 64; bezogen auf Flugzeugleasingfonds: Bankrecht und Bankpraxis/*Schmid-Burgk* Rn. 12/212.

679 Bezogen auf Flugzeugleasingfonds: Bankrecht und Bankpraxis/*Schmid-Burgk* Rn. 13/212.

III. Absicherungsmöglichkeiten des Fremdkapitalgebers

Auf Grund des § 110 InsO stellt sich für Fremdkapitalgeber die Frage, wie sie die mögliche Unwirksamkeit von Vorausverfügungen der Leasingraten kompensieren können. Insbesondere bei der Forfaitierung und beim Factoring sind die Leasingraten nicht nur als Sicherheit abgetreten, welches zur Folge hätte, dass wegen § 110 Abs. 1 InsO die Werthaltigkeit der Sicherheit in Frage stünde. Bei der Forfaitierung und beim Factoring wurden die Leasingraten vielmehr gegen Zahlung eines Kaufpreises angekauft, so dass durch § 110 Abs. 1 InsO sowohl beim Forfaiteur als auch beim Factorer ein unmittelbarer Vermögenswert entfällt. Es bliebe dann nur der Rückgriff auf den Forderungsverkäufer. Dieser ist aber insolvent, so dass § 110 Abs. 1 InsO beim Forfaiteur und Factorer letztlich zum Forderungsausfall führen würde.

Als Möglichkeit zur Lösung dieser Problematik wird in der Literatur folgende Vorgehensweise empfohlen[680]: Der (fiduziarische) Forderungsgläubiger lässt sich für die von ihm angekauften bzw. als Sicherheit an ihn abgetretenen Forderungen eine Sicherheit in Form eines Grund- oder Registerpfandrechts einräumen, er kann sich das Investitionsobjekt auch als Sicherheit übereignen lassen. Mit der Eröffnung des Insolvenzverfahrens tritt aus Sicht des Fremdkapitalgebers der Verwertungsfall ein, da seine Ansprüche aus dem Forderungskaufvertrag untergehen (Forfaitierung/Factoring) bzw. der Fremdkapitalgeber das gewährte Darlehen mangels ausreichender Sicherheiten kündigen wird (Sicherungsabtretung). Der Forfaiteur/Factorer/Darlehensgläubiger kann sich dann durch Versteigerung des Investitionsobjektes befriedigen.

Eine weitere Verbesserung der Stellung des Fremdkapitalgebers ist (beschränkt auf das Flugzeugleasing) über § 68 LuftfzRG möglich. Der Gesetzgeber hat durch die Enthaftungstatbestände des § 31 Abs. 2, 3 LuftfzRG den Besonderheiten des Flugbetriebs Rechnung getragen, indem er ein Ausscheiden aus dem Haftungsverband des Registerpfandrechts für den Fall geregelt hat, dass Zubehörstücke im Rahmen einer ordnungsgemäßen Wirtschaft in ein Ersatzteillager verbracht werden[681]. Durch die §§ 68 ff. LuftfzRG hat der Fremdkapitalgeber aber die Möglichkeit, sein Registerpfandrecht auf ein dem belasteten Luftfahrzeug dienendes Ersatzteillager zu erweitern[682]. Es werden dann alle dem Luftfahrzeug zugehörigen Teile, Triebwerke, Luftschrauben, Funkgeräte, Ausrüstungen und Ausstattungsgegenstände sowie Teile dieser Gegenstände, ferner allgemein alle sonstigen Ge-

---

680 *Thomas* S. 165; *H/W/W/Hess* § 108 Rn. 109; *Hess* „Bankrechtstag 1999“ S. 150; *Huth* S. 256; *Seifert* FLF 1998, 164, 165; *Lauer* Rn. 5.54; *Bien* S. 107; *Engel* BB 1999 Beilage 6, 23, 28; *Sinz* KS-InsO S. 619 Rn. 66; *Obermüller/Livonius* DB 1995, 27, 32.

681 *Bien* S. 112.

682 *Schölermann/Schmid-Burgk* WM 1990, 1137, 1143; *Bien* S. 112.

genstände irgendwelcher Art, die zum Einbau in das Luftfahrzeug als Ersatz bereitgehalten werden und die im bezeichneten Ersatzteillager im In- oder Ausland lagern, vom Registerpfandrecht umfasst, obwohl sie nicht mit dem Flugzeug verbunden sind[683].

Wurde von der Möglichkeit der §§ 68 ff. LuftfzRG früher aus Gründen des durch die Haftungserweiterung entstehenden Aufwandes häufig kein Gebrauch gemacht[684], so kann seit Inkrafttreten der Insolvenzordnung trotz des Aufwandes eine Anwendung der Haftungserweiterung wegen der durch § 110 Abs. 1 InsO verursachte Verringerung der vorhandenen Sicherheiten geboten sein[685,686]. Die Haftungserweiterung stellt zwar keine ebenso werthaltige Sicherheit wie eine Abtretung der Leasingraten dar, da sie nur dazu führt, den Wert eines Registerpfandrechts zu stabilisieren. Jedenfalls besteht nach einer Haftungserweiterung im Sinne der §§ 68 ff. LuftfzRG aber eine wirtschaftlich werthaltigere Sicherheit als ohne Haftungserweiterung[687].

§ 110 Abs. 1 InsO hätte bei einer Umsetzung dieser beiden Lösungsvorschläge praktisch nur zur Folge, dass für den selben Umfang der Fremdkapitalbeschaffung mehr Sicherheiten gebunden als vor der Einführung des § 110 Abs. 1 InsO. Die Möglichkeit der Stellung von Sicherheiten zur Fremdkapitalaufnahme in Form von Grund- und Registerpfandrechten wird praktisch eingeschränkt, da die werthaltigen Rangstellen bereits durch die den § 110 Abs. 1 InsO absichernden Gläubiger besetzt werden. Hinzu kommt, dass der Kostenerstattungsanspruch der Masse (§ 10 Abs. 1 Nr. 1a ZVG) bei der Kalkulation der Werthaltigkeit der Sicherheiten zu berücksichtigen ist[688]. Die als Absicherung des Forfaiteurs, Factorers oder

---

683 *Schölermann/Schmid-Burgk* WM 1990, 1137, 1143.

684 Für eine Haftungserweiterung ist gem. § 68 Abs. 2 LuftfzRG eine Einigung zwischen dem Eigentümer des Luftfahrzeugs (Fondsgesellschaft) und dem Fremdkapitalgeber sowie eine Eintragung der Haftungserweitung in das Register für Pfandrechte an Luftfahrzeugen erforderlich. Gem. § 69 LuftfzRG ist durch die Fondsgesellschaft weiterhin eine Kenntlichmachung der Haftungserweiterung am Ersatzteillager vorzunehmen und dem Antrag auf Haftungserweiterung ist ein Verzeichnis über die Art und ungefähre Anzahl der maßgeblichen Ersatzteile im Zeitpunkt der Antragstellung beizufügen (*Bien* S: 112; *Schölermann/Schmid-Burgk* WM 1990, 1137, 1143).

685 *Bien* S. 112.

686 Wie *Bien* zu Recht ausführt (S. 113), riskiert der Fremdkapitalgeber ohne Vereinbarung einer Haftungserweiterung eine erhebliche Beeinträchtigung des wirtschaftlichen Wertes seines Registerpfandrechtes. Diese betrifft nicht nur die wirtschaftliche Werthaltigkeit im Bereich der Zubehörhaftung, sondern vor allem auch im Bereich der Bestandteilshaftung, da die Regelungen der Zubehörhaftung gem. § 31 Abs. 4 LuftfzRG auf Bestandteile entsprechend anzuwenden sind.

687 *Bien* S. 112 f..

688 *Bien* S. 107 f..

Zessionars eingeräumten Pfandrechte bzw. die zur Absicherung dieser Gläubiger übereigneten Gegenstände stehen nicht als Sicherheit für eine weitere Fremdkapitalaufnahme zur Verfügung. Zugleich werden die von § 110 Abs. 1 InsO beabsichtigten Rechtsfolgen der Unterbindung einer Weiternutzung des Leasingobjekts ohne Mittelzufluss an die Masse, der Sicherung der Erträge aus der Vermietung und Verpachtung für die Masse und der dadurch erhofften besseren Möglichkeit der Sanierung der insolventen Gesellschaft zu gewährleisten[689] umgangen, ohne dass dadurch ein zur Unwirksamkeit derselben führendes rechtsmissbräuchliches Umgehungsgeschäft vorliegt[690]. Denn § 110 InsO will, wie früher § 21 Abs. 2 KO, nur davor schützen, dass der Wert des Leasingobjektes durch Vorausverfügungen ausgehöhlt wird, die aus dem Grundbuch/Register nicht zu ersehen sind[691].

D. Ergebnis

Im Falle der Insolvenz der Fondsgesellschaft eines geschlossenen Immobilienfonds besteht sowohl vor als auch nach Eröffnung des Insolvenzverfahrens ein vertraglicher Anspruch auf Zahlung der Leasingraten. Hat im Hinblick auf die Leasingraten eine Sicherungsabtretung, Forfaitierung oder ein Factoring stattgefunden, so besteht vorerst ein Absonderungs- bzw. im Falle der Forfaitierung und des Factoring ein Aussonderungsrecht des Fremdkapitalgebers. Da die Abtretung der Leasingraten gem. § 110 Abs. 1 InsO aber unwirksam ist, soweit sie sich auf Leasingraten für den zur Zeit der Verfahrenseröffnung laufenden Kalendermonat, bzw., sofern das Verfahren nach dem Fünfzehnten eines Monats eröffnet wird, sie sich auf den laufenden und den folgenden Monat bezieht, beschränkt sich das Absonderungs- bzw. Aussonderungsrecht maximal auf die ersten beiden Monate nach Verfahrenseröffnung. Für die Zeit danach hat der Fremdkapitalgeber kein Absonderungs- bzw. Aussonderungsrecht, sondern es besteht ein Anspruch auf Zahlung der Leasingraten an die Insolvenzmasse. Hat keine Sicherungsabtretung, Forfaitierung und hat kein Factoring stattgefunden, besteht das Forderungsrecht an die Insolvenzmasse ab dem Zeitpunkt der Verfahrenseröffnung.

---

689 *H/W/W/Hess* § 110 Rn. 2; *Braun/Kroth* § 110 Rn. 1.

690 *Sinz* KS-InsO S. 619 Rn. 66; *Obermüller/Livonius* DB 1995, 27, 32.

691 *Bien* S. 106; *Sinz* KS-InsO S. 619 Rn. 66; *Obermüller/Livonius* DB 1995, 27, 32.

Kapitel 3: Kaufoption, Verlängerungsoption und Abschlusszahlungspflicht des Leasingnehmers, Andienungsrecht der Fondsgesellschaft

Auf die Auswirkungen eines Insolvenzverfahrens auf eine Kaufoption, Verlängerungsoption und eine Abschlusszahlungspflicht des Leasingnehmers sowie auf ein Andienungsrecht der Fondsgesellschaft wurde bereits an verschiedenen Stellen eingegangen. Die dortigen Ausführungen gelten auch im Falle der Insolvenz der Fondsgesellschaft eines Immobilienfonds entsprechend, so dass sich auf die Darstellung der Ergebnisse beschränkt und im Hinblick auf die Begründung derselben auf oben verwiesen werden kann[692].

Ist bei geschlossenen Immobilien-, Schiffs- oder Flugzeugleasingfonds eine Kaufoption oder ein Andienungsrecht bereits vor Eröffnung des Insolvenzverfahrens ausgeübt worden, so besteht bei Verfahrenseröffnung neben dem Leasingvertrag ein Kaufvertrag. Da dieser kein Miet- oder Pachtverhältnis im Sinne des § 108 Abs. 1 Satz 1 InsO darstellt, hat der Insolvenzverwalter in Bezug auf den Fortbestand des Kaufvertrages ein Wahlrecht gem. § 103 InsO. Wurde die Kaufoption oder das Andienungsrecht hingegen vor Verfahrenseröffnung noch nicht ausgeübt, so bestehen beide unverändert fort. Das Schicksal von Kaufoption und Andienungsrechtes hängt dann vom Schicksal des Leasingvertrages ab. Da der Leasingvertrag im Falle geschlossenen Immobilienfonds gem. § 108 Abs. 1 Satz 1 InsO trotz Eröffnung des Insolvenzverfahrens fortbesteht, gilt gleiches auch für eine vertraglich vereinbarte Kaufoption sowie ein vertragliches Andienungsrecht.

Sieht der Leasingvertrag eine Abschlusszahlungspflicht des Leasingnehmers oder eine Verlängerungsoption vor, bestehen diese trotz der Eröffnung des Insolvenzverfahrens fort. Sie sind Bestandteile des Leasingvertrages und teilen dessen Schicksal. Wurde die Verlängerungsoption dagegen bereits vor Verfahrenseröffnung ausgeübt, so wurde die Laufzeit des Leasingvertrages bereits vor der Eröffnung des Insolvenzverfahrens verlängert, so dass der Leasingvertrag gem. § 108 Abs. 1 Satz 1 InsO unbeeinflusst von der Eröffnung des Insolvenzverfahrens mit verlängerter Laufzeit fortbesteht.

---

692 Vgl. hierzu die Ausführungen und Nachweise auf S. 106 ff..

Kapitel 4: Auswirkungen eines eingetragenen Grund- bzw. Registerpfandrechts

Wie eingangs bei der Darstellung der Fondskonstruktionen dargestellt wurde, erfolgt bei Immobilienfonds, insbesondere bei den hier behandelten geschlossenen Immobilien-, Flugzeug- und Schiffsfonds, regelmäßig die Eintragung einer Grundschuld bzw. eines Registerpfandrechtes an einen Fremdkapitalgeber. Dabei wird im Falle der Flugzeug- und Schiffsfinanzierung von einer Besonderheit des Gesetzgebers Gebrauch gemacht, der ausnahmsweise ein besitzloses Pfandrecht an einem beweglichen Gegenstand geschaffen hat, um dic Problcmatik der auf Grund der Beweglichkeit von Schiffen und Flugzeugen bestehenden erschwerten Zugriffsmöglichkeit im Sicherungsfall zu entschärfen[693]. Die Eintragung des Pfandrechts erfolgt entweder zur Sicherung einer Darlehensvergabe oder aber als Folge der Einführung des § 110 InsO zur Absicherung des Fremdkapitalgebers bei einem Factoring oder einer Forfaitierung der Leasingraten[694]. Zu prüfen bleiben daher die Auswirkungen der Insolvenz der Fondsgesellschaft auf diese Pfandrechtsbestellung.

Hat eine Stellung von Sicherheiten in Form eines Grund- bzw. Registerpfandrechts stattgefunden, so ist mit der Insolvenz der Fondsgesellschaft der Sicherungsfall eingetreten. Der Fremdkapitalgeber kann daher als Sicherungsnehmer wegen seines Kreditrückführungsanspruchs, wegen der Nichterfüllung der aus dem Factoring- bzw. Forfaitierungsvertrag geschuldeten Forderungsabtretung oder wegen etwaiger sonstiger Schadensersatzansprüche abgesonderte Befriedigung aus dem Grundstück/Schiff/Luftfahrzeug verlangen[695]. Daraus folgt, dass sowohl der Insolvenzverwalter der insolventen Fondsgesellschaft gem. § 165 InsO, als auch der Fremdkapitalgeber gleichermaßen die Möglichkeit haben, beim zuständigen Gericht die Verwertung des Pfandgegenstandes durch Zwangsversteigerung zu betreiben[696,697].

---

693 *Schölermann/Schmid-Burgk* WM 1990, 1137, 1138.

694 Vgl. hierzu die Ausführungen auf S. 183.

695 *Bien* S. 104 f..

696 *Muth* ZIP 1999, 945, 946; *Bien* S. 104.

697 Die Verwertung durch Zwangsversteigerung ergibt sich für Luftfahrzeuge aus § 47 Abs. 1 LuftfzRG, *Schölermann/Schmid-Burgk* WM 1990, 1137, 1145; für Grundstücke aus § 1147 BGB und für Schiffe aus § 47 SchiffsRG.

Gem. § 49 InsO erfolgt eine Zwangsversteigerung und, soweit zulässig, eine Zwangsverwaltung nach den Vorschriften des Zwangsversteigerungsgesetzes (ZVG). Zu beachten ist hierbei vor allem die Regelung der §§ 174, 174 a ZVG. Nach § 174 ZVG kann bei einer vom Insolvenzverwalter betriebenen Zwangsversteigerung jeder Gläubiger mit einem anerkannten Absonderungsrecht verlangen, dass bei der Feststellung des geringsten Gebotes nur die seinem Anspruch vorgehenden Rechte berücksichtigt werden. In diesem Fall ist das Grundstück, Schiff oder Luftfahrzeug auch mit der verlangten Abweichung auszubieten[698]. Nach § 174 a ZVG kann der Insolvenzverwalter, der die Zwangsversteigerung betreibt, sogar verlangen, dass das Grundstück, Schiff oder Luftfahrzeug in der Weise ausgeboten wird, dass im geringsten Gebot nur die den nach § 10 Nr. 1 a ZVG bestehenden Kostenerstattungsansprüchen vorhergehenden Rechte berücksichtigt werden, also im Wesentlichen nur die Kosten des Versteigerungsverfahrens[699]. Dadurch kann der Insolvenzverwalter erreichen, dass sich auch bei einem hoch belasteten Grundstück Bieter finden und damit wenigstens die Feststellungskosten in Höhe von 4 % des Zubehörwertes für die Masse gewonnen werden können[700]. Die Gläubiger können den Verlust ihrer Rechte abwenden, indem sie den Kostenerstattungsanspruch ablösen[701]. Der Anspruch geht dann entsprechend § 268 Abs. 3 BGB auf den Ablösenden über[702]. In diesem Fall besteht allerdings das Risiko, dass der Ablösende den Anspruch nicht realisieren kann, da der Anspruch bei freihändiger Veräußerung, bei Freigabe der Sicherheit und bei Beendigung des Insolvenzverfahrens ohne Verwertung erlischt[703].

---

698 MK-InsO/*Lwowski* § 165 Rn. 158; HK-InsO/*Landfermann* § 165 Rn. 6; *Bien* S. 105; *Smid/Depré* InsO § 165 Rn. 22.

699 *Muth* ZIP 1999, 945, 946; MK-InsO/*Lwowski* § 165 Rn. 158; HK-InsO/*Landfermann* § 165 Rn. 7; *Smid/Depré* InsO § 165 Rn. 22; *Bien* S. 105.

700 MK-InsO/*Lwowski* § 165 Rn. 158; *Smid/Depré* InsO § 165 Rn. 22; HK-InsO/*Landfermann* § 165 Rn. 7; *Bien* S. 105.

701 *Bien* S. 104 f.; MK-InsO/*Lwowski* § 165 Rn. 173; *Uhlenbruck/Uhlenbruck* InsO § 165 Rn. 14; HK-InsO/*Landfermann* § 165 Rn. 7; *N/R/Becker* § 165 Rn. 13.

702 HK-InsO/*Landfermann* § 165 Rn. 7; *Muth* ZIP 1999, 945, 952; *Smid/Depré* InsO § 165 Rn. 22; MK-InsO/*Lwowski* § 165 Rn. 173.

703 MK-InsO/*Lwowski* InsO § 165 Rn. 174; *Muth* ZIP 1999, 945, 952; *Smid/Depré* InsO § 165 Rn. 22; HK-InsO/*Landfermann* § 165 Rn. 7.

Abschnitt 5: Zusammenfassung

Zur Finanzierung hochpreisiger beweglicher und unbeweglicher Wirtschaftsgüter bedienen sich Unternehmen regelmäßig des Instruments der strukturierten Finanzierung über geschlossene Fonds. Eine begrenzte Zahl von Kapitalanlegern erwerben über eine Fondsgesellschaft das vom Unternehmen benötigte Wirtschaftsgut und überlassen es diesem im Rahmen eines Leasingverhältnisses. Zu den über geschlossene Fonds finanzierten Wirtschaftsgütern gehören insbesondere Immobilien, Schiffe, Flugzeuge, Container und Filme.

Trotzdem die rechtliche Struktur der Finanzierung beweglicher Wirtschaftsgüter über geschlossene Fonds dem Grunde nach mit der rechtlichen Struktur der Fondsfinanzierung unbeweglicher Wirtschaftgüter vergleichbar ist, divergieren die Rechtsfolgen einer Insolvenz eines an der Finanzierung Beteiligten zwischen den einzelnen Fondstypen weit auseinander:

A. Leasingvertrag und Leasingobjekt bei Insolvenz des Leasingnehmers

I. Bei geschlossenen Mobilienleasingfonds hat der Insolvenzverwalter eines insolventen Leasingnehmers nach der Eröffnung des Insolvenzverfahrens ein Wahlrecht, ob er den Leasingvertrag erfüllen will oder nicht (§ 103 InsO).

Wählt der Insolvenzverwalter die Nichterfüllung des Vertrages, kann sowohl die Fondsgesellschaft als auch ein Fremdkapitalgeber, an den das Leasinggut im Rahmen der Finanzierung sicherungsübereignet wurde, aussondern und Herausgabe verlangen. Nach der Ablehnungserklärung besitzen der Leasingnehmer bzw. der Insolvenzverwalter kein Besitz- oder Leistungsverweigerungsrecht, das sie gegen ein Herausgabe- und Aussonderungsverlangen der Fondsgesellschaft bzw. des Fremdkapitalgebers einwenden können.

Entscheidet sich der Insolvenzverwalter dagegen für die Vertragserfüllung, erhalten die Rechte und Pflichten aus dem Leasingvertrag ihre Durchsetzbarkeit zurück. Weder Fondsgesellschaft noch Fremdkapitalgeber können aussondern und Herausgabe verlangen, da der durchsetzbare Leasingvertrag ein Besitzrecht im Sinne des § 986 BGB darstellt.

II. Bei Finanzierungen von Wirtschaftsgütern, die insolvenzrechtlich als Immobilien zu behandeln sind (Immobilien, Schiffe, Flugzeuge), besteht der Leasingvertrag, im Unterschied zur Finanzierung beweglicher Wirtschaftsgüter, unbeeinflusst von der Eröffnung des Insolvenzverfahrens über das Vermögen des Leasingnehmers fort (§ 108 Abs. 1 Satz 1 InsO), so dass ein Herausgabe- und Aussonderungsverlangen der Fondsgesellschaft bzw. eines Fremdkapitalgebers am Besitzrecht des insolventen Leasingnehmers und dessen Insolvenzverwalters scheitert. Der Insolvenzverwalter kann sich aber auf Grund der Insolvenz über das Sonderkündigungsrecht des § 109 Abs. 1 InsO unter Einhaltung der gesetzlichen Kündigungsfristen vom Vertrag lösen. Daraufhin erlischt sein Besitzrecht und sowohl die Fondsgesellschaft als auch ein Fremdkapitalgeber können Herausgabe und Aussonderung verlangen.

III. Die Möglichkeit der Kündigung des Leasingvertrages durch die Fondsgesellschaft ist in der Insolvenz des Leasingnehmers eingeschränkt. § 112 InsO sieht sowohl beim Mobilien- als auch beim Immobilienleasing eine nicht abdingbare Kündigungssperre vor, die eine Kündigung wegen Verzugs mit der Entrichtung von Leasingraten, der vor der Antragstellung auf Eröffnung eines Insolvenzverfahrens eingetreten ist, sowie eine Kündigung wegen Verschlechterung der Vermögensverhältnisse des Leasingnehmers verbietet.

B. Leasingraten in der Insolvenz des Leasingnehmers

Die Rechtsfolgen einer Insolvenz des Leasingnehmers unterscheiden sich bei Mobilien- und Immobilienleasingverträgen stark. So entstehen auf Grund der Insolvenz folgende Konsequenzen für Nutzungsentgeltsansprüche der Fondsgesellschaft bzw. des Fremdkapitalgebers (aus abgetretenem Recht):

I. Bei geschlossenen Mobilienleasingfonds stellen Leasingraten, die vor Eröffnung des Insolvenzverfahrens fällig sind und Leasingraten, die bei Verfahrenseröffnung nicht erfüllt waren, gem. § 105 Satz 1 InsO Insolvenzforderungen der Fondsgesellschaft dar.

Für den Zeitraum zwischen Verfahrenseröffnung und Ausübung des Insolvenzverwalterwahlrechts ist zu unterscheiden zwischen Finanzierungen, bei denen eine Sicherungsübereignung des Leasingobjekts erfolgt ist und Finanzierungen, die ohne eines solche ausgekommen sind. Im Falle der Finanzierung ohne Sicherungsübereignung hat die Fondsgesellschaft gem. §§ 990 Abs. 1, 987 BGB, § 55 Abs. 1 Ziff. 1 InsO einen Anspruch auf Nutzungsentschädigung in Höhe der Leasingraten aus der Masse. Wurde das Leasinggut dagegen fiduziarisch an einen Fremdkapitalgeber übereignet, tritt an Stelle dieses Anspruchs ein bereicherungsrechtlicher Anspruch aus §§ 55 Abs. 1 Ziff. 3 InsO in Höhe des Wertes der tatsächlich gezogenen Nutzungen.

Für die Zeit nach der Wahlrechtsausübung hängt ein Anspruch auf Nutzungsentschädigung von der Art der Wahlrechtsausübung ab. Wählt der Insolvenzverwalter die Erfüllung des Leasingvertrages, erlangen die vertraglichen Erfüllungsansprüche ihre Durchsetzbarkeit zurück. In Folge dessen besteht ein durchsetzbarer vertraglicher Anspruch auf Zahlung der Leasingraten aus der Masse. Lehnt der Insolvenzverwalter die Erfüllung dagegen ab, ergibt sich vom Zeitpunkt der Ablehnungserklärung an bis zur Rückgabe des Leasingobjekts ein Anspruch der Fondsgesellschaft auf Nutzungsersatz aus §§ 990 Abs. 1, 987 BGB, § 55 Abs. 1 Ziff. 1 InsO bzw. bei Sicherungsübereignung des Leasingobjekts an einen Fremdkapitalgeber aus § 55 Abs. 1 Ziff. 3 InsO.

II. Im Gegensatz zu geschlossenen Mobilienleasingfonds bestehen bei geschlossenen Immobilienleasingfonds die vertraglichen Ansprüche auf Zahlung der Leasingraten unbeeinflusst von der Verfahrenseröffnung fort. Die Fondsgesellschaft muss Leasingforderungen aus der Zeit vor Verfahrenseröffnung als Insolvenzforderungen geltend machen. Die nach der Verfahrenseröffnung fälligen Leasingraten stellen Forderungen gegen die Masse dar.

C. Leasingvertrag und Leasingobjekt bei Insolvenz der Fondsgesellschaft

Bei einer Insolvenz der Fondsgesellschaft hat neben der Differenzierung zwischen den Rechtsfolgen der Insolvenz auf Finanzierungen beweglicher Wirtschaftsgüter und den Rechtsfolgen auf Finanzierungen unbeweglicher Wirtschaftsgüter eine weitere Unterscheidung zwischen der Finanzierung beweglicher Wirtschaftsgüter unter teilweiser Fremdfinanzierung gegen Sicherungsübereignung und der Finanzierung unter teilweiser Fremdfinanzierung ohne eine solche Sicherheitenstellung zu erfolgen:

I. Im Unterschied zur Finanzierung eines beweglichen Wirtschaftsguts ohne Sicherungsübereignung desselben an einen Fremdkapitalgeber besteht der Leasingvertrag bei der Finanzierung sowohl eines unbeweglichen Wirtschaftgutes als auch der Finanzierung eines beweglichen Wirtschaftgutes, das im Rahmen der Finanzierung als Sicherheit an einen Fremdkapitalgeber übereignet wurde, auch nach der Verfahrenseröffnung über das Vermögen der Fondsgesellschaft durchsetzbar mit Wirkung für die Insolvenzmasse fort (§ 108 Abs. 1 Satz 1 bzw. Satz 2 InsO). Dem Leasingnehmer steht unbeeinflusst von der Verfahrenseröffnung ein vertragliches Besitzrecht am Leasingobjekt zu, so dass der Insolvenzverwalter der Fondsgesellschaft keine Herausgabe zur Verwertung desselben verlangen kann. Der Insolvenzverwalter kann einen Herausgabeanspruch auch nicht durch das Sonderkündigungsrecht des § 109 InsO herbeiführen, da dessen Anwendungsbereich nicht eröffnet ist. Es bleibt ihm nur ein vertragliches Kündigungsrecht, deren Geltendmachung die Kündigungssperre des § 112 InsO nicht entgegensteht.

II. Wurde ein bewegliches Wirtschaftsgut im Rahmen seiner Finanzierung durch die Fondsgesellschaft dagegen nicht als Sicherheit an einen Fremdkapitalgeber übereignet, hat der Insolvenzverwalter bei der Insolvenz der Fondsgesellschaft, wie bei der Insolvenz des Leasingnehmers, über die Fortführung des Vertrages zu entscheiden (§ 103 InsO). Durch die Eröffnung des Insolvenzverfahrens sind die Erfüllungsansprüche des Leasingvertrages (inkl. dem Besitzrecht des Leasingnehmers) in ihrer Durchsetzbarkeit gehemmt. Trotzdem kann der Insolvenzverwalter der Fondsgesellschaft keine Herausgabe des Leasinggutes verlangen, da der entsprechende Anspruch bis zur Wahlrechtsausübung ebenfalls in seiner Durchsetzbarkeit gehemmt ist.

Lehnt der Insolvenzverwalter die Vertragserfüllung ab, besteht die durch die Verfahrenseröffnung verursachte Undurchsetzbarkeit der Erfüllungsansprüche auch nach der Wahlrechtsausübung vorerst fort. Der Vertrag endet mit Ablauf der Vertragslaufzeit oder analog § 281 Abs. 4 BGB mit der Forderung des Leasingnehmers auf Schadensersatz wegen vorzeitiger Beendigung des Vertragsverhältnisses (§ 103 Abs. 2 Satz 1 InsO). Trotzdem besteht nunmehr ein Herausgabeanspruch des Insolvenzverwalters. Mit der Erfüllungsablehnung wird die Durchsetzbarkeit des Herausgabeanspruchs hergestellt.

Entscheidet sich der Insolvenzverwalter dagegen für die Erfüllung des Leasingvertrages, erhalten dessen Erfüllungsansprüche mit Wahlrechtsausübung ihre Durchsetzbarkeit zurück und geben dem Leasingnehmer ein Besitzrecht. In Folge dessen besteht kein Herausgabeanspruch des Insolvenzverwalters.

III. § 111 InsO sieht zur Verbesserung der Verwertungsmöglichkeiten des Insolvenzverwalters für die Insolvenz des Leasinggebers ein Sonderkündigungsrecht für einen Erwerber des Leasingobjekts vor, sofern dieser das Wirtschaftgut vom Insolvenzverwalter erhalten hat. Dieses Sonderkündigungsrecht besteht aber nur bei der Veräußerung eines unbeweglichen Gegenstandes (Immobilie, Schiff, Flugzeug) aus der Insolvenzmasse, es nicht aber bei der Veräußerung eines beweglichen Wirtschaftsgutes, auch nicht, wenn dieses zur Sicherheit an einen Fremdkapitalgeber übereignet wurde.

IV. Im Falle der Finanzierung des Leasingobjekts gegen Sicherungsübereignung und/oder Sicherungsabtretung ist mit der Insolvenz der Fondsgesellschaft im Verhältnis Fremdkapitalgeber - Fondsgesellschaft der Sicherungsfall eingetreten. Der Fremdkapitalgeber ist in Folge dessen aus der Sicherungsabrede zur abgesonderten Befriedigung am Leasingobjekt und/oder den Nutzungsentgeltansprüchen berechtigt. Die Verwertung erfolgt beim Mobilienleasing durch den Insolvenzverwalter. Beim Immobilienleasing erfolgt die Verwertung durch eine Zwangsversteigerung oder freihändigen Verkauf. Die Zwangsvollstreckung kann sowohl durch den Insolvenzverwalter als auch durch den Fremdkapitalgeber beantragt werden.

D. Leasingraten in der Insolvenz der Fondsgesellschaft

Bedingt durch die unterschiedlichen Rechtsfolgen der Verfahrenseröffnung bei beweglichen und unbeweglichen Wirtschaftsgütern und deren zusätzlichen Beeinflussung durch eine Sicherungsübereignung, ergeben sich unterschiedliche Rechtsfolgen auf Ansprüche des Insolvenzverwalters auf Zahlung eines Nutzungsentgeltes für die Überlassung des Leasingobjektes:

I. Leasingverträge über bewegliche Gegenstände, bei denen das Leasingobjekt im Rahmen der Finanzierung als Sicherheit an einen Fremdkapitalgeber übereignet wurde, sowie Leasingverträge über Gegenstände, die nach der Insolvenzordnung als unbewegliche behandelt werden, bestehen unbeeinflusst von der Eröffnung des Insolvenzverfahrens fort. In Folge dessen besteht in diesen Fällen bei Insolvenz der Fondsgesellschaft auch nach Verfahrenseröffnung ein vertraglicher Anspruch auf Zahlung der Leasingraten.

II. Handelt es sich dagegen um einen Fall des Mobilienleasings, bei dem keine Sicherungsübereignung erfolgt ist, wird der fortbestehende vertragliche Zahlungsanspruch mit der Verfahrenseröffnung undurchsetzbar und für die Fondsgesellschaft wertlos. Der Insolvenzverwalter kann für die Fondsgesellschaft aber gem. §§ 990 Abs. 1, 987 BGB, 35 InsO einen Nutzungsersatzanspruch in Höhe der vereinbarten Leasingraten geltend machen. Wählt der Insolvenzverwalter in der Folge die Erfüllung des Leasingvertrages, tritt an die Stelle des Nutzungsersatzanspruchs ab dem Zeitpunkt der Erfüllungswahl ein durchsetzbarer vertraglicher Anspruch auf Zahlung der Leasingraten. Lehnt der Insolvenzverwalter die Erfüllung des Leasingvertrages dagegen ab, besteht der Nutzungsersatzanspruch bis zur Rückgabe des Leasingobjektes fort.

III. Einen wesentlichen Unterschied zum Mobilienleasing (gleich, ob mit oder ohne Sicherungsübereignung) bewirkt die Vorschrift des § 110 InsO für das Immobilienleasing. Danach ist sowohl die Sicherungsabtretung der Leasingraten als auch die Abtretung der Leasingraten im Rahmen einer Forfaitierung oder eines Factoring nach der Eröffnung des Insolvenzverfahrens über das Vermögen der Fondsgesellschaft unwirksam, soweit sich die Leasingraten für den zur Zeit der Verfahrenseröffnung laufenden Kalendermonat bzw., sofern das Verfahren nach dem Fünfzehnten des Monats eröffnet wird, auch für den folgenden Monat beziehen. Die Abtretung der Entgelte für einen späteren Monat ist bei Immobilienfonds unwirksam, so dass der Entgeltanspruch für die spätere Überlassung des Leasingguts der Insolvenzmasse der Fondsgesellschaft zusteht. Die Sicherungsabtretung stellt daher keine werthaltige Sicherheit für einen Fremdkapitalgeber dar, da sie gerade im Sicherungsfall auf Grund ihrer Unwirksamkeit keine Rückgriffsmöglichkeit bietet.

E. Auswirkungen der Eröffnung eines Insolvenzverfahrens auf Kaufoption, Andienungsrecht, Verlängerungsoption und Abschlusszahlungspflicht

Die Rechtsfolgen der Eröffnung des Insolvenzverfahrens auf eine Kaufoption, ein Andienungsrecht, eine Verlängerungsoption und eine Abschlusszahlungspflicht sind die Selben. Dabei ist es unerheblich, ob es sich um einen Mobilien- oder Immobilienleasingvertrag, und ob es sich um die Insolvenz des Leasingnehmers oder die Insolvenz der Fondsgesellschaft handelt.

Wird eine im Leasingvertrag enthaltene Kaufoption oder ein im Leasingvertrag enthaltenes Andienungsrecht vor der Eröffnung des Insolvenzverfahrens ausgeübt, besteht zum Zeitpunkt der Verfahrenseröffnung neben dem Leasingvertrag ein Kaufvertrag. Im Hinblick auf diesen hat der Insolvenzverwalter bei geschlossenen Mobilien- und geschlossenen Immobilienleasingfonds sowohl bei einer Insolvenz des Leasingnehmers als auch bei einer Insolvenz der Fondsgesellschaft ein Wahlrecht, ob er den Kaufvertrag erfüllen will oder nicht. Wurde die Kaufoption bzw. das Andienungsrecht dagegen bis zur Eröffnung des Insolvenzverfahrens noch nicht ausgeübt, hängt dessen Bestand vom Leasingvertrag ab. Besteht der Leasingvertrag nach Verfahrenseröffnung durchsetzbar fort, gilt gleiches auch für eine im Vertrag enthaltene Kaufoption und ein im Vertrag enthaltenes Andienungsrecht; sind die vertraglichen Erfüllungsansprüche undurchsetzbar oder erloschen, gilt dies auch für die Kaufoption und das Andienungsrecht.

Wie die Kaufoption und das Andienungsrecht hängt auch das Bestehen einer im Vertrag enthaltenen Abschlusszahlungspflicht und das Bestehen einer im Vertrag enthaltenen Verlängerungsoption vom Fortbestand des Leasingvertrages ab. Sowohl Abschlusszahlungspflicht als auch Verlängerungsoption sind Bestandteile des Leasingvertrages und teilen damit dessen Schicksal. Wurde die Verlängerungsoption bereits vor der Eröffnung des Insolvenzverfahrens ausgeübt, dann verlängert sich die Laufzeit des Leasingvertrages bereits vor der Verfahrenseröffnung, so dass der Leasingvertrag nach der Eröffnung des Insolvenzverfahrens mit der verlängerten Laufzeit fortbesteht. Andernfalls steht dem Berechtigten die Verlängerungsoption nach Wiederdurchsetzbarkeit der Erfüllungsansprüche auf Grund der Ausübung des Insolvenzverwalterwahlrechts auch nach der Verfahrenseröffnung zu. Entsprechendes gilt zu Lasten des Schuldners einer vertraglichen Abschlusszahlungspflicht.

F. Vergleichender Überblick über die Rechtsfolgen der Insolvenz auf Leasing- und leasingähnliche Mobilien- und Immobilienfonds (tabellarisch)

I. Rechtsfolgen der Insolvenz des Leasingnehmers

	Mobilienleasingfonds		Immobilienleasingfonds
	Ohne Sicherungsübereignung	Mit Sicherungsübereignung	
Auswirkungen der Eröffnung des Insolvenzverfahrens auf den Leasingvertrag	Fortbestand des Leasingvertrages, Insolvenzverwalterwahlrecht über Erfüllung des Vertrages, Erfüllungsansprüche werden undurchsetzbar.	Fortbestand des Leasingvertrages, Insolvenzverwalterwahlrecht über Erfüllung des Vertrages, Erfüllungsansprüche werden undurchsetzbar.	Fortbestand des Leasingvertrages mit durchsetzbaren Erfüllungsansprüchen.
Kündigung des Leasingvertrages:			
a) Kündigungs-/ Rücktrittsrecht nach § 109 InsO?	Nein	Nein	Ja
b) Kündigungsrecht nach § 111 InsO?	Nein	Nein	Nein
c) Kündigungssperre, § 112 InsO?	Ja	Ja	Ja
Aussonderungsrecht	Grds. ab Verfahrenseröffnung, aber undurchsetzbar; durchsetzbar bei Ablehnung der Erfüllung.	Grds. ab Verfahrenseröffnung, aber undurchsetzbar; durchsetzbar bei Erfüllungsablehnung; zusätzliches Aussonderungsrecht des Fremdkapitalgebers, aber nur auf Herausgabe an die Fondsgesellschaft.	Nein (nur nach Ablauf der Vertragslaufzeit, Kündigung oder Rücktritt)

Entgelt für Nutzungsüberlassung: a) Zeitraum vor der Verfahrenseröffnung b) Verfahrenseröffnung bis Wahlrechtsausübung c) Zeitraum nach Ausübung des Wahlrechtes	Vertragliche Leasingraten als Insolvenzforderungen Nutzungsersatz, §§ 990 (1), 987 BGB, 55 (1) Ziff. 1 InsO Vertragliche Leasingraten als Masseforderung / bei Erfüllungsablehnung Nutzungsersatz bis zur Rückgabe des Leasingobjekts	Vertragliche Leasingraten als Insolvenzforderungen Nutzungsersatz, § 55 (1) Ziff. 3 InsO Vertragliche Leasingraten als Masseforderung / bei Erfüllungsablehnung Nutzungsersatz bis zur Rückgabe des Leasingobjekts	Vertragliche Leasingraten als Insolvenzforderungen Vertragliche Leasingraten als Forderungen gegen die Masse ab Eröffnung des Insolvenzverfahrens
Sicherungsabtretung, Forfaitierung, Factoring insolvenzfest?	Ja	Ja	Ja
Schadensersatzansprüche	Bei Ablehnung der Vertragserfüllung SE-Anspruch der Fondsgesellschaft, § 103 (2) 1 InsO	Bei Ablehnung der Vertragserfüllung SE-Anspruch der Fondsgesellschaft, § 103 (2) 1 InsO	SE-Anspruch bei Kündigung, § 109 (1) S. 3 InsO; SE-Anspruch bei Rücktritt, § 109 (2) S. 2 InsO
Kaufoption, Andienungsrecht, Verlängerungsoption, Abschlusszahlungspflicht	Bei Ausübung der Kaufoption oder des Andienungsrechts vor Verfahrenseröffnung Bestehen eines Kaufvertrages neben dem Leasingvertrag. Bezüglich Kaufvertrag Insolvenzverwalterwahlrecht. Im Übrigen Abhängigkeit der Kaufoption, des Andienungsrechts, der Verlängerungsoption und der Abschlusszahlungspflicht vom Fortbestand des Leasingvertrages ab.		

II. Rechtsfolgen der Insolvenz der Fondsgesellschaft

	Mobilienleasingfonds		Immobilienleasingfonds
	Ohne Sicherungsübereignung	Mit Sicherungsübereignung	
Auswirkungen der Eröffnung des Insolvenzverfahrens auf den Leasingvertrag	Fortbestand des Leasingvertrages, Insolvenzverwalterwahlrecht, Erfüllungsansprüche undurchsetzbar	Fortbestand des Leasingvertrages mit durchsetzbaren Erfüllungsansprüchen	Fortbestand des Leasingvertrages mit durchsetzbaren Erfüllungsansprüchen

Kündigung des Leasingvertrages a) Kündigungs- und Rücktrittsrecht nach § 109 InsO? b) Kündigungsrecht des Erwerbers gem. § 111 InsO? c) Kündigungssperre gem. § 112 InsO?	 Nein Nein Nein	 Nein Nein Nein	 Nein Ja Nein
Herausgabeanspruch bezogen auf Leasingobjekt	Grds. ab Verfahrenseröffnung, aber undurchsetzbar; durchsetzbar bei Erfüllungsablehnung.	Nein (nur bei Ablauf der Vertragslaufzeit oder Kündigung)	Nein (nur bei Ablauf der Vertragslaufzeit oder Kündigung)
Entgelt für Nutzungsüberlassung: a) Zeitraum vor Verfahrenseröffnung b) Verfahrenseröffnung bis Wahlrechtsausübung c) Zeitraum nach Ausübung des Wahlrechtes	 Vertragliche Leasingraten als Insolvenzforderungen Nutzungsersatz, §§ 990 (1), 987 BGB, 55 (1) Ziff. 1 InsO Vertragliche Leasingraten als Masseforderung / bei Erfüllungsablehnung Nutzungsersatz bis Rückgabe Leasingobjekt	 Vertragliche Leasingraten als Insolvenzforderungen ------------- Fortbestand der vertraglichen Ansprüche auf Zahlung der Leasingraten an die Masse.	 Vertragliche Leasingraten als Insolvenzforderungen ----------------- Fortbestand der vertraglichen Ansprüche auf Zahlung der Leasingraten an die Masse.
Sicherungsabtretung, Forfaitierung, Factoring insolvenzfest?	Ja, bezüglich der vertraglichen Ansprüche, nein bezüglich der Nutzungsersatzansprüche aus EBV.	Ja	Insolvenzfest für den bei Verfahrenseröffnung laufenden sowie bei Verfahrenseröffnung nach dem 15. den folgenden Kalendermonat. Im übrigen Abtretung unwirksam.
Kaufoption, Andienungsrecht, Verlängerungsoption, Abschlusszahlungspflicht	Bei Ausübung der Kaufoption oder des Andienungsrechts vor Verfahrenseröffnung Bestehen eines Kaufvertrages neben dem Leasingvertrag. Bezüglich Kaufvertrag Insolvenzverwalterwahlrecht. Im Übrigen Abhängigkeit der Kaufoption, des Andienungsrechts, der Verlängerungsoption und der Abschlusszahlungspflicht vom Fortbestand des Leasingvertrages ab.		

Literaturverzeichnis

Abel, Paul: Filmlizenzen in der Insolvenz des Lizenzgebers und Lizenznehmers in: NZI Heft 3/2003, Seite 121-129 (zitiert: „*Abel* NZI 2003, 121")

Adolphsen, Jens: Die Insolvenz im Filmlizenzgeschäft in: DZWiR, Heft 6/2003, Seite 228-233 (zitiert: „*Adolphsen* DZWiR 2003, 228")

Balz, Manfred; Landfermann, Hans-Georg: Die neuen Insolvenzgesetze: mit Einleitung, Begründung des Regierungsentwurfs, Bericht des Rechtsausschusses des Deutschen Bundestages, Insolvenzrechtliche Vergütungsverordnung mit Begründung, ergänzende Hinweise, Verweisungen und Sachverzeichnis. Im Anhang: Konkursordnung [u.a.], 2., erweiterte Auflage nach dem Stand vom 1. Januar 1999, Düsseldorf, 1999 (zitiert: „*Balz/Landfermann*")

Bamberger, Heinz Georg; Roth, Herbert: Bürgerlichen Gesetzbuch, Kommentar, Band 1, §§ 1-610, München, 2003 (zitiert: „*Bamberger/Roth/Bearbeiter*")

ders.: Kommentar zum Bürgerlichen Gesetzbuch, Band 2, §§ 611-1296, ErbbauVO, WEG, München, 2003 (zitiert: „*Bamberger/Roth/*Bearbeiter")

Baum, Rudolf: Immobilien-Leasingfonds - eine sichere und rentable Anlagestrategie in: DB 1996, Beilage 8, Seite 15-16 (zitiert: „*Baum* DB 1996, Beilage 8, 15")

Baumbach, Adolf; Lauterbach, Wolfgang; Albers, Jan; Hartmann, Peter: Zivilprozessordnung mit Gerichtsverfassungsgesetz und anderen Nebengesetzen, 62., neubearbeitete Auflage, München, 2004 (zitiert: „*B/L/A/H/*Bearbeiter")

Baumgarte, Christian: Leasing-Verträge über bewegliche Sachen im Konkurs, Göttingen, 1980 (zitiert: „*Baumgarte*")

Beck, Siegfried; Depré, Peter: Praxis der Insolvenz - Ein Handbuch für die Beteiligten und ihre Berater, München, 2003 (zitiert: „*Beck/Depré/*Bearbeiter")

Bette, Klaus: Factoring und neues Insolvenzrecht in: FLF 1997, Seite 133-141 (zitiert: „*Bette* FLF 1997, 133")

Bien, Michael: Die Insolvenzfestigkeit von Leasingverträgen nach § 108 Abs. 1 Satz 2 InsO in: ZIP 1998 Seite 1017-1021 (zitiert: „*Bien* ZIP 1998, 1017") *ders.:* Die insolvenzrechtliche Stellung des Refinanzierers der Leasinggesellschaft beim Finanzierungsleasing nach der Insolvenzordnung, Aachen, 2000 (zitiert: „*Bien*")

Biewald, Peter; Heinritzi, Johannes: Leasing-Fonds - Das Steuerspar- und Finanzierungsmodell der Zukunft, München, Landsberg am Lech, 1995 (zitiert: „*Bienwald/Heinritzi*")

Blödorn, Niels: Leasingfonds in: FLF, Heft 1/1997, Seite 24-30 (zitiert: „Blödorn FLF 1997, 24")

Bork, Reinhard: Einführung in das Insolvenzrecht, 3., neu bearbeitete Auflage, Tübingen, 2002 (zitiert: „*Bork* InsO")

ders.: Allgemeiner Teil des Bürgerlichen Gesetzbuchs, Tübingen, 2001 (zitiert: „*Bork* BGB AT")

ders.: Die Verbindung, Vermischung und Verarbeitung von Sicherungsgut durch den Insolvenzverwalter in: Festschrift für Hans Friedhelm Gaul zum 70. Geburtstag, Bielefeld, 1997 (zitiert: „*Bork* „Festschrift für Gaul")

Boutonnet, Beatrix; Loipfinger, Stefan; Neumeier, Anton; Nickl, Hannes; Nickl, Ludwig; Richter, Uli: Geschlossene Immobilienfonds, 4. überarbeitete und erweiterte Auflage, Stuttgart, 2004 (zitiert: „*Boutonnet*")

Braun, Eberhard: Insolvenzordnung (InsO); Kommentar, 2., neu bearbeitete Auflage, München, 2004 (zitiert: „*Braun*/Bearbeiter")

ders.: Insolvenzordnung (InsO); Kommentar, 1. Auflage, München, 2002 (zitiert: „*Braun*/ Bearbeiter 1. Auflage")

Brennecke, Dirk; Hirsch, Johannes: Containerleasing mit stabilen Wachstumsaussichten in: Vermögen & Steuern - Fachzeitschrift für die Steuer-, Rechts- und Vermögensberatung 2004, Seite 26-29 (zitiert: „*Brennecke/Hirsch* Vermögen & Steuern 2004, 26")

Buchholz, Ulrich; Hetzer, Jonas; Schönwitz, Daniel: Nichts für schwache Nerven in: Managermagazin, Ausgabe 10/2004, Seite 194-205 (zitiert: „*Buchholz/Hetzer/Schönwitz* Managermagazin")

Büschgen, Hans E.: Praxishandbuch Leasing, München, 1998 (zitiert: „*Büschgen*/ Bearbeiter") *ders.:* Flugzeug-Leasingfonds - eine kritische Erörterung“ in: http://www.wiso.uni-koeln.de/ leasing/mub/20/flugzeug.pdf (oder ZBB Heft 1/1995 Seite 32-45) (zitiert: „*Büschgen* Flugzeug-Leasingfonds“)

Cepl, Philipp: Lizenzen in der Insolvenz des Leasingnehmers - unter besonderer Berücksichtigung des Kündigungsrechts des Lizenzgebers“ *in:* NZI 8/2000 Seite 357-362 (zitiert: „*Cepl* NZI 2000, 357“)

Dassler, Gerhard; Schiffhauer, Horst; Gerhardt, Walter; Muth, Johannes M.: Gesetz über die Zwangsversteigerung und die Zwangsverwaltung: Kommentar, begründet von Paul Reinhard und Hans Müller, 12., neubearbeitete Auflage, Stuttgart, Berlin, Köln, 1991 (zitiert: „*Dassler*/Bearbeiter“)

Drischler, Karl: „Ausgeflaggte“ Seeschiffe und Zwangsversteigerung in: KTS, 1980, Seite 111-114 (zitiert: „*Drischler* KTS 1980, 111“)

Eckert, Hans-Georg: Miete, Pacht und Leasing in der neuen Insolvenzordnung in: ZIP 1996, Seite 897-909 (zitiert: „*Eckert* ZIP 1996, 897“)

ders.: Leasingraten - Masseschulden oder Konkursforderungen? *in:* ZIP 1997, Seite 2077-2080 (zitiert: „*Eckert* ZIP 1997, 2027“)

Eickmann, Dieter; u.a.: Heidelberger Kommentar zur Insolvenzordnung, 3., neu bearbeitete Auflage, Heidelberg, 2003 (zitiert: „HK-InsO/Bearbeiter“)

Empting, Tobias: Immaterialgüterrechte in der Insolvenz (Europäische Hochschulschriften, Reihe II, Rechtswissenschaft, Bad. 3745), Frankfurt am Main, Berlin, Bruxelles, New York, Oxfort, Wien, 2003 (zitiert: „*Empting*“)

Engel, Johanna: Leasingrelevante Regelungen der neuen Insolvenzordnung in: BB 1999, Beilage 6, Seite 23-28 (ebenso veröffentlicht in StB Beilage 2b zu Heft 5/1999, Seiten 23-28) (zitiert: „*Engel* BB 1999, Beilage 6, 23“)

dies.: Small-Ticket- und Big-Ticket-Leasing - Vertragsgestaltung und Bilanzierung nach internationalen Rechnungslegungsvorschriften in: StB - Der Steuerberater, Beilage 2 zu Heft 5/2000, Seite 28-30 (zitiert: „*Engel* StB 2000, Beilage 2, 28“)

Engel, Johanna; Völckers, Eckart: Leasing in der Insolvenz, Herne, Berlin, 1999 (zitiert: „*Engel/Völckers*“)

Erman: Bürgerliches Gesetzbuch - Handkommentar mit EGBGB, ErbbauVO, HausratsVO, LPartG, ProdHaftG, UKlaG, VAHRG und WEG, Band I: §§ 1-811, UKlaG, 11., neubearbeitete Auflage, Münster, Köln, 2004 (zitiert: „*Erman*/Bearbeiter")

ders.: Bürgerliches Gesetzbuch - Handkommentar mit EGBGB, ErbbauVO, HausratsVO, LPartG, ProdHaftG, UKlaG, VAHRG und WEG, Band II: §§ 812-2385, EGBGB, ErbbauVO, HausratsVO, LpartG, ProdHaftG, VAHRG, WEG, 11., neubearbeitete Auflage, Münster, Köln, 2004 (zitiert: „*Erman*/Bearbeiter")

Fehl, Norbert: Leasing in der Insolvenz in: DZWIR 1999, Heft 3, Seite 89-94 (zitiert: „*Fehl* DZWIR 1999, 89")

ders.: Leasingverträge in der Insolvenz nach geltendem und zukünftigem Insolvenzrecht in: StB Beilage 2 zu Heft 5/1998, Seite 12-15 (zitiert: „*Fehl* StB 1998, Beilage 2, 12")

Fohlmeister, Klaus J.: Immobilien-Leasing in: Leasing-Handbuch für die betriebliche Praxis, herausgegeben von Prof. Dr. K.F. Hagenmüller und Dr. Wolfram Eckstein, 6., völlig neu bearbeitete Auflage, Seite 177 - 211, Frankfurt am Main, 1992 (zitiert: „*Fohlmeister* Leasing-Handbuch")

Gabele, Eduard, Dannenberg, Jan, Kroll, Michael: Immobilien-Leasing - Vertragsformen, Vor- und Nachteile, steuerliche Analyse, 4., aktualisierte Auflage, Wiesbaden, 2001 (zitiert: „*Gabele/Dannenberg/Kroll*")

Gaul, Björn: Verwertungsbefugnis des Insolvenzverwalters bei Mobilien trotz Sicherungsübereignung und Eigentumsvorbehalt in: ZInsO Heft 5/2000, Seite 256-263 (zitiert: „*Gaul* ZInsO 2000, 253")

Gerhardt, Walter: Vorausabtretung und § 17 KO in: „Festschrift für Merz: zum 65. Geburtstag am 3. Februar 1992", Köln, 1992, S. 117-132 (zitiert: „*Gerhardt* FS Merz")

Gölzenleuchter, Ralf: Kündigungsrecht in der Insolvenz des Leasingnehmers - Entscheidung des BGH stärkt Rechte des Leasinggebers in: FLF, Heft 5/2003, Seite 225-226 (zitiert: „*Gölzenleuchter* FLF 2003, 225")

Gottwald, Peter: Insolvenzrechts-Handbuch mit GesO-Anhang, 2., völlig neu bearbeitete Auflage, München, 2001 (zitiert: „*Gottwald*/Bearbeiter")

Gottwald, Peter; Adolphsen, Jens: Die Rechtsstellung dinglich gesicherter Gläubiger in der Insolvenzordnung in: „Kölner Schrift zur Insolvenzordnung", 2. Auflage, Seite 1043-1082 (zitiert: „*Gottwald/Adolphsen* KS-InsO")

Gottwald, Uwe: Zwangsvollstreckung, Kommentar zu den §§ 704-915h ZPO mit Antrags- und Klagemustern für die Rechtspraxis, 4., überarbeitete und ergänzte Auflage, Berlin, 2002 (zitiert: „*Gottwald* „Zwangsvollstreckung")

Gröneweg, Simone: Der Beteiligungsmarkt boomt - Mehr Kapital für Schiffe, weniger für Windparks in: Süddeutsche Zeitung Nr. 300/2004 Seite 27 (zitiert: „*Gröneweg* SZ 27.12.2004 S. 27")

dies: Anleger bevorzugen Containerschiffe in: Süddeutsche Zeitung Nr. 23/2005 Seite 29 (zitiert: „*Gröneweg* SZ 29./30.01.2005")

Haarmeyer, Hans; Wutzke, Wolfgang; Förster, Karsten: Handbuch zur Insolvenzordnung: InsO/EGInsO", 3., durchges. Auflage, München, 2001 (zitiert: „*Haarmeyer/Wutzke/ Förster*")

Häcker, Robert: Verwertungs- und Benutzungsbefugnis des Insolvenzverwalters für sicherungsübertragene gewerbliche Schutzrechte in: ZIP Heft 23/2001, Seite 995-1000 (zitiert: „*Häcker* ZIP 2001, 995")

Häsemeyer, Ludwig: Insolvenzrecht, 3., vollst. überarb. Auflage, Köln, Berlin, Bonn, München, 2002 (zitiert: „*Häsemeyer*")

Haunschild, Michael: Verwertungsrecht des Insolvenzverwalters und Kostenbeiträge der Gläubiger nach §§ 165 ff. InsO in: DZWiR Heft 2/1999, Seite 60-62 (zitiert: „*Haunschild* DZWiR 1999, 60")

Heinke, Wilhelm: Airlines: Pilot und Stewardess inklusive in: SZ Nr. 44/2005, 23. Februar 2005, Beilage „Leasing", Seite V2/12 (zitiert: „*Heinke* SZ 23.02.2005, Beilage „Leasing", S. V2/12")

Hellner, Thorwald; Schröter, Jürgen; Steuer, Stephan; Weber, Ahrend: Bankrecht und Bankpraxis, Band 5: Investmentgeschäft, Konsortialgeschäft/Emissionsgeschäft, Vermögensverwaltung/Testamentsvollstreckung, Verwahrgeschäft, Factoring/Leasing, Wettbewerbsrecht, Insolvenzverfahrens, Geldwäsche, Loseblattsammlung, Köln, Stand: 62. Lieferung, 06/04 (zitiert: „Bankrecht und Bankpraxis/Bearbeiter")

Helmer, Sven: Die vermögensverwaltende Immobilien-KG mit Genussscheinen - Ein kapitalmarktorientierter Ansatz zur Lösung der Bewertungs- und Liquiditätsproblematik offener Immobilienfonds, Frankfurt am Main, Berlin, Bern, New York, Paris, Wien, 1997 (Europäische Hochschulschriften, Reihe 5, Volks- und Betriebswirtschaft, Bd. 2150) (zitiert: „*Helmer*")

Hess, Harald: Kreditsicherheiten in der Insolvenz" in: „Die neue Insolvenzordnung - erste Erfahrungen und Tragweite für die Kreditwirtschaft / Bankrechtstag 1999", Seite 101-161, Berlin, New York, 2000 (zitiert: „*Hess* „Bankrechtstag 1999"")

Henckel, Wolfram; Kreft, Gerhart: Insolvenzrecht 1998 - Tagungsband zum RWS-Forum am 11. und 12. Oktober 1998 in Berlin, Köln, 1998 (zitiert: „*Henckel/Kreft*/Bearbeiter")

Hess, Harald; Weis, Michaela; Wienberg, Rüdiger: InsO - Kommentar zur Insolvenzordnung mit EGInsO - Band 1 - Insolvenzordnung, Heidelberg, 2001 (zitiert: „*H/W/W*/Bearbeiter")

Huber, Michael: Gegenseitige Verträge und Teilbarkeit von Leistungen in der Insolvenz in: NZI 2002, Heft 9, Seite 467-471 (zitiert: „*Huber* NZI 2002, 467")

Huth, Vera: Kreditsicherungsrecht im Lichte der neuen Insolvenzordnung, Frankfurt am Main, Berlin, Bern, Brüssel, New York, Oxfort, Wien, 2000 (Europäische Hochschulschriften: Reihe 2, Rechtswissenschaft, Bd. 2995) (zitiert: „*Huth*")

Jaeger, Ernst; Henckel, Wolfram: Konkursordnung; Großkommentar; §§ 1-42, Register, 9., völlig neu bearb. Aufl.; Berlin, New York, 1997 (zitiert: „*Jaeger/Henckel*")

Jäschke, Dirk: Probleme der einkommensteuerlichen Behandlung geschlossener Immobilienfonds, Frankfurt am Main, Berlin, Bern, New York, Paris, Wien, 1997 (Europäische Hochschulschriften: Reihe 2, Rechtswissenschaft; Bd. 2193) (zitiert: „*Jäschke*")

Jauernig, Othmar: Bürgerliches Gesetzbuch, 10. neubearb. Auflage, München, 2003 (zitiert: „*Jauernig*/Bearbeiter BGB")

Kalkschmid, Christoph: Immobilienleasing in der Insolvenz, Köln, 2003 (zitiert: „*Kalkschmid*")

Kalt, Dieter: Die Vorausabtretung von Leasingraten und die Verfügung über den Leasinggegenstand beim Mobilien-Leasing im Lichte der Insolvenzordnung in: BB, Beilage 8 zu Heft 18/1996 (zitiert: „*Kalt* BB 1996, Beilage 8")

Kiani-Kress, Rüdiger: Wie die Dinosaurier - Die Preise für Verkehrsflugzeuge sind um bis zu 60 Prozent gefallen. Dies setzt vor allem die Hersteller und die Leasingkonzerne unter Druck in: Wirtschaftswoche, Heft 31/2003 vom 24.07.2003, Seite 52-54 (zitiert: „*Kiani-Kress* Wirtschaftswoche")

Klages, Christlieb: Grundzüge des Filmrechts, Grundlagen, Verträge, Rechte, München, 2004 (zitiert: „*Klages*/Bearbeiter")

Kreft, Gerhart: Die Wende der Rechtsprechung zu § 17 KO *in:* ZIP 1997 Seite 865-871 (zitiert: „*Kreft* ZIP 1997, 865")

ders.: Teilbare Leistungen nach § 105 InsO (unter besonderer Berücksichtigung des Bauvertragsrechts) in: „Festschrift für Wilhelm Uhlenbruck zum 70. Geburtstag", herausgegeben von Hanns Prütting und Heinz Vallender, Seite 387-403, Köln, 2000 (zitiert: „*Kreft* „Festschrift für Uhlenbruck")

Kröger, Bernd: Praktische Erfahrungen mit Bareboat-Charter-Registern in: TransportR Heft 5/1988, Seite 173-176 (zitiert: „*Kröger* TransportR 1988, 173")

Krull, Helge: Teilbarkeit der Leistung nach § 105 InsO in: NZI, Heft 2/1998, Seite 66-68 (zitiert: „*Krull* NZI 1998, 66")

Kübler, Bruno M.; Prütting, Hanns: InsO - Kommentar zur Insolvenzordnung, Band I, Köln, Loseblattsammlung Stand März 2004 (zitiert: „*K/P*/Bearbeiter")

ders: InsO - Kommentar zur Insolvenzordnung, Band II, Köln, Loseblattsammlung Stand März 2004 (zitiert: „*Kübler/Prütting*/Bearbeiter")

Lauenstein, Cord: Der geschlossene Immobilien-Leasing-Fonds: systematische Darstellung und Analyse einer Anlage- und Finanzierungsalternative unter besonderer Berücksichtigung steuerlicher Aspekte, Frankfurt am Main, Berlin, Bern, Bruxelles, New York, Oxford, Wien, 2001 (zitiert: „*Lauenstein*")

Lauer, Jörg: Kreditsicherheiten im Insolvenzverfahren, Dritte, neu bearbeitete Auflage, Stuttgart, 2003 (zitiert: „*Lauer*")

Livonius, Barbara: Zum Wahlrecht des Insolvenzverwalters nach § 103 InsO - Die Auswirkungen der Insolvenzeröffnung auf gegenseitige, bei Verfahrenseröffnung von beiden Vertragsparteien nicht vollständig erfüllter Verträge dargestellt am Beispiel von Kredit-. Sicherheiten- und Refinanzierungsverträgen von Kreditinstituten, Diss. München, 1998 (zitiert: „*Livonius*")

dies: § 108 Abs. 1 Satz 2 InsO und seine Anwendbarkeit bei Mietverträgen in: ZInsO 1998, Seite 111-115 (zitiert: „*Livonius* ZInsO 1998, 111")

Loipfinger, Stefan: Geschlossene Immobilienfonds: Grundlagen, Analyse, Bewertung, 3. überarbeitete Auflage, Stuttgart, 1997 (zitiert: „*Loipfinger*")

ders.: Steuersparmodelle - Anleger müssen kräftig dazulernen, Interview von Lutz Knappmann in: Managermagazin, http://www.manager-magazin.de/geld/geldanage/0,2828,319062,00.html, 23.09.2004 (zitiert: „*Loipfinger* Managermagazin")

Lüdicke, Jochen; Arndt, Jan-Holger; Götz, Gero: Geschlossene Fonds - Rechtliche, steuerliche und wirtschaftliche Fragen bei Immobilien-, Film-, Schiffs-, Flugzeug- und Windenergiefonds, 2., völlig neu bearbeitete und erweiterte Auflage, München, 2002 (zitiert: „*Lüdicke/Arndt/Götz*")

Lüdicke, Jochen, Arndt, Jan-Holger: Der neue Medienerlass - Anmerkungen aus der Beratungspraxis *in:* MMR, Beilage 6/2001 Seite 1-20 (zitiert: „*Lüdicke/Arndt* MMR 2001, Beilage 6")

Lwowski, Hans-Jürgen: Das Recht der Kreditsicherheiten, 8., neu bearbeitete Auflage, Berlin, 2000 (zitiert: „*Lwowski*")

Lwowski, Hans-Jürgen; Hoes, Volker: Markenrechte in der Kreditpraxis *in:* WM Heft 16/1999, Seite 771-779 (zitiert: „*Lwowski/Hoes* WM 1999, 771")

Marotzke, Wolfgang: Die insolvenzrechtliche Kündigungssperre (§ 112 InsO)" *in:* „Festschrift für Zöller" Seite 1193-1202 (zitiert: „*Marotzke* „Festschrift für Zöller"")

ders.: Gegenseitige Verträge im neuen Insolvenzrecht, Dritte, völlig neubearbeitete Auflage Neuwied, Kriftel, 2001 (zitiert: „*Marotzke* „Gegenseitige Verträge im neuen Insolvenzrecht"")

ders.: Der Eigentumsvorbehalt im neuen Insolvenzrecht in: Juristische Zeitung, Heft 17, 1995, Seite 803-814 (zitiert: „*Marotzke JZ 1995, 893")*

Michalski, Lutz; Ruess, Peter: Rechtsfolgen der Insolvenz des Leasinggebers bei im Wege des Factoring veräußerten Leasingforderungen *in:* NZI, Heft 6/2000, Seite 250-253 (zitiert: „*Michalski/Ruess* NZI 2000, 250")

Milatz, Jürgen E.: Forfaitierung von Andienungsrechten bei Teilamortisations-Mobilien-Leasingverträgen - Zugleich eine Auseinandersetzung mit dem BMF-Schreiben vom 09.01.1996 *in:* DB 1996, Seite 841 (zitiert: „*Milatz* DB 1996, 841")

Minuth, Klaus; Wolf, Wilhelm: Kündigung und Gestaltung von Mietverträgen im Hinblick auf die Insolvenzordnung *in:* NZM, Heft 7/1999, Seite 289-292 (zitiert: „*Minuth/Wolf* NZM 1999, 289")

Münchner Kommentar: Münchner Kommentar zum Bürgerlichen Gesetzbuch, Band 1, Allgemeiner Teil, §§ 1-240, AGB-Gesetz, 4. Auflage, München 2001 (zitiert: „MK-BGB/Bearbeiter")

ders.: Münchner Kommentar zum Bürgerlichen Gesetzbuch, Band 2a, Schuldrecht Allgemeiner Teil, §§ 241-432, 4. Auflage, München, 2003 (zitiert: „MK-BGB/Bearbeiter")

ders.: Münchner Kommentar zum Bürgerlichen Recht, Band 3, Schuldrecht Besonderer Teil I (§ 433-610), Finanzierungsleasing, HeizkostenV, BetriebskostenV, CISG, 4. Auflage, München, 2004 (zitiert: „MK-BGB/Bearbeiter")

ders.: Münchner Kommentar zum Bürgerlichen Gesetzbuch, Band 5, Schuldrecht, Besonderer Teil III, §§ 705-853, Partnerschaftsgesellschaftsgesetz, Produkthaftungsgesetz, 4. Auflage, München, 2004 (zitiert: „MK-BGB/Bearbeiter")

ders.: Münchner Kommentar zum Bürgerlichen Gesetzbuch, Band 6, Sachenrecht, §§ 854-1296, Wohnungseigentumsgesetz, Erbbaurechtsverordnung, Sachenrechtsbereinigungsgesetz, Schuldrechtsänderungsgesetz, 4. Auflage, München, 2004 (zitiert: „MK-BGB/Bearbeiter")

ders.: Münchner Kommentar zur Insolvenzordnung, Band 1, §§ 1-102 InsO, InsVV, München, 2001 (zitiert: „MK-InsO/Bearbeiter")

ders.: Münchner Kommentar zur Insolvenzordnung, Band 2, §§ 103-269 InsO, München, 2002 (zitiert: „MK-InsO/Bearbeiter") *ders.:* Münchner Kommentar zur Zivilprozessordnung mit Gerichtsverfassungsgesetz und Nebengesetzen, Band 3, §§ 803-1066, EGZPO, GVG, EGGVG, Internationales Zivilprozessrecht, 2. Auflage, München, 2001 (zitiert: „MK-ZPO/Bearbeiter")

Musielak, Hans-Joachim: Kommentar zur Zivilprozessordnung mit Gerichtsverfassungsgesetz, 4., neubearbeitete Auflage, München, 2005 (zitiert: „*Musielak*/Bearbeiter")

ders.: Die Erfüllungsablehnung des Konkursverwalters - Zur Auslegung des § 17 Abs. 1 der Konkursordnung in: AcP 179 (1979) Seite 189-213 (zitiert: „*Musielak* AcP 179").

Muth, Johannes M.: Die Zwangsversteigerung auf Antrag des Insolvenzverwalters *in:* ZIP 1999, Heft 23, S. 945-954 (zitiert: „*Muth* ZIP 1999, 945")

Nerlich, Jörg; Römermann, Volker: Insolvenzordnung - Kommentar, Loseblattsammlung, 7. Ergänzungslieferung, März 2004, München (zitiert: „*N*/*R*/Bearbeiter")

Nordemann, Wilhelm: Urheberrecht: Kommentar zum Urheberrechtsgesetz und zum Urheberrechtswahrnehmungsgesetz; mit den Texten der Urheberrechtsgesetze Österreichs und der Schweiz, fortgeführt von Wilhelm Nordemann; Kai Vinck; Paul W. Hertin, begründet von Friedrich Karl Fromm und Wilhelm Nordemann, 9., überarbeitete und ergänzte Auflage, Stuttgart, Berlin, Köln, 1998 (zitiert: „*Fromm*/*Nordemann*/Bearbeiter")

Obermüller, Manfred: Insolvenzrecht in der Bankpraxis, 6., neubearbeitete und erweiterte Auflage, Köln, 2002 (zitiert: „*Obermüller*")

ders.: Auswirkungen des Wahlrechts des Insolvenzverwalters auf Zessionen und Avale in: „Kölner Schrift zur Insolvenzordnung", 2. Auflage, Seite 985-1008 (zitiert: „*Obermüller* KS-InsO")

Obermüller, Manfred; Hess, Harald: InsO; Eine systematische Darstellung des neuen Insolvenzrechts, 3., überarbeitete Auflage, Heidelberg, 1999 (zitiert: „*Obermüller*/*Hess*")

Obermüller, Manfred; Livonius, Barbara: Auswirkungen der Insolvenzrechtsreform auf das Leasinggeschäft in: DB 1995 Seite 27-32 (zitiert: „*Obermüller*/*Livonius* DB 1995, 27")

Opitz, Gerhard: Geschlossene Immobilienfonds: wirtschaftliche, rechtliche und steuerliche Konzeption, 2., aktualisierte Auflage, Freiburg i. Br. 1998 (zitiert: „*Opitz*")

Palandt, Otto: Bürgerliches Gesetzbuch mit Einführungsgesetz (Auszug), BGB-Informationspflichten-Verordnung, Unterlassungsklagengesetz, Produkthaftungsgesetz, Erbbaurechtsverordnung, Wohnungseigentumsgesetz, Hausratsverordnung, Lebenspartnerschaftsgesetz, Gewaltschutzgesetz (Auszug), 64. Auflage, München, 2005 (zitiert: „*Palandt*/Bearbeiter 64. Auflage")

ders.: Bürgerliches Gesetzbuch mit Einführungsgesetz (Auszug), Gesetz zur Regelung des Rechts der Allgemeinen Geschäftsbedingungen, Verbraucherkreditgesetz, Gesetz über den Widerruf von Haustürgeschäften und ähnlichen Geschäften, Gesetz über die Veräußerung von Teilnutzungsrechten an Wohngebäuden (Teilzeit-Wohnrechtegesetz-TzWrG), Gesetz zur Regelung der Miethöhe (Art. 3 des 2. WKSchG), Produkthaftungsgesetz, Erbbaurechtsverordnung, Wohnungseigentumsgesetz, Hausratsverordnung, 59. Auflage, München, 2000 (zitiert: „*Palandt*/Bearbeiter 59. Auflage")

Pape, Gerhard: Ablehnung und Erfüllung schwebender Rechtsgeschäfte durch den Insolvenzverwalter in: „Kölner Schrift zur Insolvenzordnung", 2. Auflage, Seite 531-591 (zitiert: „*Pape* KS-InsO")

Rabe, Dieter; Prüssmann, Heinz: Seehandelsrecht, Fünftes Buch des Handelsgesetzbuches mit Nebenvorschriften und Internationalem Übereinkommen, 4., neubearbeitete Auflage, München, 2000 (zitiert: „*Rabe/Prüssmann*")

Reinicke, Dietrich; Tiedtke, Klaus: Kreditsicherung: durch Schuldbeitritt, Bürgschaft, Patronatserklärung, Garantie, Sicherungsübereignung, Sicherungsabtretung, Eigentumsvorbehalt, Pool-Vereinbarungen, Pfandrecht an beweglichen Sachen und Rechten, Hypothek und Grundschuld, 4., vollständig überarbeitete und erweiterte Auflage, Neuwied, Kriftel, 2000 (zitiert: „*Reinicke/Tiedtke* Kreditsicherungsrecht")

dies.: Kaufrecht einschließlich Abzahlungsgeschäfte, Allgemeine Geschäftsbedingungen, Eigentumsvorbehalt, Factoring, Fernabsatzverträge und elektronischer Geschäftsverkehr, finanzierte Kaufverträge, Haustürgeschäfte, Leasing, Pool-Vereinbarungen, Produzentenhaftung, Teilzeit-Wohnrechteverträge (Time-sharing), UN-Kaufrecht und Verbrauchsgüterkaufverträge, Siebte, vollständig überarbeitete Auflage, Neuwied, Kriftel, 2004 (zitiert: „*Reinicke/Tiedtke* Kaufrecht")

Riepl, Ludwig: Sauber ausgerutscht in: Fonds & Co, Heft Nr. 4 November 2004, Seite 54-56 (zitiert: „*Riepl* Fonds & Co 2004, 54“)

Rosenberg, Leo: Zwangsvollstreckungsrecht, begründet von Leo Rosenberg, fortgeführt von Hans Friedhelm Gaul und Eberhard Schilken, 11., völlig neubearbeitete Auflage, München, 1997 (zitiert: „*Rosenberg*/Bearbeiter“)

Schaps, Georg; Abraham, Hans Jürgen: Das Seerecht in der Bundesrepublik Deutschland, Kommentar und Materialsammlung, unter dem Titel „Das deutsche Seerecht“ begründet von Dr. Georg Schaps, Vierte, völlig neu bearbeitete Auflage, Berlin, New York, 1978 (zitiert: „*Schaps/Abraham*“)

Scheffler, Frank Rüdiger: Teilleistungen und gegenseitige nicht vollständig erfüllte Verträge in der Insolvenz *in:* ZIP 2001, Seite 1182-1189 (zitiert: „*Scheffler* ZIP 2001, 1182“)

Scherer, Inge: Teilweise Vorleistung in der Insolvenz *in:* NZI, 2004, Heft 3, Seite 113-117 (zitiert: „*Scherer* NZI 2004, 113“)

dies: Neues Kaufgewährleistungsrecht und § 103 InsO *in:* NZI, Heft 7/2002, Seite 356-362 (zitiert: „*Scherer* NZI 2002, 356“)

dies.: Obligatorische Herausgabeansprüche und Insolvenzverfahrenseröffnung in: DZWiR, Heft 5/2002, Seite 184-188 (zitiert: „*Scherer* DZWiR 2002, 184“)

Schimansky, Herbert; Bunte, Herman-Josef; Lwowski, Klaus: Bankrechts-Handbuch, Band II, zweite, neu bearbeitete Auflage, München, 2001 (zitiert: „*Schimansky/Bunte/Lwowski/Bearbeiter*“)

Schmid-Burgk, Klaus: Leasingraten - Masseschulden oder Konkursforderungen? Eine Erwiderung auf H.-G. Eckert, ZIP 1997, 2077 *in:* ZIP 1998, Seite 1022-1023 (zitiert: „*Schmid-Burgk* ZIP 1998, 1022“)

ders.: Leasing unter der neuen Insolvenzordnung *in:* „Insolvenzrecht - Leitfaden für die Kreditpraxis, Hinweise und Empfehlungen des Arbeitskreises „Insolvenzrechtsreform“ beim Deutschen Sparkassen- und Giroverband“, Stuttgart, 1999 (zitiert: „*Schmid-Burgk*“)

Schmid-Burgk, Klaus; Dietz, Jan-Christian: Die Refinanzierung beim Leasing nach der Insolvenzrechtsreform *in:* ZIP 1996, Seite 1123-1126 (zitiert: „*Schmidt-Burgk/Ditz* ZIP 1998, 1123“)

Schölermann, Hinrich, Schmid-Burgk, Klaus: Flugzeuge als Kreditsicherheit in: WM 1990, Seite 1137-1148 (zitiert: „*Schölermann/Schmid-Burgk* WM 1990, 1137")

Schricker, Gerhard: Urheberrecht - Kommentar, 2., neubearbeitete Auflage, München, 1999 (zitiert: „*Schricker*/Bearbeiter")

Schuschke, Winfried; Walker, Wolf-Dietrich: Vollstreckung und Vorläufiger Rechtsschutz, Kommentar zum Achten Buch der Zivilprozessordnung, Band I, Zwangsvollstreckung, §§ 704-915h ZPO, 2., völlig neubearb. u. erw. Auflage, Köln, Berlin, Bonn, München, 1997 (zitiert: „*Schuschke/Walker*/Bearbeiter")

Schwab, Karl-Heinz; Prütting, Hanns: Sachenrecht: Ein Studienbuch, 31. neubearbeitet Auflage, München, 2003 (zitiert: „*Schwab/Prütting*")

Schweitzer, Antje: Geschlossene Fonds - Beliebteste Beteiligungen - Anleger kaufen Anteile für mehr als acht Milliarden Euro in 2003 *in:* SZ Nr. 106/2004, 08. Mai 2004, Beilage „Eurofonds", Seite V 1 (zitiert: „*Schweitzer* SZ 08.05.2004 S. V1")

Schwemer, Rolf-Oliver: Leasing in der Insolvenz *in:* ZMR, 2000, Seite 348-357 (zitiert: „*Schwemer* ZMR 2000, 348")

Schwarz, Werner: Factoring, Vierte, überarbeitete Auflage, Stuttgart, 2002 (zitiert: „*Schwarz*")

Sebode: Neuerungen bei der Zwangsvollstreckung in Schiffe und Schiffsbauwerke in: Deutsches Recht, 1941, Seite 620-625 (zitiert: „*Sebode* DR 1941, 620)

Seidel, Hans-Jürgen: „Das Zurückbehaltungsrecht als Recht zum Besitz im Sinne des § 986 BGB?" *in:* JZ 1993, Seite 180-185 (zitiert: „*Seidel* JZ 1993, 180")

Seifert, Peter: Refinanzierung von Leasingverträgen nach § 108 InsO *in:* NZM 1998, Seite 217-221 (zitiert: „*Seifert* NZM 1998, 217")

ders.: Die Bedeutung des § 108 Insolvenzordnung (InsO) für die Refinanzierung von Leasingverträgen *in:* FLF, Heft 4/1998, Seite 164-170 (zitiert: „*Seifert* FLF 1998, 164")

ders.: Leasing in der neuen Insolvenzordnung *in:* FLF 1995, Seite 13-16 (zitiert: „*Seifert* FLF 1995, 13") *ders.:* Leasing von beweglichen Wirtschaftsgütern aus rechtlicher Sicht *in:* Leasing-Handbuch für die betriebliche Praxis, herausgegeben von Prof. Dr. K.F. Haenmüller und Dr. Wolfram Eckstein, 6., völlig neu bearbeitete Auflage, Seite 51-75, Frankfurt am Main, 1992 (zitiert: „*Seifert*")

Sinz, Ralf: Leasing und Factoring im Insolvenzverfahren *in:* „Kölner Schrift zur Insolvenzordnung", 2. Auflage, Seite 593-643 (zitiert: „*Sinz* KS-InsO")

ders.: Factoring in der Insolvenz (Beiträge zum Insolvenzrecht; 15), Köln, 1997 (zitiert: „*Sinz* „Factoring in der Insolvenz")

Smid, Stefan: Insolvenzordnung (InsO) mit Insolvenzrechtlicher Vergütungsordnung (InsVV), 2., völlig neu bearbeitete Auflage, Stuttgart, Berlin, Köln, 2001 (zitiert: „*Smid*/Bearbeiter InsO")

ders.: Probleme der Verwertungsbefugnis des Insolvenzverwalters am Absonderungsgut in: WM 1999, Seite 1141-1155 (zitiert: „*Smid* WM 1999, 1141")

Soergel: Bürgerlichen Gesetzbuch mit Einführungsgesetz und Nebengesetzen, Band 6, Sachenrecht (§§ 854-1296), WEG, ErbbauVO, SchiffsG, Zwölfte neubearbeitete Auflage, Stuttgart, Berlin, Köln, 1990 (zitiert: „*Soergel*/Bearbeiter")

Staudinger Kommentar: Kommentar zum Bürgerlichen Gesetzbuch mit Einführungsgesetz und Nebengesetzen, Geleitwort, Einleitung zum Bürgerlichen Gesetzbuch, Erstes Buch, Allgemeiner Teil, §§ 1-12, Verschollenheitsgesetz, Dreizehnte Bearbeitung, Berlin, 1995 (zitiert: „*Staudinger*/Bearbeiter")

ders.: Kommentar zum Bürgerlichen Gesetzbuch mit Einführungsgesetz und Nebengesetzen, Buch 2, Recht der Schuldverhältnisse, §§ 433-487, Leasing (Kaufrecht und Leasingrecht), Neubearbeitung 2004, Berlin (zitiert: „*Staudinger*/Bearbeiter")

ders.: Kommentar zum Bürgerlichen Gesetzbuch mit Einführungsgesetz und Nebengesetzen, Buch 2, Recht der Schuldverhältnisse §§ 535-562d, Anhang zu §§ 556, 556 a: Verordnung über Heizkostenabrechnung (Mietrecht 1), Neubearbeitung 2003, Berlin (zitiert: „*Staudinger*/Bearbeiter")

ders.: Kommentar zum Bürgerlichen Gesetzbuch mit Einführungsgesetz und Nebengesetzen, Zweites Buch, Recht der Schuldverhältnisse §§ 581-606, Dreizehnte Bearbeitung 1996, Berlin (zitiert: „*Staudinger*/Bearbeiter") *ders:* Kommentar zum Bürgerlichen Gesetzbuch mit Einführungsgesetz und Nebengesetzen, Zweites Buch, Recht der Schuldverhältnisse §§ 652-704, 13. Bearbeitung, Berlin, 1995 (zitiert: „*Staudinger*/Bearbeiter")

ders.: Kommentar zum Bürgerlichen Gesetzbuch mit Einführungsgesetz und Nebengesetzen, Drittes Buch (Sachenrecht) §§ 985-1011, Berlin, 1999 (zitiert: „*Staudinger*/Bearbeiter")

ders.: Kommentar zum Bürgerlichen Gesetzbuch mit Einführungsgesetz und Nebengesetzen, Buch 3, Sachenrecht, §§ 1204-1296, §§ 1-84 SchiffsRG, Berlin, Neubearbeitung 2002 (zitiert: „*Staudinger*/Bearbeiter")

Stein, Friedrich; Jonas, Martin: Kommentar zur Zivilprozessordnung, Band 7, §§ 704-827, 22. Auflage, Tübingen, 2002 (zitiert: „*Stein*/*Jonas*/Bearbeiter")

dies.: Kommentar zur Zivilprozessordnung, Band 8, §§ 828-915h, 22. Auflage, Tübingen, 2004 (zitiert: „*Stein*/*Jonas*/Bearbeiter")

Steiner, Anton: Zwangsversteigerung und Zwangsvollstreckung - Kommentar, Band 2, §§ 105-185, landesrechtliche Vorschriften, 9., völlig neu bearbeitete Auflage, München, 1986 (zitiert: „*Steiner*/Bearbeiter")

Steiner, Kirsten: Über den Wolken - Leasinganteil bei Verkehrsflugzeugen wird steigen *in:* Frankfurter Allgemeine Zeitung Nr. 111/2001, „Beilage Leasing" Seite B 5 (zitiert: „*Steiner* FAZ 14.05.2001, Beilage Leasing, S. B 5")

Stöber, Kurt: Zwangsversteigerungsgesetz: Kommentar zum ZVG der Bundesrepublik Deutschland mit einem Anhang einschlägiger Texte und Tabellen, 17., völlig neu bearbeitete Auflage, München, 2002 (zitiert: „*Stöber* ZVG")

ders.: Zwangsvollsteckung in das unbewegliche Vermögen - ZVG-Handbuch - (Handbuch der Rechtspraxis, Band 2), 7., neubearb. Auflage des von Friedrich Zeller in der 3. und 4. Auflage mitbearbeiteten Handbuchs, München, 1999 (zitiert: „*Stöber* HRP")

Stuhr, Arne: Schiffsfonds: Das Ende der Zahnarztdampfer in: Managermagazin, http://www.manager-magazin.de/geld/geldanage/0,2828,303261,00.html, 14.06.2004 (zitiert: „*Stuhr* Managermagazin")

Tacke, Helmut R.: Leasing, 2., völlig überarb., aktualisierte und erw. Auflage, Stuttgart, 1993 (zitiert: „*Tacke*")

Thiede, Meite: Markt für Schiffsfonds im Wandel: „Zahnarztschiffe" haben ausgedient - Ende eines gefragten Steuersparmodells / Konsolidierung unter Emissionshäusern erwartet *in:* Süddeutsche Zeitung Nr. 134/2004 Seite 19 (zitiert: „*Thiede* SZ 14.06.2004 S. 19")

Thomas, Frank P.: Flugzeugleasingfonds - Strukturierung, Steueroptimierung und haftungsrechtliche Risiken, Frankfurt am Main, Berlin, Bern, New York, Paris, Wien, 1998 (zitiert: „*Thomas*")

Tintelnot, Albrecht: Die gegenseitigen Verträge im neuen Insolvenzverfahren" *in:* ZIP 1995 Seite 616-623 (zitiert: „*Tintelnot* ZIP 1995, 616")

Uhlenbruck, Wilhelm: Insolvenzordnung - Kommentar, 12., völlig neu bearbeitete Auflage des von Franz Mentzel begründeten sowie von Dr. Georg Kuhn und Professor Dr. Wilhelm Uhlenbruck fortgeführten Werkes zur Konkursordnung, München, 2003 (zitiert: „*Uhlenbruck*/Bearbeiter InsO")

Uhlenbruck, Wilhelm; Sinz, Ralf: Die Forfaitierung von Leasingforderungen im Konkurs des Leasinggebers *in:* WM 1989, Seite 1113-1122 (zitiert: „*Uhlenbruck/Sinz* WM 1989, 1113")

Vehslage, Thorsten: Wichtige Aspekte des Insolvenzverfahrens für Vermieter (Mieterinsolvenz) *in:* ZInsO Heft 17/2001, Seite 786-790 (zitiert: „*Vehslage* ZInsO 2001, 786")

Wagner, Klaus-R.: Schwierigkeiten bei der Konzeption von Leasing-Fonds *in:* DStR, Heft 30/1995, Seite 1153-1158 (zitiert: „*Wagner* DStR 1995, 1153")

Weber, Jan: Die Entwicklung des Leasingrechts in den Jahren 2001 bis Mitte 2003" *in:* NJW Heft 33/2003, Seite 2348-2356 (zitiert: „*Weber* NJW 2003, 2348")

Welling, Susanna: Miet- und Leasingverträge über bewegliche Sachen im neuen Insolvenzrecht (Düsseldorfer Rechtswissenschaftliche Schriften, Bd. 7), 1. Auflage, Baden-Baden, 1999 (zitiert: „*Welling*")

Westphalen, Friedrich Graf von: Der Leasingvertrag, 5., völlig neu bearbeitete Auflage, Köln, 1998 (zitiert: „*Graf von Westphalen*")

Wieczorek, Bernhard; Schütze, Rolf A.: Zivilprozessordnung und Nebengesetze, Großkommentar, Vierter Band §§ 704-915h, 2. Teilband §§ 808-915h, 3., völlig neu bearbeitete Auflage, Berlin, New York, 1999 (zitiert: „*Wieczorek/Schütze*/Bearbeiter")

Wimmer, Klaus: Frankfurter Kommentar zur Insolvenzordnung, 3. Auflage, Neuwied, Kriftel, 2002 (zitiert: „FK-InsO/Bearbeiter")

Windel, Peter A.: Der insolvenzrechtliche Gleichbehandlungsgrundsatz und seine Auswirkungen auf die Abwicklung schwebender Austauschverträge *in:* Jura, Heft 4/2002, Seite 230-235 (zitiert: „*Windel* Jura 2002, 230")

Wolf, Manfred: Sachenrecht, 18., erg. und überarb. Aufl., München, 2002 (zitiert: „*Wolf*")

Zahn, Herbert: Leasingnehmer und refinanzierende Bank in der Insolvenz des Leasinggebers nach der Insolvenzordnung, Teil 1: Der Leasingvertrag über Mobilien in der Insolvenz des Leasinggebers - Zugleich eine Besprechung des Urteils des IX. Senats des BGH vom 04.05.1995 - *in*: DB 1995, Seite 1597-1600 (zitiert: „*Zahn* DB 1995, 1597")

ders.: Leasingnehmer und refinanzierende Bank in der Insolvenz des Leasinggebers nach der Insolvenzordnung, Teil 2: Die Zielsetzung der Insolvenzordnung und die Auswirkungen der Einbeziehung des Leasingvertrages über Mobilien in das Insolvenzverfahren *in*: DB 1995, Seite 1649-1656 (zitiert: „*Zahn* DB 1995, 1649")

Zitelmann, Rainer: Reich werden mit Immobilien - Direktinvestment, Immobilienfonds, Immobilienaktien, Planegg b. München, 2002 (zitiert: „*Zitelmann*")

Zöller, Richard: Zivilprozessordnung mit Gerichtsverfassungsgesetz und den Einführungsgesetzen, mit Internationalem Zivilprozessrecht, EG-Verordnung, Kostenanmerkung - Kommentar, 24. neubearbeitete Auflage, Köln, 2004 (zitiert: „*Zöller/Bearbeiter*")

Rechtsprechungsübersicht

Datum	Gericht	Az.	Fundstelle	Leitsatz
13.03.1909	RG	V 216/08	RGZ 70. 399-405	1. Wirkung eines Zuschlags „unter den gesetzlichen Versteigerungsbedingungen" gegenüber einer vorausgegangenen abweichenden Vereinbarung oder gegenüber einem bezüglich einzelner Zubehörstücke vorher erlassenen Einstellungsbeschlusses. 2. Inwiefern muss zu einer gemäß § 769 Z.P.O erlassenen Anordnung des Prozessgerichts, damit dadurch die Einstellung des Verfahrens im Sinne der §§ 37 Nr. 5, 55 Abs. 2 Zw.V.G. herbeigeführt werde, noch ein Einstellungsbeschluss des Vollstreckungsgerichts hinzukommen. 3. Ist ein solcher Einstellungsbeschluss an eine besondere Form gebunden, und hängt seine Wirksamkeit davon ab, dass er zugeteilt wird.
20.01.1915	RG	V 389/14	RGZ 86, 247-251	1. Kann sich der Absonderungsberechtigte, dessen Forderung betagt ist, nach Einleitung des Konkurses auf die Fälligkeitsvorschrift des § 65 KO berufen, wenn er auf das Absonderungsrecht nicht verzichtet, sondern dieses geltend macht? 2. Darf er von einem Vergleiche, der Stundung gewährt hat, nach Einleitung des Konkurses zurücktreten, weil der Gemeinschuldner den Vergleich nicht erfüllt hat? Kann in einem solchen zur Beilegung von Prozessen geschlossenen Vergleiche die stillschweigende Vereinbarung einer Verfallklausel gesehen werden?
15.01.1931	RG	VI 272/30	RGZ 131, 158-178	1. ... 2. ... 3. Welche Grenzen gelten für die Anwendung des § 242 BGB? 4. ...
01.02.1931	RG	VI 472/31	RGZ 135, 167	Hat der Konkursverwalter - gegebenenfalls der Gemeinschuldner - einen Anspruch aus ungerechtfertigter Bereicherung wegen Leistungen, die auf

				Grund eines Grundstückskaufvertrages bewirkt wurden, der deshalb nicht zur Ausführung gelangte, weil der Konkursverwalter die Erfüllung ablehnte? Wie verhält sich dieser Anspruch zum Schadensersatzanspruch des Gegners? Nach welchen Vorschriften findet in solchem Falle die Auseinandersetzung wegen der Nutzungen und Verwendungen statt?
21.06.1932	RG	VII 467/31	RGZ 136, 422-427	1. Welchen Inhalt muss die Erklärung einer Grundschuld haben? 2. Wie kann eine Willenserklärung in zwei Urkunden wirksam abgegeben werden, wenn Schriftform vorgeschrieben ist? 3. Wann ergeben die Umstände eine Bevollmächtigung dessen, der als Stellvertreter handelt?
05.04.1935	RG	II 327/34	RGZ 147, 340-344	1. Kann ein Gesellschafter einer offenen Handelsgesellschaft oder einer Kommanditgesellschaft, über dessen Vermögen neben dem Vergleichsverfahren über die Gesellschaft ein besonderes Vergleichsverfahren eröffnet worden ist, die Erfüllung des Gesellschaftsvertrages gem. § 28 VerglO a.F. ablehnen? 2. Ist der Gesellschaftsvertrag einer offenen Handelsgesellschaft oder einer Kommanditgesellschaft im Sinn des § 28 VerglO a.F. noch nicht bereits „erfüllt", solange das Gesellschaftsverhältnis überhaupt besteht, mögen auch die Einlagen vollständig geleistet sein? 3. Wird durch die mit Ermächtigung des Vergleichsgerichts erklärte Ablehnung der weiteren Erfüllung eines solchen Gesellschaftsvertrages die Gesellschaft aufgelöst?
18.08.1937	RG	I 23/37	RGZ 155, 306-316	Sind die Leistungen des Lizenzgebers aus einem einfachen Lizenzvertrage mit gesellschaftlichen Einschlag teilbar im Sinne des § 36 Abs. 2 der Vergleichsordnung vom 26. Februar 1935?
15.06.1951	BGH	I ZR 121/50	BGHZ 2, 331-336	1. Der Filmverwertungsvertrag zwischen dem Inhaber der Urheberrechte am Film und dem Filmverleiher ist ein urheberrechtlicher Nutzungsvertrag eigener Art,

				der ähnlich dem patentrechtlichen Lizenzvertrag verschiedene Vertragsarten in sich vereinen kann. 2. ...
15.04.1955	BGH	V ZR 22/54	BGHZ 17, 127-130	Wenn der Konkursverwalter ein Mietverhältnis gemäß § 19 KO dem Vermieter kündigt oder es durch Vereinbarung mit dem Vermieter vorzeitig aufhebt und dadurch die Fortsetzung eines von dem Gemeinschuldner eingegangenen Untermietverhältnisses unmöglich macht, so ist eine dieserhalb dem Untermieter gegen die Konkursmasse zustehende Schadensersatzforderung keine Masseschuld im Sinne des § 59 KO, sondern eine einfache Konkursforderung (Bestätigung von RGZ 67, 372). An Stelle einer solchen Schadensersatzforderung kann der Untermieter in diesem Falle keine Ansprüche auf Grund von § 281 BGB erheben.
26.02.1964	BGH	V ZR 105/61	BGHZ 51, 157-166	1. Die Vorschriften der §§ 994-1003 BGB regeln im Verhältnis zwischen Eigentümer und nichtberechtigtem Besitzer den Ersatz von Verwendungen erschöpfend und schließen die Anwendbarkeit des allgemeinen Bereicherungsrechts aus. ....
06.11.1968	BGH	V ZR 86/65	LM § 987 Nr. 10; MDR 1969, 467-468	Hat der Eigentümer eines Hauses gegen den früheren Hauptmieter und späteren unberechtigten mittelbaren Besitzer ein vollstreckbares Urteil auf Herausgabe der nach Rechtshängigkeit gezogenen Nutzungen erwirkt, so ist er, falls die Vollstreckung fruchtlos verläuft, nicht gehindert, nunmehr auch den unmittelbaren Besitzer (Untermieter) auf Nutzungsherausgabe in Anspruch zu nehmen.
11.06.1970	BGH	X ZR 23/68	NJW 1970, 1503; LM Nr. 26 zu § 9 PatG; BB 1970, 896	Beim Fehlen zugesicherter Eigenschaften einer lizenzierten Erfindung hat der Lizenzgeber dem Lizenznehmer auf Schadensersatz wegen Nichterfüllung einzustehen.
23.03.1971	BGH	VI ZR 177/69	BGHZ 56, 26-33	Verletzt ein Notar gegenüber einer juristischen Person bei Beurkundung eines

				von ihr abgeschlossenen Vertrages fahrlässig seine Amtspflicht und greift wegen des ihr hieraus entstandenen Schadens die Vorschrift des § 839 Abs. 1 Satz 2 BGB nur deshalb ein, weil die juristische Person von dem für sie bei der Beurkundung handelnden Organ Ersatz ihres Schadens erlangt hat, so haftet der Notar gemäß § 21 RnotO gegenüber dem Organ, soweit dieses den Schafen der juristischen Person zu ersetzen hat.
19.11.1971	BGH	V ZR 100/69	BGHZ 57, 245-256; NJW 1972, 195; MDR 1972, 221; VersR 1972, 156	1. Am Miteigentum der beiden Grundstückseigentümer an der gemeinsamen Giebelmauer zwischen ihren zwei Häusern ändert sich auch bei freiwilligem Abbruch nichts, wenn damit der Zweck verbunden ist, alsbald an Stelle des abgebrochenen Hauses ein neues an die Giebelmauer anzubauen. 2. Zum ursächlichen Zusammenhang fehlerhafter Bauplanung und -leitung mit einer nach teilweisem Hauseinsturz getroffenen behördlichen Anordnung weiteren Mauerabbruchs.
17.03.1975	BGH	VIII ZR 245/73	BGHZ 64, 122-128; NJW 1975, 1121-1123	a) Hat der Schuldner, der die Erfüllung eines abgetretenen Herausgabeanspruches gegenüber einem neuen Gläubiger verweigert, spätestens bei Eintritt der Fälligkeit dieses Anspruches seinerseits einen ebenfalls fällig gewordenen und dem Rechtsgrunde nach schon beim Gläubigerwechsel begründeten Gegenanspruch aus demselben Rechtsverhältnis gegen den früheren Gläubiger, so verschafft ihm dies ein Leistungsverweigerungsrecht gegenüber dem neuen Gläubiger. ... b) ...
08.10.1975	BGH	VIII ZR 81/74	NJW 1977, 195-197; DB 1975, 2366-2368; LM NR. 190 zu § 242 BGB	Keine Auflösung des gesamten Vertrages bei Unwirksamkeit einzelner, selbst erheblicher Teile der Mietbedingungen - Zur Frage der Wertung eines Leasingvertrages als Mietvertrag.
21.10.1976	BGH	VII ZR 335/75	BGHZ 67, 242-252; WM 1976, 1272-1274; NJW 1977, 50-52; BB	Zur Frage, inwieweit ein Bauhandwerker mit seiner Werklohnforderung Vergleichsgläubiger ist, wenn er den Bauvertrag zur Zeit der vom Besteller er-

			1976, 1630	wirkten Eröffnung des Vergleichsverfahrens noch nicht vollständig erfüllt hat.
05.05.1977	BGH	VII ZR 85/76	BGHZ 68, 379-383; WM 1977, 849-850; NJW 1977, 1345-1346; BB 1977, 918-919; LM Nr. 9 zu § 17 KO	Lehnt es der Konkursverwalter ab, einen vom Gemeinschuldner und vom Besteller bei Konkurseröffnung nicht vollständig erfüllten Bauvertrag an Stelle des Gemeinschuldners zu erfüllen, so kann er nur dann vom Besteller etwas zur Masse zurückverlangen, wenn der Wert der Teilleistungen des Gemeinschuldners den dem Vertragsgegner durch die Erfüllungsverweigerung entstandenen Schaden übersteigt.
05.04.1978	BGH	VIII ZR 42/77	BGHZ 71, 189-195; NJW 1978, 1383.1385; DB 1978, 1334-1335; LM Nr. 6 zu § 19 KO	Fällt der Leasingnehmer eines Finanzierungs-Leasingvertrages mit Kaufoption während der Grundmietzeit und ohne dass die Option ausgeübt worden ist, in Konkurs, so muss der Konkursverwalter den Vertrag nach § 19 KO kündigen, wenn er ihn nicht weiter erfüllen will. § 17 KO ist nicht anzuwenden.
01.07.1981	BGH	VIII ZR 168/80	BGHZ 81, 90-95; NJW, 2195-2196; ZIP 1981, 878-880; BB 1981, 1671-1672; DB 1981, 2319-2320	Erhält das gewerbliche Unternehmen des Gemeinschuldners, das mit dem Stromlieferanten einen Sonderabnehmervertrag geschlossen hatte, auch nach Konkurseröffnung Strom geliefert, so kann dem Umstand, dass der Konkursverwalter sich nicht ausdrücklich gemäß § 17 KO erklärt hatte, nicht ohne weiteres entnommen werden, er habe stillschweigend Erfüllung des Vertrages gewählt.
09.03.1982	OLG Hamburg	7 U 59/81	ZIP 1983, 46-48	Wird eine durch verlängerten Eigentumsvorbehalt gesicherte Lieferantenforderung vor ihrer Fälligkeit forfaitiert und zu diesem Zwecke von dem Anschlusskunden an das forfaitierende Kreditinstitut abgetreten, so ist die Abtretung der Erstverkaufsforderung an den Forfaiteur auch dann wirksam, wenn hierdurch dem Vorbehaltsverkäufer jede Möglichkeit genommen wird, die stillschweigend erklärte Einzugsermächtigung zu widerrufen.

13.10.1982	BGH	VIII ZR 197/81	NJW 1983, 112-113; WM 1982, 1333-1334; DB 1983, 42-43	Zur Frage, ob eine Vorenthaltung der Mietsache gegenüber dem Vermieter dann anzunehmen ist, wenn der Vermieter den Herausgabe- und Räumungsanspruch abgetreten hat.
06.05.1985	BGH	VIII ZR 119/84	WM 1985, 1000, 1002; NJW 1985, 1579-2581; LM Nr. 8 zu § 141 BGB; DB 1985, 2137-2138	1. Die Bestätigung eines formgebundenen Rechtsgeschäftes bedarf ihrerseits auch dann der für das Rechtsgeschäft vorgeschriebenen Form, wenn die Nichtigkeit des zu bestätigenden Geschäfts nicht auf der Verletzung des Formgebots beruhte. 2. Zur Frage, ob der Nichtigkeitsfolge des § 142 I BGB nach Anfechtung wegen arglistiger Täuschung der Einwand der unzulässigen Rechtsausübung entgegengehalten werden kann.
09.10.1985	BGH	VIII ZR 217/84	BGHZ 96, 103-111; WM 1985, 1447-1449; ZIP 1985, 1398-1401; NJW 1986, 179-180; LM Nr. 10 zu § 9 (Bb) AGBG	Scheitert ein Finanzierungsleasingvertrag ohne Verschulden des Leasingnehmers, weil der Lieferant den Leasinggegenstand nicht liefert, so steht dem Leasinggeber ein Anspruch auf Erstattung der von ihm an seine Refinanzierungsbank zu zahlenden Bereitstellungsprovision und Nichtabnahmeentschädigung nicht zu (Ergänzung zu BGHZ 81, 298). Eine AGB-Klausel, die ihm einen derartigen Erstattungsanspruch zubilligt, ist unwirksam.
16.01.1986	BGH	VII ZR 138/85	BGHZ 96, 392-399; NJW 1986, 1176-1178; WM 1986, 398-399; BB 1986, 556-557; ZIP 1986, 382-384; EWIR 1986, 385-386	Lehnt es der Konkursverwalter ab, einen vom Gemeinschuldner und vom Auftraggeber/Besteller bei Konkurseröffnung nicht vollständig erfüllten Bauvertrag zu erfüllen, kann sich der Auftraggeber/Besteller innerhalb des an die Stelle des Vertrags getretenen Abrechnungsverhältnisses grundsätzlich auf Mängel der Teilleistungen ohne Rücksicht auf die sonst für Gewährleistungsansprüche maßgebende Verjährung berufen (im Anschluss an BGHZ 68, 379)
09.07.1986	BGH	VIII ZR 232/85	BGHZ 98, 160-173; WM 1986, 1161-1164; ZIP 1986, 1059-1063; NJW 1986, 2948-	a) Zur Wirksamkeit und Tragweite eines dem Verkäufer gegenüber erklärten „Anerkenntnisses“ des Käufers, dass vorangegangene Warenlieferungen unter Eigentumsvorbehalt erfolgt seien. b) Bei

			2950	einem Verkauf des Gemeinschuldners unter Eigentumsvorbehalt kann der Konkursverwalter in den durch Treu und Glauben (§ 242 BGB) gezogenen Grenzen durch Ablehnung der Vertragserfüllung gemäß § 17 KO die noch nicht (voll) bezahlte Vorbehaltsware wieder an sich ziehen (Bestätigung des Senatsurteils vom 10. Oktober 1962 - VIII ZR 203/61 = LM KO § 17 Nr. 6). c) Hat der Gemeinschuldner unter erweitertem Eigentumsvorbehalt geliefert, so kann der Konkursverwalter die Vertragserfüllung nicht ablehnen, soweit die Vorbehaltsware schon (voll) bezahlt ist.
29.01.1987	BGH	IX ZR 205/85	NJW 1987, 1702-1703; ZIP 1987, 304-305; WM 1987, 380-381; MDR 1987, 579; KTS 1987, 292-294	Hat der Konkursverwalter die Erfüllung eines zur Zeit der Eröffnung des Konkursverfahrens von dem Gemeinschuldner und von dem anderen Teil nicht oder nicht vollständig erfüllten zweiseitigen Vertrages abgelehnt, ist die Zwangsvollstreckung aus einem von dem nachmaligen Gemeinschuldner über den Erfüllungsanspruch erlangten Urteil unzulässig (im Anschluss an BGHZ 96, 392 = NJW 1986, 1176).
11.02.1988	BGH	IX ZR 36/87	BGHZ 103, 250-254; WM 1988, 427-429; ZIP 1988, 322-324; NJW 1988, 1790-1792	Teilt der Konkursverwalter dem anderen Vertragsteile mit, er werde einen noch nicht erfüllten Vertrag an Stelle des Gemeinschuldners nur bei Abänderung der ursprünglich vereinbarten Bedingungen erfüllen, so kommt mit dem Einverständnis des anderen Teils ein neuer Vertrag zustande. Die Erfüllung des bisherigen Vertrages ist abgelehnt.
12.07.1988	OLG Hamm	7 W 30/88	ZIP 1989, 45-47	1. Behält der Leasingnehmer nach Beendigung des Vertragsverhältnisses die geleaste Sache in seinen Besitz, so hat der Leasinggeber dann keinen Anspruch auf Nutzungsentschädigung, wenn in den dem Vertrag zugrunde liegenden AGB des Leasinggebers bestimmt ist, der Mieter müsse die Sache an einen vom Vermieter bestimmten Ort zurückliefern, der Leasinggeber indessen eine Bestimmung nicht trifft. 2. Gibt der Mieter (Leasingnehmer) eines Last-

				kraftwagens das Fahrzeug nach Beendigung des Vertrages nicht zurück, weil der Vermieter vertragswidrig keinen Ort für die Rückgabe benennt, so ist der Mieter gleichwohl zum Ersatz des Mietwertes verpflichtet, solange er das Fahrzeug einem Dritten unentgeltlich zu gewerbliche Zwecken überlässt.
20.12.1988	BGH	IX ZR 50/88	BGHZ 106, 236-245, ZIP 1989, 171-174; WM 1989, 229-232; NJW 1989, 1282-1284	1. Allein die Willenserklärung des Konkursverwalters, vor Konkurseröffnung geschlossene gegenseitige Verträge erfüllen zu wollen oder Erfüllung zu verlangen, lässt den Anspruch des Vertragspartners auf Leistung aus der Masse (§ 59 Abs. 1 Nr. 2 KO) und den erloschenen Anspruch gegen den Vertragspartner auf die Gegenleistung wieder entstehen. 2. ...
22.03.1989	BGH	VIII ZR 155/88	BGHZ 107, 123-; NJW 1989, 1730-1732; ZIP 1989, 1012, 1013; DB 1989, 1229	§ 557 I BGB ist auf Finanzierungsleasingverträge anwendbar.
22.06.1989	BGH	IX ZR 279/88	ZIP 1989, 1413-1415; WM 1989, 1524-1526	Die Eröffnung des (Nachlass-) Konkurses bringt die Verpflichtungen aus einem noch nicht erfüllten gegenseitigen Vertrag über die Veräußerung eines Gesellschaftsanteils und aus einer noch nicht erfüllten Neuregelungsabrede zum Erlöschen.
14.12.1989	BGH	IX ZR 283/88	BGHZ 109, 368-380; WM 1990, 197-202; ZIP 1990, 180-187; NJW 1990, 1113-1116; LM Nr. 5 zu KO § 21	1. Leasingraten sind während der Grundmietzeit regelmäßig betagte Forderungen. 2. Leasingverträge über bewegliche Sachen hat der Konkursverwalter des Leasinggebers wegen ihres mietrechtlichen Charakters ohne ein Wahlrecht (§ 17 KO) zu erfüllen. 3. Die Vorausverfügung über den Erlös der Leasingsache wegen einer zugunsten des Leasingnehmers vereinbarten Kaufoption hat im Konkurs des Leasinggebers keine Wirkung.
21.12.1989	BGH	IX ZR 66/89	ZIP 1990, 318-320; LM § 59 KO Nr. 19; WM	Provisionsforderungen eines nicht von § 92a HGB erfassten Handelsvertreters, die aus vor Konkurseröffnung abge-

			1990, 529-530; NJW 1990, 1665-1666; KTS 1990, 307-310	schlossenen Verträgen herrühren, bleiben einfache Konkursforderungen, auch wenn der Konkursverwalter die Erfüllung der Verträge wählt.
28.03.1990	BGH	VIII ZR 17/89	BGHZ 111, 84-97; WM 1990, 935-940; ZIP 1990, 646-650; NJW 1990, 1785-1788; BB 1990, 1017-1020; DB 1990, 1228-1230	1. Bei einem auf bestimmte Zeit abgeschlossenen Leasingvertrag entsteht der Anspruch auf Zahlung sämtlicher Leasingraten als betagt (nicht: befristete) Forderung bereits mit Vertragsschluss (im Anschluss an BGH WM 1990, 197). Das gilt auch beim sog. „Operating-Leasing". 2. Hat der Leasinggeber seinen Anspruch auf die künftig fälligen (betagten) Leasingraten im Wege der „Forfaitierung" an eine Refinanzierungsbank abgetreten, so braucht diese eine nach der Abtretung zwischen Leasinggeber und Leasingnehmer vereinbarte Abkürzung der Vertragslaufzeit oder eine Aufhebung des Leasingvertrages gemäß §§ 398, 407 BGB nicht gegen sich gelten zu lassen, wenn der Leasingnehmer bei Abschluss der Vereinbarung die Abtretung nicht kennt.
7.06.1991	BGH	V ZR 17/90	WM 1991, 1575-1578; ZIP 1991, 945-948; NJW 1991, 2897-2899; LM Nr. 9 zu § 15 KO	Tritt der Grundstückskäufer einen im Falle des Konkurses über sein Vermögen entstehenden Anspruch gegen den Verkäufer auf Rückzahlung entrichteten Kaufpreises an einen Dritten ab, so ist die Abtretung den Konkursgläubigern gegenüber jedenfalls dann wirksam, wenn dem Dritten auch der Anspruch auf Verschaffung des Eigentums abgetreten oder verpfändet war.
21.11.1991	BGH	IX ZR 290/90	BGHZ 116, 156-160, ZIP 1992, 48-49; WM 1992, 48-49; NJW 1992, 507-508	Gegen eine Forderung aufgrund eines Erfüllungsverlangens des Konkursverwalters nach § 17 KO kann nicht mit einem vor Eröffnung des Konkursverfahrens und außerhalb des Vertragsverhältnisses begründeten Anspruch aufgerechnet werden.
03.06.1992	BGH	VIII ZR 138/91	BGHZ 118, 282-295; ZIP 1992, 930-934; NJW 1992, 2150-2152; WM 93, 606-610	a) ... b) Auch der Anspruch auf im Anschluss an die feste Grundmietzeit zu entrichtende Leasingraten entsteht zumindest im Keim bereits mit dem Abschluss des Leasingvertrages c) ...

26.10.1992	OLG Hamm	31 U 130/92	ZIP 1992, 1563-1564; OLGR Hamm 1993, 229-230	Ansprüche gem. § 557 stellen keine Masseansprüche nach § 59 Abs. 1 KO dar, wenn das Miet- oder Leasingverhältnis bereits vor Konkurseröffnung beendet worden ist, es sei denn, der Konkursverwalter hat die Miet- oder Leasinggegenstände zur Masse gezogen oder für die Masse genutzt.
04.03.1993	BGH	IX ZR 169/92	ZIP 1993, 600-602; WM 1993, 1057-1058; NJW 1993, 1994-1995	Sieht ein Lebensversicherungsvertrag die widerrufliche Bezugsberechtigung eines Dritten vor, so fällt mit Eröffnung des Konkursverfahrens über das Vermögen des Versicherungsnehmers der Anspruch auf den Rückkaufswert in die Konkursmasse, wenn der Konkursverwalter nicht die Erfüllung des Vertrages verlangt. Einer Kündigung des Vertrages oder des Widerrufs der Bezugsberechtigung bedarf es in diesem Falle nicht.
10.03.1993	BGH	XII ZR 253/91	BGHZ 122, 46-53; WM 1993, 1150-1152; ZIP 1993, 1008-1010; NJW 1993, 1578-1586	Hat der Kaskoversicherer die Versicherungsleistung in Unkenntnis eines leistungsbefreienden Tatbestandes (hier: fingierter Diebstahl eines geleasten Pkw) direkt an den Leasinggeber gezahlt, weil diesem die Rechte aus dem Versicherungsvertrag abgetreten waren und ihm ein Sicherungsschein erteilt war, richtet sich der bereicherungsrechtliche Rückzahlungsanspruch regelmäßig gegen den Leasing- und Versicherungsnehmer (Fortführung des Senatsurteils BGHZ 105, 365).
09.12.1993	OLG Dresden	7 U 103/93	ZIP 1994, 402-403	Die Gesamtvollstreckungsordnung gewährt kein Absonderungsrecht aus kaufmännischem Zurückbehaltungsrecht. Ein solches Recht ist auch nicht im Wege ergänzender Auslegung anzunehmen.
10.03.1994	BGH	IX ZR 236/93	BGHZ 125, 270-283; ZIP 1994, 715-720; WM 1994, 1084-1088; NJW 1994, 1858-1861	Wiederherstellungsanspruch des Verpächters gegen den den Vertrag fortführenden Vergleichsverwalter als Vergleichsforderung.
04.05.1995	BGH	IX ZR	BGHZ 129, 336-	Hat der Gemeinschuldner vor Konkurs-

		256/93	345; ZIP 1995, 926-929; WM 1995, 1116-1119; NJW 1995, 1966-1968	eröffnung die ihm aufgrund eines gegenseitigen Vertrages obliegende Leistung teilweise erbracht, so wird der dieser Teilleistung entsprechende Anspruch auf die Gegenleistung durch die Verfahrenseröffnung nicht berührt; der Vertragsgegner kann gegen diesen Anspruch mit vorkonkurslichen Forderungen aufrechnen (Einschränkung von BGHZ 116, 156).
14.07.1995	BGH	V ZR 45/94	NJW 1995, 2627-2628; ZIP 1995, 1356-1359; WM 1995, 1846-1848; BB 1995, 2340-2342; DB 1995, 2364-2365; MDR 1995, 1007	1. Hat der Besitzer in die ihm überlassenen Räume investiert und sie vermietet, so muss er gegenüber dem Anspruch des Eigentümers auf Herausgabe der Nutzungen den nicht herausgabepflichtigen Investitionsmehrwert beweisen. 2. Nach Beendigung eines vertraglich begründeten Besitzrechts sind die beiderseitigen rückgewährpflichtigen Leistungen, Nutzungen und Verwendungen nach den Grundsätzen der Saldotheorie zu verrechnen. In diesem Fall steht dem rechtsgrundlosen Besitzer gegenüber dem Herausgabeanspruch des Eigentümers ein Zurückbehaltungsrecht nur in der Höhe eines zu seinen Gunsten verbleibenden Saldos zu.
29.09.1995	BGH	V ZR 130/94	NJW 1996, 52; DB 1995, 2523; WM 1995, 2109; ZMR 1996, 18; BB 1995, 2498; MDR 1996, 1114	Die Vorschriften der §§ 994-1003 BGB regeln im Verhältnis zwischen Eigentümer und nicht berechtigtem Besitzer den Ersatz von Verwendungen erschöpfend und schließen die Anwendbarkeit des allgemeinen Be-reicherungsrechts aus (Bestätigung von BGHZ 41, 157 = NJW 1964, 1125 = LM § 996 BGB Nr. 5); dies gilt auch für werterhaltende oder werterhöhende Baumaßnahmen auf fremdem Grund und Boden in der begründeten Erwartung späteren Eigentumserwerbs.
27.02.1997	BGH	IX ZR 5/96	BGHZ 135, 25-30; ZIP 1997, 688- 690; WM 1997, 794-795; NJW 1997, 2184	Hat der Vertragspartner des (Gemein-)Schuldners die ihm obliegende teilbare Leistung bei Eröffnung des Gesamtvollstreckungs-(Konkurs-)verfahrens bereits teilweise erbracht, so bleibt er auch bei einer Erfüllungswahl des Verwalters mit dem der Teilleistung entsprechenden

				Anspruch auf die Gegenleistung Gesamtvollstreckungs(Konkurs)-gläubiger.
27.02.1997	BAG	2 AZR 160/96	BAGE 85, 194-207; NJW 1997, 2257-2260	Beruht eine betriebsbedingte Kündigung auf der Prognose des Arbeitgebers, bei Ablauf der Kündigungsfrist könne er den Arbeitnehmer nicht mehr weiterbeschäftigen, und erweist sich die Prognose noch während der Kündigungsfrist als falsch, so hat der Arbeitnehmer einen Anspruch auf Fortsetzung des Arbeitsverhältnisses, wenn der Arbeitgeber mit Rücksicht auf die Wirksamkeit der Kündigung noch keine Dispositionen getroffen hat und ihm die unveränderte Fortsetzung des Arbeitsverhältnisses zumutbar ist.
11.03.1997	BGH	X ZR 146/94	ZIP 1997, 1072-1076; NJW 1997, 3434-3437; WM 1997, 1258-1262; NJW-RR 1998, 803-807	Eine in Allgemeinen Geschäftsbedingungen enthaltene Klausel, wonach eine Forderung gegen den Verwender ohne dessen Zustimmung nicht abgetreten werden darf, gilt auch für den Fall, dass über das Vermögen des anderen Teils der Konkurs eröffnet wird.
22.10.1997	BGH	XII ZR 142/95	WM 1998, 137-141; NJW-RR 1998, 803-807; LM H. 4/1998 ApothG Nr. 8 Blatt 699 ff.	1. Zur Frage der Unwirksamkeit eines Vertrages über die entgeltliche Überlassung von Apothekenräumen nebst Einrichtung nach dem Apothekengesetz, 2. Zur Frage, ob der Anspruch auf Nutzungsentschädigung aus §§ 987, 990 BGB bei nichtigem Mietvertrag wie ein Mietzinsanspruch der Umsatzsteuer unterliegt.
08.01.1998	BGH	IX ZR 131/97	NJW 1998, 992-994; ZIP 1998, 298-300; DB 1998, 767-768, WM 1998, 358-360; KTS 1998, 276-279	Ein Konkursverwalter, der im Rahmen einer einheitlichen Veräußerung des gesamten Warenbestandes des Gemeinschuldners bewusst auch Vorbehaltware veräußert, wählt damit nicht ohne weiteres die Erfüllung des Kaufvertrages mit dem Vorbehaltseigentümer. Soweit dessen dingliches Recht verletzt wird, kommt eine Schadensersatzpflicht der Masse in Betracht.
12.02.1998	BGH	I ZR 241/95	NJW 1998, 2045-2047; WM 1998, 1457-1459	Eine Privatperson, welche sich mit einer veränderten Markenware kleidet, verletzt in rechtlich relevanter Weise weder

				die Marke noch den berühmten Namen des Markeninhabers.
11.03.1998	BGH	VIII ZR 205/97	NJW 1998, 1637-1639; ZIP 1998, 698-701; WM 1998, 928-931	Zur Frage der Anwendbarkeit des Verbraucherkreditgesetzes auf Kfz-Leasingverträge mit Kilometerabrechnung (im Anschluss an BGH, NJW 96, 2033 = LM H. 10/1996 § 1 VerbrKrG Nr.4 = WM 1996, 1146).
22.04.1999	BGH	I ZR 37/97	NJW 1999, 3716-3717; WM 1999, 2550-2553	1. ... 2. Das gesetzliche Pfandrecht des Lagerhalters (§ 421 HGB a.F.), auf das gem. § 1257 BGB die Vorschriften über das durch Rechtsgeschäft bestellte Pfandrecht entsprechende Anwendung finden, gewährt dem Pfandrechtsgläubiger gegenüber dem auf Eigentum gestützten Verlangen des Verpfänders auf Herausgabe der Pfandsache grundsätzlich ein absolutes Besitzrecht (§ 986 I 1 BGB) mit der Folge, dass die Herausgabeklage als unbegründet abzuweisen ist, solange die Besitzberechtigung besteht.
10.02.2000	OLG Meiningen	4 T 277/99	ZIP 2000, 416-418	Zulässige Löschung der eine Bauhandwerkersicherungshypothek absichernden Vormerkung nach Eröffnung des Insolvenzverfahrens.
21.02.2001	OLG Celle	2 W 11/01	ZIP 2001, 658-660; NZI 2001, 317-318	Keine Beschwerde gegen Stimmrechtsentscheidung des Rechtspflegers bei unterlassener Antragstellung auf Überprüfung nach während der Gläubigerversammlung.
22.02.2001	BGH	IX ZR 191/98	BGHZ 147, 28-38; NJW 2001, 3704-3707; NZI 2001, S. 537-539; WM 2001, 1470-1473; ZIP 2001, 1380-1384	a) Stellt der Konkursverwalter des Werklieferanten mit Mitteln der Masse ein Schiffsbauwerk fertig und übereignet das Schiff dem Besteller, so kann der Besteller mit nicht bevorrechtigten Konkursforderungen aus einem anderen Vertrag gegen den Teil der Baulohnforderungen aufrechnen, welcher durch Teilherstellung des Schiffes bis zur Konkurseröffnung - ohne fällig zu sein - bereits werthaltig geworden war. B) Bei Fertigstellung und Ablieferung eines Schiffsbauwerkes durch den Konkursverwalter wird der Gesamtbaulohn zu demjenigen Teil Masseforderung, der

				sich aus dem Wertverhältnis ergibt, in welchem zur Zeit der Ablieferung das fertig gestellte Schiff zu dem Schiffsbauwerk nach seinem Bauzustand bei Konkurseröffnung steht. ...
20.12.2001	BGH	IX ZR 401/99	BGHZ 149, 326-337; NJW 2002, 1050-1053; WM 2002, 350-354; ZIP 2002, 309-313; NZI 2002, 150-153	Wer eine Eigentumswohnung auf Grund eines formnichtigen Kaufvertrages als Käufer besitzt, schuldet jedenfalls ab Rechtshängigkeit Nutzungsersatz, wenn über das Vermögen des Verkäufers das Konkursverfahren eröffnet wurde; eine Aufrechung mit Gegenansprüchen, die auf vorkonkurslichen Kaufpreiszahlungen des Käufers beruhen, ist ausgeschlossen.
25.04.2002	BGH	IX ZR 313/99	BGHZ 150, 353-365; WM 2002, 1199-1203; NJW 2002, 2783-2786; NZI 2002, 375-378; ZIP 2002, 1093-1097; DZWiR 2003, 20-24	1. Die aufgrund gegenseitiger Verträge geschuldeten Leistungen sind regelmäßig teilbar, wenn sich die vor und nach Eröffnung des Insolvenzverfahrens erbrachten Leistungen feststellen und bewerten lassen. ... 2. ... 3. Die Eröffnung des Insolvenzverfahrens bewirkt kein Erlöschen der Erfüllungsansprüche aus gegenseitigen Verträgen im Sinn einer materiell-rechtlichen Umgestaltung. Vielmehr verlieren die noch offenen Ansprüche im Insolvenzverfahren ihre Durchsetzbarkeit, soweit sie nicht auf die anteilige Gegenleistung für vor Verfahrenseröffnung erbrachte Leistungen gerichtet sind. Wählt der Verwalter Erfüllung, so erhalten die zunächst nicht durchsetzbaren Ansprüche die Rechtsqualität von originären Forderungen der und gegen die Masse. 4. ...
06.06.2002	BGH	III ZR 181/01 (KG)	BGHZ 151, 71-79; NJW 2002, 3326-3331	1. Endet das Besitzrecht des Endpächters einer Kleingartenparzelle infolge der Kündigung des Zwischenpachtvertrages durch den Hauptverpächter, so kann der Endpächter hinsichtlich der von ihm eingebrachten oder gegen Entgelt übernommenen Anpflanzungen und Anlagen gem. § 11 II BKleinG unmittelbar vom kündigenden Hauptverpächter oder demjenigen, der die kleingärtnerisch genutzte Fläche in Anspruch nimmt, eine angemessene Entschädi-

				gung nach § 11 I BKleinG verlangen. 2. Der Kündigungsentschädigungsanspruch nach § 11 I 1 BKleinG verjährt in der regelmäßigen Verjährungsfrist des § 558 I BGB a.F./§ 548 II BGB.
02.12.2002	OLG Köln	15 W 93/02	ZIP 2003, 543-544, ZInsO 2003, 336-337; NZI 2003, 149-150	Fristlose Kündigung eines Leasingvertrages wegen seit Insolvenzeröffnung ausbleibender Ratenzahlungen, auch wenn Wahlrecht des Insolvenzverwalters noch in der Schwebe ist.
24.01.2003	OLG Düsseldorf	16 U 112/02	ZIP 2003, 1306-1310; NZI 2003, 379-382; OLGR Düsseldorf 2004, 25-28	1. Ob die Verwertung eines Gegenstandes aus einem beiderseitig nicht vollständig erfüllten Vertrag durch den Insolvenzverwalter eine Erfüllungswahl i.S. des § 103 InsO darstellt, ist nach allgemeinen Auslegungsregeln im Einzelfall konkret festzustellen. 2. Veräußerung i.S. des § 49 InsO sind alle dinglichen Rechtsänderungen, mit denen der Schuldner oder Insolvenzverwalter den Vermögenswert des aussonderungsfähigen Rechts realisiert. 3. Tatsächliche Verhaltensweisen, die einen Eigentumsverlust des Berechtigten zur Folge haben (Verbindung, Vermischung, Verarbeitung), stellen keine Veräußerung i.S. des § 48 InsO dar. 4. Verfügt der Insolvenzverwalter nur über das Anwartschaftsrecht des Schuldners auf Erwerb des Eigentums an einem Gegenstand aus einem beiderseitig nicht vollständig erfüllten Vertrag i.S. des § 103 InsO und liegt darin keine Erfüllungswahl, steht dem Vertragspartner kein Ersatzsonderungsrecht nach § 48 InsO zu.

Peter Lang · Europäischer Verlag der Wissenschaften

Alexander M. Krämer

Leasingverträge in der Insolvenz

Frankfurt am Main, Berlin, Bern, Bruxelles, New York, Oxford, Wien, 2005.
XIII, 272 S.
Schriften zum Verfahrensrecht. Herausgegeben von Peter Gottwald und Ulrich Haas. Bd. 7
ISBN 3-631-54116-3 · br. € 51.50*

Die Insolvenzordnung berücksichtigt das in der Praxis bedeutsame Finanzierungsinstrument des Leasing nur unzureichend. Bereits vor Inkrafttreten der Insolvenzordnung war eine Gesetzesänderung notwendig, um die Refinanzierung von Leasingverträgen nicht unnötig zu erschweren. Jedoch hat weder diese Ergänzung noch die jüngste Modifikation der Rechtsprechung des Bundesgerichtshofes zu den Wirkungen der Verfahrenseröffnung auf schwebende Verträge die Unstimmigkeiten bei den auf Leasingverträge anwendbaren Vorschriften beseitigen können. Unter Berücksichtigung der Regelung zum Eigentumsvorbehalt werden jeweils Lösungsvorschläge zu den Widersprüchen bei den insolvenzrechtlichen Konstellationen des Finanzierungsleasingvertrages aufgezeigt und ein alternativer Regelungsvorschlag de lege ferenda entwickelt.

Aus dem Inhalt: Wirkungen der Verfahrenseröffnung auf schwebende Verträge · Inhalt des Wahlrechts des Insolvenzverwalters · Insolvenzrechtliche Fallkonstellationen für Leasingverträge einschließlich der Regelung zum Eigentumsvorbehalt · Lösungsvorschläge für Regelungslücken und Widersprüche

Frankfurt am Main · Berlin · Bern · Bruxelles · New York · Oxford · Wien
Auslieferung: Verlag Peter Lang AG
Moosstr. 1, CH-2542 Pieterlen
Telefax 00 41 (0) 32 / 376 17 27

*inklusive der in Deutschland gültigen Mehrwertsteuer
Preisänderungen vorbehalten

Homepage http://www.peterlang.de

FSC
www.fsc.org
MIX
Papier | Fördert
gute Waldnutzung
FSC® C083411

Kolibri 360 GmbH
Ferdinand-Jühlke-Straße 7
99095 Erfurt, Deutschland
produktsicherheit@kolibri360.de

Druck:
CPI Druckdienstleistungen GmbH
im Auftrag der
Kolibri 360 GmbH
Ferdinand-Jühlke-Str. 7
99095 Erfurt